JN437098

대구대학교 인문과학연구총서 ㊲

인성개발을 위한

『변신』과 변신

고익환 지음

도서출판 두남

머리말

카프카의 고백서인 『아버지께 드리는 편지』를 읽고 나면 우리들의 아버지들이 생각난다. 오천년의 대한민국 역사에서 천 번 넘는 외침(外侵)을 받았다고 한다. 그러나 1945년 해방 이후 70년 사이에 1950년 동족상잔(同族相殘)의 비극을 빼고는 외침 없이 압축경제성장에 매진해서 오늘의 경제적 부국을 형성한 대한민국의 아버지들의 노고와 자부심이 자식에게는 가난을 물려주지 않겠다는 열정이 가치관의 차이로 부자지간(父子之間)의 갈등을 빚기도 했다. 카프카의 아버지도 가난을 극복하고 자기중심적인 자녀 양육과 자녀 교육에 매진하다보니 부자지간의 갈등이 아들에게는 너무나 컸다. 그 갈등을 그의 고백서인 『아버지께 드리는 편지』에서 적나라하게 표현하고 있다. 또한 소설 『변신』에서 가공의 인물을 통한 인간소외(人間疎外) 문제를 그리고 있다.

이 책의 내용으로 『변신』을 이해하기 위해서 작가 '카프카 이해'를 첫 부분에, 그리고 작품 『변신』을 중요한 부분은 원문과 함께, 그리고 전체적인 맥락 이해를 위해서 카프카의 부자지간의 갈등을 그린 카프카의 고백서(告白書)인 『아버지께 드리는 편지』를 실었다. 그리고 작품 『변신』은 문학 작품이고 소설이기 때문에 소설이해를 그 다음에 실었다.

본의 아니게 그리고 억울하게 하루아침에 실직당한 분들이나, 교통사고로 졸지에 유명을 달리하신 분들, 순식간에 부도를 맞은 사장님들, 그리고 갑자기 중대 질병으로 사회로부터 소외당하신 분들, 대학을 졸업하고도 취업이 안 되어 좌절하는 젊은이들 이 모두가 소설 『변신』에 나오는 주인공 그레고르 잠자 같이 수동적으로 변신당한 모습에 비교비유(比較(比喩)된다고 볼 수 있다.

이에 주도적으로 자신의 삶을 개척할 수 있는 능력을 준비해서 '당하는 변신'이 아니라 '능동적인 변신'을 위해서 자신의 삶의 방향을 새롭게 설정할 변신(變身) 준비를 실었다.

성공적인 삶을 이루는데 재능은 15%의 몫을 85%가 대인관계에 기초한다는 카네기의 말 같이 인간관계 증진을 위해서 '성격유형과 행동유형의 차이점과 다른 점'을 실었고 다양한 요인이 있겠지만 성격과 행동의 차이점에서 발생한다는 전제하에서 '갈등과 협상 그리고 의사소통의 문제점'들을 실었다. 마지막으로 이 모든 문제들이 협력하고 조화롭게 균형을 이루어서 호혜적인 인간관계를 통한 삶의 향상을 위한 시너지 창출을 실었다.

그래서 인간의 훌륭한 성품과 탁월한 역량이라는 개념의 합으로 인성(人性)이라는 표현과 많은 수동적인 교육을 넘어서 스스로 자신에게 숨어 있는 거인을 깨운다는 의미에서 계발(啓發)이라는 말 대신에 좀 더 강한 적극성을 보이기 위한 의미에서 개발(開發)이란 용어를 사용해서 '인성개발을 위한'이라는 내용으로 프란츠 카프카의 『변신』을 읽고 스스로 만족스러운 자신의 변신을 하자는 바램에서 책 제목을 '『변신』과 변신'이라고 잡았다.

수많은 분들이 카프카와 그의 작품론적인 연구를 많이 했다. 그러나 본서(本書)는 작가론적인 배경과 심리적인 연관성에서 리더십적인 관점으로 보는 새로운 시도(試圖)를 해보았다. 새로운 삶을 위한 조그마한 날개 짓이 새로운 비상(飛上)이 되길 기대한다.

2016년 1월

호당정(虎堂亭)에서 저자 씀

차례

Part 1

수동적인 삶인 『변신 Verwandlung』에서

Part 2

능동적인 삶으로 변신(變身)하기

수동적인 삶인 『변신 Verwandlung』에서

CHAPTER 1

카프카 이해

프란츠 카프카(Franz Kafka)는 짧은 생을 살았다. 1883년에 태어나 1924년 결핵으로 사망했으니, 마흔 살로 요절(夭折)한 것이다. 너무 아까운 삶이다. 그가 죽는 순간까지도 카프카라는 이름은 세상에서 무명(無名)이었다. 하지만 오늘날 문학계에서는 흔히 프란츠 카프카를 제임스 조이스(James Joyce), 마르셀 프루스트(Marcel Proust)와 더불어 20세기 소설의 3대 성인(聖人)이라고 부른다. 조이스는 평범한 일상을 서사시적(敍事詩的)으로 탐구했고, 프루스트는 내면적 기억을 세세하게 그려냈다. 그러나 카프카는 권력과 시스템이 초래하는 부조리(不條理)와 불안(不安)을 탁월하게 포착해냈다. 자신의 무기력과 나약함에 대한 자학적 죄의식, 그리고 감옥 같이 삶을 옥죄는 모든 것들로부터 벗어나려는 다양한 형태의 변신(變身)과 탈출, 그 갈망의 이야기를 우화(寓話)와 풍유(諷諭)를 통해 그려낸 것이다. 카프카의 독창적인 문학 세계는 자신의 개성적인 내면과 삶 자체로부터 직접 그려진 것이다.

체코 프라하의 유대인 가정에서 카프카는 태어났다. 그의 아버지는 자수성가한 상인이었지만 몹시 권위적이고 가부장적이었다. 아버지는 어머니와 외아들이었던 카프카, 그리고 카프카 아래 세 여동생들 위에 왕처럼 군림했다. 천성적으로 유약하고 섬세하고 예민했던 카프카는 나중에 자신의 고백서(告白書)인 「아버지께 드리는 편지」에서 부자간의 불화와 갈등을 적나라하게 묘사했다.

그 고백서의 한 구절에서 두 살 무렵 카프카가 한밤중에 목마르다고 칭얼거리자 아버지는 그를 침대에서 번쩍 들어 올려 내쫓듯이 발코니 바깥에 던져두고는 문을 닫아버렸다고 했다. 어린 아들 프란츠 카프카에게는 이 사건은 고통스러운 기억으로 남는다. "거대한 몸집의 남자, 최고의 권위를 가진 심판자"[1]라고 편지에서 묘사한 아버지의 구속에서 벗어나고자 하는 갈망은 나중에 세상에 대한 부정적인 감정으로 확대되고 문학적으로 형상화되었다.[2]

이 감정은 권위적인 아버지 밑에서 자란 한국의 어린이들 중에서도 느꼈고 느낄 수 있었던 감정이었으며 성장해서는 가슴에 '숨어있는 어린이'로 내재해있어서 치유 받지 못한 한(恨)으로 남기도 했다. 그래서 한 잔 하고 나면 부르는 노래가 '한 많은 이 세상 ...'으로 시작하기도 했다.

카프카의 아버지는 카프카가 '강하고 용감한 독일 부르주아지(bourgeoisie)'로 자라길 강요했지만, 일찍부터 문학적 감수성에 눈뜬 카프카는 이미 10대 시절부터 문학에 매력을 느껴 글쓰기에 꿈을 키우며 독서에 열중했다. 특히 스피노자, 괴테, 니체, 톨스토이, 클라이스트의 작품들을 읽었다.

카프카의 아버지 헤르만 카프카는 유태인 가족에서 태어나 어려서부터 식육점 주인인 그의 아버지를 도와 온갖 고생을 하며 자라났다. 예컨대 추운 겨울에도 자주 양말도 못 신고 손수레를 끌고 근처 마을로 고기 배달을 다녔다고 한다. 그는 열네 살 때에 이미 그의 고향마을 보쎄크(Wossek)를 떠나 행상인으로 떠돌아다니다가 군대 복무를 마치고는 프라하로 이주하였다. 그는 이삼년 후 재력이 있는 유태계 독일인 양조장 집 딸인 율리에 뢰비(Julie Löwy)와 결혼을 하여 화장품 가게를 차렸고, 그것이 번창하여 후에 큰 잡화상이 되었다.

---

1) Franz Kafka, 『*Brief an den Vater*』, P. 5
2) M. Klug & R. Radler, *Franz Kafka*, Hauptwerke der deutschen Literatur P. 515

이 상황도 우리 한국의 가정들과도 너무 많이 닮아 있다. 오천년의 한국역사 중에서 천 번의 외국의 침략을 받았다. 그때 마다 나라의 국운은 쇠(衰)하고 민초들의 삶은 곤궁했다. 그러나 1960년대에서 1990년까지 가난을 극복하려는 의지로 압축경제성장을 이룬 아버지세대들과 경제성장의 풍요 속에서 자란 자녀와의 가치관의 갈등은 많은 문제들이 다양하게 노정(露呈)되고 있다.

프란츠 카프카는 1883년 7월 3일 프라하 중심의 한 길 모퉁이 집에서 여섯 자녀 중의 맏아들로 태어났다. 세 누이동생들, 엘리(Elli 1889), 발리(Valli 1890), 오틀라(Ottla 1892)보다 먼저 태어난 두 오빠들은 아주 어려서 죽었다. 그 가정에는 잡화상에서 일을 하는 어머니 대신에 프란츠를 양육하는 유모 외에 식모, 체코인 가정부, 어린애 보는 하녀, 또 유복한 시민적 위상을 상징하는 불란서인 가정부도 있었다.

그 당시 중부유럽의 유태인들에게 1848년 2월 혁명을 계기로 거주지 역제한 조치가 완화됨에 따라 대도시로 이주하여 그들의 사회적 지위를 향상하려는 노력이 두드러졌다. 아버지 헤르만 카프카는 그의 피눈물 나는 고생스러웠던 유년시절을 결코 잊지 않고, 그의 자식들에게도 그것을 명심시켰고, 사회적 인정만을 생의 바람직한 목표로 내세웠다. 당시의 오스트리아-헝가리 왕국의 지방수도인 프라하에서 그러한 사회적 인정을 받는 길은 소수의 독일계 상류층에 끼는 것이었다. 1990년 통계로 프라하의 인구 45만중에서 독일어를 사용하는 시민은 약 7.5%에 해당하는 3만 4천명이었다. 독일어 사용 유태인은 1만 1천명이었다. 경제활동이 활발하던 헤르만 카프카에게는 극복하지 못할 장애물은 별로 없었다. 단지 그 자신이 유태계 체코인이고 또 그렇게 행세하였기 때문에 먼저 유태인 사회에서 인정받는 것이 급했다. 그리하여 그는 프라하의 유태인 공회당의 운영위원회에 가입하였다. 그리고 그의 자식들을 모두 독일어 사용 학교에 보냈다.

그러니 프란츠 카프카는 유태인 가정 출신으로 체코 사회에서 상류계층인 독일계 지식인들에 동화되어야하는 삼중고(三重苦)를 겪으며 성장하였다. 1889년 9월 15일부터 4년간 카프카는 '독일 초등학교'를 다녔다. 그 학생들은 과반수가 유태계였고 그 교사진은 오스트리아 다민족 국가의 축소판이었다. 카프카가 1학년, 3학년, 4학년 때에는 담임선생이 유태인이었고, 2학년 때에는 체코인이었고, 교장은 독일인이었다. 그 초등학교 시절 내내 후고 베르크만(Hugo Bergmann)이 그의 급우였다. 1893년부터 1901년에 걸쳐 카프카는 베르크만과 함께 '알트쉬타트 독일 인문고등학교'에 다녔다. 이 학교에서는 아직 인문주의 전통이 살아 있어 라틴어와 희랍어를 포함한 고전교육이 위세를 떨쳤고, 학생들은 그 밖에 체코어와 불란서어를 배웠다.

1897년에 유태인 학생들은 정치적 시온주의(Zionism)의 결단을 강요받았다. 카프카와 가깝게 지내던 베르크만은 그러한 운동을 지지하고 시온주의자가 되었다. 그러나 카프카는 그것을 거부하고 사회주의자가 되었다. 독일계 상류층에 동화하려는 유태인들에게는 시온주의의 민족주의적 경향은 위협적으로 느껴졌다. 그리하여 프라하의 유태인 사회에는 대립적인 긴장이 감돌았다. 그러한 정치적 입장 차이에도 불구하고 베르크만과 카프카는 그들의 우정관계를 유지하였다. 카프카가 고등학교를 다니는 동안 그는 또한 오스카 폴락(Oskar Pollak)과도 친교를 맺게 되며, 이들은 서로에게 많은 자극과 영향을 주었는데, 특히 그들은 사상가로서는 다윈, 니체, 스피노자를 선호하였다. 또한 그 당시 카프카가 받은 독일어 수업은 그에게 광범위한 문학교육을 부여했을 뿐만 아니라 그의 작가적 발전에도 상당한 영향을 마친 것으로 추정된다. 즉 그의 작품세계에는 괴테, 쉴러, 헵벨, 헤벨, 그릴파르처, 뫼리케, 쉬티프터, 샤미쏘, 울란트 등과 연관되는 많은 흔적들을 엿볼 수 있다.

1901년 7월 카프카는 인문 고등학교를 졸업하고 프라하에 있는 '독일

대학(Karl Ferdinands Universität)'에 진학하였다. 그는 폴락과 베르크만과 마찬가지로 소위 '유태인 과목'이라고 일컬어지는 법과 의학 중에서 법을 전공으로 선택했다. 한 때 독일문학 강좌에 흥미를 느끼며 뮌헨 대학으로 유학할까도 생각했으나, 그것은 성사되지 못하였다. 1903년 그는 벌써 '법의 역사'과목에 대한 국가시험에 합격하였고, 그 후 세 번 더 자격시험을 거쳐 1906년 6월 18일 법학박사(Dr. Jur.)학위를 받고 그의 학창시절을 끝마치게 된다.

그 시절 그의 문학적 관심을 살펴보면, 1902년경 문예지 『노이에 룬트샤우』(Neue Rundschau)를 통해 토마스 만의 『토니오 크뢰거(Tonio Kröger)』를 알게 되었다. 또한 작품낭독과 담론을 위한 독일학생의 모임에 자주 참석해서, 그 당시 젊은 문인들인, 브로트(Max Brod), 데에멜(Dehmel), 릴리엔크론(Liliencron), 마이링크(Meyrink), 오스카 비이너(Oskar Wiener)의 자작 낭독을 들었다. 그는 곧 그 모임의 회원이 되고, 1904년에는 폴락의 후임으로 그 모임의 문예기자가 된다. 그는 또한 1902년 이 모임의 니체 강연회 때에 막스 브로트와 개인적으로 친하게 된다. 막스 브로트는 일찍부터 천재로 소문날 정도로 뛰어난 지성을 가진 친구였다. 그는 평생 수십 권의 책을 쓰게 되지만, 무엇보다 카프카의 유고(遺稿)들을 정리하여 출판하며 적극적으로 세상에 알린 카프카 소개자로 더 유명해진다. 이 모임은 동시대 작가들의 작품을 포함하여 다량의 도서를 소장한 도서관을 운영하였고, 카프카는 1906년 무렵까지 그 곳에서 열리는 행사에 참석한다.

카프카는 대학을 졸업한 후 보수도 없이 1906년 4월 1일부터 10월 1일까지 프라하의 외삼촌 리햐르트 뢰비 박사 사무실에서 서기로서, 1906년 10월 1일부터 1907년 10월 1일까지는 프라하 지방법원에서 시보(試補)로서 근무한다. 시보로서의 한 해는 국가공무원직에 임하기 위하여 의무적이었다.

1907년 카프카는 대학을 졸업한 후 아버지로부터 경제적으로 독립하기 위해 그는 마드리드에서 살고 있는 그의 다른 외삼촌 알프레드 뢰비의 주선으로 여러 나라에 지사를 두고 있는 이탈리아계 보험회사(Assecurazioni General)에 자리를 얻는다. 그는 한 달에 80크로네(Krone)를 받는 박봉으로 아침 8시에서 12시까지, 오후 14시부터 18시까지 정상근무와 수당이 없는 과외근무도 해야 했다. 그는 글을 쓰기 위한 여유를 내기가 힘든 노동조건에 불만족하여 1908년 2월부터 5월까지 프라하의 사업전문학원에서 노동자보험에 관한 강좌를 듣고 사정관이 되는 자격증을 딴다.

그리하여 그는 1908년 7월 30일 반관반민의 '프라하 보헤미아왕국 노동자 재해 보험국(AUVA)'에 보조 관리로 채용된다. 그는 그 직장에서 그의 우수한 기안(起案)능력을 인정받아 순조로운 진급을 한다. 그의 봉급은 얼마 안 있어 먼저 직장에서 받던 것의 세 배 가까이 되었고, 지금의 독일 돈으로 환산하면, 카프카의 1912년 봉급은 1970년 독일연방공화국의 참사관이 받는 봉급과 맞먹는다고 한다. 오전 8시 출근, 오후 2시 퇴근이었기에 일과 창작을 병행 할 수 있었다. 그는 폐결핵의 악화로 1922년에 조기 은퇴를 할 때까지 노동자 재해보험회사에서 계속 근무했다. 그는 퇴근 후면 한숨 잔 후 밤에 일어나 새벽까지 글을 쓰곤 했다. 문학이라는 이상(理想)과 생업이라는 현실(現實)을 철저하게 분리시킨 카프카의 고된 이중생활은 그렇게 이어졌다.

카프카는 내적인 의무인 글쓰기와 외적인 의무인 생업유지의 직장생활간의 이중생활을 잘 버텨냈지만, 완전히 글쓰기에 전념 할 수 없는 현실에 굴복하지 않기 위해 끊임없이 자신을 채찍질해야만 했다. 늘 분주한 직장생활과 소란스런 집안 분위기 속에서 그는 혼자만의 여유를 갈망했다. 그가 꿈꾸던 가장 좋은 삶은 지하실의 가장 깊숙한 곳에 틀어박혀 글을 쓰는 것이었다. 카프카에게 글쓰기는 구원의 빛과도 같았다.

1922년 폐결핵으로 조기 은퇴 후 프란츠 카프카는 처음에는 월 884크로네(Krone)를, 그 다음에는 1000크로네를 연금으로 받는다. 그는 1923년 9월 말부터 베를린 근교에 아파트를 얻어 생활을 한다. 그러나 그가 그 당시 빈곤과 인플레로 허덕이던 독일에서 겪었던 그 해 추운 겨울은 그의 병세를 악화시키고, 그는 결국 1924년 6월 3일 지병인 폐결핵으로 비엔나 근교인 키얼링(Kierling)의 한 요양원에서 타계했다.

프란츠 카프카의 연애와 작품 활동을 살펴보면 스물아홉 살이던 1912년, 다섯 살 연하인 펠리체 바우어(Felice Bauer)와 수백 통의 연애편지를 주고받으며 1917년까지 관계를 이어가지만, 결혼은 이루어지지 않았다. 카프카에게는 결혼이 아버지로부터 안정을 이루는 것이기도 하지만, 문학적인 삶의 절대조건인 글을 쓸 수 있는 고독을 상실하는 원인이기도 했다. 그 불안감을 끝내 극복하지 못했던 것이다. 그러나 카프카가 펠리체 바우어를 사귀며 내적으로 번민하던 1912년부터 1917년까지, 그의 창작 활동은 오히려 활발하게 타올랐다. 그녀와 연애하고 있는 중에 카프카는 단편 『선고』와 중편 『변신』, 『유형지에서』, 『시골의사, 짧은 이야기들』을 썼고, 장편 소설 『소송』을 집필했다. 카프카는 그의 생전에 오직 다섯 권의 책만을 출판했다.

1913년에 『선고, Das Urteil』, 1915년에 『변신, Die Verwandlung』, 1917년에 『학술원에 보내는 보고, Ein Bericht für eine Akademie』, 1919년에 『유형지에서, In der Strafkolonie』, 1920년에 『시골의사, 짧은 이야기들, Ein Landarzt, Kleine Erzählungen』이다. 카프카의 친구들 중에는 그가 오늘날 그의 명성의 토대를 이룬 장편 소설인, 『실종자, Der Verschollene』, 『소송, Der Prozeβ』, 『성, Das Schloβ』의 집필 작업에 임하고 있었다는 사실을 알고 있는 사람은 몇 안 되었다.

펠리체 바우어 후에도 카프카의 삶에는 세 명의 여인이 더 등장한다. 갑자기 그에게 찾아온 결핵으로 고생하던 생애 마지막 5년 사이에 뜻하지 않은 사랑들이 맺어진다. 서른여섯 살이던 1919년엔 결핵요양을 위해 머물던 곳에서 만난 유대인 구두수선공의 딸이자 미용사인 율리에 보호리제크와 갑자기 약혼을 했으나 1년도 안 돼 파혼한다. 그리고 다시 그의 작품을 체코어로 번역해야 하는 일로 알게 된 여성 밀레나 예젠스카(Milena Jesenska)와 사랑에 빠진다. 밀레나 예젠스카는 카프카의 병세가 악화되면서 그 관계도 오래가지 못했다. 그러나 밀레나 예젠스카는 카프카가 사귄 여인들 가운데 유일하게 카프카의 문학과 고뇌를 깊이 이해했고, 카프카가 죽은 후에 감동적이고 아름다운 추도사를 남기기도 했다.

카프카의 죽음을 지킨 여인은 그보다 스무 살이나 어렸던 도라 디아만트(Dora Diamant)였다. 병세가 조금 호전된 카프카는 1923년 발틱해(Baltic Sea)의 한 해수욕장에서 도라 디아만트를 만나게 된다. 그녀는 진지하면서도 고독한 여성이었지만 청춘다운 발랄함과 열정으로 카프카를 사로잡았다. 카프카는 그녀와 살기로 결심하고, 조용한 베를린 교외에 살림을 차렸다. 베를린은 카프카가 살고 싶어 하던 꿈의 도시였다. 그곳에서 카프카는 도라 디아만트와 지내면서 마지막 창작 활동에 몰두하여 단편 「굴」, 「작은 여인」등의 작품을 쓰기도 했지만, 동시에 많은 작품을 없애버리기도 했다. 그러나 다시 악화되기 시작한 병은 그에게 소박한 행복을 허락하지 않았다. 그는 결국 프라하로 다시 돌아와야만 했고, 거기서 마지막 작품이 된 단편 『가수 요제피네, 혹은 쥐의 종족』을 썼다. 1924년 초여름, 카프카는 빈 교외 키얼링(Kierling) 요양원에서 그의 책 『예술가, Ein Künstler』를 교정하던 중에 숨을 거두고 만다.

카프카는 1924년 그가 폐결핵으로 죽기 전에 그의 친구인 작가 막스 브로트(Max Brod)에게 유언을 통해 그의 유고들을 모두 소각할 것을 위임했지만, 막스 브로트는 카프카의 작가정신을 보다 높게 이해하고, 그의 소원을 들어 주지 않고 그 유고들을 편집하여 1920년대 후반에 출판하였다. 오늘날 현대문학의 걸작으로 칭송 받는 장편소설 『소송』과 『성』도 모두 소각될 운명으로부터 생존한 유고 작품이었던 것이다. 그 책들은 곧 외국어로 번역되어 파리, 런던, 뉴욕에서 출판된 반면, 나치통치하의 독일에서는 자취를 감추게 되었다. 카프카에 관련된 많은 문서들이 나치 통치하에서 소각되었지만 제2차 세계대전이 끝난 1945년 이후로는 그의 작품의 진솔함과 논리적이면서도 불가사의한 소설 구조의 매력이 많은 독자들과 더불어 여러 분야의 많은 평론가들의 마음을 사로잡았다. 카프카에 대한 연구는 세계적으로 너무나 방대하여 이제 카프카의 명성은 그지없이 높아져 그에 관한 문헌을 연구하는 데만 한 평생이 걸릴 정도이다.

1) 프란츠 카프카의 작가정신

작품 『변신』으로 카프카의 작품세계를 대변한다고 해도 과언이 아니다. 그것은 1912년 『선고』가 씌어 진 후 이삼 개월이 지난 시점인 11월과 12월에 걸쳐 집필된다. 『선고』는 1913년에, 『변신』은 1915년에 발표된다. 이 작품들은 각기 아버지로부터 배척받은 아들의 고뇌를 그리고 있다.

"내가 쓴 글은 당신에 관한 것입니다. 저는 거기서 제가 당신의 품에 안겨 하소연할 수 없었던 것만을 하소연했습니다."라고 프란츠 카프카는 1919년 『아버지께 드리는 편지, Brief an den Vater』에서 고백하고 있다.

"가장 사랑하는 아버지 Liebster Vater"라고 시작되는 그의 편지는, 아버지의 품에 안겨 울면서 해소할 수 있는 길이 막힌 상황에서, 그 응어리를 문학적 형식을 빌려 표현하고 있다. 그는 오랜 세월을 주저하며 그의 언어를 통한 결판의 날을 기다려 왔다. 그리하여 그는 계속하여 진술한다. "그것은 고의적으로 길게 늘려 잡은, 당신과의 작별이었는데, 그것이 당신이 획득한 것이지만 제가 정한 방향에서 진행되었습니다."[3) 『아버지께 드리는 편지』는 그 감수성이 예민했던 한 자식이 강건하고 독단적인 아버지와 다정다감하고 사려 깊은 어머니 사이에서 겪었던 가정의 어려운 상황을 잘 반영하고 있다.

또 이러한 상황은 카프카가 쓴 『변신』에도 부분적으로 부각되어 있다. 여기서 우리는 카프카의 전기적 상황과 그의 작품세계를 구별 지어 고찰할 필요가 있다. 지금까지 나온 카프카에 대한 많은 해석들은 매우 다양하고 상호 모순되는 경우도 적지 않다. 따라서 많은 연구가들은 카프카 자신이 던져 주는 단서들을 찾아, 그의 일기장, 서신, 그와의 대화 등의 자료를 조사하고 연구한다. 또 그들은 전기적 상황과 문학적으로 서술된 상황 사이에 일치성을 제시한다. 전기적 현실과 시적 현실에 설정하는 등식관계는 일치되지 않을 수도 있다. 물론 카프카의 전기적 사실이 그의 작품 속에 용해되어 나타나 있음을 주시함으로써 그 작품을 이해하는 데에 도움을 줄 수 있다.

카프카는 『아버지께 드리는 편지』를 결코 우편으로 부치거나 간접적으로 전달하기 위하여 누구에게도 건네주지 않았다. 그는 훗날 그것을 1920년 그와 매우 가깝게 지냈던 여자 친구 밀레나 예젠스카(Milena Jesenska)에게 맡겨 놓았다. 그러니까 그 편지는 그와 그의 아버지와의 관계에 어떤 영향도 끼치지 않았고, 다만 그의 내면적 전기로서, 한 문학 작품으로서 그의 작품 대열에 끼게 되는 것이다.

『변신』에 대한 독문학자들의 기본적 해석들을 살펴보자. 베노 폰 비이제(Benno von Wiese)는 이 중편을 '자아의 실존재난'과 '가족의 기능 상실', 즉 가족 못지않게 그레고르도 난파한 것이라고 규정한다. 빌헬름 엠리히(Wilhelm Emrich)는 그레고르의 최후를 "그레고르가 갑충으로 변신된 것의 궁극적 의도는 자유로의 탈출이다. 그의 죽음은 파멸일 뿐만

---

3) Franz Kafka, *Brief an den Vater*, P. 15

아니라 또한 해방이라고도 인식한다. 그레고르는 그 자신의 죽음을 수긍한다. 그는 그 자신과 또 세계와 화해한 채 죽는다."[4]고 했다.

카프카의 문학 추구에는 그의 소시민적 환경과 작가적 지향성 사이에서 발생하는 심리적 갈등이 부담으로 작용하였다. 그는 그 모든 장애를 물리치고 작가적 자각 속에서 글쓰기를 통해 그의 존재의 의미를 실현해 나가고자 하였고, 그의 이러한 작가정신은 그의 작품 곳곳에서 중요한 소재를 이루고 있다.

그는 그의 주변세계와 내면세계의 긴장관계를 들어내어 주는 다음과 같은 말은 1912년 일기장에 적고 있다 : "나의 내면에 있는 모든 힘들이 글쓰기에 집중된다는 것은 쉽게 인식될 수 있다. 글쓰기가 나의 유기적 본질이 취할 수 있는 가장 생산적 방향이라는 것이 분명해졌을 때, 모든 것은 그 방향으로 쏠렸고, 따라서 섹스, 먹는 것, 마시는 것, 철학적 숙고, 특히 음악의 기쁨들에 향해 있던 능력들은 방치되었다. 물론 나는 이 목적을 독립적으로 또 의식적으로 발견한 것이 아니고, 그것은 저절로 얻어진 것이었다. 그것은 이제 오직 사무실에 의해서만 방해받고 있는데, 방해치고는 철저한 것이다. 나의 발전은 이제 성취되어 있고 현재 입장으로는 더 이상 희생할 것이 없는 고로, 나는 나의 참다운 생활을 시작하기 위해서는 직장에서의 일마저 그 복합적 상황으로부터 내던져 버리면 된다."고 했다.

카프카는 그의 일기와 친구 막스 브로트에게 한 편지들의 이곳저곳에서 그의 작가적 재능과 목적에 따른 많은 애로사항들을 언급하고 있다. 그가 작가이면서 글을 쓸 수 없게 된다면, 그는 정신적으로 굶주리게 되고 그런 기간이 장기화 된다면 그로 인해 황폐 속에서 미쳐버릴 것이라고 생각하였다. 글쓰기는 그에게 정신적 양식이었다. 그래서 그는 그러

4) Franz Kafka, *Die Verwandlung,* P. 41

한 양식을 그의 고독 속에서, 또 그의 내면세계에서 찾아야 했다. 그는 1913년 8월 21일자 일기에서 다음과 같이 적고 있다 : "문학과 글쓰기에 관계되지 않은 모든 것을 나는 미워하며, 남과 대화를 나눈다는 것은, 문학에 관한 것이라 해도, 나를 지루하게 만든다. 사람을 찾아다니는 것도 친척들이 기뻐하고 슬퍼하는 것들도 나를 지루하게 한다. 그러한 대화들은 내가 생각하는 모든 것으로부터 중요성, 진지함, 진실을 빼앗아간다." 고 했다.

카프카는 그의 내면세계와 외부세계를 철저히 분리시켰다. 따라서 그의 작품세계에서는 외부의 경험세계에서 연유하는 심리적 갈등을 재현하는 것이 아니라, 실존적 존재로서의 주인공들이 외부세계의 저항에 부딪히면서 경험해가는 정황이 서술될 뿐이다. 그의 문체는 그 내용면에서는 언제나 소외된 분위기를 형성한다.

카프카의 창작과정은 먼저 그 자신을 외부세계와 절연시켜 내면에서 외부를 관찰할 수 있는 분위기를 형성하고 그 속에서 영감을 찾는 것인데, 그것이 언제나 쉽게 이루어지는 것은 아니었다. 1914년 8월 6일자의 일기장에 적혀 있듯이, 그는 그의 창작력이 사라져 버린 것이 아닌가 하는 의아심에 잠겨 그의 상상의 날개를 펴 끊임없이 저 정상까지 올라가 보나 그 높은 곳에서 한 순간도 가만히 지탱할 수 없다고 한다.

카프카는 그보다 한 세대 후에 태어난 고트프리트 벤(Gottfried Benn)이 기술한 '이중생활(二重生活)'을 영위하였다. 그는 한편으로는 그의 직장생활을 매우 충실히 이행하였고 그의 집무능력을 잘 인정받았지만, 다른 한편으로는 그를 정신적으로 지탱해 주는 것은 글쓰기로서의 문학 활동이었다. 그러니 그는 그의 가족과의 관계에서 갈등을 경험하지 않을 수 없었다.

이 갈등은 여러 가지 양상으로 나타났다. 먼저 그의 육체적 에너지의 측면에서 살펴볼 때, 그는 거의 언제나 잠이 부족한 상태에서 살았다.

그의 피곤한 얼굴 표정과 말수가 적은 것은 누구보다도 그의 아버지의 마음에 들지 않았고, 아버지는 그 모든 것이 아들의 문학적 취향에서 기인한다고 생각하였으니 그러한 생활태도를 용인하지 않았다. 그는 아들이 오후의 시간을 좀 내서 자기가 경영하는 공장의 운영을 돌보아 줄 것을 요구하곤 했지만 프란츠는 그의 귀중한 시간을 그렇게 소비하고 싶지 않아 쉽게 응하지 않았고 이는 부자간의 언쟁으로 이어졌다. 이러한 언쟁이 있었을 때면 프란츠는 탈출구를 찾듯 창문에 서서 밖을 내다보곤 했다. 이러한 맥락에서 1912년 10월 8일 친구 막스 브로트에게 보낸 편지에 다음과 같이 적고 있다. "나는 한참 창 옆에 서서 유리창에 몸을 바짝 붙이곤 했었는데, 나의 추락으로 저 다리 위에 있는 세관원을 놀래주는 것이 어떨까 하는 생각이 때때로 들었다. 그러나 나에게는 생명을 부지하는 것이 죽음보다는 나의 글쓰기를 덜 방해하는 것이고, 내가 소설 집필하는 사이 두 주일 동안은 그럭저럭 공장에서 보내고 그로 인해 만족해 하시는 부모님을 마주 대하며 활동하며 살 것이란 생각이 들었다."

카프카의 목표는 문학에 가능한 모든 시간을 투입한다는 것이었는데, 많은 경우 위의 인용문에서도 나타나듯이 그는 주위의 저항에 부딪혀 타협하지 않을 수 없었다. 그는 1911년 12월 14일자의 일기장에 다음과 같이 적고 있다. "나는 내게 문학을 위해 온 시간을 활용할 수 있는 능력이 없음을 선고했다." 문학은 그에게 생명과도 같은 것이었지만 그로 인해 많은 희생을 치러야했다. 그는 막스 브로트에게 보낸 1922년 7월 6일자의 편지에서 '글쓰기는 감미롭고 경이로운 보상이지만 그 대가는 악마에 대한 야간 봉사'라고 적고 있다.

그의 문학 활동에 대해 별다른 관심도 없었고 그의 문학세계를 이해하려고 하지도 않았던 아버지와의 반목도 이와 같은 맥락에서 이해될 수 있는데, 그 부자간의 갈등관계를 그는 『아버지께 드리는 편지』에서 소상히 기술하고 있다. 또한 그는 결혼을 세 번씩이나 시도해 보았지만 그 자신 결혼이 그의 글쓰기의 종말을 뜻한다고 확신하고 있었기 때문에 결국 포기할 수밖에 없었다. 그는 그의 작가적 순수성을 유지하기 위하여 그러한 이상을 향하여 그의 주위세계와 끊임없는 싸움을 해야만 했고, 이러한 투쟁의 주제가 그의 주요 소설들에 나타나 있다. 그 밖에 그의 소설들은 개인적 행복, 사회정의, 자식 된 도리, 가족의 잔인성, 관료체제의 냉정함, 도시들의 비참 등을 소재로 다루고 있으며 또한 은연중에 인간의 소외를 주제로 제시하고 있다.

카프카의 언어는 프라하의 독일어 사용 소수 지식층 사이에서 구사된 독일어에서 유래하였기에, 예컨대 토마스 만의 언어구사에 비하면, 그 어휘의 제한성이 엿보인다. 또한 그 무미건조한 프라하 독일어에는 일반인들이 사용하는 언어나 방언이 지니는 직접적 친근함이나 부드러움이 결여되어 있다. 그 대신 카프카의 정확한 단어와 이미지의 선택은 그 명료한 문장구조와 더불어 언어의 원초적 함축미가 있어 연상 작용(聯想作用)을 풍부히 일으킨다.

카프카는 특히 어원(語源)에 관심이 많아 『변신』의 첫 문장에 나오는 '흉칙한 해충(ungeheueres Ungeziefer)'이라는 표현은 접두어 'un-'의 반복을 통하여 그 부정적 의미를 더 한층 강조하고 있다. 즉 어원상 '흉칙한(ungeheuer)'은 평안한 감을 주지 못하는, 즉 가정에 속할 수 없는 존재라는 뜻을 함축하고 있고, '해충(Ungeziefer)'은 제물로 바치기에 부적당한 불결한 동물, 즉 신의 질서 속에 설 자리가 없는 동물을 의미한다. 그 주인공 그레고르 잠자(Gregor Samsa)가 어느 날 아침 깨면서 자기가 '흉칙한 해충'으로 변해 있음을 발견했을 때 그는 이미 이 세상에서 완전히 소외된 존재가 되어버린 것이다.

카프카에게 있어 작가의 길은 돌이킬 수 없는 소외 속에 던져지도록 유죄판결을 받는다는 것을 의미한다. 어떤 '흉칙한 해충'에 대해 쓰고 있는 것은 카프카가 본질적 감각을 통해 그 자신에 대해 쓰고 있는 것과 마찬가지다.

카프카는 허구와 실제 사이의 일정한 간격을 의식하며 그것을 미학적 공간으로 활용하고 있다. 즉 작가가 된다는 것은 한편으로는 시민성을 상실하고 시민사회에서 추방되는 것과 같은 신세이다. 다른 한편으로는 그의 작품 속에서 한 주인공의 죽는 과정이 처절히 묘사되어 있다 해도 작가인 그 자신은 살아남아서 그 의미를 되 세기며 누리는 것이다. 그러한 문학적 허구성을 카프카는 1914년 12월 13일자의 일기에 다음과 같이 쓰고 있다. "그런데 나의 임종침상(臨終寢牀)에 평안히 누워 있을 수 있을 것이라고 믿고 있는 나에게 그러한 장면들은 은밀하게 구성된 즐거운 연극인 것이다." 카프카의 세계에 있어 허구성은 황당무계(荒唐無稽)한 것이 아니고 불가침의 영역 속에서 어떤 형이상학적 실체를 암시하고 있고, 그 실체의 진리 앞에서는 사실적(事實的)인 것이 오히려 허위로 드러난다. 또한 그 형이상학적 실체는 언제나 현상으로 나타나는 가능성을 지니고 있다.

카프카는 늘 자신이 미학적 가상(假想)과 사회적 현실의 상호 삼투(滲透)적 경계에서 머물고 있음을 의식하였다. 그는 그의 작가적 운명을 그의 친구 막스 브로트에게 한 1922년 7월 5일자의 편지에서 다음과 같이 적고 있다. "내가 허구로 엮어 온 것이 실제로 일어날 것이네. 나는 글쓰기라는 대가를 치루면서도 나 자신을 자유롭게 만들지 못했네. 나는 일평생 죽은 것이나 다름없이 지냈고 이제는 정말 죽을 것이네. 나의 삶은 다른 이들의 삶보다 더 달콤하였으니, 나의 죽음은 그만치 더 처절할 것이네. 내 안에 있는 작가는 물론 곧 죽을 것이네. 왜냐하면 그러한 작가는 발판도 없고, 건더기도 없는가 하면, 하다못해 흙으로 빚어진 것도 아니라네. 그것이 작가라는 거지."

제2차 대전 후에 카프카의 독자들은 대체로 그들이 처해 있는 산업사회에서의 소외를, 특히 정치적이고 사회적인 소외를 경험하였기에 카프카의 소외된 세계를 그러한 시각에서 이해하고자 했다. 물론 카프카는 현대인들의 소외현상을 어느 작가 못지않게 그의 작품 속에 반영하고 있지만, 무엇보다도 소외현상으로서 작가의 존재를 소재(素材)화하는 데에 그의 관심이 집중되어 있음을 간과해서는 안 될 것이다.

카프카의 명성과 문학사적 위상관계를 살펴보자. 카프카에 대한 비평과 수용은 대체로 그의 작품이 출판되기 시작한 시기로부터 1935년까지의 제1기, 망명문학으로서의 제2기, 1945년 이후 독일어권으로의 복귀가 이루어진 제3기 등으로 구분 지을 수 있다.

제1기 동안에 카프카의 단편들은 보헤미아(Bohemia)지방의 유력 일간지와 문예지에서 무질(Musil), 투콜스키(Tucholsky), 발첼(Walzel)을 포함한 탁월한 문필가들로부터 매우 좋은 서평을 받았다. 당시 체코를 동서로 나누어 동부를 체코명으로 모라바라 부르고, 서부를 체히(Cechy)라 부르는데, 이 체히를 라틴어로 보헤미아, 영어로 보헤미아, 독일어로 뵈멘(Böhmen)이라 했다. 카프카의 사망 이후 그의 유고를 출판하는 작업이 진행되었다. 그러나 나치의 문학정책은 유태계열의 문학 활동에 대해 일찍부터 위협적이어서, 카프카의 수용은 지역적으로 한정되었고, 또한 점차로 더 위축되었다. 히틀러의 보헤미아 진군이 임박했을 때, 최초 카프카 전집의 마지막 두 권이 출간되었고, 막스 브로트 등 유태인 작가들은 카프카의 작품을 가지고 불란서, 영국, 미국으로 망명하였다. 그리하여 1940년 이전에 미국에서는 카프카의 세 소설과 단편들이, 불란서에서는 『심판』, 『성』과 단편집이 영어와 불어로 번역되어 출간되었다. 토마스 만을 비롯하여, 미국에 온 독일 망명 작가들은 카프카 보급에 힘썼다.

1945년 카프카 작품들은 연합국 문학계의 성원에 힘입어 독일어 영역에 귀환한다. 그의 작품은 궁핍한 전후 상황에 적절한 문화적 대응으로 선전되고 또 그렇게 수용된다. 한편 그의 작품은 그 당시 불란서에서 까뮈와 사르트르에 의해 초현실주의적으로 또는 부조리적 내지 실존주의적으로 해석되곤 하였다. 또한 브로트의 독특한 카프카 해석은 유태교적 전통의 맥락에서 카프카의 작품세계를 신학적 종교적 차원과 죄, 은총, 구원과 연관 지었다. 다른 한편 영국으로 이주한 프로이드와 그의 정신분석학의 성공에 발맞추어, 카프카의 작품은 정신분석학 내지 심리학적 접근방식에 매우 적합하다고 간주되었다.

그러나 지난 2~30여 년 간의 연구 결과에 따르면, 이러한 다양한 연구방법들은 그 유효성의 한계를 드러내었다. 즉 카프카는 말하자면 키에르케고르적 구도자도, 사르트르적 실존적 결단을 믿은 실존주의자도, 또는 까뮈적 부조리의 세계에 자족한 작가도 아님이 분명해졌다. 일부 문학 비평가들은 카프카의 문학을 표현주의 범주에 포함시키고자 하였다. 그러나 표현주의 작가들은 이제 별로 읽히지 않아도 카프카는 전 세계적으로 읽힐 뿐만 아니라, 그의 산문은 독일고등학교 교과서에서 고전적 위치를 점하고 있다. 즉 카프카의 작품 속에는 그 어떤 이념체계나 사조(思潮)에 의해 충분히 파악되지 않는 요소가 있다. 그것이 바로 그의 예술성이다.

카프카 문학의 어떤 국면도 깊이 연구되거나 또는 적어도 언급되지 않은 것이 없을 정도로 그에 관한 연구 물량은 방대하다. 따라서 카프카는 독일문학사상 토마스 만과 함께 독일 현대문학의 쌍벽을 이루고 있고, 동시에 세계적 작가로서도 그 위상을 확립했다고 볼 수 있다.

2) 카프카의 소설 『변신』의 개요(槪要)

소설 『변신』은 세 부분으로 나뉘어져 있다. 이 소설의 이해를 위해서 나누어진 세 부분에 대해서 단계적으로 고찰하는 것이 적절하다고 본다. 첫째로 소설 플롯의 진행은 일상적인 것과 이변적(異變的)인 것의 대결을 통해 아주 소상히 재현된다. 그 첫 문장부터 어떤 뜻밖의 부정적 변화를 지칭하는 어휘들인 '불안한', '흉측한', '벌레'들이 등장한다. 여기서 변신은 우선 겉보기에 부정적으로 표현되어진다. 그런데 세계문학사상 변신의 모티브(motif, 主題)는 고대의 신화, 민속동화 등으로부터 단테와 괴테를 거쳐 현대에 이르기까지 하나의 문학전통을 이루고 있다. 전형적 변신의 형식들은 자기변신과 더불어 징벌에 의한 변신 또는 제거, 구원의 변신이 있다. 본 소설의 주인공 그레고르 잠자의 변신은 어떻게 이해되어야 할지가 연구감이다. 둘째로 갑충 같이 된 주인공은 그 변신으로 인간적 본질을 상실하여 버리지는 않지만, 변신과 더불어 동물적 체질과 기능을 새로 얻는다. 이러한 점에서 주인공이 변신 후에도 가족들로부터 어느 정도 가족의 일원으로서 취급받다가 끝내는 물건(物件)이 된 '그것'으로 전락(轉落)하여 죽음을 맞이하는 이야기다.

(1) 제1부

주인공의 이름 그레고르 잠자는 카프카 자신을 가리키는 암호로 간주할 수 있다. 주인공의 성(姓) 잠사(Samsa)는 카프카(Kafka)와 동일한 자음의 수와 모음을 지니고 있다.

먼저 제1부의 줄거리를 살펴보자. 주인공 그레고르는 꿈자리가 사납고 불편했던 잠에서 깨어나며 자기가 거대한 갑충 같은 벌레로 변해 있음을 알게 된다. 그레고르 자신은 그의 변신에 대해 의아함을 금치 못한다. 즉 "내게 무슨 일이 생긴 것일까?" 그런데 "그것은 꿈이 아니었다."[5] 이 대목은 그레고르의 관찰이 사실성(事實性)에 입각해 있음을 알 수 있다. 그가 출근 시간에 맞추어 일어나지 못한 것을 뒤늦게나마 만회하려고 하지만 그의 의도는 좌절된다. 시간은 흘러가고 급기야 온 가족이 동원되어 그의 출근을 독촉한다. 게다가 그의 직장의 지배인이 도착하여 그의 근무태만에 대해 지금까지의 그의 근무실적을 문제 삼으며 해명을 요구한다. 그 지배인의 등장은 그레고르에게 가족 내에서 그가 차

5) Franz Kafka, *Die Verwandlung*, P. 1

지하는 위치를 위협하는 힘으로 작용한다. 그리하여 그는 지배인과 의사소통을 하려고 그의 방의 잠긴 문을 턱의 힘으로 힘들게 연다. 그가 거실로 나오려는 순간 그 지배인은 그의 모습을 보고 '앗' 소리를 내며 뒷걸음쳐 도망간다. 그의 어머니도 그 광경을 보고 거실바닥에 주저앉아 망연자실(茫然自失)하고 그의 아버지도 가슴을 들먹이며 울기 시작한다. 그러나 가족의 경제적인 부양자로서의 그레고르의 기능이 완전히 상실된 것을 알게 된 아버지는 적개심을 드러내기 시작한다. 그리하여 그는 위협적인 쉬쉬 소리를 내며 그레고르를 그의 방으로 몰아넣는다.

『변신』의 첫 문장에서 우리는 주인공이 중심이 되는 시점(視點)인 1인칭 서술시점(first person narration)이[6] 형성됨을 알 수 있다: "…깨어났을 때, 자신이…해충으로 변신되어져 있음을 보았다." 이 문장표현은 전체 이야기의 시점을 형성하는 데에 있어 처음부터 모든 진술이 주인공 그레고르 잠자와 그의 의식에 관련지어지고 있는 것을 고려하면, 1인칭 서술시점이다. 즉 본 소설의 기본시점은 주인공의 시점과 의식에 근거하고 있다. 그러나 그렇다고 하여 그것이 본 소설의 시점의 전부는 아니다. 즉 카프카가 이야기의 진행 중에 개입하여 어떤 평을 곁들이는 작가관찰자 시점(auther observer narration)도[7] 있다.

작품 『변신』에서 주인공이 의식하고 있는 것이 이야기 진행의 내용과 다름을 관찰할 수 있다. 그레고르는 그의 가족들이 전처럼 그에 대한 배려를 하고 있는 것이라고 의식하고 있지만, 그들의 태도는 점차로 달라지고 있음이 독자에게는 분명해진다.

그레고르는 그가 변신하기 전까지 가족의 경제적인 부양자로서 생존경쟁 속에 놓여 있었다. 그것은 또한 시간과의 싸움이었다. 이러한 점에서 그가 변신한 직후에도 시간의 경과가 그의 의식 속에 잠재해 있음이

---

6) 박철희, *문학개론*, P.262

7) 위와 같은 책 P. 265

이해된다.

이와 관련하여 그가 택한 '고된 직업'에 대해 생각해볼 필요가 있다. 그는 출장 판매원으로서의 직업을 그가 갈구하는 인간다운 생활과 상반되는 것으로 내심 혐오하여 왔다. 그의 아버지가 사장에게 진 빚만 갚고 나면 사장 얼굴에 사표를 써서 던지리라고 마음먹고 있었다. 그렇다면 그의 직업에 대한 극도의 부담감이 변신을 야기한 것이라고 볼 수 있을지 알아볼 가치가 있다. 여기서 바람직한 인간성의 자기실현과 현대 사회의 기계화된 업무 사이에 갈등이 문제화되고 있다고도 볼 수 있다.

제1부에서 그레고르와 그의 가족들의 관계는 각기 상이한 양상을 띠고 있다. 제일 먼저 그의 지각(遲刻)을 알리는 어머니의 목소리를 그가 '저 부드러운 목소리!'[8]라고 지칭하는 것에서 그의 어머니에 대한 각별한 애착을 엿볼 수 있는 반면, 그의 아버지가 '가볍게'라고는 하지만 주먹으로 옆문을 두드리는 행위에서 부자간에 정이 없고 갈등이 있음을 추정할 수 있다. 그레고르가 그의 누이동생 그레테에게는 각별한 애착을 느끼고 있음을 여러 단서에서 쉽게 알 수 있는데, 그녀 또한 그의 오빠에 대한 말투에서 상응한 감정을 가지고 있음을 파악할 수 있다. 그러나 본 소설의 제2부와 제3부에서 이 세 사람의 태도에도 현저한 변화가 생기고 있음을 관찰할 수 있다.

(2) 제2부

여기에서는 비정상적인 것이 일상의 세계에서 얼마나 기이한 상황을 야기 시키느냐에 초점이 맞추어져 있다. 그레고르가 변신한 벌레의 형체는 우리는 알 수 없다. 카프카 자신은 그 소설의 표지에 삽화를 그려 넣으려는 쿠르트 볼프(Kurt Wolff) 출판사에 보낸 1915년 10월 25일자의 편지에서 그 곤충을 그릴 의도가 있다면 단념하라고 하면서 다음과 같이

---

8) Franz Kafka, *Die Verwandlung*, P. 7

말하고 있다. 즉 "그 곤충 자체는 그려질 수 없습니다. 그것은 정말이지 그려질 수 없습니다." 그것은 소설 속에서 그 벌레의 형태에 대한 여러 가지 서술들로 미루어 갑충에 유사한 것으로 추측할 수 있을 뿐이다. 제1부에 침대에 등을 대고 누워 있는 그를 바닥으로 끌어 내리려면 "힘이 센 사람이 두 명"[9]은 필요할 것이라고 그레고르는 생각한다. 그런데 제2부에서는 그 벌레가 천장과 벽 위로 기어 다니는, 마치 지네와 같은 모습으로 서술되어 있다. 따라서 이 문제는 다소 상반되는 서술로 보아, 시적자유(poetic license)의 영역에 속한다고 할 수 있다. 즉 카프카는 변신된 그레고르의 형체를 우리의 상상의 영역 속에서만 존속시키고자 하는 것이다.

우선 변신의 사건 후 처음 한 달 동안은 누이동생이 도맡아 갑충 같은 벌레가 된 그레고르를 돌본다. 그러니까 제2부에서는 마지막 장면만을 제외하고 거의 오직 그녀만이 그 갑충 같은 벌레를 다루어 나간다. 그러나 그녀의 배려와 돌봄도 상호간의 접근을 이루지 못한다. 그녀와 변신된 주인공 사이에 좁힐 수 없는 간격이 생기는 것이다. 그는 그의 누이 앞에서 자기의 추한 모습을 부끄러워하여 가급적이면 자신을 숨긴다. 그는 그의 어머니에게보다 누이동생에게 더 강한 애착을 보이고 있다. 하지만 그의 의도와 누이동생의 의도는 일치하지 않는다. 예컨대 누이동생은 그레고르가 거실로 나오지 못하도록 그의 방문을 닫아 놓는데 그는 자기가 혼자 편히 식사하도록 배려하느라 그녀가 그렇게 하는 것이라 생각한다. 그녀는 그가 먹도록 헌 신문지에 반쯤 썩었거나 조야한 음식을 놓아두지만, 그는 그것을 그의 식욕을 높이려는 그녀의 각별한 관심으로 받아들인다.

하루는 그녀와 그레고르의 어머니가, 그가 그의 방에서 좀 더 자유로

---

9) 위와 같은 책, P. 5

이 움직일 수 있도록 거기에 있던 가구를 치우고자 한다. 그런데 그 방의 벽에는 그레고르가 아끼는 '온통 모피로 감싼 여인의 초상화'가 걸려 있었다. 그는 그 그림만은 치우지 못하게 그 액자의 유리 위에 찰싹 붙어 있다. 그 모습을 본 그의 어머니는 기절하게 되고 그로 인해 한바탕 소동이 일어난다. 한편 그레고르는 그의 어머니를 도울 마음으로 자기의 방에서 나와 그의 누이동생을 따라 거실로 들어가, 하릴없이 벽과 천정을 기어 다니다가 바닥으로 떨어지고 만다. 그 후 얼마 안 있어 그의 아버지는 직장에서 돌아와 그 광경을 목격하고는 조리대 위에 있는 사과들을 집어 그를 향해 마구 던진다. 그 중 한 사과가 그의 등에 꽂혀 박힌다. 그는 그의 아버지에 의해 치명타를 입은 채 겨우 제 방으로 돌아간다. 그 후 그레고르는 스스로 죽으려는 마음을 먹는다. 그는 배고픔을 느끼면서도 별로 식욕이 없는, 서서히 죽음에 이르는 병에 걸렸다고나 할 증상을 보인다. 물론 그레고르가 전혀 먹지 않는 것은 아니지만, 그의 식사가 살기 위한 것인지 아니면 죽기 위한 것인지는 잘 드러나 있지 않는다.

카프카의 문학세계에는 모호성(Ambivalence)이[10] 중요한 특징을 이루듯이, 여기서도 그 주인공이 여러 면에서 모호성을 띠고 있다. 첫째로 그레고르는 그의 변신 직전까지 가족의 경제적인 부양자로서 책임감과 자부심을 느끼며 열심히 일하며 살아왔으나 이제 그가 제구실을 못하게 되자 죄책감을 느끼고 있던 차에 그 날 저녁 그의 아버지는 자신이 파산할 당시 어렵게 건져 은닉해 둔 재산이 있음을 그의 어머니와 그의 누이동생에게 밝힌다. "부친의 이러한 설명은 어떤 점에서는 그레고르가 감금 생활을 시작한 이래로 그의 마음을 위로해 주는 최초의 것이었다."[11] 즉 그가 지금까지 전적으로 가족을 부양해 왔던 것은 절대적 필요에 의

10) 조기섭, *문학의 이해,* P. 197
11) Franz Kafka, *Die Verwandlung*, P. 27

한 것은 아니었던 것으로 판명된 이상, 그는 이제 지나친 죄책감을 느끼지 않아도 된 것이다.

다음으로는 그레고르의 생활이 '감금생활'로 기술되고 있는 점이다. 그의 변신은 한편으로는 고된 직장생활로부터의 해방을 의미하지만, 다른 한편으로는 실제적 삶의 세계로부터 제외되어 있음을 뜻한다. 그 자신은 가족으로부터 독립해 독자적 생활을 꾸릴 수 있기를 갈망하였다. 그것은 이제 아득한 과거의 꿈으로 존재할 뿐이다. 이러한 점에서 그의 변신은 또한 부정적 측면을 지니고 있는 것이다.

그레고르는 일차적으로는 그의 어머니와 아버지에 대한 외디푸스 콤플렉스(Oedipuscomplex)를 지니고 있는 것으로 보이나 이차적으로는 그의 누이동생에 대해 애정을 품음으로써 그 틀에서 벗어나고자 한다. 그 관계를 살펴보면 그레고르가 그의 누이동생에 대해 품고 있는 생각과 행동은 단순히 남매간의 우의보다는 더 진한 애착을 보이고 있다. 예컨대 무엇보다도 그가 "그녀에게 덤벼들려고 한 것이 아닌가 하는" 의혹을 살 행동을 한다든가 "그녀의 목에 입을 맞추어 주리라"는 소망은 그러한 진단을 가능케 한다. 또한 그레고르에 못지않게 그레테도 그에게 애착을 보이고, 또 그를 돌봄에 있어서도 주도권을 행사한다. 그런데 그녀는 이제 그레고르가 벽에 걸린 여인의 그림에 집착하는 것을 보고 배신을 느낀 것처럼 보인다. 그 시점(時點)으로부터 그레고르에 대해 그레테의 태도를 돌변한다. 그레고르는 이제 어디에도 의지하고 설 수 없는 소외의 극(極)에 달하게 된 것이다.

제2부의 마지막 장면은 어머니가 그를 계속 해치려는 아버지를 저지하기 위해 그들이 '완전히 부둥켜안고 있음'을 보여주고 있다. 그것은 잠사 부부의 결합을 보여주는 장면으로서 그레고르의 소외(疏外)를 완결시켜 주는 대목이다.

(3) 제3부

정상적인 것과 비정상적인 것의 대결을 보여주는 제3부에서는 일상적인 세계가 '비일상적인' 것을 격리된 공간 속에만 머물러 있게 한다.

그레고르의 가족은 생활비에 보태기 위해 세 하숙인을 치게 되는데, 그것은 가족 전체의 생활공간을 축소시킨다. 이리하여 그레고르는 점점 더 가족의 관심으로부터 멀어지게 되어 거의 방치된다. 그와 가족 간에 그래도 어느 정도 존재했던 직접적 관계가 이제 완전히 사라진다. 그를 보살피는 일은 한 파출부에게 맡겨진다. 카프카는 그녀를 그레고르와 대조적 인물로 등장시키는데, 그녀는 그녀의 튼튼한 골격의 덕으로 가장 어려운 시련도 극복했을 법한, 활력이 넘치고 뚝심이 센 여자이다. 그녀는 또한 유일하게 그레고르를 '늙은 말똥 풍뎅이'라고 부른다. 집안사람들은 그레고르의 존재를 완전히 무시하여 온갖 잡동사니를 그의 방에 처넣었기 때문에 그는 쓰레기에 싸여 사는 셈이 된다.

그러던 중 누이동생이 하숙인들에게 즐거움을 주고자 어느 저녁 시간에 바이올린을 연주한다. 그녀가 연주하는 음악은 그레고르에게 형언할 수 없는 감흥을 준다. "음악에 이토록 매료당하는데도 그가 아직 동물이란 말인가. 그레고르는 자신이 동경하는 미지의 희망에 대한 길이 열리는 듯한 기분이었다."[12] 그레고르가 음악에 의해 매료당한다는 사실은 그를 일상세계의 대변자라 할 수 있는 하숙인들과 갈라놓는 계기가 된다. 그의 누이동생의 연주를 마지못해 듣고 있는 듯한 태도를 보이고 있는 하숙인들과는 대조적으로 그는 그녀를 바이올린과 함께 자기 방에 데리고 가서 마음껏 그녀의 연주를 감상하리라 결심한다.

이어 다음과 같이 서술된다. "그렇게 되면, 그는 적어도 그가 살아 있는 한, 그녀를 이제는 그의 방에서 내보내지 않으리라. 그의 무서운 형

---

12) 위와 같은 책, P. 35

상은 그에게 처음으로 쓸모 있게 될 것이다. 그녀는 소파 위에서 그의 옆에 앉아 그의 말을 들으려고 귀를 아래로 기울일 테지. 그리고 그는 그녀를 음악원에 보낼 확고한 의도를 갖고 있었고, 그가 이것을 모두에게 말했을 거라고 그녀에게 털어놓으리라. 이러한 설명을 하고 나면, 누이동생은 감동의 눈물을 흘리며 울음을 터뜨릴 테고, 그리하여 그레고르는 그녀의 어깨에 미칠 때까지 자신을 일으켜 세우고 그녀의 목에 입맞춤하리라."[13)]

그레고르가 그의 누이동생에게 끌리고 있음은 설명하기 어려운 모호함이다. 형이하학적인 표현인지 아니면 승화한 정신적 매력인지, 또는 그 누이동생에게 먼저 감각적으로 끌렸기 때문에 그녀가 연주하는 음악에 도취된 것인지, 이 점이 모호함을 띠고 있다고 본다. 또 다른 측면에서는 그레고르가 외디푸스 콤플렉스의 역학관계에서 밀려나 반동적으로 그의 누이에 대해 각별한 관심과 애착을 갖게 된 것이라고 추정해 보아야 할지 모호하다. 그런 점에서 그레고르와 그레테 간에 여인의 초상화를 둘러싼 갈등이 관련되는지 추정된다. 그레테는 그레고르를 보살피는 일을 독점하고자 하는 반면, 그가 그 초상화에 집착하고 있는 것을 목격한 이래로는 그에 대한 배려가 급속히 저하하여 급기야 강한 적대감로 변해버리고 만 점이 모호하다.

그레고르가 거실로 들어온 것을 세 사람의 하숙인들은 잠자 가정의 약점으로 잡아 방을 해약하는 기회로 삼는다. 그 세 사람의 반응은 비 정성적인 것에 대한 정상적 세계의 약삭빠른 대응으로 볼 수 있다. 잠자 부부와 그레테의 반응도 예외가 아니다. 특히 그 혼란 중에서도 하숙인들의 잠자리를 정리해놓는 그레테가 가장 강하게 반발하는 것에서, 그녀와 부모가 그레고르에 의해 쫓기는 것에 종지부를 찍으려는 결심이 서

13) 위와 같은 책, P. 40

있는 것을 알 수 있다. 그녀는 그레고르를 '저것' 또는 '짐승'이라고 지칭하며 '그것을 제거할 것을'[14] 강력히 주장한다. 이 누이동생의 예에서 우리는 또 한 번 한 개인이 사회적 위계질서의 필연적 강압에 밀려 그 자율성을 파괴당하고 비인간적 형태에 휘말려드는 소외를 보고 비애를 느끼지 않을 수 없다.

마지막 장면은 중요한 것을 시사한다. 파출부로부터 그레고르가 죽었다는 사실을 보고 받은 잠자씨 부부와 그레테는 그 현장을 확인한다. 잠자씨는 가톨릭 신자들이 손으로 십자가를 긋는 성호(聖號)를 긋고 부인과 딸도 따라서 한다. 이 장면과 더불어 그레테가 성자들의 이름을 외우며 기도하는 장면을 상기해 보면, 잠자 가정은 가톨릭 신자인 것 같다. 그들은 그 다음 그 하숙인들을 내보낸다. 잠자 가족은 파출부가 그 벌레의 시체를 처치한 것을 알게 된다.

따라서 그들은 가뿐한 마음으로 그 날 하루를 휴가 내어 산책을 떠난다. 그레테는 지나간 고생에도 불구하고 이제 한 아름답고 늘씬한 처녀로 성장하여 있는 것이다. 이러한 활기찬 모습은 먹지 않고 말라죽은 그레고르의 모습과 대조되는 일상적 현실의 구체성인 것이다, "그리고 그들이 전차를 타고 그들의 소풍의 목적지에 닿아 그 딸이 첫 번째로 일어나 그녀의 젊은 육체를 내뻗었을 때, 이것은 그들에게 자신들의 새로운 꿈들과 좋은 의도들을 확인해 주는 것 같았다."[15]고 표현하고 있다.

3) 『변신』의 적용(適用)

카프카의 중편소설 『변신』의 마지막 말이 의미하는 것은 활력적인 요소가 세상이치에 맞는 육체적이고 감각적인 발전을 약속한다는 것이다. 또한 이를 뒤집어보면 언제나 스스로를 지키지 못하면 눌려 살 수 밖에

14) 위와 같은 책, P. 43
15) 위와 같은 책, P. 47

없는 것이 세상의 이치라고 할 수도 있다. 카프카는 인간과 가족에 대해 '갑충'이라는 대용물을 내세워 많은 것을 느끼게 적나라하게 보여주고 있다. 소설 『변신』의 주인공 그레고르가 변신(變身)을 했다면 가족들은 변심(變心)을 한 것이다. 위의 변신과 변심은 여러 경우에 적용될 수 있다고 본다. 이 이야기는 현실생활에서 부담이 되고 짐이 되는 누군가에게 닥칠 수 있는 모습에 대입시켜보면 섬뜩한 생각이 든다.

이런 상황을 피하기위해서 우리는 미리 계획을 세워서 자립과 더불어 아름다운 '변신'을 할 수 있어야겠다. 그러면 어느 날 갑충이 아닌 개천의 용(龍)으로 변한 자신을 발견하게 될지 모른다. 우리 모두 한 번은 멋진 변신을 해야 한다. 백일 동안 쑥과 마늘을 먹고 곰에서 인간으로 변신한 웅녀(熊女)처럼 각고의 노력을 통해서 변하는 것이다. 여기에서 우리는 이 세상을 자기실현적인 삶을 살기 위해서는 어떻게 스스로 변신해야 할지를 자신의 삶에 적용해보아야겠다.

4) 글쓰기와 문학치료(文學治療, Bibliotherapy)

카프카는 모든 갈등을 극복하고 작가적 자각 속에서 글쓰기를 통해 그의 존재의 의미를 실현해 나가고자 하였고, 그의 이러한 정신은 그의 작품 곳곳에서 중요한 소재를 이루고 있다. 그는 퇴근 후면 한숨 잔 후 밤에 일어나 새벽까지 글을 쓰곤 했다. 문학이라는 이상(理想)과 생업이라는 현실(現實)을 철저하게 분리시킨 카프카의 고된 이중생활은 그렇게 이어졌다.

카프카는 내적의무인 글쓰기와 외적의무인 생업유지의 직장생활간의 이중생활을 잘 버텨냈지만, 완전히 글쓰기에 전념 할 수 없는 현실에 굴복하지 않기 위해 끊임없이 자신을 관리하고 정진해야만 했다. 늘 분주한 직장생활과 소란스런 집안 분위기 속에서 그는 혼자만의 여유를 갈망했다. 그가 꿈꾸던 가장 좋은 삶은 지하실의 가장 깊숙한 곳에 틀어박혀 글을 쓰는 것이었다. 카프카에게 글쓰기는 구원의 빛과도 같았다.

그가 그의 주변세계와 내면세계의 긴장관계를 들어내어 주는 다음과 같은 내용을 1912년 일기장에 적고 있다. "나의 내면에 있는 모든 힘들이 글쓰기에 집중된다는 것은 쉽게 인식될 수 있다. 글쓰기가 나의 유기적 본질이 취할 수 있는 가장 생산적 방향이라는 것이 분명해졌을 때, 모든 것은 그 방향으로 쏠렸고, 따라서 이성 관계, 먹는 것, 마시는 것, 철학적 숙고, 특히 음악의 기쁨들에 향해 있던 능력들은 방치되었다. 물론 나는 이 목적을 독립적으로 또 의식적으로 발견한 것이 아니고, 그것은 저절로 얻어진 것이었다. 그것은 이제 오직 사무실에 의해서만 방해받고 있는데, 방해치고는 철저한 것이다. 나의 발전은 이제 성취되어 있고 현재 입장으로는 더 이상 희생할 것이 없는 고로, 나는 나의 참다운 생활을 시작하기 위해서는 직장에서의 일마저 그 복합적 상황으로부터 내던져 버리면 된다."

카프카는 그의 일기와 친구 브로트에게 보낸 편지들의 이곳저곳에서 그의 작가적 재능과 목적에 따른 많은 애로사항들을 언급하고 있다. 그가 작가이면서 글을 쓸 수 없게 된다면, 그는 정신적으로 굶주리게 되고 그런 기간이 장기화 된다면 그로 인해 황폐함속에서 미쳐버릴 것이라고 생각하였다. 글쓰기는 그에게 정신적 양식이었다. 그래서 그는 그러한 양식을 그의 고독 속에서, 또 그의 내면세계에서 찾아야 했다. 그는 1913년 8월 21일자 일기에서 다음과 같이 적고 있다. "문학과 글쓰기에 관계되지 않은 모든 것을 나는 미워하며, 남과 대화를 나눈다는 것은, 문학에 관한 것이라 해도, 나를 지루하게 만든다. 사람을 찾아다니는 것도 친척들이 기뻐하고 슬퍼하는 것들도 나를 지루하게 한다. 그러한 대화들은 내가 생각하는 모든 것으로부터 중요성, 진지함, 진실을 빼앗아간다."

카프카의 목표는 글쓰기에 가능한 모든 시간을 투입한다는 것이었는데, 많은 경우 위의 인용문에서도 나타나듯이 그는 주위의 저항에 부딪혀 타협하지 않을 수 없었다. 그는 1911년 12월 14일자의 일기장에 다음과 같이 적고 있다. "나는 내게 문학을 위해 온 시간을 활용할 수 있는 능력이 없음을 선고했다." 글쓰기는 그에게 생명과도 같은 것이었지만 그로 인해 많은 희생을 치러야했다. 그는 막스 브로트에게 보낸 1922년 7월 6일자의 편지에서 '글쓰기는 감미롭고 경이로운 보상이지만 그 대가는 악마에 대한 야간 봉사'라고 적고 있다.

그의 문학 활동에 대해 별다른 관심도 없었고 그의 문학세계를 이해하려고 하지도 않았던 아버지와의 반목도 이와 같은 맥락에서 이해될 수 있는데, 그 부자간의 갈등관계를 그는 『아버지께 드리는 편지, Brief an den Vater』에서 소상히 기술하고 있다. 또한 그는 결혼을 세 번씩이나 시도해 보았지만 그 자신 결혼이 그의 글쓰기의 종말을 뜻한다고 확신하고 있었기 때문에 결국 포기할 수밖에 없었다. 그는 그의 작가적 순수성을 유지하기 위하여 그러한 이상(理想)을 향하여 그의 주위세계와 끊임없는 싸움을 해야만 했고, 이러한 투쟁의 주제가 그의 주요 소설들에 나타나 있다. 그 밖에 그의 소설들은 개인적 행복, 사회정의, 자식 된 도리, 가족의 잔인성, 관료체제의 냉정함, 도시들의 비참 등을 소재로 다루고 있으며 또한 은연중에 인간의 소외(疏外)를 주제로 제시하고 있다.

이렇듯이 카프카는 자기표현의 수단으로 말 대신에 글쓰기에 관심을 갖게 되고 나중에는 집중을 넘어서 집착하게 되면서부터 부자지간의 성격차이와 관점의 차이로 심한 갈등을 빚고 그 갈등조차도 『아버지께 드리는 편지』를 씀으로써 정서적인 해소를 한 것 같다. 이에 글쓰기와 문학치료를 알아본다.

(1) 글쓰기

자기성찰로 후회가 적은 삶을 만들기 위해서는 하루의 생활을 되돌아보게 하는 반성의 습관을 갖는 것이 무엇보다 중요하다. 반성하는 방법은 각자의 형편에 따라 다를 수 있다. 종교인이라면 기도나 명상의 시간을 활용할 수 있을 것이다. 그 외의 좋은 방법은 일기를 쓰면서 하루의 생활을 반성해보는 것이 가장 바람직한 방법이 될 수 있을 것이다. 일기를 쓰는 것은 매일을 반성하는 습관을 기르는데 적합하기 때문이다, 그리고 반성은 일상생활을 부단히 단련시킬 것이다.

글쓰기는 자기 성찰의 길잡이다. 인간의 마음가짐에서 가장 중요한 것은 자기 성찰이다. 자기의 마음을 반성하고 살피는 것이다. 부단한 자기 성찰은 각성과 지각을 가져오고 다시는 잘못을 저지르지 않겠다는 굳은 결심과 더욱 노력하려는 분발심을 가져온다. 자기 성찰은 곧 참되고 바르게 성장하는 길이요, 자기의 뜻한 바를 바르게 성취해 나가는 길잡이기도 하다. 반성이 없는 생활은 위험하다. 자기 수양에 반성처럼 중요한 것은 없다. 반성은 인생을 올바르고 값지게 살아가는데 있어 방향을 조정해주는 역할을 한다.

글쓰기의 효과를 알아보면 첫째로 글쓰기는 누구의 개입 없이 나와 내가 만나는 귀한 정신적인 공간이 된다. 나와의 대화를 통해서 얻는 이점은 내가 나를 더 잘 알 수 있는 계기가 된다는 점이다. 이 과정에서 다양한 깨달음을 얻게 되고 한층 더 자신이 성장하는 계기가 된다. 늘 거울을 보면서 자신의 외면을 점검하듯이 글쓰기를 통해서 자신의 내면을 점검할 수 있고, 내면을 바라 볼 수 있는 거울이 된다.

둘째로 글쓰기는 분노조절의 효과가 있다. 일기를 씀으로써 하루 동안의 일들에 대한 실체를 파악할 수 있고 분노의 파편들이 한 곳에 차곡차곡 쌓이면서 스스로 해소되니 화풀이를 하거나 문제를 일으킬 위험이 낮아진다.

셋째로 글쓰기는 과거의 나와 만나 나를 반추해 볼 수 있다. 데이비드 소로(Henry David Thoreau)는 "일기를 쓰면 관찰력이 예리해지고 사고가 깊어지면서 좋았던 때에 대한 기억을 간직하고 이전의 기억을 되새김으로써 자신의 진보와 퇴보에 대한 평가를 할 수 있다"[16]고 했다.

넷째로 글을 쓴다는 것은 놀라운 치유효과를 가진다. 글쓰기는 우울증이나 스트레스, 분노 같은 심리적인 치료효과 뿐만 아니라 면역체계변화에도 영향을 미친다는 연구들이 있다.

다섯째로 치매예방에 도움이 된다는 것이다. 글을 쓰는 자체가 기억력활성화에 도움을 준다. 글을 쓰다보면 뇌 활동이 증가하고 글에 표현된 감정표현들이 풍부해질 수 있으니 치매에 걸릴 확률이 그만큼 적다고 본다.

톨스토이의 일기 쓰기의 효과를 알아보자. 톨스토이는 유서 깊은 백작가문의 넷째 아들로 태어났다. 하지만 불운하게도 두 살 때 어머니를 여의고 아홉 살 때 아버지마저 잃고 뒤이어 할머니까지 세상을 떠나자 다섯 남매는 졸지에 고아 신세가 되고 말았다. 그 후 친척집에 의지하고 살아야 했던 톨스토이는 학교에 다닐만한 형편이 아니었으므로 혼자 목표를 세우고 공부할 수밖에 없었다. 그는 세워진 목표를 이루기 위해서 일기 쓰는 노력을 했다. 그 일기쓰기는 그에게는 작품의 원천이 되었을 뿐만 아니라 그의 문학적 결실을 만들어 낸 엔진과도 같았다. 톨스토이는 젊은 시절 한때 어려운 여건으로 인해 방황을 거듭했지만 이를 극복할 수 있었던 것은 일기쓰기를 통해 치열하게 반성하고 끈임 없는 자기성찰로 거듭났기 때문이다, 따라서 그의 일기쓰기는 대문호로서 인격을 완성하게 한 참회록(懺悔錄)인 것이다.

(2) 문학치료(文學治療)

문학치료는 다양한 문학 작품을 매개로 치료자와 일대일이나 집단으로 토론, 글쓰기 등의 방법으로 당면한 문제를 해결하는 치료법이다. 독서치료(讀書治療)라고도 한다. 문학 작품들에는 인쇄된 글, 영화나 비디오 같은 시청각 자료, 노랫말, 자신의 일기 등 글쓰기 작품들이 모두 포

16) Henry David Thoreau, *I am with a bookstore*, P. 15

함될 수 있다. 치료 대상으로는 정서불안이나 우울증, 알코올 중독과 같은 특정하고 심각한 문제를 가지고 있는 사람들뿐만 아니라, 정상적으로 발달해 가면서 겪는 갈등이나 문제를 가지고 있는 사람들도 포함될 수 있다.

"그동안 내가 살아왔던 삶을 책으로 쓰면, 아마 소설 몇 권은 될 거다." 이것은 한(恨) 많은 인생의 굴곡을 넘겨온 우리 부모님들이 잠시 앉아 지나온 삶의 상념에 젖어들 때마다 빼놓지 않고 하는 말이다. 나이 많은 어르신들뿐 아니라 젊은 누구라도 어디 인생에 고단하고 힘들었던 한 시기가 없었으랴. 그럴 때마다 '소설처럼 인생을 살아왔다'는 말을 내뱉는 것만으로도 우리네 삶을 위로해 주고, 소설이나 대하드라마 속 주인공과도 같은 느낌을 준다. 그래서 삶은 문학이고, 문학은 인생이다. 하지만 인생은 고통을 동반하고, 고통은 치유를 필요로 한다. 이렇게 우리네 삶은 문학 작품 속 서사구조와도 같은 구조를 이미 스스로 갖고 있다. 문학치료의 기본 원리는 이러한 삶의 구조와 문학작품 속 기본원리를 이용해 우리네 삶의 고통을 치유하고자 하는 것이다.

문학치료의 역사와 유래를 살펴보면 심리적 건강과 관련하여 문학의 치유적인 힘을 최초로 빌린 이들은 고대 그리스인들이었다. 그들은 몸이 아프면 의사에게 갔지만 정신적 고통이 있을 경우 아폴로 신전에 가서 빌었다. 치료법으로서의 읽기와 쓰기는 약물이나 외과 의학과 함께 치료법의 중요한 한 영역으로 자리 잡았으며, 위로(慰勞) 편지, 신앙 고백, 명상록 등이 영혼을 정화(淨化)시키고 힘을 북돋는데 도움을 준다고 믿었다. 그들은 자신들의 도서관을 '영혼의 의학'이라고 부르기도 했다.

아리스토텔레스는 자신의 대표적인 저서 『시학(詩學)』에서 문학작품을 통한 예술적인 정화작용에 대해 설명했다. 그는 절대적인 이데아(Idea) 세계를 훼손시킨다는 이유로 감정을 완전히 배격해야 한다고 주장한 플라톤과 달리, 감정을 적당히 보유하는 것이 삶의 미덕이고 선(善)

이라고 말했다. 다만 '분노와 공포, 혹은 열광적인 광기 같은 감정들이 우리 내부에 너무 많이 차 있을 경우에는 이것을 적당한 평정상태로 유지하기 위해 음악이나 문학, 기타 적절한 방법으로 카타르시스(Katharsis)를 행하여 우리들의 영혼을 감정적으로 정화(淨化)시켜야 한다'[17]는 것이 그의 주장이었다. 이렇게 문학은 아주 오래 전부터 미술, 음악, 연극 등 다른 예술매체들과 더불어 인간의 감정을 정화하고 순화시키는 정신치료적 도구로 활용되어 왔다.

문학이 갖는 치유력과 그 과정을 살펴보면 문학작품 속에는 그 작품을 쓰는 작가와 그 작품을 이루고 있는 등장인물과 사건, 그리고 서사구조가 펼쳐지는 작품의 배경이 있다. 작가는 작품 속에 자기 자신의 철학과 가치관, 그리고 자신이 체험했던 삶의 희로애락을 녹여낸다. 등장인물이 온갖 고통과 질곡(桎梏) 속에서도 삶을 이겨내고 극복해 나가는 지혜가 기승전결(起承轉結)에 입각한 서사구조를 통해 펼쳐진다. 문학작품에는 이렇게 글쓴이의 무의식적 욕망과 생각들이 고스란히 드러나는데, 문학치료는 이것을 영적 치유에 활용한다.

글을 쓰는 사람은 글을 쓰는 행위를 통해 그동안 말하지 못하고 가슴 속에만 묻어둔 상처와 아픔들을 해소하며 카타르시스를 느낀다. 또 자신이 쓴 글을 통해 드러난 자신의 문제들을 스스로 인식하고, 앞으로 나아가야 할 방향에 대해서도 스스로 해결하고 통찰하게 된다. 이 과정에서 문학치료사는 환자가 자기 문제를 스스로 인식하고 해결해 나갈 수 있도록, 문학 치료적 도구를 제공하고 통찰의 단서들을 던져주는 역할을 한다. 이런 과정을 통해 환자는 스스로 자기 문제를 인식하고 해석해 나가며 자기 삶을 주도적으로 이해하고 치유해나갈 수 있다고 믿는다.

남의 텍스트를 수동적으로 읽는 독서치료와 달리 문학치료는 좀 더 능

---

17) Aristoteles, *Poetics,* P. 20

동적이고 적극적으로 자기 텍스트를 써내려 가는 방식으로 이뤄진다. 기본적인 글쓰기와 함께 미술, 음악, 동작, 소리, 드라마 기법들이 통합적으로 동반되기도 한다. 현대 연극에 지대한 영향을 미친 극작가 막스 프리쉬(Max Frisch)는 쓴다는 것은 곧 자기 자신을 읽는 일라고 말했다. 일상에서 쉽게 행할 수 있는 각종 글쓰기는 우울감과 상실감, 불안과 공포의 감정들을 인식하고 치유해나갈 수 있을 것이다. 간단히 할 수 있는 문학치료기법을 열거하면 다음과 같다.

① 책읽기 : 마음을 다스릴 수 있는 각종 시·수필·소설·동화 등을 읽으며, 문학작품 속 등장인물에게 자신의 감정을 이입하며 자기 문제를 객관적으로 인식하고 통찰하는 기회를 갖는다.

② 시(詩)쓰기 : 감정을 정화시키고 순화하는 데 시(詩) 쓰기처럼 좋은 건 없다. 시를 쓴다는 것에 어려움을 느끼지 말고, 가장 먼저 자신의 감정과 상황들을 은유적인 단어들로 표현해 보자. 표현한 단어들을 연결해 자유롭게 시를 쓰거나, 가족과 함께 공동으로 시를 쓰는 것도 관계성을 증진시키는데 바람직하다. 이 세상에서 가장 짧은 시를 쓰며 짧고 은유적으로 자기감정을 표현할 수도 있다.

③ 산문쓰기 : 동화나 소설의 도입부문까지만 읽고 뒷이야기를 자유롭게 써본다. 글과 함께 그림도 그리며 이어가다 보면 그 속에 드러나는 자기 삶의 태도와 문제해결과정 등을 통찰해 볼 수 있다. 이것이 문학적인 치유(治癒)이다.

④ 일기쓰기 : 매일매일 일기를 쓰며 자신을 성찰해보는 시간을 갖는다. 프란츠 카프카는 자신이 겪는 고통과 좌절에서 오는 갈등들이 글쓰기 자체를 통해서 해소되었을 것이다. 또한 많은 사람들에게 위로가 되고 위안이 되었을 것이다. 그의 글쓰기는 자신과 많은 사람들에게 문학적인 치료가 되었을 것이다.

CHAPTER 2

『변신, 變身, Die Verwandlung』

- 프란츠 카프카(Franz Kafka)

1.

어느 날 아침, 그레고르 잠자는 불안한 꿈에서 깨어나자 자신이 침대 속에서 한 마리의 흉측한 벌레로 변해 있는 것을 발견했다. 그는 갑옷처럼 딱딱한 등을 밑으로 하고 위를 쳐다보며 누워 있었다. 머리를 약간 쳐들자, 아치형으로 부풀어 오른 갈색의 복부가 보였다. 복부위에는 몇 줄기의 골이 져 있고, 골 부분은 움푹 들어가 있었다. 복부의 불룩한 부분에 걸쳐 있는 이불은 금방이라도 완전히 미끄러져 내릴 것만 같았다. 수많은 다리가 그의 눈앞에서 불안스럽게 꿈틀거리고 있었는데, 몸통의 크기에 비해서 다리는 비참할 정도로 매우 가늘었다. '나에게 무슨 일이 일어난 걸까?'하고 그는 생각했다. 꿈은 아니었다. 주위를 둘러보니 매우 작기는 하지만, 어쨌든 인간이 사는 보통 방, 틀림없는 평소의 자신의 방이었다. 사방의 벽도 눈에 익은 바로 그 벽이었다.[18)]

---

18) Franz Kafka, *Die Verwandlung,* Fisher T. Verlag. 1996 P. 9 (Als Gregor Samsa eines Morgens aus unruhigen Träumen erwachte, fand er sich in seinem Bett zu einem ungeheueren Ungeziefer verwandelt. Er lag auf seinem panzerartig harten Rücken und sah, wenn er den Kopf ein wenig hob, seinen gewölbten, braunen, von bogenförmigen Versteifungen geteilten Bauch, auf dessen Höhe sich die Bettdecke, zum gänzlichen Niedergleiten bereit, kaum noch erhalten

테이블 위에는 따로 따로 만들어 놓은 옷감 견본 꾸러미들이 여기저기 잡다하게 흩어져 있었다. — 잠자는 외판 사원이었다(Samsa war Reisender) — 테이블 위의 벽에는 그림이 걸려 있는데, 얼마 전에 화보 잡지에서 오려 내어 예쁜 금박 액자에 넣어서 걸어 놓은 것이다. 그것은 어떤 부인의 자태를 묘사한 것으로, 그녀는 모피 모자에 모피 목도리를 두르고 커다란 모피 토시 속에 푹 집어넣은 양팔을 앞으로 내민 자세로 단정하게 의자에 앉아 있었다.

그레고르는 창밖을 보았다. 음산한 날씨가 그의 기분을 몹시 우울하게 만들었다. — 창틀의 양철 판을 두드리는 빗방울 소리가 들린다 — '좀 더 잠을 자 두기로 하자. 그리고 이런 바보 같은 생각은 더 이상 하지 말자' 라고 그는 생각했다. 그러나 그것은 전혀 불가능한 일이었다. 왜냐하면 그레고르에게는 오른쪽으로 돌아누워서 잠을 자는 습관이 있었는데, 현재와 같은 몸의 상태로는 그것이 불가능하였기 때문이다. 아무리 열심히 오른쪽으로 돌아누우려 해도, 그때마다 몸이 흔들리다 결국 위를 향해 누운 본래의 자세로 되돌아가 버리고 마는 것이었다. 백 번도 더 시도해 보았을 것이다. 그 동안에도 눈은 감은채로 있었다. 눈을 뜨게 되면 허우적거리는 수많은 다리들을 보지 않을 수 없기 때문이다. 갑자기 옆구리 근처에서 이제까지 경험한 적이 없었던 가벼운 통증이 느껴지기 시작했다. 그래서 하는 수 없이 오른쪽을 밑으로 하고 자려던 노력은 그만두어야 했다.

그레고르는 생각했다. '아~! 어째서 나는 이런 고된 작업을 선택하게 되었을까! 날이면 날마다 출장 또 출장이다. 사무실에서의 근무도 여러

---

konnte. Seine vielen, im Vergleich zu seinem sonstigen Umfang kläglich dünnen Beine flimmerten ihm hilflos vor den Augen. »Was ist mit mir geschehen?«, dachte er. Es war kein Traum. Sein Zimmer, ein richtiges, nur etwas zu kleines Menschenzimmer, lag ruhig zwischen den vier wohlbekannten Wänden.)

가지 귀찮은 점이 있기는 하지만, 외판에 따르는 고생은 더욱 심한 것이다. 게다가 출장에 따르는 부담이 있어서 그것만은 어떻게 할 수가 없다. 열차 시간 접속에 대한 걱정과 불규칙하고 불량한 식사, 게다가 끊임없는 사람 접촉도 그렇다. 상대가 일 년 내내 바뀌고, 한 사람과의 교제도 오래 지속된 적이 없어 정말로 친해지는 사람은 하나도 없다. 악마가 이 모든 것을 쓸어가 버렸으면, 좋겠다!'[19)]

복부 위쪽이 어쩐지 좀 가려웠다. 머리를 좀 더 높이 쳐들 수 있도록 드러누운 채 조금씩 몸을 침대 손잡이 기둥 쪽으로 밀고 올라가서 보니 그 가려운 자리가 보였다. 그곳에는 온통 조그마한 하얀 점들이 가득 붙어 있었다. 그것이 무엇인지는 알 수가 없었다. 다리 하나를 사용해서 그 자리를 만져 보려고 했으나, 이내 다리를 움츠리고 말았다. 다리가 슬쩍 그곳에 닿자 소름이 오싹 끼쳤기 때문이다. 그는 다시 몸을 끌고 원래의 위치로 돌아갔다.

그는 생각했다. '너무 일찍 일어나서 이렇게 바보가 되어 버린 거야. 사람은 잠을 충분히 자지 않으면 안 되는데. 다른 외판원들은 마치 이슬람 궁전의 후궁들처럼 지내고 있지 않은가. 예를 들면 내가 밖에서 일을 한 가지 끝내고 오전 중에 숙소로 돌아와서 주문받은 것을 정리하고 기입해 둘 때에야 비로소 그들은 아침 식사를 시작하지 않던가. 만약 내가 그런 짓을 한다면 사장은 나를 당장에 파면시켜 버릴 거야. 나도 당연히 그런 식으로 여유 있게 살아 보고 싶어. 부모님 때문에 이렇게 참고는 있지만, 그렇지 않다면 벌써 사표를 던졌을 거야. 사장 앞으로 거침없이

---

19) »Ach Gott«, dachte er, »was für einen anstrengenden Beruf habe ich gewählt! Tagaus, Tagein auf der Reise. Die geschäftlichen Aufregungen sind viel gröβer als im eigentlichen Geschäft zu Hause, und auβerdem ist mir noch diese Plage des Reisens auferlegt, die Sorgen um die Zuganschlüsse, das unregelmäβige, schlechte Essen, ein immer wechselnder, nie andauernder, nie herzlich werdender menschlicher Verkehr. Der Teufel soll das alles holen!«

걸어가서 내가 생각하고 있는 바를 주저 없이 털어놓으면, 그는 놀라서 책상 아래로 굴러 떨어지고 말 걸. 여하 간에 사장이 책상 위에 걸터앉아 어깨 너머로 사원들을 내려다보며 이야기하는 것은 고약한 버릇이야. 게다가 그는 귀가 멀어서 말할 때는 사원들이 아주 가까이 다가가지 않으면 안 되잖아.[20]

그러나 전혀 희망이 없는 것도 아니야. 부모님이 진 빚을 갚을 수 있는 돈만 모아진다면 – 아마도 5, 6년 후의 일이 되겠지만 – 그렇게만 되면 나는 단연코 실행할 거야. 그것이 내 인생의 일대 전환기가 되겠지.[21] 그것은 그렇다 치고, 자아, 지금은 일어나야만 돼. 기차는 5시에 출발하니까.'

그리고 그는 옷장 위에서 재깍거리는 자명종 시계를 쳐다보았다. 큰일 났다! 시계는 6시 반이었다. 시계 바늘은 30분을 이미 지나, 거의 45분에 가까워지고 있었다. 종이 울리지 않았던가. 정각 4시에 울리도록 맞추어 놓은 것은 침대에서 보아도 알 수 있다. 틀림없이 울리긴 울렸을 것이

---

20) »Dies frühzeitige Aufstehen«, dachte er, »macht einen ganz blödsinnig. Der Mensch muß seinen Schlaf haben. Andere Reisende leben wie Haremsfrauen. Wenn ich zum Beispiel im Laufe des Vormittags ins Gasthaus zurückgehe, um die erlangten Aufträge zu überschreiben, sitzen diese Herren erst beim Frühstück. Das sollte ich bei meinem Chef versuchen; ich würde auf der Stelle hinausfliegen. Wer weiß übrigens, ob das nicht sehr gut für mich wäre. Wenn ich mich nicht wegen meiner Eltern zurückhielte, ich hätte längst gekündigt, ich wäre vor den Chef hingetreten und hätte ihm meine Meinung von Grund des Herzens aus gesagt. Vom Pult hätte er fallen müssen! Es ist auch eine sonderbare Art, sich auf das Pult zu setzen und von der Höhe herab mit dem Angestellten zu reden, der überdies wegen der Schwerhörigkeit des Chefs ganz nahe herantreten muß.

21) Nun, die Hoffnung ist noch nicht gänzlich aufgegeben; habe ich einmal das Geld beisammen, um die Schuld der Eltern an ihn abzuzahlen-es dürfte noch fünf bis sechs Jahre dauern-, mache ich die Sache unbedingt. Dann wird der große Schnitt gemacht.

다. 그렇다면 방 안 가득히 울리는 종소리에도 눈을 뜨지 않고 편안히 잠을 잤다는 것이 있을 수 있는 일인가? 그러나 그는 밤새도록 편안하게 잘 잔 것만은 아니었다. 편안히 자지 못했기 때문에 시계가 울린 뒤에 더욱 정신없이 곯아 떨어졌는지도 모른다.

'그러나 이제 어떻게 하면 좋지? 다음 기차는 7시에 있으니, 그 기차 시간에 맞추려면 미친 듯이 서둘러야만 할 텐데.' 그런데 견본들은 아직 포장조차 되어 있지 않았다. 그리고 그의 기분도 결코 활기차거나 유쾌한 것은 아니었다.

'가령 기차 시간에 댄다 해도 사장의 불벼락을 피할 수는 없을 거야. 5시 기차로 내가 오기만을 기다리던 그 사환 아이가 제시간에 나오지 않은 것을 이미 오래 전에 사장에게 일러바쳤을 텐데. 그놈은 사장의 마음에 든 아첨꾼으로 줏대도 없고 이해심도 없는 놈이니까. 그러나 몸이 아프다고 말하면 어떨까? 그러나 그것은 더없이 괴로운 일이야. 또 수상하게 생각할 것이 틀림없다. 왜냐하면 나는 지난 5년 동안 외판원 생활을 하면서도 아직껏 앓아 본 일이 없으니까. 또 아프다고 말하면 사장은 건강보험 의사를 데리고 올 것이고, 자식의 태만에 대해 부모님께 질책할 것이다. 그 의사에게 일단 진찰을 받게 되면 아무리 발뺌을 해도 만사는 끝장이 날 것이다. 사실 그 건강보험의사가 본다면 내 몸에는 아무런 이상도 없고 단지 일하기 싫어 꾀부리는 사람으로만 보일 것이다. 그러나 사실 지금 같은 경우 보험의사가 나쁘다고만 할 수는 없어.'

그레고르는 오랫동안 잠을 푹 자고 난 후엔 여전히 피곤하긴 했으나 몸만은 개운했으며, 다소 강한 식욕까지도 느꼈다. 그가 이런 순간적인 생각들에 빠져 있다가, 이제 잠자리에서 일어나야 되겠다고 결심했을 때 — 그때 시계가 6시 45분을 쳤다 — 마침 침대머리 쪽에 있는 문을 조심스럽게 두드리는 소리가 들렸다. "그레고르야"하고 어머니가 부르는 소리가 들렸다. "6시 45분이다. 일 안 나가니?" 저 부드러운 목소리! 그러나 그레고르는 거기에 대답하는 자신의 목소리를 듣고 깜짝 놀랐다. 물론 어김없는 이제까지의 자신의 목소리임에는 틀림없었지만, 어제까지의 자신의 목소리 속에, 말하자면 밑으로부터 어떻게 할 수도 없는 괴로운 듯 찍찍거리는 소리가 섞여 나오는 것이었다. 처음에 튀어나온 말소리는 확실히 뚜렷했지만 그 다음부터는 이 찍찍거리는 소리가 말 끝머리를 심히 애매한 것으로 만들어 버려, 듣고 있는 상대방이 이쪽 말을 제대로 알아들을 수 있을는지 의심스러울 정도였다.[22)]

그레고르는 자세하게 모든 것을 설명하려고 생각했지만, 이렇게 대답할 수밖에 없었다. "네! 네! 어머니 고맙습니다. 지금 일어납니다." 문은 나무판자로 되어 있으므로 그레고르의 목소리가 변했다는 것을 문 바깥쪽에 있는 사람은 아마 모를 것이다. 어머니는 그의 대답에 안심하고 다리를 끌며 가 버렸다. 그러나 이 간단한 대화로 다른 가족들은 그레고르가 아직 출발하지 않았다는 것을 알고 말았다. 다른 쪽의 문을 아버지가 주먹으로 가볍게 두드렸다. "그레고르, 그레고르! 도대체 왜 그러느냐?" 하고 아버지는 소리를 질렀다. 그리고 잠시 후 한층 목소리를 낮추어, "얘야, 그레고르!" 하고 아버지는 재촉을 했다. 그러자 맞은편 다른 문 밖에서는 누이동생이 작은 목소리로 걱정스럽게 애원하는 것이었다. "오빠, 몸이 편찮으세요? 무슨 일이 일어났나요?"

그레고르는 그 양쪽을 향해서 "이제 준비 다 되었어요."라고 대답하며, 한 마디 한 마디를 신중하게 발음하고, 말과 말 사이에 길게 간격을 두

---

22) »Gregor«, rief es-es war die Mutter-, »es ist drei Viertel sieben. Wolltest du nicht wegfahren?« Die sanfte Stimme! Gregor erschrak, als er seine antwortende Stimme hörte, die wohl unverkennbar seine frühere war, in die sich aber, wie von unten her, ein nicht zu unterdrückendes, schmerzliches Piepsen mischte, das die Worte förmlich nur im ersten Augenblick in ihrer Deutlichkeit belieβ, um sie im Nachklang derart zu zerstören, daβ man nicht wuβte, ob man recht gehört hatte.

어 자신의 목소리가 이상하게 울리는 것을 막으려고 애썼다.

아버지는 다시 아침 식사를 하려고 되돌아갔으나, 누이동생은 아직 문 뒤에 서서 "그레고르, 문 좀 열어 주세요, 부탁이에요."하고 애원했다. 그러나 그는 결코 문을 열 수가 없었다. 오히려 여행 중의 습관대로 밤에 모든 문의 빗장을 걸어 둔 자신의 조심성에 감사했을 정도였다.

그는 다른 사람에게 방해받지 않고 조용히 일어나서, 옷을 입은 다음 어쨌든 아침 식사를 하고, 그것이 끝난 후에 비로소 그 다음 일을 생각하려고 마음먹었다. 이불 속에서 아무리 고민을 하고 있어 본들 분별 있는 결론에 도달하지 못하리라고 생각했기 때문이다. 가만히 생각해 보니 불편한 잠자리로 인해서 몇 번인가 가벼운 통증을 느껴 일어나 보면 — 아마도 그것은 잠을 험하게 잤기 때문인지도 모르지만 — 그 고통이 전혀 망상이었던 적이 이전에도 자주 있었다. 그러니 오늘의 여러 가지 상태도 점차로 어떻게 풀려 갈 것이라고 생각하며 그레고르는 긴장해서 자신을 지켜보고 있었다. 목소리가 변해 버린 것은 계속해서 출장을 해야 하는 외판사원의 고질적인 직업병인 감기의 전조에 불과할 것이라고 그는 마음속으로 생각하였다.

이불을 걷어치우는 일은 지극히 간단하였다. 그저 약간 숨을 들이마셔 배를 부풀리기만 하면, 이불은 자연히 밑으로 굴러 떨어졌다. 그런데 그 다음 일이 어려웠다. 그것은 그의 몸이 유별나게 넓었기 때문이다. 몸을 일으키려면 팔과 손의 도움을 받아야 되는데, 그 팔과 손 대신에 현재 있는 것은 끊임없이 제멋대로 움직이는 수많은 조그마한 다리들뿐이었고, 또 그 다리조차도 그의 마음대로 움직여 주지를 않았다. 예를 들면 하나의 다리를 구부리려고 하면, 그 다리는 도리어 쭉 뻗어 버리고, 그래도 그럭저럭 그 다리를 사용해서 자신이 하려는 일을 끝마치면, 그 동안 다른 모든 다리들이 마치 겨우 해방이라도 된 것처럼 요란스럽게 꿈틀거리는 것이었다. '침대 속에서 더 이상 꾸물거려 보았자 아무 소용이 없다'하고 그레고르는 혼자 중얼거렸다.

우선 그는 몸의 하반신부터 침대 밖으로 끌어내 보려고 했으나, 그가 아직 자신의 눈으로 보지도 못했으며, 또 어떻게 생겼는지 짐작조차 할 수 없는 그 하반신을 활발하게 움직이는 것이 매우 어렵다는 것을 깨달았다. 그 일은 많은 시간이 걸렸고 매우 힘이 들었다. 그래서 마침내 있는 힘을 다해서 앞뒤 생각 없이 하반신을 앞으로 마구 밀고 갔다. 그런데 방향이 잘못되어 침대 다리 쪽 기둥에 심하게 부딪히고 말았다. 그는 불에 다인 듯 화끈한 통증을 느꼈다. 그는 바로 그 통증 때문에 이 하반신이야말로 가장 감각이 예민한 부분이라는 것을 깨닫게 되었다.

그래서 이번에는 먼저 상반신을 침대 밖으로 끌어내 보려고 조심스럽게 머리를 침대 가장자리 쪽으로 돌렸다. 그 일은 힘들이지 않고 할 수 있었다. 하여튼 몸통은 그 폭이나 무게가 볼품이 없이 컸지만, 그래도 서서히 머리의 회전에 따라 움직여 주었다. 그러나 막상 침대 밖으로 나가려니까 불안한 마음이 생겼다. 이런 방법으로 침대 밖으로 나가다가는 아무래도 결국은 그대로 침대 밑으로 떨어져 버리게 될 것이고, 그렇게 되면 기적이라도 일어나지 않는 한 머리 부분이 무사하지 못할 것이다. 이런 경우 무엇보다 중요한 것은 정신을 똑바로 차리는 것이라고 그는 생각했다. 그래서 차라리 이대로 침대에 머무는 쪽으로 그는 마음을 돌렸다.

그러나 그는 이전처럼 갖은 애를 쓴 후에야 한숨을 쉬면서 본래의 자리에 다시 누울 수 있었다. 그는 눈앞에서 조금 전 보다 더 약이 오른 듯이 서로 엉켜 싸우고 있는 자신의 가느다란 다리들을 보았을 때, 이 대소동에 안정과 질서를 가져다 줄 방법이 없음을 깨달았다.

그는 중얼거렸다. "더 이상 침대에 그냥 누워 있을 수가 없어. 설령 침대 밖으로 나갈 수 있는 희망이 거의 없다고 할지라도, 어떻든 모든 것을 희생해서라도 여기를 벗어나는 것이 현명해." 그와 동시에 그는 자포

자기의 심정보다는 심사숙고하는 쪽이 훨씬 낫다는 생각도 해보았다. 그러면서 그는 때때로 날카로운 시선을 창 쪽으로 돌렸다. 그런데 유감스럽게도 창 밖에는 아침 안개가 좁은 골목 건너편에 늘어선 집들까지도 뒤덮고 있어서 창문을 통해 밖을 바라보아도 자신감이나 상쾌함을 느낄 수 없었다. 자명종 시계가 7시를 치는 소리를 듣다 그는 중얼거렸다. "벌써 7시인데 아직 저렇게 안개가 짙다니." 그리고 그는 잠시 동안 이렇게 가만히 있으면 혹시 평소의 상태로 되돌아가는 것은 아닌가 하고 기대라도 하듯 숨을 모으고 조용히 누워 있었다.

그러나 그는 또다시 중얼거렸다. "7시 15분까지는 무슨 일이 있어도 침대에서 빠져 나가 있어야만 한다. 그때쯤이면 아마 나를 만나기 위해 회사에서 누군가가 찾아올 것이다. 회사가 문을 여는 것이 7시 전이니까."

그는 몸 전체를 완전히 균형 잡아 옆으로 흔들면서 끌고 가 한꺼번에 침대 밑으로 떨어뜨리려고 했다. 머리나 하반신이 먼저 떨어지지 않도록 몸 전체를 동시에 한꺼번에 침대에서 굴러 떨어뜨리면서 신중하게 머리를 급히 위쪽으로 치켜들면 아마도 머리는 안전할 수 있으리라. 등은 단단하니까 융단 위에 떨어져도 별탈은 없을 것이다. 무엇보다 걱정이 되는 것은 추락할 때 생길 꽝하는 소리였다. 그 소리는 집안사람들을 크게 놀라게 하지는 않을지라도, 무슨 일이 일어났을까 하고 그들을 불안하게 할 것이다. 그러나 그것도 부득이하다. 하여튼 침대에서 밖으로 나가지 않으면 안 된다.

그레고르는 몸을 이미 절반쯤 침대 밖으로 내밀었을 때 ― 이 새로운 방법은 노력이라고 하기 보다는 차라리 놀이에 가까워서 계속 몸을 좌우로 조금씩 흔들어 굴려 가면 되기 때문이다 ― 누군가가 조금만 도와주면 일은 극히 쉽게 끝날 수 있다는 것을 깨달았다. 힘이 센 사람이 두 명만 와 준다면 ― 그는 부친과 하녀를 생각했다 ― 충분할 것이다. 두 사람이 각자 그들의 팔을 둥글게 솟아오른 그의 등 밑에다 집어넣고 침대에서 그를 들어 올려 몸을 구부려 방바닥에 내려놓으면 될 것이다. 그리고 그가 방바닥에서 몸을 뒤집을 때가지 조금만 기다려 주기만 하면 된다. 그렇게만 되면 이 조그만 다리들에게도 의미가 생길 것이다. '문이 모두 잠겨 있지만 않다면 실제로 구원을 청할 수가 있을 텐데.' 이런 곤경에 처해 있음에도 생각이 여기에 미치자 그는 웃음을 참을 수가 없었다.

이젠 조금만 더 거세게 몸을 흔들면 균형을 잃을 상태였기에 얼른 결론을 내리지 않을 수 없었다. 마침내 최종적인 결정을 내리지 않으면 안 된다. 앞으로 5분 후면 7시 15분이다. 그때 현관문에서 벨이 울렸다. "회사에서 누가 찾아왔구나."하고 그는 중얼 거렸다. 그는 몸이 굳어져 버리는 것 같았다. 그 사이에도 그의 다리들은 더욱 분주하게 허우적거리기 시작했다.23) 그 순간 집안에서는 정적이 흘렀다. "아무도 문을 열어 주지 않는구나."하고 그레고르는 중얼거리면서, 그 어떤 어리석은 희망에 매달려 보았다. 그러나 곧 평소와 같이 하녀가 힘찬 걸음걸이로 현관 쪽으로 걸어 나가서 문을 열어 주었다.

그레고르는 방문자의 인사말만 듣고도 그것이 누구인지 알 수 있었다. 그는 지배인이었다. 도대체 왜 자기는 잠깐 게으름을 피웠다고 해서 이내 의심을 받는 회사에 근무해야 하는 운명을 타고 났을까? 외판원들이란 도대체가 너나 할 것 없이 모두 쓸모없는 건달들이란 말인가? 그들 중에는 아침에 두서너 시간 정도 일을 하지 못했다고 해서 양심의 가책을 느껴 얼이 빠질 지경이 되어 침대 신세를 지게 된, 그런 충실하고도 희생적인 사람이 한 사람도 없다는 말인가. 형편을 알아보기 위한 것이라면 사환 정도로도 충분하지 않을까? — 물론 그 '형편을 알아본다.'는 일이 필요할 때의 말이지만. — 그런데 꼭 지배인 자신이 나타나지 않으

23) Denn es war in fünf Minuten ein Viertel acht, -als es an der Wohnungstür läutete. »Das ist jemand aus dem Geschäft«, sagte er sich und erstarrte fast, während seine Beinchen nur desto eiliger tanzten.

면 안 된다는 말인가? 그래서 이 수상쩍은 사건의 조사를 지배인 이외의 사람에게는 맡길 수 없는 것 때문에 죄 없는 가족들에게까지 그게 알려져야만 된다는 말인가.[24)]

그레고르는 힘껏 침대에서 몸을 굴려 뛰어내렸다. 그것은 확고한 결단에서가 아니라, 이런 저런 생각에 흥분을 해 버렸기 때문이다. 꽈당 하는 큰 소리가 났다. 그러나 그다지 큰 울림은 아니었다. 밑이 양탄자여서 사람들이 놀랄 만큼 둔탁한 소리는 나지 않았고, 등껍질도 그레고르가 상상했던 것보다는 탄력이 있었다. 다만 머리를 조심스럽게 쳐들고 있지 않았던 바람에 머리를 바닥에 약간 부딪쳤다. 그는 분노와 통증을 느끼며 아픈 머리를 양탄자에다 비벼댔다.

"저 안에서 무엇이 떨어진 모양이군요."라고 말하는 지배인의 목소리가 왼쪽에 있는 옆방에서 들려 왔다. 그레고르는 오늘 자신의 몸에 일어난 일이 언젠가는 지배인의 신상에도 일어날 수 있는 것이 아닐까 하고 상상해 보았다. 그런 일이 생기지 않는다고는 아무도 장담할 수 없다. 그런데 마치 그레고르의 이러한 생각에 대해서 대답이라도 하는 양, 옆방에서 지배인이 몇 발짝 거닐면서 에나멜 장화로 삐걱거리는 소리를 냈다. 그때 오른편 옆방에서 그레고르에게 지배인이 온 것을 알리는 누이

---

24) Gregor brauchte nur das erste Gruβwort des Besuchers zu hören und wuβte schon, wer es war-der Prokurist selbst. Warum war nur Gregor dazu verurteilt, bei einer Firma zu dienen, wo man bei der kleinsten Versäumnis gleich den gröβten Verdacht faβte? Waren denn alle Angestellten samt und sonders Lumpen, gab es denn unter ihnen keinen treuen ergebenen Menschen, der, wenn er auch nur ein paar Morgenstunden für das Geschäft nicht ausgenutzt hatte, vor Gewissensbissen närrisch wurde und geradezu nicht imstande war, das Bett zu verlassen? Genügte es wirklich nicht, einen Lehrjungen nachfragen zu lassen - wenn überhaupt diese Fragerei nötig war-, muβte da der Prokurist selbst kommen, und muβte dadurch der ganzen unschuldigen Familie gezeigt werden, daβ die Untersuchung dieser verdächtigen Angelegenheit nur dem Verstand des Prokuristen anvertraut werden konnte?

동생의 속삭이는 목소리가 들려 왔다. "오빠, 지배인님이 오셨어요." "알고 있어."하고 그레고르는 중얼거렸다. 그 중얼거림은 누이동생이 알아들을 수 없을 정도로 작았으나 감히 목소리를 높여 말할 수는 없었다.

"그레고르야." 이번에는 왼쪽 옆방에서 아버지의 목소리가 들렸다. "지배인께서 오셔서 네가 왜 아침 기차로 출발하지 않았느냐고 묻고 계신다. 어떻게 대답을 해드려야 좋으냐. 하여튼 너와 직접 말씀을 하고 싶다고 하시니 문을 열어라. 뭐, 다소 어질러 놓았어도 그것은 양해하실 것이다." "여보게, 잠자 군."하고 지배인이 친절하게 말에 끼어들었다. "그 애는 몸이 아파요." 아버지가 아직 문 앞에서 그레고르에게 말을 걸고 있는 사이에, 어머니가 지배인을 향해 말씀하셨다. "몸이 편치 않은 거예요. 지배인님, 믿어 주세요. 그렇지 않으면 기차를 놓치거나 할 아이가 아닙니다. 일 이외에는 아무것도 생각하지 않는 걸요. 밤에도 때로는 기분 전환을 위해서 외출이라도 하라고 이쪽에서 잔소리를 할 정도이니까요. 이번에도 벌써 일주일 동안이나 시내에 와 있으면서도 밤마다 집에만 틀어박혀 있었답니다. 차를 마시는 동안에도 테이블 앞에 앉아서 조용히 신문을 읽거나 기차 시간표를 검토해 보곤 합니다. 그 아이에게 오락이라면, 톱으로 무엇인가를 만드는 것뿐이에요. 저번에는 이틀 밤인가 사흘 밤을 걸려서 조그마한 액자를 하나 만들었답니다. 그것은 아주 훌륭한 액자로 자기 방에 걸어 두었어요. 저 아이가 방문을 열면 바로 보실 수 있을 거예요. 하지만 이처럼 몸소 찾아주셔서 참으로 다행입니다. 저희들 힘으로는 그레고르에게 방문을 열도록 하지 못했을 것입니다. 고집이 이만저만 아니거든요. 하지만 조금 전에 물어 보았더니 아무렇지 않다고 말하기는 했지만, 분명히 아픈 모양이에요."

"곧 나갈게요."하고 그레고르는 천천히 조심스럽게 말했으나 밖의 대화를 한 마디도 놓치지 않으려고 꼼짝하지 않고 있었다. "그렇겠죠. 부인. 아무래도 그렇게 밖에는 생각할 수가 없겠군요." 이번에는 지배인이 말했다. "대단한 병이 아니길 바랍니다. 그런데 한 가지 말씀드리고 싶은 것은, 우리 장사하는 사람들은 ― 다행인지 불행인지 그것은 모르겠습니다만 ― 사소한 병쯤은 대개 장사 일이 더 중요하다고 생각하고 참아내야만 한다는 것입니다." "그럼 이제 지배인께서 들어가셔도 되겠느냐?" 아버지가 더 이상은 참지 못하겠다는 투로 말하며 다시 문을 두드렸다. "안 돼요!" 그레고르가 대답했다. 왼쪽 옆방에서는 어색한 침묵이 흘렀다.

오른쪽 방에서는 누이동생이 훌쩍거리며 울기 시작했다. 누이동생은 왜 다른 사람들이 있는 방으로 가지 않을까? 틀림없이 방금 일어나서 아직 옷을 갈아입지 않은 모양이다. 그런데 울기는 왜 우는가? 내가 일어나지도 않는데다가 지배인을 방에 들여놓지 않기 때문에 우는 것인가? 내가 직장을 잃을까 봐서? 만일 그렇게 되면 사장이 다시 옛날의 빚을 가지고 부모님을 괴롭힐까 봐 두려워서 우는 것일까? 그러나 그것은 지금으로서는 불필요한 걱정인 것이다. 나는 현재 이 자리에 이렇게 있으며, 가족들을 저버릴 생각은 조금도 없다.25)

잠시 그레고르는 양탄자 위에 편안하게 누워 있었다. 현재 그의 상태를 아는 사람이라면 설사 아무도 그를 향해서 지배인을 이 방으로 들여보내라고 요구하진 못할 것이다. 물론 이것은 무례한 일임에 틀림없다. 그러나 그것은 나중에 적당히 변명할 수 있는 사소한 것이며, 그것이 당장 그레고르의 목에 화를 미치리라고는 생각할 수 없다. 그러니 울며불

---

25) Im Nebenzimmer links trat eine peinliche Stille ein, im Nebenzimmer rechts begann die Schwester zu schluchzen. Warum ging denn die Schwester nicht zu den anderen? Sie war wohl erst jetzt aus dem Bett aufgestanden und hatte noch gar nicht angefangen sich anzuziehen. Und warum weinte sie denn? Weil er nicht aufstand und den Prokuristen nicht hereinlieβ, weil er in Gefahr war, den Posten zu verlieren und weil dann der Chef die Eltern mit den alten Forderungen wieder verfolgen würde? Das waren doch vorläufig wohl unnötige Sorgen. Noch war Gregor hier und dachte nicht im geringsten daran, seine Familie zu verlassen.)

며 지배인에게 애원하는 것보다는, 지금 지배인을 그대로 가만히 내버려 두는 것이 더 현명한 처사라고 그레고르는 생각했다. 그런데 다른 사람들은 상황을 전혀 모르니 답답해하면서 무턱대고 행동할 수밖에 없는 노릇이다.

"잠자 군."하고 지배인은 이제 한층 목소리를 높여 말했다. "어떻게 된 일인가? 자네는 자기 방에 틀어 박혀서 대답을 하는 가 했더니 단지 네, 아니요 이군. 부모님에게는 쓸데없는 걱정만 끼쳐 드리고, 게다가 — 이것은 이야기가 나왔으니 말이지만 — 자네는 실로 생전 듣도 보도 못한 방법으로 직무를 태만히 하고 있어요. 나는 지금 이 자리에서 진지하게 자네 부모님과 사장님을 대신해서 말하겠는데 즉각 자네의 이러한 태도에 대해 명백하게 설명할 것을 요구하네. 정말 놀랍군. 그래도 나는 자네를 침착하고 분별 있는 사람이라고 생각하고 있었는데, 어쩐지 자네는 지금 갑자기 이상한 변덕을 부리려고 작정한 사람 같군. 사실은 사장님께서 오늘 아침 일찍 내게 자네의 결근 이유를 추측해서 이야기해 주셨는데 — 즉 최근 자네에게 맡겨 놓았던 회수금 문제였네 — 그러나 나는 그것은 사장님의 지레 짐작에 불과하다고 분명하게 단언했네. 그런데 자네의 이와 같은 이해할 수 없는 고집을 본 이상 나로서도 자네를 조금이나마 감싸 줄 마음이 사라져 버렸다네. 게다가 말해 둘 것은 자네의 지위는 절대로 안전한 것이 아니라는 것이네. 물론 난 자네와 단 둘이서 이런 말을 하려고 생각했었네. 그런데 자네가 이토록 무익하게 시간을 허비하게 했기 때문에, 자연히 부모님에게도 말씀드리게 된 것일세. 즉 자네의 최근 판매 실적은 별로 신통치가 못했어요. 물론 계절적으로 좋은 성적을 올릴 때는 아니네. 그것은 잘 알고 있어요. 그렇지만 전혀 성적을 올리지 못하는 계절이란 있을 수가 없는 것일세. 잠자 군, 알아듣겠나?"26)

"그러나 지배인님!"하고 그레고르는 저도 모르게 소리쳤다. 흥분한 나머지 모든 것을 잊어버렸다. "곧 문을 열겠습니다. 정말 곧 열겠어요. 조금 기분이 좋지 않은 데다 현기증이 나서 일어날 수가 없었습니다. 지금도 아직 잠자리 속에 들어 있습니다. 하지만 이젠 완전히 좋아졌어요. 지금 침대에서 나가는 중입니다. 제발 잠깐만 기다려 주십시오. 아직도 상태가 전과 같이 좋지는 못합니다만, 그렇지만 괜찮습니다. 이렇게도 갑자기 병이 날 줄이야! 사실 어젯밤에는 아무렇지도 않았습니다. 부모님께서도 잘 알고 계십니다. 아니, 그렇게 말하고 보니 어젯밤 아무래도 좀 이상하다고는 생각했었습니다. 나를 주의해서 보셨더라면 역시 좀 상태가 이상하다는 것을 알았을 겁니다. 회사에 미리 알려 두었더라면 좋았을 것을! 하지만 사소한 병쯤은 집을 떠나면 이겨 낼 수 있으리라고

---

26) »Herr Samsa«, rief nun der Prokurist mit erhobener Stimme, »was ist denn los? Sie verbarrikadieren sich da in Ihrem Zimmer, antworten bloβ mit Ja und Nein, machen Ihren Eltern schwere, unnötige Sorgen und versäumendies nur nebenbei erwähnt-Ihre geschäftliche Pflichten in einer eigentlich unerhörten Weise. Ich spreche hier im Namen Ihrer Eltern und Ihres Chefs und bitte Sie ganz ernsthaft um eine augenblickliche, deutliche Erklärung. Ich staune, ich staune. Ich glaubte Sie als einen ruhigen, vernünftigen Menschen zu kennen, und nun scheinen Sie plötzlich anfangen zu wollen, mit sonderbaren Launen zu paradieren. Der Chef deutete mir zwar heute früh eine möglich Erklärung für Ihre Versäumnisse an-sie betraf das Ihnen seit kurzem anvertraute Inkasso-, aber ich legte wahrhaftig fast mein Ehrenwort dafür ein, daβ diese Erklärung nicht zutreffen könne. Nun aber sehe ich hier Ihren unbegreiflichen Starrsinn und verliere ganz und gar jede Lust, mich auch nur im geringsten für Sie einzusetzen. Und Ihre Stellung ist durchaus nicht die festeste. Ich hatte ursprünglich die Absicht, Ihnen das alles unter vier Augen zu sagen, aber da Sie mich hier nutzlos meine Zeit versäumen lassen, weiβ ich nicht, warum es nicht auch Ihr Herren Eltern erfahren sollen. Ihre Leistungen in der letzten Zeit waren also sehr unbefriedigend; es ist zwar nicht die Jahreszeit, um besondere Geschäfte zu machen, das erkennen wir an; aber eine Jahreszeit, um keine Geschäfte zu machen, gibt es überhaupt nicht, Herr Samsa, darf es nicht geben.«

생각했었습니다. 지배인님, 제발 부모님에게 싫은 소리는 하지 말아 주십시오. 지금 여러 가지로 저를 책망하셨는데, 모두 당치도 않은 말씀이십니다. 지금까지 한 번도 그런 비난은 들어보지 않았으니까요. 며칠 전에 제가 보여 드린 주문서를 아직 보지 못하신 것이 아닌가요? 하여튼 8시 기차로 출발하겠습니다. 두어 시간 쉬었더니 기운이 납니다. 제발 지배인님, 돌아가 주십시오. 저도 곧 일을 하러 떠나겠습니다. 그리고 너그러우신 마음으로 사장님께 잘 말씀해 주십시오. 부탁드립니다."

그런데 그레고르는 이상과 같은 말을 단숨에 지껄이면서도 자기 자신이 무슨 말을 했는지조차 몰랐다. 그레고르는 침대 위에서 익힌 경험을 살려 옷장 쪽으로 다가갔다. 그러고는 옷장에 매달려 일어서 보려고 했다. 그는 정말로 문을 열고 자신의 모습을 보여주면서 지배인과 이야기하려고 마음먹은 것이다. 지금 저토록 자신을 만나고 싶어 하는 사람들이 막상 자신의 변해 버린 모습을 눈앞에서 본다면 무슨 말을 할 것인가 그는 호기심이 일기도 했다. 만일 그들이 깜짝 놀라더라도, 그레고르에게는 하등의 책임이 없으니까 그저 태연하게 있으면 된다. 그들이 전혀 아무렇지도 않게 생각한다면, 나도 또한 흥분할 이유가 없으므로 서둘러 역으로 달려 나가 8시 기차를 탈 수 있도록 하면 되는 것이다.

처음 서너 번은 반들반들한 옷장에서 미끄러졌으나 마침내 간신히 몸을 흔들어 일으켜 똑바로 설 수가 있었다. 하반신이 불에 덴 듯이 아팠지만 그는 조금도 그것에 개의치 않았다. 그리고 마침내 옆에 있던 의자 등받이에 몸을 던져, 조그마한 다리들을 이용해 등받이 끝에 매달렸다. 그렇게 하자 자제심도 생겨서 그는 입을 다물었다. 겨우 지배인의 말에 귀를 기울일 수 있게 되었기 때문이다.

"당신들은 단 한 마디라도 알아들었습니까?"하고 지배인이 부모님에게 말했다.

"설마 우리들을 놀리고 있는 것은 아니겠죠?" "천만에요."하고 모친은 벌써 울먹이는 목소리로 외쳤다. "틀림없이 중병에 걸린 거예요. 가엾게도 그 애를 괴롭히고 있었으니. 그레테야, 그레테!"하고 어머니가 누이동생을 불렀다. "왜요, 어머니?"하고 누이동생이 반대편에서 소리쳤다. 그들은 그레고르의 방을 가운데에 두고 서로 이야기하고 있는 셈이었다. "당장 의사한테 갔다 오너라. 그레고르가 아프다. 빨리 의사를 불러와라. 너도 방금 그레고르가 이야기한 것을 들었지?" "짐승의 목소리였어."하고 지배인이 말했다. 어머니의 큰 목소리에 비해 매우 낮은 목소리였다.[27)]

"안나, 안나!"하고 아버지가 손뼉을 치며 문간방을 통해 주방에 대고 소리를 질렀다. "곧 열쇠 장수를 불러오너라." 그러자 벌써 두 처녀는 옷자락을 펄럭이며 문간방을 빠져나갔다 — 도대체 누이동생은 어떻게 저토록 빨리 옷을 갈아입었을까 — 그리고 현관문이 열렸다. 그러나 문이 닫히는 소리가 들리지 않는 것으로 보아 열어 놓은 채로 나가 버린 모양이었다. 무슨 큰 불행이라도 닥친 집 같았다.

그러나 그레고르는 훨씬 침착해졌다. 다른 사람들은 그가 한 말들을 알아듣지 못했다. 그 자신에게는 극히 분명하게, 조금 전보다도 훨씬 명료하게 들리는데도, 아마도 이미 그의 귀에 익숙해진 탓이었을 게다. 그러나 하여튼 다른 사람들은 그의 상태가 정상이 아니라고 믿어 버린 모양으로 그를 도와주려는 마음들이었다. 그런 최초의 조치가 취해진 데 대한 확신과 신뢰감으로 그는 기분이 좋아졌다. 그는 또다시 사람이 사는 세계와 자신이 연결되었다는 기분이 들었다. 그리고 의사와 열쇠 장수를 제대로 구별도 못하면서, 이 두 사람에게서 커다란 경이적인 성과를 기대했다. 결정적인 이야기를 나눌 시간이 다가오느니 만큼 그는 가능한 한 분명한 목소리로 말하기 위해서 그는 몇 번 헛기침을 해보았다. 애써 낮은 기침 소리를 내었다. 그것은 자신의 소리가 인간의 헛기침 소

---

27) Hast du Gregor jetzt reden hören?« »Das war eine Tierstimme«, sagte der Prokurist, auffallend leise gegenüber dem Schreien der Mutter.

리와는 다르게 들릴 염려가 있었기 때문이며, 사실 그 자신은 이미 그것을 판단할 수가 없었던 것이다. 그 동안에 옆방은 아주 조용해졌다. 아마도 부모님은 지배인과 이마를 맞대고 거실 테이블에 마주 앉아 조용히 이야기를 나누고 있거나, 아니면 세 사람이 모두 문 뒤에 기대서서 그의 방을 엿듣고 있는지도 모른다.

그레고르는 의자를 서서히 문 쪽으로 밀고 가, 거기에다 의자를 놓고 문에 몸을 붙이고는 꼿꼿이 섰다. 작은 다리들의 끝에서는 끈적거리는 액체가 분비되고 있었다. 그리고 잠시 동안 고통스러운 운동으로 해서 지친 몸을 쉬었다. 그런 다음 입으로 열쇠 구멍에 꽂아놓은 열쇠를 돌리는 작업에 착수했다. 그에겐 유감스럽게도 이가 하나도 없었다. — 그렇다면 도대체 무엇으로 열쇠를 돌려야 하는가! — 그러나 이가 없는 대신 턱의 힘이 아주 강했다. 그는 턱을 사용하여 열쇠를 돌렸다. 그때 분명히 어딘가 상처를 입었는데 그는 그것을 깨닫지 못했다. 누르스름한 액체가 그의 입에서 흘러 나와 열쇠 위를 따라 방바닥에 뚝뚝 떨어지고 있었다.

"저 소리를 들어보세요."하고 옆방에 있는 지배인이 말했다. "그가 열쇠를 돌리고 있어요." 그레고르는 이 말에 크게 힘을 얻었다. 하지만 다 같이 힘을 내라고 소리쳐 주어야 할 것이 아닌가. 아버지도 어머니도. "그레고르야, 힘을 내라." 이정도의 말은 해줄 법한 일이다. '힘을 내라, 자물쇠를 꼭 붙잡아라.'하고. 모두가 그렇게 응원하면서 그의 노력을 지켜보고 있다는 상상을 하자, 그는 혼신의 힘을 다하여 정신없이 열쇠를 물고 매달렸다. 그리고 열쇠가 회전함에 따라 그 자물쇠의 주위를 춤을 추듯 돌았다. 지금 그의 몸은 입의 힘만으로 버티고 있었다. 필요에 따라 그는 열쇠에 매달리기도 하고 전신의 무게를 실어 열쇠를 아래쪽으로 내리누르기도 했다. 마침내 자물쇠가 열리는 맑은 소리가 들리자 그레고르는 제정신으로 돌아왔다. 그는 안도의 숨을 내쉬면서 중얼거렸다. "이젠 열쇠 장수가 필요 없게 되었어." 그리고 그는 문을 활짝 열기 위하여 손잡이 위에다 고개를 올려놓았다.

그렇게 문은 겨우 열렸지만, 문이 안쪽으로 열려졌기 때문에 그의 모습은 처음에 문에 가려져 밖에서는 보이지 않았다. 그는 우선 열린 문짝을 따라서 천천히 앞으로 돌아 나와야만 했다. 더욱이 극히 신중하게 움직여야 했다. 문 앞에서 보기 흉하게 벌렁 나자빠질 우려가 있기 때문이다. 그래서 그는 더욱 힘이 드는 작업에 몰두하느라 다른 사람들에게 주의를 기울이지 못했는데, 지배인이 큰 소리로 "앗!"하고 비명을 질렀을 때에야 — 그는 마치 바람이 지나가는 소리 같았다 — 그는 비로소 지배인의 모습을 발견했다. 지배인은 문에서 가장 가까이 서 있다가 그를 보자 딱 벌린 입을 손으로 가린 채 천천히 뒷걸음질을 치고 있었다. 눈에 보이지는 않으나 끊임없이 작용하고 있는 어떤 힘에 떠밀려 가는듯한 모습이었다. 어머니는 손님이 와 있는데도 어젯밤에 풀어 놓은 머리를 손질조차 안 한 채, 처음에는 양손을 깍지 끼고 아버지 쪽을 보는가 싶더니 이내 두 걸음 그레고르 쪽으로 다가 서다가는 맥없이 방바닥에 주저앉아 버렸다. 그 순간 주름치마가 주위에 활짝 펼쳐졌고 얼굴은 가슴에 파묻혀 전혀 보이지 않았다. 아버지는 증오심에 불타는 표정으로 주먹을 쥐고 그레고르를 다시 방 안으로 밀어 넣을 것 같은 태도를 보였으나, 다음 순간 불안스럽게 거실 안을 두리번거리다가 이윽고 손으로 양쪽 눈을 가리고 퉁퉁한 가슴을 들먹거리며 울기 시작했다.[28)]

---

28) Er war noch mit jener schwierigen Bewegung beschäftigt und hatte nicht Zeit, auf anderes zu achten, da hörte er schon den Prokuristen ein lautes »Oh!« ausstoβen-es klang, wie wenn der Wind saust und nun sah er ihn auch, wie er, der der Nächste an der Türe war, die Hand gegen den offenen Mund drückte und langsam zurückwich, als vertreibe ihn eine unsichtbare, gleichmäβig fortwirkende Kraft. Die Mutter-sie stand hier trotz der Anwesenheit des Prokuristen mit von der Nacht her noch aufgelösten, hoch sich sträubenden Haaren-sah zuerst mit gefalteten Händen den Vater an, ging dann zwei Schritte zu Gregor

그레고르는 방 안으로 아주 들어서지는 않고 닫혀져 있는 문짝의 안쪽에 기대 서 있었기 때문에 몸의 절반과 비스듬히 기울인 머리만이 보일 뿐이었다. 비스듬히 기울인 그 머리로 그는 다른 사람들 쪽을 엿보고 있었다. 그러는 동안 주위는 아주 밝아졌다. 도로를 사이에 두고 마주 보이는 건너편에는 끝도 없이 기다란 짙은 회색 건물의 일부가 뚜렷이 보였다. — 그것은 병원이었다 — 도로에 면한 건물 벽에는 규칙적으로 창구멍이 뚫려 있었다. 비는 아직도 내리고 있었는데, 눈에 보일 만큼 굵직굵직한 빗방울이 땅 위에 떨어지고 있었다.

아침 식탁 위에는 식기들이 너저분하게 놓여 있었다. 아버지로서는 아침식사가 하루 중에서 가장 중요한 식사였으며, 그는 여러 가지 신문을 읽으면서 그곳에서 두세 시간씩이나 머물러 있었다. 마침 마주보이는 벽에는 그레고르의 군대 시절의 사진이 걸려 있었다. 그것은 육군 소위의 모습으로서 군도에 손을 대고, 자연스러운 미소를 머금고 있어서, 이것은 바라보는 사람으로 하여금 절로 그의 모습과 군복에 경의를 표하게 만들었다. 현관 쪽의 문간방으로 통하는 문은 활짝 열린 채로 있었고, 거실의 문도 열려 있어서 거실을 건너 현관과 그 밑으로 통하는 계단의 입구가 보였다.

"그럼"하고 그레고르는 냉정을 유지하고 있는 것은 자기 혼자뿐이라는 것을 분명하게 의식하면서 말했다. "곧 옷을 입고, 견본 꾸러미를 가지고 출발하겠습니다. 출발해도 되겠지요, 지배인님? 보시다시피 저는 결코 고집쟁이가 아니며 일을 좋아한답니다. 물론 외판 출장은 참으로 고된 일이지만, 그렇다고 출장 없이 어떻게 살아갈 수가 있겠는가 하고 생각

---

hin und fiel inmitten ihrer rings um sie herum sich ausbreitenden Röcke nieder, das Gesicht ganz unauffindbar zu ihrer Brust gesenkt. Der Vater ballte mit feindseligem Ausdruck die Faust, als wolle er Gregor in sein Zimmer zurückstoβen, sah sich dann unsicher im Wohnzimmer um, beschattete dann mit den Händen die Augen.

할 정도입니다. 지금부터 어디로 가시겠습니까, 지배인님? 회사로 가십니까? 그럴 테죠? 그리고 모든 일을 사실대로 고하시겠지요? 누구나 불가피하게 잠깐 일을 하지 못하게 될 때가 있습니다. 그런 경우에는 평소의 실적을 참작하셔서, 건강만 좋아지면 물론 더욱 열심히 일한다는 사실을 믿어 주셔야죠. 저는 사실 사장님의 은혜를 많이 입고 있습니다. 말씀드릴 필요도 없이 지배인님도 잘 알고 계실 것입니다. 게다가 부모님과 누이동생의 일도 걱정이 됩니다. 지금은 난처한 처지에 놓여 있습니다만 어떻게 해서든지 이 처지를 타개해 나가겠습니다. 그러니 제발 이 이상 저를 불리한 입장으로 몰아넣지는 말아 주십시오. 회사에서도 부디 저의 편이 되어 주십시오. 외판원을 남들이 좋아하지 않는다는 것은 저도 잘 알고 있습니다. 외판원은 큰돈을 벌어서 화려한 생활을 하고 있다고들 생각합니다. 그렇다고 해서 이러한 편견을 고쳐 보겠다는 생각은 하지 않습니다. 또 어떤 특별한 계기가 있는 것도 아니고요. 하지만 지배인님, 당신만은 다른 사람들보다도 회사 사정을 잘 알고 계시지 않습니까. 아니 이 자리에서니까 말씀입니다만, 사장님보다도 훨씬 잘 알고 계십니다. 사장님은 기업주라는 입장 때문에 흔히 일개 고용인에게는 불리한 판단을 내리기도 하니까요. 이런 일은 번거롭게 말씀드릴 필요도 없다고 생각합니다만, 일 년 내내 밖으로만 돌아다니는 외판원은 이것저것 험담이며 우연한 사고며 이유 없는 비난을 짊어져야 됩니다. 외판원은 그렇다고 해서 어떻게 할 수 있는 입장에 놓여 있는 것도 아닙니다. 사실 말이지 그러한 비방들은 그 당시에는 아무것도 귀에 들어오지 않는답니다. 출장을 마치고 녹초가 되어 회사에 돌아온 후에야 이유도 모른 체 좋지 않은 분위기를 피부로 느낄 뿐이지요. 제발 지배인님, 돌아가시기 전에 제 말에도 다소는 일리가 있다고 한 마디만 말씀해 주십시오."

그러나 지배인은 그레고르의 말을 서너 마디도 채 안 듣고 이미 몸을 옆으로 비켜 입술을 내민 채 벌벌 떨면서 어깨 너머로 그레고르 쪽을 돌아볼 뿐이었다. 그리고 그레고르가 이야기하고 있는 동안에도 그에게서 눈을 떼지 않은 채 출입구의 문을 향해서 슬금슬금 걸어 나갔다. 마치 이 방을 나가면 안 된다는 금족령이라도 내려진 것처럼. 그렇게 해서 그는 마침내 현관 앞에 다다랐다. 최후에 그가 한쪽 발을 거실에서 빼내는 번개같이 빠른 동작은 마치 발뒤꿈치에 화상이라도 입은 것 같은 허둥거리는 모습이었다. 그는 계단 쪽을 향해 힘껏 오른쪽 팔을 뻗었다. 마치 그곳에 구원의 손길이라도 기다리고 있는 것처럼.

회사에서의 자신의 위치를 위태롭지 않게 하기위해서는 이대로 지배인을 돌려보내서는 안 된다는 것을 그레고르는 이미 잘 알고 있었다. 부모님은 그런 실정까지는 잘 모른다. 부모님은 오래 전부터 이 회사에서 근무하고 있으면 그레고르의 일생은 편안할 것이라는 확신을 가져 온데다가, 지금은 눈앞에 닥친 근심 때문에 장래를 걱정할 여유가 전혀 없었던 것이다. 그러나 그레고르는 바로 그 장래를 우려했다. 지배인을 붙잡아 놓고, 마음을 진정시키고, 설득을 하고, 마침내는 이쪽에 호의를 갖도록 하지 않으면 안 된다. 그레고르 자신과 가족의 장래가 바로 그 성패에 달려 있다는 것은 분명한 사실이다. 누이동생이 이 자리에 있었으면 얼마나 좋을까! 누이동생은 영리하다. 그레고르가 조금 전에 자빠져 누워 있었을 때에도 그를 위해 울어 주었었다. 게다가 지배인은 여자에게는 친절한 사나이니까. 누이동생이 설득하면 틀림없이 효과가 있을 것이다. 누이동생이라면 응접실 문을 꼭 닫아 버리고, 현관에서 지배인을 설득시켜 그의 마음을 가라앉힐 수도 있을 것이다. 그런데 공교롭게도 그 누이동생은 없다. 그레고르 자신이 하지 않으면 안 된다. 그레고르는 현재 어떻게 해야 자신의 몸을 움직일 수 있는지 그것조차 모르고 있었으며, 또 설사 무슨 이야기를 한다 해도 십중팔구는 상대방이 알아듣지 못할 것이다.

그런 것들을 미처 생각할 여유도 없이, 그레고르는 그 문짝을 떠나 슬금슬금 문지방을 넘었다. 그리고 지배인 쪽으로 가려고 했다. 지배인은 그때 이미 두 손으로 계단 출구에 있는 난간을 잡고 우스꽝스럽게 매달려 있었다. 그레고르는 몸을 의지할 것을 찾아 허우적거리다가 이윽고 작은 비명을 지르며 숱한 발들과 함께 넘어지고 말았다. 그 순간, 그는 이날 아침 중에 처음으로 몸이 편안해지는 것을 느꼈다. 다리들은 이제야말로 꼿꼿하게 마룻바닥을 밟고 있었으며 그레고르의 뜻대로 움직여 주었다. 그것을 알고 그는 기뻐했다. 뿐만 아니라 다리들은 그레고르가 가고 싶은 곳으로 그를 옮겨 주려고 애썼다. 그래서 얼마 안 있어 이 모든 고통이 사라지고 몸도 완전히 회복될 거라는 생각마저 들었다.

그 순간, 즉 어머니가 털썩 주저앉아 있는 마룻바닥 바로 옆에서 움직이고 싶은 것을 꾹 참으며 몸을 흔들면서 누워 있을 때, 완전히 방심 상태에 있던 어머니가 갑자기 뛰어 일어나 두 팔을 활짝 벌리고 손가락이란 손가락은 모조리 펼치고 "사람 살려요!"하고 외쳤다. 어머니는 그레고르의 모습을 잘 보기라도 하려는 듯이 고개를 숙였으나, 그레고르를 쳐다보기는커녕 정신없이 뒷걸음질해 달아나는 것이었다. 그녀는 아침 식사 준비가 되어 있는 식탁이 뒤에 있다는 것도 까맣게 잊고, 그곳에 이르자 급히 식탁 위에 걸터앉았다. 그 때문에 그녀 바로 옆에 있던 큰 커피포트가 뒤집어져 커피가 양탄자 위로 쏟아져 내렸다. 그러나 그녀는 전혀 그것을 깨닫지 못하고 있었다.

"어머니, 어머니." 그레고르는 나직한 목소리로 이렇게 부르면서 어머니를 올려보았다. 그 순간, 지배인에 대한 생각은 이미 염두에도 없었다. 그 대신 흘러내리는 커피를 보자 몇 번인가 입맛을 다시지 않을 수 없었다. 그것을 본 어머니는 또다시 큰 소리를 지르곤 식탁에서 뛰어내려 때마침 달려온 아버지의 품안에 쓰러졌다. 그러나 이제는 그레고르가 부모님에게 신경을 쓰고 있을 수가 없었다. 지배인이 벌써 계단 위에 서 있었기 때문이다.

그는 난간 위에 턱을 내밀고 마지막으로 이쪽을 한 번 돌아보았다. 그레고르는 무슨 수를 써서라도 확실하게 따라붙기 위해서 달리기 시작했다. 이것을 보고 지배인은 질겁한 모양이다. 왜냐하면 계단을 한꺼번에 두세 계단씩 뛰어내려 자취를 감추어 버렸으니 말이다. 그러나 도망치면서 "휴!"하고 내쉬는 한숨소리가 계단 밑에서부터 들려 왔다. 그런데 유감스럽게도 지배인의 도망은 그때까지 비교적 침착성을 보이고 있던 아버지의 기분을 심하게 혼란시킨 모양이었다. 그는 스스로 지배인을 쫓아간다든가, 혹은 한걸음 양보해서 지배인을 뒤쫓아 가려는 그레고르를 내버려 두기는 커녕, 지배인의 모자와 외투 그리고 의자 위에 내팽개치고 간 단장을 오른손에 쥐고, 왼손으로는 식탁 위의 두터운 신문지를 움켜쥐고는 계속 발을 구르면서 단장과 신문지를 휘둘러 그레고르를 방으로 몰아넣으려고 했다.29)

아무리 사정을 해도 소용이 없었고 사정하는 말을 이해하지도 못했다. 아무리 공손하게 고개를 숙여 보여도 아버지는 점점 무섭게 발을 구를 뿐이었다. 저쪽에서는 어머니가 날씨가 찬데도 창문을 열어 몸을 밖으로 쑥 내밀고는 창 밖에서 얼굴을 두 손으로 감싸고 있었다. 골목길로 향한 계단 사이로 세찬 바람이 불어와 창문에 늘어진 커튼이 휘날리고, 식탁

---

29) Gregor nahm einen Anlauf, um ihn möglichst sicher einzuholen; der Prokurist muβte etwas ahnen, denn er machte einen Sprung über mehrere Stufen und verschwand; »Huh!« aber schrie er noch, es klang durchs ganze Treppenhaus. Leider schien nun auch diese Flucht des Prokuristen den Vater, der bisher verhältnismäβig gefaβt gewesen war, völlig zu verwirren, denn statt selbst dem Prokuristen nachzulaufen oder wenigstens Gregor in der Verfolgung nicht zu hindern, packte er mit der Rechten den Stock des Prokuristen, den dieser mit Hut und Überzieher auf einem Sessel zurückgelassen hatte, holte mit der Linken eine groβe Zeitung vom Tisch und machte sich unter Füβestampfen daran, Gregor durch Schwenken des Stockes und der Zeitung in sein Zimmer zurückzutreiben.

위의 신문지가 바스락거리다가 서너 장이 마룻바닥 위로 떨어졌다. 아버지는 사정없이, 마치 야만인처럼 씩씩거리면서 그레고르를 방으로 몰아넣으려고 했다.30)

그런데 그레고르는 아직 뒷걸음질을 할 줄 몰랐으므로 매우 느리게 움직일 수밖에 없었다. 방향 전환을 할 수만 있다면 힘들이지 않고 자신의 방으로 돌아가겠으나, 방향을 돌리는데 시간이 걸려서 아버지를 흥분시킬까 봐 두려웠다. 게다가 언제 어느 때 손에 들고 있는 단장에 등이나 머리를 얻어맞아 목숨을 잃을는지도 모른다. 그러나 결국은 방향 전환을 하는 이외에 다른 방도가 없었다. 왜냐하면 어차피 뒷걸음질이란 일정한 방향을 잡을 수가 없기 때문이다. 그래서 그는 계속 아버지 쪽을 힐끗힐끗 훔쳐보면서 될 수 있는 대로 신속하게, 그러나 실제로는 매우 느린 속도로 방향전환하기를 시작했다. 이번에는 아버지로서도 그레고르의 착한 마음씨를 알아차린 모양으로 그가 하는 행동을 방해하지 않고, 오히려 필요에 따라서 단장 끝으로 멀리서 이리저리 지시를 해주었다.

듣기 싫은 '쉿쉿'하는 소리만 없었던들 얼마나 좋았을까. 그 소리만 들으면 그레고르는 침착성을 잃어버리는 것이었다. 그가 거의 방향을 틀었을 때에도, 아버지가 계속 '쉿쉿' 하는 소리를 냈으므로 정신을 빼앗겨 다시 제자리로 되돌아가기도 했었다. 하여튼 간신히 머리가 문지방을 향해 틀어졌으나 이번에는 몸통의 폭이 너무 넓어서 그대로는 문을 통과할 수 없다는 것을 알았다. 아직도 그대로 닫혀져 있는 다른 한쪽의 문짝이

---

30) Kein Bitten Gregors half, kein Bitten wurde auch verstanden, er mochte den Kopf noch so demütig drehen, der Vater stampfte nur stärker mit den Füβen. Drüben hatte die Mutter trotz des kühlen Wetters ein Fenster aufgerissen, und hinausgelehnt drückte sie ihr Gesicht weit auβerhalb des Fensters in ihre Hände. Zwischen Gasse und Treppenhaus entstand eine starke Zugluft, die Fenstervorhänge flogen auf, die Zeitungen auf dem Tische rauschten, einzelne Blätter wehten über den Boden hin. Unerbittlich drängte der Vater und stieβ Zischlaute aus, wie ein Wilder.

라도 열어 준다면 그레고르의 몸통이 무사히 통과할 수도 있을 텐데, 물론 정신이 없는 아버지가 그것을 깨달을 리 없었다. 아버지로서는 될 수 있는 대로 빨리 그레고르를 제 방으로 좇아 보내야만 된다는 일념뿐이었다.

하여튼 기어서 통과할 수 없다면 일어선 자세로 문지방을 통과해야하는데, 그렇게 하자면 여러 가지 번거로운 사전 준비가 필요하다. 아버지의 험한 기세로 보아 그러한 수고를 그에게 기대할 수는 없을 것 같았다. 아버지는 그레고르가 지금 부딪힌 장애는 생각지도 않고, 이번에는 한층 더 큰 목소리로 그레고르를 몰아댔다. 등 뒤에서 들려오는 그 소리는 이미 이 세상에서 단 한 사람뿐인 부친의 목소리는 아닌 것 같았다. 사실 이미 웃을 일이 아니었다.31)

될 대로 되라는 식으로 그레고르는 무턱대고 문지방 위로 몸통을 밀어 넣었다. 몸통 한쪽이 문에 끼여서 위로 치켜졌다. 그는 방문 사이에 비스듬히 걸려 있었다. 한쪽 옆구리가 심하게 벗겨졌다. 하얗게 칠한 문에는 보기 흉한 얼룩이 생겼다. 이윽고 옴짝달싹도 할 수 없게 되었다. 자신의 힘으로는 더 이상 어떻게 할 수가 없었다. 한쪽 편의 다리들은 허공에 뜬 채 바르르 떨었으며 다른 쪽 다리들은 방바닥에 짓눌려서 몹시 아팠다. 그때 아버지가 뒤에서 힘껏 그를 밀어 구원해주었다. 그 때문에 그레고르는 피투성이가 되어 자신의 방 안으로 날듯이 빠져 들어왔다. 그리고 지팡이로 방문을 꽝하고 닫는 소리가 들렸다. 그러자 마침내 주위가 조용해졌다.32)

---

31) Vielmehr trieb er, als gäbe es kein Hindernis, Gregor jetzt unter besonderem Lärm vorwärts; es klang schon hinter Gregor gar nicht mehr wie die Stimme bloβ eines einzigen Vaters; nun gab es wirklich keinen Spaβ mehr.

32) Da gab ihm der Vater von hinten einen jetzt wahrhaftig erlösenden starken Stoβ, und er flog, heftig blutend, weit in sein Zimmer hinein. Die Tür wurde noch mit dem Stock zugeschlagen, dann war es endlich still.

2.

해가 저물어 가는 저녁 무렵에야 그레고르는 겨우 혼수상태와 같은 답답한 잠에서 문득 깨어났다. 특별한 일이 없더라도 서서히 눈을 떠야 할 시각이었다. 왜냐하면 충분히 휴식을 취했고, 잠도 푹 잤기 때문이다. 그러나 바쁘게 걷는 발자국 소리와 문간방으로 통하는 문을 조심스럽게 여닫는 소리에 잠이 깬 것 같았다. 천장과 가구 위에 가로등의 파란 불빛이 흘러들어와 비치고 있었으나, 방바닥 위의 그레고르의 주위는 어두웠다. 그레고르는 촉각을 서투르게 작용시키면서 — 이제야 비로소 촉각의 고마움을 알게 되었지만 — 무슨 일이 일어났는지를 알아보려고 천천히 문 쪽으로 기어갔다. 몸통 왼쪽 허리에 팽팽하고 불쾌하게 당기는 듯한 길 다란 상처가 생겨서 그는 두 줄로 된 양쪽 다리를 절지 않으면 안 되었다. 게다가 다리 하나는 오전 중의 소란으로 심하게 부상을 입고 있었다. — 부상당한 다리가 단 하나뿐이라는 것은 거의 기적이라고 해도 좋았다 — 그는 힘없이 질질 끌리듯 기어갔다.

무엇이 그를 문 앞에까지 오도록 유혹했는가를 그 앞에 다다라서야 비로소 그는 알게 되었다. 그것은 바로 음식 냄새 때문이었다. 즉 그곳에는 잘게 썬 흰 빵이 둥둥 떠 있는, 우유를 담은 그릇이 놓여 있었다. 그레고르는 기쁜 나머지 소리를 내어 웃을 뻔했다. 아침나절보다도 배가 훨씬 더 고팠기 때문이다. 그는 곧 우유 속에다 눈까지 잠길 정도로 머리를 집어 넣었다. 그러나 이내 실망하고 목을 움츠렸다. 몸통의 왼쪽 허리 언저리가 아파서 먹기가 부자연스러웠을 뿐 아니라 — 물론 애를 쓰면 먹을 수도 있었지만 — 평소에는 아주 즐겨 먹던 것이었고, 그렇기 때문에 누이동생이 일부러 방안에 넣어 준 우유였는데 지금은 전혀 맛이 없었던 것이다. 그는 오싹 소름이 끼치는 것 같아서 음식을 외면하고,

방 한가운데로 기어서 돌아왔다.

문틈으로 내다보니, 거실에는 이미 가스등이 훤히 밝혀져 있었다. 평소 같았으면 이 시각에는 아버지가 석간신문을 어머니에게나 누이동생에게 소리를 높여 읽어 주었을 텐데, 지금은 아무 소리도 들리지 않았다. 그러고 보니 누이동생이 항상 이야기해 주었고 출장 때면 편지로 들려주었던 이 신문 낭독 행사가 최근에 와서는 아주 폐지된 모양이었다. 그렇지만 집안에 사람이 전혀 없지는 않을 텐데 주위가 너무나도 조용했다.

"어쩌면 이렇게들 조용하게 지낼 수가 있을까?"하고 그레고르는 혼잣말을 했다. 그리고 눈앞의 어둠을 지켜보면서 부모님과 누이동생으로 하여금 이런 좋은 집에서 이런 생활을 할 수 있도록 해준 자신이 대견하다고 생각했다. 그러나 이 안락, 이 행복, 이 만족의 일체가 지금 무서운 종말을 보게 된다면 어떻게 될 것인가? 그런 복잡한 생각들을 떨쳐버리기 위해서 차라리 몸이라도 움직여 보는 것이 낫겠다고 생각한 그레고르는 이리저리 방 안을 기어 다녔다.[33]

긴 저녁 시간이 지나는 사이에 옆쪽 문이 한 번, 그리고 맞은편 문이 한 번 빠끔히 열렸다가 금방 닫혀 버렸다. 누군가가 방에 들어올 일이 있었던 모양이지만 불안이 앞서서 망설이는 눈치였다. 그레고르는 거실로 통하는 문 옆에 몸을 바짝 붙이고 들어오기를 꺼리고 있는 방문자를 어떻게 해서든지 방 안으로 들어오게 하든가, 그것이 불가능하다면 최소한 상대가 누구인가 하는 정도는 알아보려고 했다. 그러나 문은 더 이상

---

33) »Was für ein stilles Leben die Familie doch führte«, sagte sich Gregor und fühlte, während er starr vor sich ins Dunkle sah, einen groβen Stolz darüber, daβ er seinen Eltern und seiner Schwester ein solches Leben in einer so schönen Wohnung hatte verschaffen können. Wie aber, wenn jetzt alle Ruhe, aller Wohlstand, alle Zufriedenheit ein Ende mit Schrecken nehmen sollte? Um sich nicht in solche Gedanken zu verlieren, setzte sich Gregor lieber in Bewegung und kroch im Zimmer auf und ab.

열리지 않았다. 기다려 보았으나 헛일이었다. 문이란 문이 모조리 잠겨 있었던 오늘 아침에는 저마다 서로 그레고르의 방으로 들어오려고 했었는데, 지금은 아무도 들어오려 하지 않았다. 더구나 문 하나는 이미 그레고르가 열었고, 다른 문들은 모두 낮 동안에 열었을 것이 분명한데 지금은 모든 자물쇠가 밖에서 채워져 있었다.[34)]

밤이 깊어 거실의 등불이 꺼졌을 때에야 그는 부모님과 누이동생이 그때까지 자지 않고 있음을 알게 되었다. 그때 발끝으로 걸으며 가만가만히 멀어져 가는 세 사람의 발자국 소리를 똑똑히 들었기 때문이다. 그렇다면 다음날 아침까지는 아무도 그레고르의 방을 찾아오지 않으리라. 그리하여 그레고르는 새벽녘까지의 긴 시간을 이용하여 아무에게도 방해당하지 않고 앞으로의 생활에 대해서 깊이 생각해 볼 작정이었다. 그런데 지금 방바닥 위에 납작하게 엎드려 있는 이 방, 천장이 높은 텅 빈 방은 그를 묘하게 불안하게 만들었다. 원인은 알 수 없었다. 5년 동안이나 살아온 자신의 방이 아닌가? 그레고르는 약간의 수치심을 느끼며 거의 무의식중에 몸의 방향을 바꿔 소파 밑으로 기어 들어갔다. 등허리가 약간 눌리고 고개를 쳐들 수는 없었지만, 소파 밑은 매우 편안하고 아늑했다. 단지 몸통이 너무 커서 전신이 완전히 들어가지 않는 것만이 유감스러웠다.

그레고르는 소파 밑에 엎드린 채로 가끔은 꾸벅꾸벅 졸기도 하고, 이따금 공복감 때문에 잠에서 깨나기도 하고, 또 걱정과 막연한 희망에 사로잡히기도 하면서 하룻밤을 보냈다. 그러나 아무리 생각해보아도 결론은 같았다. 즉 당장은 서투르게 소란을 피우지 않아야 하며 가족들로 하

---

34) Früh, als die Türen versperrt waren, hatten alle zu ihm hereinkommen wollen, jetzt, da er die eine Tür geöffnet hatte und die anderen offenbar während des Tages geöffnet worden waren, kam keiner mehr, und die Schlüssel steckten nun auch von auβen.

여금 인내와 최대의 조심성으로써 그로 인해 일어나는 갖가지 불쾌감을 견딜 수 있도록 해주어야 한다는 것이다. 자신의 이런 모습은 아무래도 집안사람들에게 혐오감을 줄 수밖에 없기 때문이다.

날이 채 밝기도 전인 새벽녘에, 그레고르는 굳게 다진 결심을 시험해 볼 기회를 얻었다. 문간방에서 어느새 옷을 갈아입은 누이동생이 긴장된 표정으로 문을 열고 방 안을 들여다본 것이다. 그녀는 한참 뒤에 소파 밑에 있는 오빠를 발견하자 몹시 놀라며 — 그렇게 놀랄 것은 없는데, 방 안 어딘가에 내가 있는 것은 당연한 일 아닌가! 날아서 어디로 도망칠 수도 없는 노릇이고 — 자기 스스로를 어찌할 바를 몰라 하다가 밖에서 문을 다시 닫아 버리는 것이었다. 하지만 자신의 태도를 부끄럽게 생각했던지 금방 다시 문을 열고는 발끝으로 걸어서 방안으로 들어왔다. 마치 중병 환자나 낯선 사람의 방에 들어오는 듯한 태도였다.

그레고르는 소파 가장자리까지 목을 내밀어 누이동생을 바라보았다. 우유를 마시지 않은 이유를 알아줄까? 배가 고프지 않아서가 아닌데. 좀 더 입맛에 맞는 다른 것을 가져다 줄 수는 없는 걸까? 그가 시키지 않아도 자진해서 그렇게 해준다면 얼마나 좋을까. 그로서는 누이동생으로 하여금 그것을 깨닫게 하느니보다는 차라리 굶어 죽는 편이 나을 것 같았다. 그렇지만 그레고르는 소파 밑에서 뛰어나와 누이동생 발밑에 몸을 던지며 무엇이든 맛있는 것을 가져다 달라고 말하고 싶었다. 그러나 누이동생은 의아스러운 표정으로 조금도 줄지 않은 우유 그릇을 곧 발견했다. 그릇 주위엔 약간의 우유가 흘려져 있을 뿐이었다. 그녀는 곧 그릇을 집어 들었다. 맨손이 아니라 걸레 조각으로 말이다. 그러고는 밖으로 들고 나갔다.

이번에는 그 대신에 무엇을 가져다 줄 것인가 하고 그레고르는 가슴을 두근거리며 이것저것 상상을 해보았다. 그러나 누이동생이 친절한 마음에서 실제로 가져 온 것을 보고는 다시 말문이 막혀 버렸다. 누이동생은 오빠가 어떤 음식을 좋아하는지 알아보기 위해서 여러 가지 음식물을 한꺼번에 가지고 와서 그것들을 헌 신문지 위에다 늘어놓는 것이었다. 반쯤 썩은 묵은 야채와 가장자리에 흰 소스가 말라붙어 있는 저녁 식사 때 먹다 남은 뼈다귀, 건포도 몇 개, 그레고르가 이틀 전에 이런 것도 먹을 수 있는 것이냐고 말했던 치즈, 아무것도 바르지 않은 빵과 버터를 바른 빵, 똑같이 버터를 발라 소금을 친 빵, 그리고 물을 담은 사발이 있었다. 아무래도 이것은 그레고르 전용으로 정해 놓은 음식인 모양이었다.

그리고 누이동생은 급히 방에서 나가면서 밖에서 방문을 잠가 버렸다. 누이동생은 그레고르가 자기 앞에서는 아무것도 먹지 않을 것이라고 생각한 것이었다. 그리고 자물쇠를 채운 것은, 다른 사람이 보지 않으니 마음 편하게 식사하라는 그녀의 신호였던 것이다.

밥을 먹으러 가기 위해서 그의 다리들이 꿈틀거리기 시작했다. 상처는 어느새 다 나아 버린 모양이다. 이제는 아무데도 아픈 데가 없었다. 이 점에 대해서 그레고르는 몹시 놀랐다. 한 달 전에 칼로 손가락을 약간 베었는데도 그 상처가 어제까지 욱신욱신 쑤셔 대지 않았던가. '그렇다면 나의 감각이 다소 둔해진 것이 아닌가'하고 생각하며 그는 허겁지겁 치즈를 먹기 시작했다. 갑자기 강하게 그레고르의 구미를 당긴 것은 다름 아닌 이 치즈였다. 치즈, 야채, 소스의 순서로 재빨리 먹어 치우며 만족스러운 나머지 눈에는 눈물까지 흘러나왔다. 그런데 신선한 식품 쪽은 오히려 맛이 없었다. 무엇보다도 냄새부터 견딜 수가 없어서 그는 먹고 싶은 것만을 일부러 한쪽 옆으로 끌어가 먹기까지 하였다.

그가 다 먹어 치운 후 원래의 위치에서 태평스럽게 뒹굴고 있는데 누이동생의 천천히 열쇠 돌리는 소리가 들려 왔다. 물러가라는 신호였다. 이미 막 잠이 들려는 상태였음에도 불구하고, 그는 그 소리에 놀라 급히 소파 밑으로 기어 들어갔다. 그런데 누이동생이 방 안에 있는 동안의 그 짧은 시간조차 소파 밑에 들어가 있는 일이 그레고르로서는 쉽지 않은 고역이었다. 왜냐하면 음식을 양껏 먹었기 때문에 배가 불러 그 비좁은 장소에서는 갑갑해서 숨도 제대로 쉴 수 없을 지경이었기 때문이다. 그런 사실을 전혀 모르는 누이동생은 먹다 남은 찌꺼기뿐만 아니라 전혀 입도 대지 않은 것까지도 빗자루로 쓸어 모았다. 일단 이곳에 가지고 온 음식은 입을 대지 않은 것이라도 쓸모가 없다는 식이었다. 그러고는 재빨리 모든 음식을 통 속에 쓸어 넣고는 나무 뚜껑을 닫은 후에 방 밖으로 들고 나갔다. 그레고르는 숨이 막혀 질식할 듯한 상태에서 약간 튀어나온 눈으로 누이의 모습을 바라보았다. 누이동생이 등을 보이며 돌아서자마자 그레고르는 금방 소파 밑에서 기어 나와 기지개를 켜며 느긋한 자세가 되었다.

이런 식으로 매일의 식사가 그레고르에게 제공되었다. 아침 식사는 부모님과 하녀가 아직 자고 있을 때, 점심 식사는 식구들의 식사가 모두 끝난 후에 주어졌다. 왜냐하면 부모님이 점심 후에는 늘 잠시 동안 낮잠을 잤고, 하녀는 누이동생의 심부름으로 시장을 보러 외출하기 때문이었다. 물론 아무도 그레고르를 굶겨 죽이려 생각하지는 않았지만, 그런 시간에 음식을 주는 이유는 결국 집안사람들이 그레고르를 피하고 싶었기 때문이며, 그레고르에 대한 이야기는 누이동생의 입을 통해서 듣는 것만으로도 충분하다고 생각했기 때문이다. 또 누이동생으로서는 가족들이 이 문제가 아니라도 싫증나도록 고통을 당하고 있기 때문에 될 수 있는 대로 모든 식구들의 슬픔을 더 크게 확대시키고 싶지 않았던 것이다.

그레고르로서는 도대체 첫날 아침에 불러왔던 의사와 열쇠 장수를 어떤 구실을 붙여서 돌려보냈는지 그 무렵의 일을 전혀 알 수가 없었다. 그레고르가 하는 말은 상대방이 이해하지 못했으며, 또 그들은 그레고르가 자신들의 이야기를 정확히 이해할 수 있으리라고는 아무도 믿지 않았기 때문이다. 그런 형편이어서 누이동생은 그레고르의 방에 들어와서도 가끔씩 한숨을 쉬거나 성자의 이름을 외우며 기도하는 외에는 아무 말도 하지 않았다. 따라서 그레고르도 그것을 듣는 것으로 만족할 수밖에 없었다.

후에 누이동생이 모든 일에 다소 익숙해졌을 때에야 비로소 — 완전히 익숙해진다는 것은 도저히 있을 수 없는 일이었다 — 그레고르는 종종 선의의 말과, 혹은 선의라고 풀이할 수 있는 말 정도는 알아들을 수가 있게 되었다. 그레고르가 식사를 남김없이 다 먹었을 때 누이동생은 "어머, 오늘은 맛이 있었던 모양이네요"하고 슬픈 듯이 말하는 것이었다. 그런데 그 후자의 경우가 차츰 빈번하게 반복되기 시작했다.

직접적으로는 아무것도 새로운 사실을 전해들을 수가 없었으므로 그레고르는 옆방에서 흘러나오는 이야기 소리에 귀를 기울였다. 조금이라도 사람의 목소리가 들리면 그는 곧 문 옆으로 기어가서는 몸을 문에다 바짝 붙였다. 특히 처음 며칠 동안에는 속삭이는 소리이기는 했지만 그에 대한 이야기가 나오지 않은 적이 한 번도 없었다. 이틀간을 계속해서 세 번의 식사 때마다 어떻게 할 것인지를 상의하는 말소리가 들렸다. 하지만 식사시간이 아니어도 이야깃거리는 늘 똑 같았다. 그런데 식사와 식사 사이의 시간에도 집안의 누군가가 같은 화제에 대해서 서로 이야기하는 소리가 들렸다. 즉 아무도 혼자서는 집에 남아 있고 싶어 하지 않았던 것이다. 그러나 만일의 경우를 위하여 집안 식구가 모두 나가 버릴 수는 없으므로, 언제나 최소한 두 사람은 집안에 남아 있었다.

하녀가 이번 사건에 대하여 무엇을 어느 정도로 알고 있는지는 충분히 알 수 없었다. 그러나 이미 첫날에 그녀는 어머니 앞에 무릎을 꿇고 즉각 그만두고 싶다는 말을 했다. 그리고 15분쯤 지나 마침내 집을 나갈 때에는 마치 큰 은혜나 입은 것처럼 눈물을 흘리면서 해고시켜 준 데 대하여 감사를 표시하고, 이쪽에서 부탁하지도 않았는데, 이번 일에 대해서는 털끝만큼도 다른 사람에게 말하지 않겠노라고 굳게 맹세하고 떠났다.[35] 그렇게 되자 이제는 누이동생이 어머니와 함께 부엌일을 하지 않으면 안 되었다. 그러나 그 일이란 것이 크게 힘든 것은 아니었다. 왜냐하면 식구들이 모두 거의 아무것도 먹지 않았기 때문이다. 한 사람이 다른 사람에게 많이 먹으라고 자꾸만 권하였으나 그렇게 해도 아무 소용이 없었다. 상대방은 "고마워요, 많이 먹었어요."하는 정도의 말 이외에는 아무 대답도 하지 않았다. 그레고르는 그런 식으로 서로 대화하는 것을 자주 들었다.

술 종류도 아마 전혀 마시지 않는 모양이었다. 누이동생이 곧잘 아버지에게 맥주를 드시겠느냐고 묻는 소리가 들렸다. "제가 가서 가져 올게요"하고 그녀는 친절하게 말을 꺼낸다. 그러나 아버지가 대꾸를 하지 않으므로 누이동생은 그것이 소문을 꺼리는 침묵이라 짐작하고, 건물 관리원 아주머니에게 부탁해서 가져오게 할 수도 있다고 말한다. 그러면 아버지는 마침내 큰소리로 "마시지 않겠다."하고 말하는 것이었다. 그리고 이것으로 맥주에 대한 이야기는 더 이상 거론되지 않았다.

이미 첫날 아버지는 아내와 누이동생에게 모든 재정 상태며 장래의 전망에 대해 설명해 주었다. 그는 이따금 테이블 곁을 떠나 작은 금고에서 문서나 장부 같은 것을 가져왔는데, 이 금고는 5년 전 그의 사업이 파산했을 때 간신히 건져 낸 것이었다. 복잡한 자물쇠를 열고 필요한 것을 꺼낸 후에 다시 닫는 소리가 들려 왔다. 부친의 이러한 설명은 어떤 점에서는 그레고르가 감금 생활을 시작한 이래로 그의 마음을 위로해 주는 최초의 것이었다. 이제까지 그는 부친이 파산했기 때문에 빈털터리가 되

---

35) Auch hatte das Dienstmädchen gleich am ersten Tag-es war nicht ganz klar, was und wieviel sie von dem Vorgefallenen wuβte-kniefällig die Mutter gebeten, sie sofort zu entlassen, und als sie sich eine Viertelstunde danach verabschiedete, dankte sie für die Entlassung unter Tränen, wie für die gröβte Wohltat, die man ihr erwiesen hatte, und gab, ohne daβ man es von ihr verlangte, einen fürchterlichen Schwur ab, niemandem auch nur das Geringste zu verraten.

어 버렸다고만 믿고 있었다. 부친은 최소한 그레고르에게 그 반대의 말은 하지 않았던 것이다. 또 그레고르 쪽에서도 거기에 대해서 부친에게 물어 본 적이 없었다. 사업상의 불운은 가족 모두를 완전히 절망에 빠트렸고, 당시 그레고르로서는 식구들이 그 불운을 빨리 잊게 하려고 모든 힘과 마음을 쏟았다. 그랬기 때문에 그레고르는 남보다 열심히 일했으며 하룻밤 사이에 미미한 일개 점원에서 외판원으로 뛰어오를 수 있었던 것이다. 물론 외판원이 되고부터는 돈을 버는 여러 가지 다른 방법들이 있었으며, 일의 성과는 당장 수수료나 현금의 형태로 바뀌었다. 그래서 이 돈을 집으로 가져와 기뻐하기도 하고 놀라기도 하는 가족들의 눈앞에서 테이블 위에 늘어놓아 보일 수가 있었던 것이다. 그 무렵은 정말 신났었다.[36)]

후에 그레고르는 충분히 한 가정을 지탱할 수 있을 정도의, 그리고 또 현재의 집안 재정을 꾸려 나가는 데 충분한 돈을 벌기는 했지만, 그 신이 나던 시기는 이제는 더 이상 그 옛날의 화려함과 더불어 돌아오지 않을 것이다. 가족들도 그레고르도 그것이 모두 습관이 되어 버려서, 식구들은 고마운 마음으로 돈을 받았고 그레고르도 기꺼이 돈을 내놓았지만, 서로 간에 애틋한 온정은 더 이상 오가지 않았다. 오직 누이동생만이 계속 오빠에게 각별한 감사의 정을 나타내고 있었다.

그레고르와는 달리 그녀는 음악을 아주 좋아해서 바이올린 솜씨가 훌륭했으므로, 이 누이동생을 내년에는 음악 학교에 입학시켜 주어야하겠

---

36) Gregors Sorge war damals nur gewesen, alles daranzusetzen, um die Familie das geschäftliche Unglück, das alle in eine vollständige Hoffnungslosigkeit gebracht hatte, möglichst rasch vergessen zu lassen. Und so hatte er damals mit ganz besonderem Feuer zu arbeiten angefangen und war fast über Nacht aus einem kleinen Kommis ein Reisender geworden, der natürlich ganz andere Möglichkeiten des Geldverdienens hatte und dessen Arbeitserfolge sich sofort in Form der Provision zu Bargeld verwandelten, das der erstaunten und beglückten Familie zu Hause auf den Tisch gelegt werden konnte.

다는 것이 그레고르가 마음속으로 품은 계획이었다. 특히 거기에는 돈이 많이 들겠지만, 그 정도의 돈은 또 다른 방법으로 어떻게 해서든지 마련할 수 있을 것이라고 생각했던 것이다. 그레고르가 이따금 잠시 집에 돌아와 있을 동안에도 음악 학교에 대한 이야기는 종종 오누이 사이의 화제가 되었으나, 그것은 도저히 이루기 힘든 아름다운 꿈으로만 여겨지고 있었다. 부모님은 그런 순진한 대화를 듣기만 해도 얼굴을 찌푸리곤 했다. 그러나 그레고르는 이 계획을 빈틈없이 세워놓고 크리스마스이브에는 그것을 엄숙하게 선언하려고 마음먹고 있었던 것이다.

그레고르는 꿋꿋이 일어서서 몸을 문에 기댄 채 귀를 기울이고 있는 동안에도, 현재로서는 생각해 보았자 아무 소용이 없는 그런 일들을 문득문득 생각하였다. 때로는 온몸에 허기가 져서, 엿듣기 위하여 귀를 기울이고 있는 것도 힘들어져 무의식중에 머리를 문에 부딪치는 일도 있었다. 그러나 그는 급히 문을 꽉 붙들었다. 왜냐하면 그러한 아주 작은 소리까지도 옆방 사람들의 귀에 들릴 경우에는 모두가 입을 딱 봉해 버리기 때문이다. 그리고 잠시 사이를 두었다가 부친이 분명히 문 쪽을 향해서 "또 무슨 짓을 하는군."하고 말하고는 잠시 동안 중지했던 대화를 다시 소곤소곤 시작하는 것이었다.

그레고르는 그들의 대화를 충분히 엿들었다. 왜냐하면 아버지는 자신의 설명을 누누이 반복하는 버릇이 있었기 때문이다. 그것은 아버지로서도 이미 오랫동안 그런 이야기를 해보지 않은데다가 또 이야기를 듣는 어머니도 단번에 상대방이 하는 말을 이해할 수 없었기 때문이다. 아버지의 설명을 엿듣고 그레고르가 분명하게 안 사실은, 여러 가지로 타격을 받았음에도 불구하고 옛날 재산이 아직도 조금은 남아 있으며, 그 동안에 전혀 손을 대지 않았기 때문에 예전보다는 적지만 어느 정도 이자가 불어났다는 것이다. 게다가 매월 그레고르가 집에 가져온 돈도 – 그레고르 자신은 용돈으로 겨우 2,3굴덴을 썼을 뿐이었다. – 전부 소비된 것이 아니었고, 열심히 저축을 해서 약간의 돈이 모아져 있다는 것이다. 그레고르는 문 뒤에서 열심히 고개를 끄덕이며 이 뜻하지 않은 조심성과 근검절약을 기뻐했다. 전에 그러한 여유 돈이 있었다면 부친의 부채를 모두 갚아 버리고 홀가분하게 그 직장을 그만둘 수도 있었겠지만, 지금에 와서 생각하면 부친이 취한 이런 처사가 집안에 행운을 가져왔다는 것은 의심할 여지가 없었다.

돈이 좀 있다고는 하지만 그 정도의 적은 이자로 한 집안의 생활을 꾸려 나갈 수는 없을 것이다. 아마도 그 정도의 돈이라면, 1년이나 기껏해야 2년 정도 연명할 수 있을 것이다. 결국 그것은 손을 대서는 안 될 돈이었고 만일의 경우를 대비하여 남겨 두어야 할 정도의 금액에 지나지 않았다. 생활비는 달리 벌지 않으면 안 되었다.

그런데 아버지는 어떤가 하면, 역시 건강하기는 했지만 아무래도 이미 나이가 나이인 데다가 아무런 일도 하지 않고 5년 동안이나 지내 왔기 때문에 일을 할 자신을 잃고 있었다. 더욱이 고생은 많았으나 전혀 보람이 없었던 그의 평생에서 처음으로 얻은 휴가라고 할 수 있는 이 5년 동안에, 완전히 살이 쪄 버려서 몸조차 자유로이 움직일 수 없는 상태였다.

그렇다면 어머니가 일을 해야 하는데, 어머니는 천식을 앓고 있어서 집안을 왔다 갔다 하는 것도 힘들어 이틀에 한 번씩은 호흡 곤란으로 창문을 열어 놓고 소파 위에서 지내야 하는 형편이 아닌가?

그러면 남은 것은 누이동생인데, 이제 겨우 열일곱 살의 소녀로서 지금까지의 생활이라야 몸단장이나 하고, 실컷 잠이나 자고, 고작해야 부엌 심부름이나 하고, 돈이 들지 않는 구경이나 다니고, 무엇보다도 바이올린을 켜는 일이나 하면서 오늘날까지 살아온 어린아이가 아닌가. 이 어린 누이동생이 어찌 한 집안을 떠맡을 수가 있겠는가?

옆방에서의 대화가 여기에 이르면, 언제나 그레고르는 문에서 떠나 바로 옆에 있는 차디찬 가죽 소파 위에다 몸을 내던졌다. 치욕과 비통 때문에 몸이 달아올랐기 때문이다. 그레고르는 가죽 소파 위에서 밤새도록 꼼짝하지 않고 소파에 씌어 진 가죽을 쥐어뜯는 일이 잦아졌다.[37)]

그런가 하면 때로는 힘든 줄도 모르고 의자를 창가로 밀고 가 창턱에 기어오르기도 했으며, 어떤 때는 그냥 그 의자에 의지한 채 창에 기대어 예전에 창밖을 바라보면서 느꼈던 일종의 해방감을 막연하게 회상하기도 했다. 날마다 그렇게 바라보고 있노라니 마침내 조금 떨어진 곳에 있는 것도 날이 갈수록 그 윤곽이 차츰 희미해져 갔다. 예전에는 아침저녁으로 눈앞에 보이는 건너편 병원 건물이 보기 싫어서 견딜 수 없었는데, 그 병원도 이제는 볼 수 있게 되었다. 자신이 한적하기는 하지만 그래도 도시 한복판인 이 샤를롯테 가(街)에 살고 있다는 사실을 확실히 기억하지 못하고 있었다면, 그는 창밖의 전망이 잿빛 하늘과 잿빛 대지가 분간되지 않은 채 뒤섞여 있는 황야라고 해도 별로 의심치 않았을 것이다. 주의력이 깊은 누이동생은 단 두 번 의자가 창가에 놓여 있는 것을 발견한 후 방 청소를 끝내면 언제나 창가의 그 자리에다 갖다 놓았고, 뿐만 아니라 그 이후로는 안쪽 창문까지 열어 놓았다.

만일 그레고르가 누이동생과 이야기가 통해서 그런 모든 마음 씀씀이에 대해 감사를 표시할 수만 있었다면 누이동생의 보살핌을 좀 더 편안한 기분으로 받아들일 수도 있었을 것이다. 그러나 그것이 불가능했기 때문에 그의 마음은 무척 괴로웠다. 물론 누이동생은 여러 가지 사건으로 인한 괴로움을 될 수 있는 대로 잊으려고 노력했다. 그리고 시간이 흐름에 따라서 그러한 모든 일들은 점점 나아져 갔다. 게다가 그레고르 쪽에서도 모든 것을 처음보다는 훨씬 정확하게 관찰할 수 있게 되었다. 이제는 누이동생이 방 안에 들어오기만 해도 그레고르는 겁을 냈다. 전

---

37) Wenn die Rede auf diese Notwendigkeit des Geldverdienens kam, lieβ zuerst immer Gregor die Türe los und warf sich auf das neben der Tür befindliche kühle Ledersofa, denn ihm war ganz heiβ vor Beschämung und Trauer.

에는 누이동생이 될 수 있는 대로 그레고르의 방을 다른 사람에게 보이지 않으려고 애를 썼으나, 이제는 그레고르의 방에 들어서기가 바쁘게 문을 닫을 겨를도 없이 급히 창가로 달려가서는 마치 질식이라도 할 것처럼 얼른 창문을 활짝 열어 놓고는, 아무리 추워도 잠시 창가에 서서 숨을 깊이 들이마시는 것이었다. 하루에 두 번씩 누이동생이 이처럼 수선을 떨고 소란을 부려서 그레고르를 깜짝 놀라게 했다. 그래서 그래고르는 누이동생이 방 안에 있는 동안에는 언제나 소파 밑에서 떨어야 했다. 그러나 그는 누이동생을 충분히 이해할 수 있었다. 만일 누이동생이 그레고르의 방에서 창문을 닫은 채로 일할 수만 있었다면, 물론 일부러 이런 고통을 맛보게 하지는 않았을 것이다.

그레고르가 변신한 지 한 달쯤 지난 어느 날 — 그 무렵에는 이미 누이동생은 그레고르의 모습을 보고도 새삼스럽게 놀라거나 하지 않았다 — 한 번은 누이동생이 평소보다 약간 빨리 왔기 때문에 그레고르가 꼿꼿이 선 채로 꼼짝도 않고 조용히 창밖을 내다보고 있을 때 들어온 일이 있었다. 누이동생은 그러한 그레고르의 모습을 보자 기겁을 했다. 그레고르가 그렇게 창가에 서 있으면 바로 창문을 열 수 없기 때문에 누이동생이 방 안으로 들어오지 않은 것은 조금도 이상하지 않았다. 그러나 누이동생은 방 안으로 들어오지 않았을 뿐만 아니라 뒷걸음을 치다가 문을 닫아 버렸다. 모르는 사람이 보았다면 그레고르가 누이동생이 들어오기를 기다리고 있다가 그녀에게 덤벼들려고 한 것이 아닌가 하는 생각을 해도 무리는 아니었을 것이다.

물론 그레고르는 곧바로 소파 밑으로 몸을 숨겼는데, 다시 누이동생이 찾아온 것은 정오 무렵이었다. 뿐만 아니라 그녀는 평소보다 더욱 안절부절못하고 불안스럽게 보였다. 그러고 보면 내 모습을 보는 것이 누이동생으로서는 여전히 견딜 수 없는 노릇인 셈이다. 앞으로도 이런 상태는 계속될 것이라는 사실을 그레고르는 그 일로 미루어 알 수 있었다.

아무리 소파 밑에 숨어 있어도 그의 몸통이 조금은 내보였다. 그런데 누이동생은 오빠의 몸 일부분만 보아도 도망치고 싶을 것이 분명한데 그것을 참고 있었다. 그것은 자기 자신을 굉장히 자제하고 있기 때문인 것으로 여겨졌다. 어느 날 그레고르는 그의 몸이 조금이라도 누이동생의 눈에 띄지 않도록 하기 위해서 이불을 등에 올려놓고 소파 위로 날랐다. — 이 작업은 꼬박 네 시간이 걸렸다 — 그리고 그는 자신의 몸이 완전히 보이지 않도록, 또 설사 누이동생이 몸을 구부린다 해도 보이지 않도록 이불을 잘 안배했다. 누이동생이 혹시 이 이불이 불필요하다고 생각한다면 물론 치워 버릴 수도 있다. 그러나 그레고르가 재미삼아 이런 식으로 몸을 완전히 숨기고 있는 것은 아니라는 것쯤은 누이동생도 알아줄 것 같았다. 하지만 누이동생은 이불을 그대로 놓아두었다. 뿐만 아니라 한 번은 그레고르가 조심스럽게 이불을 약간 치켜들고 누이동생이 이 새로운 일을 어떻게 생각하고 있는가를 엿보았을 때, 누이동생의 눈에 감사의 빛이 슬쩍 스치는 것 같은 느낌마저 들었다.

처음 두 주일이 지나는 동안 부모님은 감히 그의 방에 들어오지 못하였다. 예전에 부모님은 누이동생에게 곧잘 화를 냈었는데, 그것은 누이동생을 쓸모없는 딸자식 정도로만 생각하고 있었기 때문이다. 그러나 지금에 와서는 누이동생이 하는 일을 마음속으로부터 고마워하고 있다는 것을 이따금 그들의 대화에서 그레고르도 느낄 수 있었다. 그러나 이제는 누이동생이 그레고르의 방을 청소하고 있는 동안에 부모님은 곧잘 방 앞에서 기다리고 있다가, 누이동생이 밖으로 나오면 곧 방 안의 상태며 그레고르가 먹은 것이며 행동거지, 혹은 좀 좋은 방향으로 나아지는 징조가 보이는지 어떤지에 대해서 물었고, 누이동생은 자세하게 부모님에게 들려주어야만 했다. 그리고 어머니는 비교적 빠른 시일 안에 그레고르를 만나보고 싶어 했으나 부친과 누이동생이 여러 가지로 그럴듯한 이유를 들어 그런 어머니를 만류했다. 그 이유라는 것을 그레고르는 매우

주의 깊게 듣고 있었는데, 그것은 참으로 지당한 것이었다. 처음에는 어머니도 그러저러한 이유로 망설였으나, 끝내는 아버지와 누이동생이 그녀의 팔을 붙잡고 늘어지는 지경에까지 이르렀다. 모친은 큰소리로 외쳤다. "들어가도록 해주세요, 가엾은 아이, 알고 계시지 않아요, 내가 가 봐주어야 한다는 것쯤은." 물론 매일은 안 되겠지만 적어도 일주일에 한 번쯤은 어머니가 나의 방에 들어와 주는 것도 괜찮지 않겠는가. '아무래도 어머니는 누이동생보다는 모든 일을 훨씬 잘 이해할 수 있을 것이다. 기특하게 생각하고 있지만 동생은 아직 어린 소녀이며 결국은 어린 소녀다운 단순한 기분에서 그런 어렵고 귀찮은 일을 떠맡고 있는 것이니까.'

어머니를 만나보고 싶다는 그레고르의 소원은 오래지 않아 이루어졌다. 그는 한낮에는 부모님에 대한 염려 때문에 창가에는 가지 않기로 마음먹고 있었다. 그러나 방바닥을 기어 다녀 보았자 고작해야 3평방미터 넓이밖에 되지 않아 별 재미가 없었다. 조용하게 가만히 엎드려 지내는 것은 밤만으로도 충분했으며, 음식을 먹는 일도 최근에 와서는 별로 식욕이 당기지 않았기 때문에 사방의 벽이나 천장을 이리 저리로 기어 다니는 습관을 붙여 기분 전환을 하고 있었다. 특히 천장에 달라붙어 있는 일은 아주 기분이 좋았다. 방바닥에 엎드려 있는 것과는 전혀 기분이 달랐다. 숨도 편히 쉴 수가 있었고 가벼운 진동이 온몸으로 전해졌다. 그는 천장에 달라붙어 있으면서 거의 행복이라고 해도 좋은 방심 상태에 빠져들었다가 무의식중에 다리를 떼어 방바닥 위로 떨어져 스스로 놀라는 일도 종종 있었다. 그렇지만 지금은 예전과는 달라서 자신의 몸을 마음대로 움직일 수 있으므로 그렇게 추락을 해도 대단하게 다치지는 않았다. 누이동생은 그레고르가 생각해 낸 이 새로운 위안거리를 곧 알아챘다. ─ 그레고르는 벽이나 천장에 끈적거리는 점액 자국을 남겼던 것이다 ─ 누이동생은 그가 될 수 있는 대로 널리 기어 다닐 수 있도록 마음을 써서 방해가 되는 가구나 특히 옷장과 책상을 치워 주려고 했다. 그런데 그것은 혼자서 할 수 있는 일이 아니었다. 그렇다고 해서 아버지에게 도움을 청할 수는 없었다. 하녀도 물론 여간해서는 도와주지 않을 것이다. 왜냐하면 이 열 여섯 살쯤 되는 소녀는 예전의 하녀가 그만둔 이후로 기특하게 계속 참고 있어 주었지만, 주방문을 항상 잠그게 하고는 오직 특별한 부름이 있을 때에만 문을 연다는 허락을 받고 있었던 것이다.

이럭저럭 아버지가 없는 기회를 타서 어머니에게 부탁하는 것 이외에는 달리 방도가 없었다. 어머니는 기쁜 나머지 환성을 울리며 달려와 주었으나 그레고르의 방문 앞에까지 오자 입을 다물어 버렸다. 물론 누이동생은 우선 그레고르의 방 안에 별다른 이상이 있는지 없는지를 사전 점검했다. 그리고 확인이 끝난 후에야 비로소 어머니를 방 안으로 안내했다. 그레고르는 급히 이불을 평상시보다도 깊이, 그리고 일부러 주름을 많이 잡히게 해서 뒤집어썼다. 그래서 언뜻 보기에는 우연히 소파 위에 던져져 있는 이불에 지나지 않은 것처럼 보였다. 그레고르는 이번에도 역시 이불 밑에서 슬쩍 상황을 엿보는 일을 게을리 하지 않았다. 그러나 지금 갑자기 어머니의 모습을 보는 것은 단념했다. 마침내 어머니가 와 주었다는 것만으로도 기뻤다. "괜찮아요. 들어오세요, 어머니. 오빠가 보이지 않아요."하고 누이동생이 말했다. 분명히 어머니의 손을 끌어당기고 있는 모양이었다. 잠시 후 그레고르의 귀에는 연약한 두 여자가 꽤 낡고 무거운 옷장을 이제까지 있던 자리에서 밀어내는 소리가 들려 왔다. 그리고 계속해서 일의 대부분을 누이동생이 도맡아 하는지 그것을 걱정하는 모친의 목소리와 너무 무리하지 말라고 말리는데도 거기에는 귀도 기울이지 않고 부지런히 일을 진행시키고 있는 누이동생의 움직임 소리가 들려 왔다.

시간이 꽤 걸렸다. 이럭저럭 15분 정도는 경과되었다고 생각 될 무렵 어머니의 목소리가 들렸다. "아무래도 이것은 역시 이 방에 놓아두는 것이 좋지 않겠니? 너무나 무거워서 아버지가 돌아오시기 전에 치울 수 있을 것 같지 않구나. 그렇다고 이것을 그냥 방 한가운데에다 이대로 내버려두면 그레고르가 다니는데 불편할 테고. 게다가 말이지, 가구를 치워 버리면 그레고르가 어떻게 생각할지 우리로서는 전혀 짐작할 수가 없지 않겠니. 차라리 예전대로 놓아두는 편이 그레고르에게는 좋지 않겠느냐 말이야. 가구를 치워 버리니 방안의 벽이 텅 비어서 나로서는 어쩐지 견딜 수 없는 기분이 드는구나. 어찌되었든 오랫동안 이 방에서 거처해 왔으니 갑자기 모든 것을 치워 버린다면 그레고르는 아무래도 버림을 당한 기분이 들지 않을까? 게다가 이런 짓을 한다는 것을" 하고 어머니는 목소리를 한층 낮추었다.

처음부터 어머니는 속삭이는 듯한 목소리로 말을 하였다. 그레고르가 어디에 숨어 있는지 확실히 알 수는 없었지만, 하여튼 자신의 목소리가 울리는 것까지도 그에게 들리게 하고 싶지 않다는 태도였다. 그녀는 설마 그레고르가 사람의 말을 이해하리라고는 꿈에도 생각지 못했다. "가구를 치워 버리거나 하면, 우리가 그 아이의 회복을 아주 단념해 버리고, 마치 우리가 더 이상 그 아이에 대하여 상관하지 않겠다는 것처럼 보이지 않겠니? 나는 이렇게 생각한다. 방 모양을 옛날과 똑같이 그대로 놓아두어야 그레고르가 다시 병이 나았을 때라도 이 방이 조금도 변하지 않은 것을 보고 그만큼 쉽게 그 동안의 일을 잊을 수가 있을 것 같구나."

이와 같이 말하는 어머니의 말을 듣고 그레고르는 깨달았다. 직접 사람들과 말을 할 수도 없고, 게다가 집에서 한 걸음도 밖으로 나갈 수 없는 단조로운 이 두 달 동안의 생활에서 아무래도 자신의 머리가 돌아버린 게 아닌가 하고. 왜냐하면 방 안이 텅 비어 버리는 것이 더 좋겠다고 진심으로 바라는 자신을 볼 때, 그렇게 설명할 수밖에 다른 도리가 없기 때문이다. 제정신을 가졌다면, 선조로부터 물려받은 가구가 친근하게 놓여 있는 따뜻한 방을 동굴로 바꾸어 버리려고 감히 생각할 수 있겠는가 말이다. 가구를 모두 치워 버린다면 물론 어디든지 마음대로 기어 다닐 수는 있겠지만, 그러나 그와 동시에 인간으로서 살아온 자신의 과거를 급속히 모두 잊어버리게 되리라. 더군다나 지금도 거의 잊어 가고 있지 않은가? 다만 어머니의 목소리를 오래간만에 들었기 때문에 일시적으로 자신의 본정신으로 되돌아온 것이 아닐까. 역시 이 방에서 아무것도 치워져서는 안 된다. 모든 것이 제자리에 있어야 된다. 가구가 자신의 현재 상태에 끼치는 좋은 영향이 사라져 버린다면 곤란하다. 그것 때문에 기어 다니는 데 방해가 된다 할지라도 그것은 해가 된다기보다는 큰 이익이 되는 것이다.

그러나 유감스럽게도 누이동생의 의견은 달랐다. 누이동생은 그레고르의 신상에 관한 한 부모님보다는 훨씬 사정에 밝았고, 또 소식통으로서도 부당하지 않았으며 그의 사정을 잘 이해하는 처지였다. 애당초 누이동생의 생각은 옷장과 책상만을 치우는 것이었으나 막상 어머니의 그런 충고를 듣자 생각이 변해, 반드시 필요한 소파를 제외하곤 모든 가구를 치워 버리자고 고집 부리기 시작했다. 누이동생이 그와 같은 고집을 부리게 된 것은, 물론 어린 소녀다운 반항심이나 최근에 겪게 된 불의의 쓰라린 괴로움 때문에 생긴 고집 탓만은 아니었다. 실제적으로 그녀는 그레고르가 기어 다니려면 넓은 공간이 필요하며, 그렇기 때문에 방안의 가구들은 아무 소용이 없다고 생각했다. 그러나 다분히 또 그 나이 또래의 소녀에게 흔히 있을 수 있는 맹목적인 열정도 작용했을 것이다. 그러나 열정은 언제나 자신을 충족시킬 수 있는 기회를 찾게 되는데 그 심리가 지금 그레고르의 처지를 더욱 비참하게 만들고 있었다. 지금 그레테는 한층 더 열심히 그를 위해서 봉사하겠다는 열정에 사로잡혀 있었던 것이다. 사방의 벽 이외에는 아무것도 없는 텅 빈 방에 그레고르가 혼자 있게 되면, 그레테 이외에는 아무도 들어올 수 없을 것이 아닌가.

누이동생은 결코 어머니의 의견 때문에 자신의 결심을 굽히지 않았다. 어머니는 그렇지 않아도 그레고르의 방에 있는 것만으로도 초조하고 불안해 보였다. 그래서 곧 입을 다물어 버리고, 옷장을 밖으로 들어내려는 누이동생을 힘껏 도왔다. 그런데 이 옷장은 없더라도 지장이 없지만, 책상은 그렇지가 않았다. 두 여자가 힘들게 옷장을 밀고 방을 나가자마자 그레고르는 소파 밑에서 고개를 내밀고, 어떻게 하면 신중하게 또 될 수 있는 대로 부드럽게 그들이 하는 일에 간섭할 수가 있을까 하고 궁리를 했다. 그런데 공교롭게도 먼저 돌아온 것은 어머니 쪽이었다. 그레테는 아직도 옆방에서 옷장에 매달려 혼자서 이리저리 움직이고 있었다. 물론 옷장의 위치는 조금도 달라지지 않았다. 그런데 모친은 그레고르의 모습을 자세히 본 적이 없으므로 그를 보게 되면 크게 병이 날지도 모른다. 그래서 그레고르는 깜짝 놀라 소파의 다른 끝 쪽으로 급히 뒷걸음질을 쳤다. 그러나 그때 이불의 앞쪽이 약간 들먹여진 것은 어쩔 수가 없었다. 그것만으로도 어머니의 주의를 끌기에는 충분했다. 모친은 문득 멈추어 한순간 그대로 가만히 서 있었으나, 이윽고 옆방의 그레테에게로 달려가 버렸다.

무슨 큰 소동이 벌어진 것도 아니다, 단지 가구 두세 개의 위치를 바꾸는 것뿐이다, 그레고르가 그런 식으로 몇 차례 자신에게 타일렀음에도 불구하고, 그들이 드나드는 소리와 나직하게 서로 부르는 소리, 방바닥 위에서 가구가 끌리는 소리들은 사방에서 밀려오는 요란한 음향과 같은 작용을 하였다. 그는 될 수 있는 대로 목이며 다리를 잔뜩 움츠리고 배를 방바닥에다 꼭 대고 있었지만, 곧 그의 참을성도 한계에 달하지 않을 수 없었다. 지금 두 여자는 방을 완전히 텅 비도록 만들려고 한다. 그가 좋아하는 물건들을 모조리 끄집어내려고 하고 있다. 실톱이며 기타 도구들이 들어 있는 상자는 이미 운반되어 버렸다. 그리고 이제는 방바닥에 꼭 부착시켜 놓은 책상에 손을 대고 흔들고 있다. 상과 대학의 학생으로서, 중학생으로서, 아니 이미 초등학교 시절부터 그레고르가 계속 공부하면서 사용해 온 책상인 것이다. 일이 이쯤 되고 보면, 그녀들이 하고 있는 선의의 일에 대해 고려해 볼 여유조차 가질 수 없게 되었다. 그는 두 사람의 존재를 거의 잊어버렸다. 왜냐하면 두 사람은 이미 지쳐 있었기 때문에 아무 말도 없이 일만 하고 있었으므로, 그에게 들리는 것은 오직 무거운 그들의 발자국 소리뿐이었다. 그레고르는 더 이상 참을 수가 없었다. 그는 소파 밑에서 기어 나왔다. ─ 그녀들은 마침 옆방에서 책상에 기대어 잠시 숨을 돌리고 있었다 ─ 그는 먼저 어떤 가구를 남겨 놓아야 할지 목표로 정하지 못하고 기어가는 방향을 네 번이나 바꾸었다. 이미 텅 비어 버린 방의 벽면에 단 하나의 모피로 감싼 여인의 초상화가 걸려있는 것이 눈에 띄었다. 그래서 그는 급히 기어 올라가 유리 위에 몸을 밀착시켰다. 유리에 그의 몸이 닿자 뜨거웠던 복부가 시원해져서 기분이 좋았다. 지금 감추고 있는 이 그림만은 아무도 가져가지 못하게 하리라고 그는 생각했다. 이쪽으로 되돌아오는 여자들의 모습을 살펴보기 위해서 그는 고개를 들어 거실로 통하는 문 쪽을 바라보았다. 두 사람은 별로 오래 쉬지도 않고 곧 돌아왔다. 그레테는 모친의 몸에 팔을 감아 거의 껴안다시피 부축하고 있었다. "자아, 이제는 무엇을 치울까요?"하고 그레테가 말하며 주위를 살펴보았다.

그때 그레테와 벽에 달라붙어 있는 그레고르의 시선이 마주쳤다. 어머니가 있었기 때문에 누이동생은 침착성을 잃지 않으려고 애쓰면서 얼굴을 어머니 쪽으로 숙이고는 모친이 주위를 휘둘러 볼 수 없도록 하려고 이렇게 말했다. "어머니, 잠시 거실로 돌아가 계시는 게 좋겠어요!" 그녀의 목소리가 떨려 나왔고, 그것은 앞뒤 분별도 없이 한 말이었다. 그레테의 속셈을 그로서는 확실히 알 수 있었다. '어머니를 안전한 곳으로 데리고 간 후에 나를 제자리로 쫓아 보라지.' 그레고르는 그림 위에 달라붙은 채로, 결코 그것을 그녀에게 넘겨주지 않겠다고 다짐했다. 그림을 내주느니 차라리 그레테의 얼굴 위로 뛰어내릴 참이었다.

그러나 그레테가 그런 말을 한 것은 오히려 불안감이 되었다. 어머니는 그레테의 말에 처음부터 불안스러움을 느끼고는 한 걸음 옆으로 물러서며 꽃무늬 벽지 위에 있는 거대한 갈색 반점을 발견하였으며, 자기가 본 것이 그레고르라는 것을 미처 의식하기도 전에 소리를 질러댔다. "그래고르!" 누이동생은 주먹을 쳐들고 찌르는 듯한 시선으로 그레고르를 쏘아보았다. 이것이 그가 변신한 이래로 누이동생이 직접 그를 향해서 한 첫마디 말이었다. 누이동생은 어머니가 깨어나도록 하기 위해 각성제를 찾으러 옆방으로 달려갔다. 그레고르도 도와주고 싶었다. — 그림을 구할 시간은 아직 있다 — 그러나 몸이 액자 유리에 착 달라붙어 있었으므로 힘들게 떨어져야만 했다. 그리고 자신도 급히 옆방으로 들어갔다. 아무 일도 하지 못하고 누이동생의 뒤에 그저 우두커니 서 있을 수밖에 없었다. 갖가지 잡다한 작은 병들을 뒤지고 있던 누이동생의 뒤에 그저 우두커니 서 있을 수밖에 없었다. 작은 병들을 뒤지고 있던 누이동생은 뒤를 돌아보고 다시 한 번 놀랐다. 그때 병 하나가 밑으로 굴러 떨어져 박살이 났고 유리 조각이 그레고르의 얼굴에 튀어 상처를 입혔다. 무엇인지 모르겠으나 부식제 같은 약물이 그레고르의 몸 주위로 흘러내렸다. 그런데 그레테는 잠시도 지체하지 않고 손에 잔뜩 병을 들고는 어머니에게로 돌아가면서 발로 문을 차 닫았다. 이렇게 해서 그레고르는 어머니로부터 차단되었다. 어머니는 그레고르 때문에 거의 죽을 것 같은 상태에 빠진 것이다. 이 문을 열어서는 안 되었다. 누이동생은 어머니 옆에 있어야 하며 자신이 들어가서 그녀를 쫓아내서는 안 된다. 이곳에서 조용히 기다리고 있을 수밖에 없었다. 자책과 불안한 마음에 그는 기어 다니기 시작했다. 벽과 가구와 천장을 이리저리 기어 다녔다. 이미 방 전체가 그를 중심으로 빙빙 돌기 시작했을 때, 그레고르는 절망 속에서 천장으로부터 밑의 큰 테이블 한복판으로 떨어지고 말았다.

그리 길지 않은 시간이 흘렀다. 그레고르는 축 늘어져 엎드린 채로 있었으며 주위는 조용했다. 틀림없이 이것은 좋은 징조일 것이다. 그때 현관 벨이 울렸다. 하녀는 물론 주방에 틀어박혀 있었으므로 그레테가 문을 열어 주기위해 나가야만 했다. 아버지가 돌아온 것이다. “무슨 일이 있었니?” 그의 첫마디였다. 그레테의 모습을 보고 모든 것을 짐작한 모양이다. 그레테의 목소리가 먹먹하고 잘 들리지 않는 것은, 틀림없이 아버지의 가슴에 얼굴을 파묻고 있기 때문일 것이다. “어머니가 기절하셨어요. 하지만 지금은 많이 좋아지셨어요. 그레고르가 기어 나왔거든요.” “그럴 줄 알았다” 하고 부친은 말했다. “내가 항상 주의를 주었는데도 너와 네 어머니는 도대체 내말을 들으려고 하지 않으니까 이 모양이지.” 아버지는 그레테의 너무나도 짧은 간단한 보고를 듣고도 나쁘게만 생각해서, 그레고르가 어떤 난폭한 짓이라도 한 것처럼 생각하는 모양이었다. 그래서 그레고르는 이제부터 부친의 마음을 진정시킬 수 있는 있을 해야만 했다. 그에게 사정을 설명할 시간도 가능성도 없었으므로, 그는 자신의 방문 앞으로 도망쳐 문에다가 몸을 바싹 붙였다. 그렇게 하면 현관에서 이쪽으로 들어오는 아버지가, 그레고르는 곧 자신의 방으로 돌아가려고 하는 최선의 의도를 가지고 있고, 따라서 그를 쫓아 보낸다는 것은 불필요한 일이며, 오직 문을 열어 주기만 하면 금방 사라질 것이라는 사실을 쉽사리 깨달을 수가 있을 것이다. 그레고르는 그렇게 생각했다. 그러나 아버지는 그레고르의 그러한 섬세한 마음씨를 헤아릴 수 있는 기분이 아니었다.

그는 방 안으로 들어서자마자 “그래!”하고 소리쳤다. 분개와 희열이 뒤섞인 듯한 묘한 목소리였다. 그레고르는 머리를 문에서 다시 돌려 부친 쪽으로 쳐다보았다. 그의 눈앞에 우뚝 서 있는 아버지는 정말 생각지도 못했던 모습을 하고 있었다. 그러니 달라진 집안 사정을 보고도 놀라지 않을 각오가 되어 있어야 했을 것이다. 그런데 그것은 그렇다 하더라도 이 사람이 과연 내 아버지란 말인가? 옛날의 아버지는 그레고르가 일찍 출장 여행을 떠날 때면 침대 속에 축 늘어져 자고 있었고, 여행에서 돌아온 저녁이면 잠옷 차림으로 안락의자에 앉아 그를 맞이했었다. 잘 일어서지도 못하고, 기쁨을 나타낼 때에도 오직 두 손만을 들어 반가움을 표시하던 그 분, 일 년에 두서너 번 일요일이나 축제일 같은 때에 가족과 함께 산책을 나가면 그렇지 않아도 원래 걸음이 느린 그레고르와 어머니 사이에 끼어, 그 느린 두 사람보다도 더욱 느리게 낡은 외투를 걸치고 언제나 조심스럽게 지팡이를 짚으며 걷던 분, 무슨 말이라도 하려고 할 때에는 거의 언제나 걸음을 멈추고 동반한 두 사람을 자기 가까이로 오게 하던 분, 그 아버지와 지금 눈앞에 서 있는 사람이 동일인이란 말인가? 그러한 모습이었던 아버지가 지금은 단정하게 몸을 똑바로 세우고 서 있다. 은행 수위가 입는 것과 같은, 몸에 꼭 맞고 금단추가 달린 감색 제복을 입었으며, 저고리의 높고 빳빳한 깃 위로 나온 턱은 두 겹으로 겹쳐 있다. 짙은 눈썹 밑에는 생기 있고 조심스러워 보이는 까만 눈이 번쩍번쩍 빛나고 있다. 예전에는 빗질도 하지 않던 백발이 지나칠 정도로 단정하게 빗질을 해서 머리에 딱 달라붙어 빛나고 있다. 그는 금실로 머리글자를 수놓은 모자 — 아마도 은행 이름인 것 같다 — 를 활 모양의 선을 그으며 방 안의 침대 위로 날려 던졌다. 그리고 제복의 긴 옷자락 끝을 뒤로 젖히고 양손을 바지 주머니 속에 찔러 넣고, 매우 불쾌한 표정으로 그레고르 쪽으로 걸어왔다.[38)]

---

38) Aber der Vater war nicht in der Stimmung, solche Feinheiten zu bemerken; »Ah!« rief er gleich beim Eintritt in einem Tone, als sei er gleichzeitig wütend und froh. Gregor zog den Kopf von der Tür zurück und hob ihn gegen den Vater. So hatte er sich den Vater wirklich nicht vorgestellt, wie er jetzt dastand; allerdings hatte er in der letzten Zeit über dem neuartigen Herumkriechen versäumt, sich so wie früher um die Vorgänge in der übrigen Wohnung zu kümmern, und hätte eigentlich darauf gefaβt sein müssen, veränderte Verhältnisse anzutreffen. Trotzdem, trotzdem, war das noch der Vater? Der gleiche Mann, der müde im Bett vergraben lag, wenn früher Gregor zu einer Geschäftsreise ausgerückt war; der ihn an Abenden der Heimkehr im Schlafrock im Lehnstuhl

아버지는 아마도 자기 자신이 무엇을 하려는지 잘 모르고 있는 것 같았다. 하여튼 그는 발을 매우 높이 들어 올리면서 걸었다. 그레고르는 아버지의 구두바닥이 어처구니없이 큰 것을 보고 놀랐다. 그러나 그는 어떻게 할 도리가 없었다. 새로운 생활이 시작된 첫날부터 아버지는 그를 최대한으로 엄격하게 다룰 작정인 듯 했다. 그러나 그레고르는 당연한 일이라고 생각하고 있었다. 그래서 아버지가 가까이 오면 쫓기는 것처럼 앞으로 도망치고, 아버지가 정지하면 그도 다시 발을 멈추었다. 아버지가 조금만 몸을 움직여도 그는 곧 뒤로 급히 도망쳤다. 그렇게 해서 두 사람은 몇 번이나 방 안을 빙빙 돌았다. 아버지의 동작은 느렸기 때문에 다른 사람 눈에도 그레고르를 해치려는 것처럼 보이지는 않았다. 벽이나 천장으로 도망친다면 아버지는 그것을 새삼 악의로써 받아들일 것이기 때문에 그레고르는 일단 마룻바닥 위를 기어 다니는 일도 그렇게 오래 지속할 수는 없었다. 왜냐하면 부친이 한 걸음 옮겨 놓을 때마다

---

empfangen hatte; gar nicht recht imstande war, aufzustehen, sondern zum Zeichen der Freude nur die Arme gehoben hatte, und der bei den seltenen gemeinsamen Spaziergängen an ein paar Sonntagen im Jahr und an den höchsten Feiertagen zwischen Gregor und der Mutter, die schon an und für sich langsam gingen, immer noch ein wenig langsamer, in seinen alten Mantel eingepackt, mit stets vorsichtig aufgesetztem Krückstock sich vorwärts arbeitete und, wenn er etwas sagen wollte, fast immer stillstand und seine Begleitung um sich versammelte? Nun aber war er recht gut aufgerichtet; in eine straffe blaue Uniform mit Goldknöpfen gekleidet, wie sie Diener der Bankinstitute tragen; über dem hohen steifen Kragen des Rockes entwickelte sich sein starkes Doppelkinn; unter den buschigen Augenbrauen drang der Blick der schwarzen Augen frisch und aufmerksam hervor; das sonst zerzauste weiβe Haar war zu einer peinlich genauen, leuchtenden Scheitelfrisur niedergekämmt. Er warf seine Mütze, auf der ein Goldmonogramm, wahrscheinlich das einer Bank, angebracht war, über das ganze Zimmer im Bogen auf das Kanapee hin und ging, die Enden seines langen Uniformrockes zurückgeschlagen, die Hände in den Hosentaschen, mit vebissenem Gesicht auf Gregor zu.

그레고르는 수없이 많은 다리 운동을 해야만 했기 때문이다. 그는 변신하기 전에도 폐가 별로 튼튼한 편이 아니었다. 그는 숨이 찼다. 이렇게 전력을 다해 비틀거리며 기어 다니다 보니 눈은 거의 뜰 수가 없는 지경이었다. 어리석게도 마룻바닥 위를 기어서 도망치는 일 이외에는 다른 방법이 전혀 떠오르지 않았다. 자유롭게 벽을 기어오를 수도 있으련만, 그는 그런 사실마저도 잊어버리고 있었다. 더군다나 벽면에는 공을 들여서 조각한 가구류 때문에 톱니 모양으로 뾰족하게 튀어나온 곳이 많았다.

바로 그때 그의 바로 옆에서 무엇인가가 날아오더니 그의 앞으로 굴러갔다. 사과였다. 계속해서 두 번째 사과가 날아왔다. 그레고르는 놀란 나머지 그 자리에 섰다. 그 이상 기어서 도망을 쳐도 이제는 헛수고였다. 아버지는 폭격을 가할 결의를 굳히고 있었기 때문이다. 찬장 위에 있던 과일 접시에서 사과를 꺼내 주머니에다 가득 채우고는 겨냥도 하지 않은 채 마구 던지기 시작한 것이다. 작고 빨간 사과는 전기 장치로 조종되는 것처럼 마룻바닥 위로 굴러다니면서 서로 부딪쳤다. 슬쩍 던진 사과 한 알이 그의 등을 스쳤으나 별 상처는 입지 않았다. 그런데 이어서 날아오던 사과 한 알이 등에 정통으로 박혔다. 갑작스럽게 닥친, 믿기 어려울 만큼 격심한 등의 통증을 잊어버리기라도 하려는 듯 그레고르는 다시 도망치려고 했다. 그러나 그는 마치 못에라도 박힌 듯한 통증으로 모든 감각이 완전히 마비되어 버린 채 그 자리에 뻗어 버렸다.[39)]

---

39) Da flog knapp neben ihm, leicht geschleudert, irgend etwas nieder und rollte vor ihm her. Es war ein Apfel; gleich flog ihm ein zweiter nach; Gregor blieb vor Schrecken stehen; ein Weiterlaufen war nutzlos, denn der Vater hatte sich entschlossen, ihn zu bombardieren. Aus der Obstschale auf der Kredenz hatte er sich die Taschen gefüllt und warf nun, ohne vorläufig scharf zu zielen, Apfel für Apfel. Diese kleinen roten Äpfel rollten wie elektrisiert auf dem Boden herum und stieβen aneinander. Ein schwach geworfener Apfel streifte Gregors Rücken, glitt aber unschädlich ab. Ein ihm sofort nachfliegender drang dagegen förmlich in Gregors Rücken ein; Gregor wollte sich weiterschleppen,

마지막으로 눈을 감으며 그는 자신의 방문이 열리는 것을 간신히 볼 수가 있었다. 무슨 말인지를 외치고 있는 누이동생의 뒤에서 어머니가 달려 나왔다. 속옷 바람이었다. 조금 전에 기절했을 때 호흡을 편안하게 하기 위해 누이동생이 옷을 벗겨 놓았던 것이다. 어머니는 그 차림새로 부친에게 달려갔다. 그 사이에 끈과 쇠고리가 끌러진 치마가 한 장 한 장 마룻바닥으로 흘러내렸다. 어머니는 그 치마에 발이 걸리면서도 아버지 곁으로 달려가 그를 부둥켜 안고는 — 그러나 그때 이미 그레고르의 눈은 감겨진 상태였다[40] — 부친의 머리 뒤로 팔을 돌려 껴안으며 그레고르의 목숨을 살려 달라고 애원했다.[41]

3.

한 달 이상이나 그레고르를 괴롭힌 이 무거운 상처는 — 아무도 감히 뽑아 내려고 하는 사람이 없었기 때문에, 그 사과는 이 사건의 눈에 보이는 기념품으로서 살 속에 박힌 채로 있었다 — 현재의 그레고르의 모습이 아무리 참담하고 징그럽다 하더라도 그가 가족의 일원이며, 가족의 일원인 그를 원수처럼 취급해서는 안 된다는 것을 아버지로 하여금 깨닫도록 하였다. 아버지는 혐오스런 감정을 가슴속에 접어두고 오직 꾹 참는 것만이 가족의 의무라고까지 생각하게 되었다.[42]

---

als könne der überraschende unglaubliche Schmerz mit dem Ortswechsel vergehen; doch fühlte er sich wie festgenagelt und streckte sich in vollständiger Verwirrung aller Sinne.

40) nun versagte aber Gregors Sehkraft schon

41) um Schonung von Gregors Leben bat.

42) Die schwere Verwundung Gregors, an der er über einen Monat litt-der Apfel blieb, da ihn niemand zu entfernen wagte, als sichtbares Andenken im Fleische

그런데 그레고르는 그 상처 때문에 몸을 자유롭게 움직이는 일이 영원히 불가능해진 것 같았다. 현재로서는 방을 건너가는 데도 마치 부상당한 노병처럼 매우 긴 시간을 필요로 했다. 더군다나 높은 곳을 기어 올라간다는 것은 상상도 못할 일이었다. 그렇게 악화된 상태는 그에게 다음과 같은 일로 해서 충분히 만족스런 보상을 주게 되었다. 즉 언제나 석양 무렵부터 밤에 걸쳐서 거실과 그레고르의 방을 가로막고 있던 문이 열리게 된 것이다. 그레고르는 한두 시간 전부터 뚫어지게 그 문을 응시하는 것이 일상적인 습관이 되었다. 어두운 방 안에 있는 그의 모습은 거실에 있는 사람에게는 보이지 않았고, 그 반대로 그레고르에게는 가스등이 환히 켜진 테이블 주위에 모여 있는 가족들의 모습이 보였다. 그들의 대화를, 말하자면 가족들의 인정 아래 예전 보다는 훨씬 자유롭게 들을 수가 있게 된 것이다.[43]

출장 중 그 어느 싸구려 호텔에서 눅눅한 침대 속에 지친 몸을 던져야 했던 시절, 그레고르는 언제나 다소 부러운 마음으로 자기 집 거실에서 떠들썩하게 이야기하고 있는 식구들의 모습을 그리워했던 것인데, 지금

---

sitzen-, schien selbst den Vater daran erinnert zu haben, daβ Gregor trotz seiner gegenwärtigen traurigen und ekelhaften Gestalt ein Familienmitglied war, das man nicht wie einen Feind behandeln durfte, sondern dem gegenüber es das Gebot der Familienpflicht war, den Widerwillen hinunterzuschlucken und zu dulden, nichts als zu dulden.

43) Und wenn nun auch Gregor durch seine Wunde an Beweglichkeit wahrscheinlich für immer verloren hatte und vorläufig zur Durchquerung seines Zimmers wie ein alter Invalide lange, lange Minuten brauchte-an das Kriechen in der Höhe war nicht zu denken-, so bekam er für diese Verschlimmerung seines Zustandes einen seiner Meinung nach vollständig genügenden Ersatz dadurch, daβ immer gegen Abend die Wohnzimmertür, die er schon ein bis zwei Stunden vorher scharf zu beobachten pflegte, geöffnet wurde, so daβ er, im Dunkel seines Zimmers liegend, vom Wohnzimmer aus unsichtbar, die ganze Familie beim beleuchteten Tische sehen und ihre Reden, gewissermaβen mit allgemeiner Erlaubnis, also ganz anders als früher, anhören durfte.

눈앞에 있는 것은 그러한 옛날의 생기 있는 모습은 아니었다. 지금은 대개 아주 조용히 시간이 흘러갈 뿐이었다. 아버지는 저녁 식사 후 곧 자신의 안락의자에 앉은 채로 잠이 들었고, 어머니와 누이동생은 서로 눈짓을 하며 조용히 앉아 있었다. 어머니는 등불 밑에 상체를 내밀고 유행복 가게에서 맡아 온 고급 속옷을 바느질하고 있었으며, 점원이 된 누이동생은 장래에 좀 더 좋은 일자리를 구하기 위하여 밤이면 속기술과 프랑스어를 공부하고 있었다.[44]

이따금 아버지가 눈을 떴는데, 마치 자신이 잠들었던 것을 모르는 양 어머니를 향하여 "오늘은 너무 늦게까지 일을 하는군!"하고 말하고는 곧 다시 잠들어 버렸다. 그러면 어머니와 누이동생은 서로 힘없이 미소를 주고받는 것 이었다.

아버지는 일종의 고집으로 집에 돌아와서도 경비제복을 벗지 않았다. 그래서 실내복은 쓸모도 없이 옷걸이에 걸려 있었고, 그는 아직도 자기 직장에 있는 것처럼, 혹은 집에 있어도 상관의 명령을 기다리고 있는 것처럼 단정하게 제복을 입은 채로 잠들어 있었다. 어머니와 누이동생은 이 제복을 더럽히지 않으려고 열심이었지만, 그러나 처음 지급 받았을 때부터 이미 신품이 아니었으므로 언제나 더러워 보였다. 그레고르는 곧잘 저녁 내내, 금단추는 항상 닦아서 번쩍번쩍 빛나고 있었지만 양복지는 이미 얼룩으로 더러워진 아버지의 제복을 바라보면서 지냈다. 아버지는 이 옷을 단정하게 입고 매우 불편한 모습으로 그러나 조용히 잠들어 있었다.

10시가 되면 어머니는 나지막한 목소리로 아버지를 깨웠다. 그리고 침

44) Der Vater schlief bald nach dem Nachtessen in seinem Sessel ein; die Mutter und Schwester ermahnten einander zur Stille; die Mutter nähte, weit unter das Licht vorgebeugt, feine Wäsche für ein Modengeschäft; die Schwester, die eine Stellung als Verkäuferin angenommen hatte, lernte am Abend Stenographie und Französisch, um vielleicht später einmal einen besseren Posten zu erreichen.

대로 가서 편히 자도록 무진 애를 썼다. 사실 그런 상태로 잠을 자게 되면 몹시 불편할 뿐만 아니라, 아버지는 6시에 출근을 해야 하기 때문에 충분히 자 두어야만 했다. 그러나 경비가 된 이후로 고집만 세어진 아버지는 언제나 좀 더 거실 테이블 옆에 있겠다고 우겨댔고 그러다가 어김없이 다시 잠이 들어 버렸다. 그런 아버지에게 안락의자에서 침대로 잠자리를 옮기도록 하는 일은 보통 힘든 일이 아니었다. 어머니와 누이동생이 잠을 깨우려고 아무리 조심스럽게 타일러도 부친은 15분 정도는 눈을 감은 채로 고개만 천천히 가로 저을 뿐 자리에서 일어나려 하지 않았다. 어머니는 아버지의 옷소매를 잡아 당기면서 그의 귓전에 대고 무엇인가를 속삭였고, 그래도 아버지는 요지부동이었고 점점 더 깊숙이 안락의자 속으로 파묻히는 것이었다. 여자들이 아버지의 겨드랑이 밑으로 손을 넣으면, 그때야 그는 겨우 눈을 뜨고 어머니와 누이동생을 번갈아 바라보면서 입버릇처럼 정해진 말을 중얼거렸다. "이것이 인생이다. 이것이 나의 노후의 휴식처다." 그리고는 두 여인의 부축을 받으며 힘겹게 몸을 일으켰다. 그것은 마치 자기의 몸이 자신에게도 무거운 짐으로 느껴지는 모습이었다. 아버지는 그녀들을 따라 문 앞까지 갔다. 그곳에서 이제는 됐다는 신호를 한 후에 그는 혼자서 걸어 나갔다. 그러나 어머니는 재빨리 바느질 도구를 집어 던지고 누이동생은 펜을 치워 버린 후 부친의 뒤를 쫓아가 잠자리 준비를 거드는 것이었다.

일에 지치고 피곤에 젖은 이 가정 안에서 그레고르를 보살펴 줄 충분한 시간적 여유를 가진 사람은 아무도 없었다. 집안 살림은 점점 어려워져 갔다. 하녀도 결국은 내보내게 되었고, 그 대신 머리에는 백발이 흩날리고 뼈가 굵고 몸집이 큰 여인이 아침저녁으로 드나들며 가장 힘든 일만 거들어 주었다. 그 외의 모든 일은 어머니가 바느질을 하면서 해냈다. 심지어 이전에 어머니와 누이동생이 친목회나 축하 모임이 있을 때면 자랑스럽게 몸에 치장하던 여러 가지 잡다한 장식품 같은 것들도 팔게 되었다. 이 소식은 저녁에 가족이 모두 모여서 그것을 얼마나 받고 팔면 될까 하고 서로 의논하는 것을 듣고서야 알게 된 일이다. 그러나 가장 큰 두통거리는 언제나 주거의 문제였다. 현재의 사정으로는 이 집은 너무 컸다.45)

그러나 이사를 할 방법이 서지 않았다. 그레고르를 어떻게 옮겨야 할지 모르기 때문이다. 그러나 그레고르는 이사를 방해하고 있는 것이 단지 그레고르에 대한 고려 때문만은 아니라는 사실을 잘 알고 있었다. 적당한 상자에다 숨구멍만 서너 개를 뚫어 놓으면 그레고르 쯤은 문제없이 운반할 수 있을 것이다. 이사를 방해하고 있는 주된 원인은 오히려 완전한 절망감과 자신들의 친척, 친지들 사이에서 전혀 그 유례가 없었던 불행을 그들이 겪고 있다는 생각 때문이었다. 세상에 가난한 사람들에게 요구하는 온갖 어려움에 대해서는 온 집안 식구들이 이미 최대한으로 응하고 있었다. 아버지는 은행의 말단 직원들을 위해 아침 식사를 날라다 주는 일까지도 마다하지 않았으며, 모친은 모친대로 낯모르는 사람들의 빨랫감을 맡아서 하느라 자신을 희생했고, 누이동생은 고객의 주문에 따라 판매대 뒤에서 이리 뛰고 저리 뛰었다. 그러나 가족들의 힘은 이미 한계점에 달하고 있었다.46)

---

45) Wer hatte in dieser abgearbeiteten und übermüdeten Familie Zeit, sich um Gregor mehr zu kümmern, als unbedingt nötig war? Der Haushalt wurde immer mehr eingeschränkt; das Dienstmädchen wurde nun doch entlassen; eine riesige knochige Bedienerin mit weiβem, den Kopf umflatterndem Haar kam des Morgens und des Abends, um die schwerste Arbeit zu leisten; alles andere besorgte die Mutter neben ihrer vielen Näharbeit. Es geschah sogar, daβ verschiedene Familienschmuckstücke, welche früher die Mutter und die Schwester überglücklich bei Unterhaltungen und Feierlichkeiten getragen hatten, verkauft wurden, wie Gregor am Abend aus der allgemeinen Besprechung der erzielten Preise erfuhr. Die gröβte Klage war aber stets, daβ man diese für die gegenwärtigen Verhältnisse allzu groβe Wohnung nicht verlassen konnte, da es nicht auszudenken war, wie man Gregor übersiedeln sollte.

아버지를 잠재우고 어머니와 누이동생은 다시 거실로 돌아왔다. 그리고 일감에는 손도 대지 않고, 볼과 볼이 맞닿을 정도로 바싹 다가앉아 얘기를 나누었다. 어머니가 그레고르의 방을 가리키며, "그레테야, 이제 저 문을 닫아라."하고 말했다. 그레고르는 또 다시 어둠 속에 혼자 있게 되었다. 옆방에는 두 여인이 소리 없이 눈물을 흘리거나 눈물조차 메말라 식탁만 뚫어지게 쳐다보며 앉아 있었다. 그럴 때면 그레고르의 등의 상처는 방금 입은 상처인 양 다시 아프기 시작하는 것이었다. 그레고르는 밤이나 낮이나 거의 잠을 이루지 못하고 지냈다. 그는 때때로 이번에 방문이 열리면 옛날처럼 집안 살림을 자신이 한번 도맡아 하리라고 생각해 보았다. 그의 뇌리에는 오랜만에 회사 사장이나 지배인, 사원과 견습 사원들, 몹시 머리가 둔한 사환, 다른 장사를 하고 있는 두세 명의 친구들이 떠올랐고, 어느 시골 호텔의 하녀와 즐겁고도 덧없는 추억들, 진지했으나 구혼이 너무 늦었던 어느 모자가게의 회계원인 처녀의 모습도 나타났다. 그리고 그러한 모습들은 낯선 사람이나 이미 잊어버린 사람들 사이에 뒤범벅이 되어 나타났다. 그러나 그런 사람들은 그나 그의 가족을 도와주기에는 모두가 너무 멀리에 있었다. 그래서 그는 그들의 모습이 다시 사라지자 오히려 기분이 좋았다. 그런가 하면 가족에 대한 걱정 같은 것은 전혀 하고 싶지 않을 때도 있었다. 그럴 때에는 자신에 대한 학대에 단지 화가 치밀 뿐이었다. 무엇을 먹으면 식욕이 생기는지 자기 자신도 전혀 짐작이 가지 않았고 또 배가 고픈 것도 아니었지만, 그래도

---

46) Was die Familie hauptsächlich vom Wohnungswechsel abhielt, war vielmehr die völlige Hoffnungslosigkeit und der Gedanke daran, daβ sie mit einem Unglück geschlagen war, wie niemand sonst im ganzen Verwandtenund Bekanntenkreis. Was die Welt von armen Leuten verlangt, erfüllten sie bis zum äuβersten, der Vater holte den kleinen Bankbeamten das Frühstück, die Mutter opferte sich für die Wäsche fremder Leute, die Schwester lief nach dem Befehl der Kunden hinter dem Pulte hin und her, aber weiter reichten die Kräfte der Familie schon nicht.

주방으로 기어가서 자기 입맛에 맞는 무엇인가를 가져올 계획을 세워 보기도 하였다.

누이동생은 요즘 들어 무엇을 주어야 그레고르가 기뻐할지 그런 것은 생각해보지도 않고, 아침이나 점심때 가게에 나가기 전에 아무 음식물이나 허둥지둥 발끝으로 그레고르의 방에 밀어 넣었다. 그리고 저녁때는 그가 음식물에 조금이라도 입을 댔거나 말았거나 – 이것이 가장 빈번하게 반복된 일이었는데도 – 전혀 신경도 쓰지 않고 비로 쓸어가 버리는 것이었다.[47)]

저녁에 하는 방 청소는 전부터 누이동생이 맡아서 하던 일이었는데, 그것도 지금에 와서는 아무리 빨리 해치운다고 해도 그렇게 엉터리일 수가 없었다. 사방 벽을 따라 더러운 자국이 죽죽 그어져 있었으며, 여기저기 먼지와 오물 덩어리가 뒹굴고 있었다. 처음에는 누이동생이 방에 들어왔을 때, 그레고르가 일부러 더러운 구석에 가 있음으로써 어느 정도 누이동생에게 비난을 가하려고 하였다. 그러나 아무리 오랫동안 그곳에 웅크리고 있어도 누이동생의 태도는 달라지지 않았다. 누이동생은 그레고르와 마찬가지로 틀림없이 오물을 보았을 텐데도 마치 오물을 방치해 주려고 굳게 작정이나 한 것처럼 보였다. 그런 경우 누군가 그레고르의 방 청소에 대한 자신의 특권을 침해하기라도 할까 봐, 누이동생은 이제까지 볼 수 없었던 특별한 신경 과민적인 감시를 계속했다.

언젠가 어머니가 서너 통의 물로 그레고르의 방을 대청소한 일이 있었다. 그때 방이 온통 물바다가 되어 심히 기분이 상한 그레고르는 화가

---

47) Ohne jetzt mehr nachzudenken, womit man Gregor einen besonderen Gefallen machen könnte, schob die Schwester eiligst, ehe sie morgens und mittags ins Geschäft lief, mit dem Fuβ irgendeine beliebige Speise in Gregors Zimmer hinein, um sie am Abend, gleichgültig dagegen, ob die Speise vielleicht nur verkostet oder-der häufigste Fall-gänzlich unberührt war, mit einem Schwenken des Besens hinauszukehren.

나서 소파 위에서 꼼짝하지 않고 뒹굴고 있었다. 결국 모친은 그 벌을 받았다. 왜냐하면 저녁에 귀가한 누이동생이 그레고르의 방 상태가 변한 것을 확인하고는 몹시 화가 나서 거실로 달려가 그녀를 달래면서 손으로 말리는 어머니를 흘겨보면서 몸을 비틀며 울음을 터뜨렸던 것이다. 물론 이 울음소리는 아버지를 그 안락한 의자에서 벌떡 일어나게 만들었다. 그녀에 대하여 부모님은 놀라서 처음에는 지켜보고만 있었다. 그러나 뒤늦게 전후 사정을 알아챈 아버지가 이윽고 오른쪽에 있는 어머니를 향해서 왜 당신은 그레고르의 방 청소를 딸아이에게 맡겨 두지 않았느냐고 어머니를 책망했고, 왼쪽에 있는 그레테에게는 앞으로 다시는 어머니가 청소 같은 것을 하지 못하도록 하겠다고 소리를 질렀다. 어머니는 당황하여, 흥분으로 정신을 못 차리고 있는 부친을 침실로 끌고 가려고 했다.

한쪽에서는 그레테가 몸을 떨면서 흐느껴 울며 조그마한 주먹으로 테이블을 두드리고 있었다. 방문을 닫아 주기만 한다면 이 슬퍼서 한탄하는 장면을 보지 않아도 되고, 이 소란을 듣지 않아도 될 것을 아무도 문을 닫아 줄 생각을 하지 않았다. 그레고르는 격분한 나머지 큰소리로 '쉿'하는 소리를 냈다.[48]

그러나 아무리 누이동생이 낮 근무에 시달려 그레고르를 돌보는 일에 싫증을 내고 있다 하더라도, 어머니가 딸 대신으로 애를 쓸 필요는 조금도 없었다. 그리고 그레고르로서도 소홀하게 취급당할 이유가 없었다. 왜냐하면 고용된 파출부가 있었기 때문이다. 그 긴 일생 동안, 튼튼한 몸으로 온갖 쓰라린 일을 겪어 온 과부인 이 파출부는 그레고르를 처음부터 조금도 무서워하지 않았다. 그녀는 어느 땐가 우연히 그레고르의 방문을 열어 본 일이 있었다. 그것은 호기심 때문이 아니었다. 몹시 놀

---

48) Die Schwester, von Schluchzen geschüttelt, mit ihren kleinen Fäusten den Tisch bearbeitete; und Gregor laut vor Wut darüber zischte, daβ es keinem einfiel, die Tür zu schlieβen und ihm diesen Anblick und Lärm zu ersparen.

란 그레고르는 누구에게 쫓기는 것도 아니면서 어슬렁어슬렁 기어 다니기 시작했다. 그러자 그 파출부는 양손을 아랫배 위에 깍지 끼고 움직이는 기색도 없이 우뚝 선 채로 그레고르의 모습을 바라보고 있었다.

그 이후론 언제나 아침저녁으로 문을 슬그머니 열고 잠깐씩 그레고르를 들여다보는 일을 게을리 하지 않았다. 처음에 파출부는 "말똥벌레야, 이쪽으로 오너라!"라든가 "어머! 이 늙은 말똥벌레 좀 봐"라는, 그녀로서는 다분히 정다운 말인 그런 말로써 그레고르를 자기 쪽으로 불러 보려고 했다. 그러나 그레고르는 그런 유인하는 소리를 묵살해 버리고, 문이 열린 것을 짐짓 모른 체 하며 자신이 있는 위치에서 꼼짝도 하지 않았다. 사실 이 파출부에게 아무런 의미도 없이 반복하는 그런 방해 대신에 매일 방 청소나 좀 시켰으면 좋았을 것이다.

어느 날 아침 일찍 — 세찬 빗방울이 유리창에 들이치고 있었는데, 이것도 아마 봄이 가까워진 증거였을 것이다 — 파출부가 또다시 그레고르의 방문을 열고 놀리기 시작했으므로, 그레고르는 몹시 화를 내며 힘은 없었지만 덤벼들 듯 하는 기세를 하고 그 여인 쪽으로 느릿느릿 몸을 돌렸다. 그러나 상대방은 놀라기는커녕 문 옆에 있던 의자 하나를 노골적으로 높이 쳐들었다. 입을 크게 벌리고 선 그 모습은 손에 든 의자로 금방이라도 그레고르의 등을 내리칠 것만 같이 보였다. "뭐야, 단지 그것뿐이냐!" 그녀는 그레고르가 다시 방향을 돌리는 것을 보며 그렇게 말하고는 의자를 조용히 구석에다 다시 내려놓았다.

최근에 와서 그는 거의 아무것도 먹지 않았다. 이따금 넣어 준 음식물 옆을 지나갈 때에 한해서 장난삼아 한 입 먹어 보거나, 삼키지 않고 몇 시간 동안을 입에 머금고 있다가 대개는 나중에 뱉어 버렸다.[49)]

---

49) Gregor aß nun fast gar nichts mehr. Nur wenn er zufällig an der vorbereiteten Speise vorüberkam, nahm er zum Spiel einen Bissen in den Mund, hielt ihn dort stundenlang und spie ihn dann meist wieder aus.

처음에 그는 이처럼 아무것도 먹을 수 없는 것은 이 방의 상태가 너무 비참하기 때문이라고 생각했으나, 실제로는 몇 번이나 변한 이 방의 상태에 곧 익숙해져 버리는 것이었다. 또한 식구들에게는 달리 둘 곳이 마땅치 않은 물건은 무엇이든지 이 방에다 넣어 두는 습관이 생겨있었다. 그런데 그러한 물건들은 꽤 많은 편이었다. 왜냐하면 집안의 방 하나를 하숙인들에게 빌려 주었기 때문이다.

이 성미가 까다로운 신사들은 — 어느 땐가 그레고르가 문틈으로 확인한 바로는 세 사람이 모두 얼굴에 수염을 기르고 있었다 — 지나칠 정도로 질서와 청결을 중요시하는 사람들이었다. 그것도 자기들의 방뿐만 아니라, 어찌 되었든 하숙생이라 할지라도 이 집안사람이 된 이상에는 이 집 전체, 특히 부엌이 청결해야 된다고 참견했다. 소용없는 물건이나 심히 더러워진 잡동사니들에 대해서는 용서가 없었다. 게다가 그들은 자기들의 가구와 다른 물건까지 들고 왔으므로 많은 물건들이 불필요하게 되었다. 모두 팔아 버리려 해도 팔리지 않았고, 버리자니 아까운 물건들이었다. 그런 것들이 전부 그레고르의 방으로 운반되었다. 게다가 화덕의 재를 치우는 상자며 부엌에서 쓰던 쓰레기통까지도 그레고르의 방으로 옮겨졌다.

무엇이 되었든 당장 필요치 않은 것은 언제나 바쁘게 설쳐대는 파출부가 모조리 그저 닥치는 대로 그레고르의 방으로 끌고 왔다. 다행스럽게도 그레고르의 눈에는 날라 오는 물건과 그 물건을 들고 있는 손 이외에는 보이지 않았다. 틀림없이 파출부는 언제나 기회를 보아서 그런 물건들을 다시 가지러 오거나 혹은 전부 모아 두었다가 한꺼번에 내다 버릴 속셈이었겠지만, 사실은 전부가 그대로 처음 던져두었던 그 자리에서 뒹굴고 있었다. 그레고르는 그 잡동사니 사이를 제대로 돌아다닐 수가 없었다. 자유스럽게 기어 다닐 통로가 없었기 때문에 그는 할 수 없이 그것들을 치워 버렸다. 그러나 그런 일을 하고 난 후에는 죽을 지경으로 피곤하고 공연히 슬픈 생각이 들어 몇 시간 동안은 움직이지 못하였다. 그러나 잡동사니를 옮기는 일에 점점 흥미를 가지게 되었다.

하숙을 하는 신사들은 때로는 모두가 공동으로 사용하는 거실에서 저녁 식사를 하는 일도 있었다. 그럴 때는 언제나 거실의 문이 닫힌 채로 있었다. 그러나 그레고르는 이것을 별로 고통스럽게 느끼지 않았다. 그는 문이 열려 있는 밤에도 그것을 이용하지 않았으며, 집안사람들의 눈에 띌까 봐 자기 방의 제일 어두운 구석에 잠자코 엎드려 있었던 것이다.

그러던 어느 날인가, 파출부가 거실의 문을 약간 열어 놓은 채로 내버려 둔 일이 있었다. 석양이 되어 하숙인들이 거실로 들어와서 불을 켰을 때에도 문은 그대로 열린 채로 있었다. 세 사람들은 테이블 윗자리에 앉게 되었다. 예전에 부모님과 그레고르가 앉던 자리였다. 세 사람은 냅킨을 펼치고 나이프와 포크를 손에 들었다. 그러자 어머니가 고기 담은 큰 접시를 들고 문 앞에 모습을 나타냈다. 곧 이어서 누이동생이 감자를 소복하게 담은 대접을 받쳐 들고 모습을 나타냈다. 음식에선 김이 무럭무럭 오르고 진한 냄새를 풍기고 있었다. 하숙생들은 음미하는 듯 하는 자세로 자기들 눈앞에 놓인 접시 대접 위로 몸을 구부렸다. 실제로 세 사람 중에서 좌장 격으로 보이는 중앙에 앉은 사내가 큰 접시에 담긴 고기를 한 조각 썰어 보았다. 충분히 연한지 어떤지, 그러니까 주방으로 돌려보내지 않아도 좋은지 어떤지 조사하기 위한 것이 분명했다. 그는 만족해했다. 그때서야 긴장된 표정으로 그들의 모습을 지켜보고 있던 어머니와 누이동생이 안도의 숨을 내쉬면서 미소를 지었다.

집안 식구들은 주방에서 식사를 했다. 그래도 아버지만은 주방으로 가기 전에 거실에 들러 모자를 손에 들고 머리를 한 번 꾸벅 숙여 보이고는 테이블 주위를 한 바퀴 돌았다. 하숙인들은 세 사람 모두 일어서서 무슨 말인지 수염 속에서 중얼거렸다. 그러나 자기들만 남게 되자 그들은 거의 완전한 침묵 속에서 식사를 계속했다. 그레고르는 이상한 소리를 들었는데, 그것은 식사 중에 아삭아삭 음식을 씹는 이빨소리였다. 그 소리는 마치 그레고르에게, 음식을 먹는 데는 이빨이라는 것이 필요하며 아무리 훌륭한 입도 이빨이 없으면 아무것도 아니라는 사실을 가르쳐 주기 위해서 들려오는 것처럼 생각되었다. 그레고르는 걱정스럽게 중얼거렸다. "나도 무엇인가 먹고 싶다. 그러나 저런 음식은 싫다. 내가 저들 식으로 먹어치우다가는 죽어 버리고 말 거야."

바로 그날 밤의 일이었다. 주방 쪽에서 바이올린 소리가 들려 왔다. — 그레고르는 변신을 한 이후로 바이올린 소리를 들어 본 기억이 없었다 — 하숙인들은 이미 식사를 끝내고 중앙에 있는 사람이 신문을 꺼내어 다른 두 사람에게 한 장씩 나누어 주고 있었다. 그들은 각자 의자에 기대어 신문을 읽으면서 담배를 피웠다. 그때 바이올린 소리가 들리자 세 사람은 놀랍다는 표정으로 의자에서 일어나 발뒤꿈치를 들고 현관 쪽으로 걸어가서는 부엌문 앞에 모여 섰다. 주방에서 그 발소리를 들은 모양으로 아버지가 말했다. "시끄럽지 않으십니까? 그렇다면 곧 그만두게 하겠습니다."

"천만에요"하고 좌장격인 사나이가 대답했다. "괜찮으시다면 따님께서 이쪽 방으로 나오셔서 연주하시면 어떨까요? 그 편이 훨씬 좋고 유쾌할 테니까요." "그렇게 합시다."하고 아버지는 마치 자신이 바이올린을 연주하는 것처럼 대답했다. 하숙인들은 거실로 되돌아가서 기다렸다. 이윽고 아버지는 악보 대를, 어머니는 악보를, 누이동생은 바이올린을 들고 거실로 들어왔다. 누이동생은 침착하게 연주 준비를 끝마쳤다. 부모님은 이제까지 하숙인을 들인 일이 없었기 때문에 하숙인에 대해 갖는 예의의 정도가 지나쳐서 자신들의 의자에도 앉지 못하였다. 아버지는 문에 몸을 기대고 서서 오른손을 단정하게 제복의 단추들 사이에 찔러 넣고 있었다. 그러나 어머니는 하숙인 한 사람이 의자를 권해 자리에 앉는데, 우연히 그 사람이 의자를 놓아 준 곳이 방 한쪽의 구석자리였지만 그대로 그 의자에 앉았다.

누이동생은 이윽고 연주하기 시작했다. 아버지와 어머니는 각자의 위치에서 딸의 손놀림을 주의 깊게 지켜보았다. 그레고르는 연주 소리에 끌려 자신도 모르는 사이에 다소 앞으로 나아가 이미 고개를 거실 안으로 내밀고 있었다. 그는 최근에 와서 다른 사람의 일에 거의 무관심한 상태에 있었다. 그리고 그런 사실을 의아하게 여기지도 않았다. 그전까지는 다른 사람의 일에 관심을 쏟았었고 또 그것이 그의 자랑이었던 것이다. 그런데 지금이야말로 남의 눈을 꺼려야 할 충분한 이유를 갖고 있지 않은가. 지금 그의 방 안은 사방이 먼지투성이였기 때문에 조금만 움직여도 먼지가 확 일어났다. 그래서 그의 몸은 먼지를 흠뻑 뒤집어쓰고 있는 꼴이었다. 그는 등이나 옆구리에 실밥이며 머리털이며 음식 찌꺼기 같은 것을 잔뜩 붙인 채로 기어 다니고 있었다. 외부 세계에 대한 그의 무관심 때문에 예전 같으면 낮에 몇 차례씩 등을 방바닥에 대고 벌렁 누워 양탄자에다 몸을 비벼 대던 일도 하지 않고 있었다. 그런 상태로 그레고르는 종이쪽지 하나 떨어져 있지 않은 거실 마룻바닥 위로 기어 나오면서도 아무런 거리낌을 느끼지 않았다.[50]

---

50) Die Schwester begann zu spielen; Vater und Mutter verfolgten, jeder von seiner Seite, aufmerksam die Bewegungen ihrer Hände. Gregor hatte, von dem Spiele angezogen, sich ein wenig weiter vorgewagt und war schon mit dem Kopf im Wohnzimmer. Er wunderte sich kaum darüber, daβ er in letzter Zeit so wenig Rücksicht auf die andern nahm; früher war diese Rücksichtnahme sein Stolz gewesen. Und dabei hätte er gerade jetzt mehr Grund gehabt, sich zu verstecken, denn infolge des Staubes, der in seinem Zimmer überall lag und bei der kleinsten Bewegung umherflog, war auch er ganz staubbedeckt; Fäden, Haare, Speiseüberreste schleppte er auf seinem Rücken und an den Seiten mit sich herum; seine Gleichgültigkeit gegen alles war viel zu groβ, als daβ er sich, wie früher mehrmals während des Tages, auf den Rücken gelegt und am Teppich gescheuert hätte. Und trotz dieses Zustandes hatte er keine Scheu, ein Stück auf dem makellosen Fuβboden des Wohnzimmers vorzurücken.

물론 아무도 그가 기어 나온 것을 눈치 챈 사람은 없었다. 가족들은 바이올린 연주에 완전히 정신을 빼앗기고 있었다. 그에 반해서 하숙인들은, 처음에는 손을 바지 주머니 속에 찔러 넣고서 악보 대 바로 뒤에 자리를 잡고 서 있었는데, 세 사람이 모두 그렇게 하려고 마음만 먹으면 바로 악보를 들여다볼 수 있는 자리였다. — 이것은 확실히 누이동생의 연주에 매우 방해가 되었을 것이다 — 그러나 그들은 곧 고개를 숙이고 나지막한 소리로 이야기를 하면서 창가로 물러가 아버지가 근심스럽게 쳐다보는 가운데 그 자리에 머물러 있었다.

실제로 누가 보더라도, 그들은 훌륭하고 감미로운 바이올린 연주에 대한 기대에 어긋나서 싫증난 모습이었다. 단지 실례가 되는 것을 피하기 위해 마지못해 듣고 있는 것이 분명했다. 특히 세 사람이 담배 연기를 코와 입으로 내뿜는 모습은 보는 사람으로 하여금 그들이 몹시 초조해 하고 있다는 것을 짐작케 하였다. 그런데 누이동생은 참으로 아름다운 모습으로 연주에 몰두하고 있었다. 얼굴을 한쪽으로 기울이고 눈은 마치 무엇을 음미하는 듯 슬픈 표정으로 악보를 더듬어 내려가고 있었다.

그레고르는 다시 조금 더 앞으로 기어 나갔다. 그리고 마룻바닥에 딱 붙어 버릴 정도로 머리를 낮게 수그렸다. 가능하다면 누이동생의 시선을 붙잡자는 것이었다. 음악에 이토록 매료당하는데도 그가 아직 동물이란 말인가?[51] 그레고르는 자신이 동경하는 미지의 양식이 눈앞에 열리는 것 같은 기분이었다. 그는 누이동생의 바로 옆에까지 가서 치맛자락을 입으로 물어 그것으로 누이동생에게 바이올린을 들고 자기 방으로 와 주기를 바란다는 뜻을 암시하리라고 마음먹었다. 실제로 이들 중에는 아무도 누이동생의 수고를 그레고르 만큼 따뜻하게 위로해 줄 사람은 없는 것 같았다.

---

51) War er ein Tier, da ihn Musik so ergriff?

그렇다, 그렇게만 되면 다시는 누이동생을 그의 방에서 밖으로 내보내지 않으리라. 최소한 그가 살아 있는 동안에는. 무섭게 생긴 그의 모습은 그때 비로소 그에게 도움이 되어 줄 것이다. 방심하지 말고 모든 출입구를 동시에 지키자. 침입자에 대해서는 으르렁거리면서 덤벼들리라. 그러나 누이동생을 강제로 방에 붙잡아 두어서는 안 된다. 누이동생의 자유의사가 아니면 안 된다. 누이동생으로 하여금 소파 위의 그와 나란히 앉도록 하자. 그리고 그녀의 머리를 자기 쪽으로 기울이게 하자. 그리고 누이동생에게 그녀를 음악 학교에 보낼 굳은 결심을 하고 있었다고 말해 주자. 만일 이번 불상사만 생기지 않았더라면 크리스마스 때 — 크리스마스는 이미 지나가 버렸겠지 — 어떤 반대를 무릅쓰고서라도 온 가족에게 이 계획을 공표할 작정이었다고 털어놓으리라. 이렇게 말을 하고 나면 누이동생은 감동한 나머지 울음을 터뜨릴 것이다. 그러면 그는 누이동생의 어깨 위까지 기어 올라가서 그녀의 목에 입을 맞추어 주리라. 직장에 나가게 된 이후로, 누이동생은 리본도 깃도 달지 않고 목을 드러내 놓고 다녔으니까.

"잠자 씨!" 갑자기 좌장격인 사내가 아버지를 향하여 소리쳤다. 그리고 그는 더 이상 아무 말도 하지 못하고 집게손가락으로 천천히 앞으로 기어 나오고 있는 그레고르를 가리켰다. 그때 바이올린 소리가 멈췄다. 그 사내는 처음에는 머리를 흔들면서 다른 친구들에게 살짝 미소를 던지더니 다시 그레고르를 쳐다보았다. 아버지는 그레고르를 쫓아 버리는 것보다는 먼저 하숙인들의 마음을 진정시키는 것이 급선무라 생각하고 있는 것 같았다. 그러나 하숙인들은 조금도 흥분하지 않았다. 그들에게는 바이올린 연주보다도 그레고르 쪽이 더 흥미가 가는 듯하였다. 아버지는 세 사람 쪽으로 급히 다가가서 팔을 크게 벌리고 그들을 그들의 방으로 돌려보내려고 하면서, 한편으로는 자기의 몸으로 그레고르 쪽이 보이지 않도록 가로 막았다.52)

그러자 그들은 약간 화를 냈는데, 아버지의 태도에 화를 냈는지 아니면 그레고르와 같은 존재가 바로 옆방에 살고 있으리라고 생각지도 못했었는데 그것을 지금 알게 되어서 화가 난 것인지는 전혀 알 수가 없었다. 하숙인들은 아버지에게 해명을 요구하고 양팔을 벌리고는 조급하게 수염을 꼬면서 천천히 자기들의 방으로 물러갔다. 그사이 누이동생은 연주를 중단하고 잠시 동안 어리둥절해 있다가, 이윽고 정신을 차리고 축 늘어뜨렸던 양손에 바이올린과 활을 들고 연주를 계속하려는 듯이 악보를 들여다보다가 갑자기 몸을 일으켰다. 그리고 호흡 장애로 급히 가슴을 들먹거리며 여전히 그대로 자기 의자에 앉아 있는 어머니의 무릎 위에다 악기를 내려놓고는 옆방으로 달려갔다. 하숙인들은 아버지에게 쫓겨서 조금 전보다도 더 빠르게 자기들의 방으로 돌아가고 있었다. 누이동생은 익숙한 솜씨로 침대에 있던 베개며 이불을 탁탁 털어 잠자리를 깨끗이 정리했다. 그녀는 그들이 방 안으로 들어오기 전에 이미 침대 정돈을 끝내고 살짝 그 방에서 빠져 나왔다. 아버지는 또다시 자기 고집에 사로잡힌 모양으로 평소 하숙인들에게 베풀었던 친절조차 완전히 잊어버리고 오직 세 사람을 밀어붙이고만 있었다. 마침내 문지방 근처에서 좌장격인 사내가 쾅하고 발을 굴렀기 때문에 아버지는 그 자리에 멈추어 섰다.

---

52) »Herr Samsa!« rief der mittlere Herr dem Vater zu und zeigte, ohne ein weiteres Wort zu verlieren, mit dem Zeigefinger auf den langsam sich vorwärtsbewegenden Gregor. Die Violine verstummte, der mittlere Zimmerherr lächelte erst einmal kopfschüttelnd seinen Freunden zu und sah dann wieder auf Gregor hin. Der Vater schien es für nötiger zu halten, statt Gregor zu vertreiben, vorerst die Zimmerherren zu beruhigen, trotzdem diese gar nicht aufgeregt waren und Gregor sie mehr als das Violinspiel zu unterhalten schien.Er eilte zu ihnen und suchte sie mit ausgebreiteten Armen in ihr Zimmer zu drängen und gleichzeitig mit seinem Körper ihnen den Ausblick auf Gregor zu nehmen.

"지금 이 자리에서 선언해 두겠는데," 그는 한쪽 손을 쳐들고 눈으로 어머니와 누이동생의 모습을 찾으며 이렇게 말했다. "나는 이 집, 그리고 당신 가족들 사이에 존재하는 불쾌한 사정을 고려하여" — 그는 여기에서 순간적으로 결심을 한 듯 마룻바닥에 침을 뱉었다 — "방을 해약하겠소. 물론 지금까지의 하숙비는 한 푼도 지불하지 않을 것이오. 그 대신 나는 앞으로, 극히 합당한 이유를 댈 수 있으니, 손해배상 청구를 어떻게 — 거짓말이 아니오 — 당신들에게 제기할 것인지를 고려해 볼 작정이오." 그는 입을 다물고 마치 무엇인가를 기다리고 있는 것처럼 똑바로 앞쪽을 쳐다보았다. 과연 그의 두 친구들도 즉시 입을 열었다. "우리도 또한 해약하겠소." 그런 다음 좌장격인 사내가 문손잡이를 쥐고는 꽝하고 요란스럽게 문을 닫았다.[53)]

아버지는 손으로 더듬어서 자기 의자를 비틀거리며 돌아와서는 털썩 주저앉았다. 언뜻 보기에는 평소처럼 앉아서 저녁잠을 자는 모습이었지만, 불안정하게 머리를 끄덕이고 있는 것을 보아 결코 잠든 것이 아님을 알 수 있었다. 그동안 그레고르는 처음 하숙인들이 자기를 발견한 그 자리에서 조용히 웅크리고 있었다. 자신의 계획이 성공하지 못한 사실에 대한 실망과 또 오랫동안 계속된 굶주림에서 오는 쇠약함으로 인해 그는

---

53) »Ich erkläre hiermit«, sagte er, hob die Hand und suchte mit den Blicken auch die Mutter und die Schwester, »daβ ich mit Rücksicht auf die in dieser Wohnung und Familie herrschenden widerlichen Verhältnisse«-hierbei spie er kurz entschlossen auf den Boden-»mein Zimmer augenblicklich kündige. Ich werde natürlich auch für die Tage, die ich hier gewohnt habe, nicht das geringste bezahlen, dagegen werde ich es mir noch überlegen, ob ich nicht mit irgendwelchen-glauben Sie mir-sehr leicht zu begründenden Forderungen gegen Sie auftreten werde.« Er schwieg und sah gerade vor sich hin, als erwarte er etwas. Tatsächlich fielen sofort seine zwei Freunde mit den Worten ein: »Auch wir kündigen augenblicklich.« Darauf faβte er die Türklinke und schloβ mit einem Krach die Tür.

움직일 수가 없었다. 그는 당장에라도 그의 몸 위로 여러 가지 물건들이 무자비하게 쏟아져 올 것 같은 두려움을 느끼면서 그 순간을 기다리고 있었다. 그때 떨고 있는 어머니의 손에서 바이올린이 미끄러져 내려 무릎으로부터 아래로 떨어지면서 큰소리를 냈지만, 이 소리도 그를 놀라게 하지는 못했다.

“아버지, 어머니.” 누이동생은 이렇게 말의 서두를 끄집어내며 손으로 테이블을 탁 쳤다. “이젠 더 이상 이런 식으로 끌고 나갈 순 없어요. 두 분께서는 모르실는지 몰라도 저는 알아요. 저는 이 짐승 앞에서 오빠라는 이름을 입에 담고 싶지도 않아요. 그러니까 단지 이렇게 말씀드리는 거예요. 우리는 저것을 없애 버릴 계획을 세우지 않으면 안 돼요. 저것을 보살피고 저것을 참아 내기 위해서 인간으로서 할 수 있는 일은 다했잖아요. 그 누구도, 또 저것도 그런 일로 우리를 비난하진 못할 거예요.”

“저 아이 말이 옳아”하고 아버지가 혼잣말을 했다. 아직도 완전히 숨이 가라앉지 않은 어머니는 마치 정신이 나간 듯 하는 눈길로 입에 손을 대고 심하게 기침을 하기 시작했다.[54)]

누이동생은 어머니에게로 급히 달려가서 이마를 짚어 주었다. 아버지는 딸의 이야기를 듣고 무엇인가 생각이 정리되었다는 태도로 의자에 바르게 앉고, 하숙인들이 식사를 한 후에 아직 식탁 위에 방치되어 있는 접시들 사이에서 모자를 만지작거렸다. 그리고 이따금 꼼짝하지 않고 있

---

54) »Liebe Eltern«, sagte die Schwester und schlug zur Einleitung mit der Hand auf den Tisch, »so geht es nicht weiter. Wenn ihr das vielleicht nicht einsehet, ich sehe es ein. Ich will vor diesem Untier nicht den Namen meines Bruders aussprechen, und sage daher bloβ: wir müssen versuchen, es loszuwerden. Wir haben das Menschenmögliche versucht, es zu pflegen und zu dulden, ich glaube, es kann uns niemand den geringsten Vorwurf machen.« »Sie hat tausendmal recht«, sagte der Vater für sich. Die Mutter, die noch immer nicht genug Atem finden konnte, fing in die vorgehaltene Hand mit einem irrsinnigen Ausdruck der Augen dumpf zu husten an.

는 그레고르 쪽으로 시선을 던졌다.

"저것을 없애 버려야만 해요"하고 누이동생은 아버지를 향하여 강력하게 말했다. 어머니는 심하게 기침을 하고 있었기 때문에 아무것도 알아듣지 못하였다. "저것은 아버지와 어머니를 돌아가시게 할 거예요, 그렇고말고요. 이렇게 고생하면서 일을 하지 않으면 안 되는 우리들 처지에 도대체 어떻게 저런 골칫거리를 집안에 두고 참을 수가 있겠어요? 저는 이제 더 이상 참을 수가 없어요."55)

이렇게 말하고 누이동생은 울음을 터뜨렸다. 그 눈물이 어머니의 얼굴에 떨어지자 누이동생은 기계적으로 손을 움직여 어머니의 얼굴에서 그 눈물을 닦아 주었다. "얘야"하고 아버지는 정답게 그리고 지극히 동정적인 표정을 지으면서 말했다." 그러면 우리들이 어떻게 해야 좋다는 말이냐?" 누이동생은 어깨를 움츠렸다. 어떻게 해야 좋을 것인지 생각이 나지 않는 모양이었다. 울고 있는 사이에 조금 전에 단호했던 태도가 누그러져, 어떻게 해야 좋을는지 알 수가 없어져 버린 것이다.

"그가 우리들의 마음을 알아주기만 한다면"하고 아버지가 반쯤 묻는 듯 하는 어조로 말했다. 누이동생은 울면서 그런 일은 있을 수 없다는 듯이 격렬하게 한쪽 손을 내저었다. "저것이 우리들의 마음을 조금이라도 알아준다면," 아버지는 종전의 말을 되풀이하고는 그런 일은 있을 수도 없다는 딸자식의 확신을 자기 자신에게 납득시키려는 듯이 두 눈을 감아 버렸다. "그렇게만 된다면 저애하고 타협하는 것도 전혀 불가능한 일은 아닐 텐데 ..... 하지만 저렇게."

"내쫓아 버리는 거예요"하고 누이동생이 말했다. "그 외에는 방법이 없

---

55) »Wir müssen es loszuwerden suchen«, sagte die Schwester nun ausschlieβlich zum Vater, denn die Mutter hörte in ihrem Husten nichts, »es bringt euch noch beide um, ich sehe es kommen. Wenn man schon so schwer arbeiten muβ, wie wir alle, kann man nicht noch zu Hause diese ewige Quälerei ertragen. Ich kann es auch nicht mehr.«

어요, 아버지. 저것이 오빠인 그레고르라고 언제까지나 생각하고 계시니깐 그러는 거예요. 우리가 지금까지 그런 식으로 믿어 온 것이 사실은 우리들의 불행이었어요. 하지만 도대체 어떻게 저것이 그레고르란 말인가요? 만일 저것이 그레고르였다면, 인간인 자기와 같은 짐승과는 함께 살지 못하다는 것쯤은 벌써 알았을 거예요. 그래서 스스로 나가 버렸을 거예요, 틀림없이. 그렇게만 되었다면 오빠는 없어져도 우리는 어떻게 해서든지 살아남아서 오빠에 대한 추억을 소중히 간직할 수 있었을 텐데, 그런데 저 짐승은 우리들을 쫓아다니고, 하숙인들은 내쫓고, 틀림없이 이 집 전체를 점령해서 우리들을 길거리로 몰아낼 거예요. 네, 저것 좀 보세요, 아버지!" 누이동생은 갑자기 소리를 질렀다. "벌써 시작했어요!"56)

그레고르에 대한 불가사의한 공포 속에서 누이동생은 어머니가 앉아 있는 의자로부터 떨어져서 멀리 물러났다. 그레고르의 옆에 있느니보다는 어머니를 멀리하는 편이 낫다는 듯 하는 표정이었다. 그는 아버지의 등 뒤로 도망쳤다. 아버지는 딸의 거동만으로도 침착성을 잃고 같이 일

---

56) »Wenn er uns verstünde«, wiederholte der Vater und nahm durch Schlieβen der Augen die Überzeugung der Schwester von der Unmöglichkeit dessen in sich auf, »dann wäre vielleicht ein Übereinkommen mit ihm möglich. Aber so-«

»Weg muβ es«, rief die Schwester, »das ist das einzige Mittel, Vater. Du muβt bloβ den Gedanken loszuwerden suchen, daβ es Gregor ist. Daβ wir es solange geglaubt haben, ist ja unser eigentliches Unglück. Aber wie kann es denn Gregor sein? Wenn es Gregor wäre, er hätte längst eingesehen, daβ ein Zusammenleben von Menschen mit einem solchen Tier nicht möglich ist, und wäre freiwillig fortgegangen. Wir hätten dann keinen Bruder, aber könnten weiter leben und sein Andenken in Ehren halten. So aber verfolgt uns dieses Tier, vertreibt die Zimmerherren, will offenbar die ganze Wohnung einnehmen und uns auf der Gasse übernachten lassen. Sieh nur, Vater«, schrie sie plötzlich auf, »er fängt schon wieder an!«)

어서서 딸을 보호하겠다는 듯이 양팔을 반쯤 위로 쳐들었다.

그러나 그레고르는 누군가를, 더군다나 누이동생을 불안하게 만들 생각은 전혀 없었다. 그는 자기 방으로 돌아가기 위해서 몸을 회전하기 시작한 것에 불과했다. 상처 입은 현재의 상태에서는 힘든 회전을 하기 위해서는 머리의 힘이 필요했다. 그래서 몇 번이나 고개를 쳐들었다가 마룻바닥을 내려쳤다. 그 이상한 동작이 그들을 의아스럽게 만들기도 하였고 놀라게도 한 것이었다. 그는 동작을 중지하고 주위를 둘러보았다. 그의 선의의 의도가 겨우 인정을 받은 것 같았다. 모두가 그저 순간적으로 놀랐을 뿐이었다. 그것을 알자 가족들은 입을 다물고 슬프게 그레고르를 지켜보았다. 어머니는 의자에 앉아서 두 다리를 모아 앞으로 쭉 뻗고 있었다. 너무 지쳐서 눈꺼풀이 거의 감겨 있었다. 누이동생은 팔로 아버지의 목을 껴안고 있었다.

'자, 이젠 다시 시작해도 좋겠군.'하고 그레고르는 다시 방향을 돌리는 작업에 착수했다. 괴로운 작업 때문에 숨이 거칠어졌으므로 그것을 억제할 수가 없어 가끔 숨을 돌려야만 했다. 그렇다고 해서 그를 쫓는 사람은 없었다. 만사를 그 자신에게 맡기고 있었다. 회전이 끝나자 그는 곧장 자기의 방으로 기어가기 시작했다. 그는 그의 방까지의 거리가 그렇게 먼 것에 놀랐다. 바로 조금 전까지만 해도 도대체 어떻게 이 먼 거리를 전혀 멀다고 느끼지도 않고 이 쇠약한 몸으로 기어 올 수가 있었는지 이해가 가지 않았다. 시종 빨리 기어 가야한다고만 생각하고 있었기 때문에, 그레고르는 가족들의 말 한마디나 외치는 소리가 전혀 그를 방해하지 않았다는 사실을 거의 깨닫지 못했다.

문지방 앞까지 다다랐을 때에야 비로소 그는 뒤를 돌아보았다. 그러나 완전히 고개를 돌린 것은 아니었다. 그는 목이 굳어져 가고 있다는 것을 느꼈다. 그래도 자신의 뒤쪽에서는 조금 전과 달라진 것이 없다는 것만은 겨우 확인할 수가 있었다. 오직 누이동생만이 일어서 있었다. 그리고르의 최후의 시선은 어머니를 스쳐 갔다. 어머니는 이미 완전히 잠들어 있었다.

그레고르가 방 안으로 들어서자마자 급히 문이 닫히고 굳게 빗장이 걸렸으므로 그는 갇혀 버렸다. 뒤에서 갑자기 일어난 이 소란 때문에 그는 크게 놀라서 다리가 휘청거리며 꺾였을 정도였다. 이렇게 성급히 문을 잠근 것은 누이동생이었다. 미리 일어서 있다가 그레고르가 방 안으로 들어가자마자 번개같이 달려왔던 것이다. 그레고르의 귀에는 그 발자국 소리가 전혀 들리지 않았었다. "이제 됐어요, 됐어!"하고 누이동생은 열쇠를 돌리면서 부모님을 향해 소리쳤다.[57)]

"자아, 이제는?"하고 그레고르는 스스로에게 물으며 주위의 어둠을 둘러보았다. 그는 자신이 이제는 전혀 움직일 수 없게 되었다는 것을 알았다. 그러나 그것을 특별히 이상하게 생각하지도 않았다. 오히려 이 가느다란 다리로 여기까지 기어 올 수 있었다는 것이 신기하게 여겨질 정도였다. 그 외의 점에 있어서는 비교적 기분이 좋았다, 물론 몸 전체가 아프기는 했지만, 그것도 오래 지나지 않아 가라앉았고 마침내는 완전히 통증이 사라진 것을 느꼈다. 부드러운 먼지에 싸여 있는 등의 썩은 사과며 그 주위의 염증이 생긴 부위조차도 이미 느낄 수가 없었다. 그는 감동과 애정을 갖고 집안 식구들의 일을 다시 한 번 생각해 보았다. 자신이 사라지지 않으면 안 된다는 생각은 아마도 누이동생보다 그 자신이 훨씬 더 강하게 가졌을 것이다. 이처럼 공허하고 편안한 명상 상태에 있

---

57) Kaum war er innerhalb seines Zimmers, wurde die Tür eiligst zu gedrückt festgeriegelt und versperrt. Über den plötzlichen Lärm hinter sich erschrak Gregor so, daβ ihm die Beinchen einknickten. Es war die Schwester, die sich so beeilt hatte. Aufrecht war sie schon da gestanden und hatte gewartet, leichtfüβig war sie dann vorwärtsgesprungen, Gregor hatte sie gar nicht kommen hören, und ein »Endlich!« rief sie den Eltern zu, während sie den Schlüssel im Schloβ umdrehte.

는 그의 위에 새벽 세 시를 치는 교회의 종소리가 들려 왔다. 또 창밖이 온통 훤하게 밝아 오기 시작했다는 것도 어렴풋이 알 수 있었다. 문득 그의 머리가 저절로 밑으로 푹 수그러졌다. 그리고 콧구멍으로부터 마지막 숨이 희미하게 새어 나왔다.[58)]

아침 일찍 일하는 파출부가 왔을 때 — 그런 짓만은 하지 말아 달라고 지금까지 몇 차례나 좋게 타일렀지만, 문이란 문은 성급히 모조리 때려 부술 듯이 힘껏 여닫기 때문에 이 파출부가 오면 집안 식구들은 늦게까지 편히 잠을 잘 수가 없었다. 그녀는 언제나 잠깐 그레고르의 방을 들여다보았으니 처음에는 별다른 이상을 발견하지 못했다. 그녀는 그레고르가 감정이 상해서 일부러 꼼짝도 하지 않고 누워 있다고 생각했다. 그녀는 그전부터 그레고르가 모든 것을 분별할 수 있다고 생각하고 있었던 것이다. 그 여자는 마침 긴 빗자루를 들고 있었기 때문에 문 밖에서 그것으로 그를 간질이려고 했다. 그래도 아무런 반응을 보이지 않자, 그녀는 화를 내면서 그레고르의 몸을 슬쩍 밀어 보았다.

그레고르가 아무런 저항도 없이 미는 대로 슬금슬금 밀려가는 것을 보았을 때 비로소 파출부는 올 것이 왔다는 생각을 했다. 그녀는 곧 일의 진상을 알자, 눈을 동그랗게 뜨고 자신도 모르게 휘파람을 불었으나, 그 자리에서 머뭇거리지 않고 잠자 부부의 침실 문을 활짝 열어젖뜨리고는 어둠 속을 향하여 고함을 질렀다. " 이리 좀 와 보세요, 저것이 뻗었어요. 저쪽에 뻗어서 자빠져 있어요!"[59)]

---

58) An seine Familie dachte er mit Rührung und Liebe zurück. Seine Meinung darüber, daβ er verschwinden müsse, war womöglich noch entschiedener, als die seiner Schwester. In diesem Zustand leeren und friedlichen Nachdenkens blieb er, bis die Turmuhr die dritte Morgenstunde schlug. Den Anfang des allgemeinen Hellerwerdens drauβen vor dem Fenster erlebte er noch. Dann sank sein Kopf ohne seinen Willen gänzlich nieder, und aus seinen Nüstern strömte sein letzter Atem schwach hervor.

59) Weil sie zufällig den langen Besen in der Hand hielt, suchte sie mit ihm

잠자 부부는 침대에서 벌떡 일어나, 파출부가 하는 말의 뜻을 이해할 마음의 준비를 갖추기도 전에 우선 이 파출부에 대한 불쾌한 생각을 극복하지 않으면 안 되었다. 그러나 일단 그 뜻을 알아차리자 잠자 부부는 기겁을 하여 각자 침대의 좌우로 뛰어 내려왔다. 잠자 씨는 담요로 어깨를 감싸고, 잠자 부인은 잠옷 차림으로 침실에서 나와 그레고르의 방으로 들어갔다. 그동안에 거실의 문도 열렸다. 그레테는 하숙인을 둔 이후로 거실에서 잠을 잤다. 그레테는 한잠도 자지 않은 모양으로 단정하게 옷을 입고 있었다. 그녀의 창백한 얼굴이 그것을 입증해 주는 것 같았다.

"죽었어요?"하고 부인은 말하며, 확인하려는 듯이 파출부를 쳐다보았다. 물론 스스로 확인해 볼 수도 있었고, 확인하지 않더라도 보면 알 수 있는 일이었다. "죽은 것 같습니다."라고 파출부는 말하면서 증명이라도 하려는 듯이 멀찍이 서서 빗자루로 그레고르의 시체를 옆으로 밀어 보였다. 부인은 그 손을 제지하려는 행동을 취해 보였으나 실제로 제지하지는 않았다. "자, 이제 하느님께 감사를 드려야 하겠군."하고 잠자 씨가 말하며 천주교 신자가 가슴에 긋는 십자가인 성호(聖號)를 그었고, 세 여자들도 그가 하는 대로 따라서 성호를 그었다. 그때까지 눈도 떼지 않고 시체를 지켜보고 있던 그레테가 입을 열었다. "정말, 어쩌면 저렇게 여위었을까. 하기는 꽤 오랫동안 아무것도 먹지를 않았으니, 먹을 것을 넣어 주어도 손도 대지 않은 채 그대로 나오곤 했어요." 사실 그레고르의 몸은 완전히 납작하게 말라 있었다. 이미 다리가 몸통을 더 이상 받쳐 주

Gregor von der Tür aus zu kitzeln. Als sich auch da kein Erfolg zeigte, wurde sie ärgerlich und stieβ ein wenig in Gregor hinein, und erst als sie ihn ohne jeden Widerstand von seinem Platze geschoben hatte, wurde sie aufmerksam. Als sie bald den wahren Sachverhalt erkannte, machte sie groβe Augen, pfiff vor sich hin, hielt sich aber nicht lange auf, sondern riβ die Tür des Schlafzimmers auf und rief mit lauter Stimme in das Dunkel hinein: »Sehen Sie nur mal an, es ist krepiert; da liegt es, ganz und gar krepiert!«

지 못하고, 또 그 외에도 사람들의 주의를 끌 만한 것이 모두 없어져 버린 지금에야 비로소 그 사실을 확실하게 알게 된 것이다.[60)]

그레테야, 잠깐 우리를 따라오너라." 슬픈 미소를 띤 채 잠자 부인이 말했다. 그레테는 시체 쪽을 자꾸만 뒤돌아보면서 부모님의 뒤를 따라 침실로 들어갔다. 파출부는 문을 닫고 창문을 활짝 열었다. 이런 새벽인데도 상쾌한 공기 속에는 무언지 모르게 따뜻한 온기가 감돌고 있었다. 벌써 3월 말이 가까웠던 것이다.

세 명의 하숙인들이 방에서 나와 눈을 휘둥그렇게 뜨고 아침 식사를 찾았다. 그러나 모두가 그들을 잊고 있었다. "아침 식사는 어디에 있지요?"하고 좌장격인 사내가 파출부에게 불쾌한 듯이 물었다. 그러나 그녀는 손가락을 입에 대고 아무 말 없이 빨리 그레고르의 방으로 와보라는 시늉을 했다. 세 사람은 시키는 대로 그레고르의 방으로 가서 다소 낡은 저고리 주머니에다 손을 찌르고는 이제는 완전히 밝아진 방 안에서 그레고르의 시체를 둘러싸고 섰다.

그때 침실의 문이 열리며 제복 차림의 잠자 씨가 한쪽 팔은 부인에게 또 한쪽 팔은 딸에게 부축을 받으며 모습을 나타냈다. 세 사람은 모두 운 흔적이 약간 보였다. 그레테는 가끔 부친의 팔에 얼굴을 파묻었다.

---

60) »Tot?« sagte Frau Samsa und sah fragend zur Bedienerin auf, trotzdem sie doch alles selbst prüfen und sogar ohne Prüfung erkennen konnte. »Das will ich meinen«, sagte die Bedienerin und stieβ zum Beweis Gregors Leiche mit dem Besen noch ein groβes Stück seitwärts. Frau Samsa machte eine Bewegung, als wolle sie den Besen zurückhalten, tat es aber nicht. »Nun«, sagte Herr Samsa, »jetzt können wir Gott danken.« Er bekreuzte sich, und die drei Frauen folgten seinem Beispiel. Grete, die kein Auge von der Leiche wendete, sagte: »Seht nur, wie mager er war. Er hat ja auch schon so lange Zeit nichts gegessen. So wie die Speisen hereinkamen, sind sie wieder hinausgekommen.« Tatsächlich war Gregors Körper vollständig flach und trocken, man erkannte das eigentlich erst jetzt, da er nicht mehr von den Beinchen gehoben war und auch sonst nichts den Blick ablenkte.

"당장 이 집에서 나가 주시오!" 잠자 씨는 이렇게 말하고, 여전히 두 여인의 부축을 받은 채 현관 쪽을 가리켰다. "무슨 말씀인지요?"하고 좌장격인 사내가 다소 놀란 듯이 말하면서 매우 정다운 미소를 지었다. 마치 자신들에게 유리하게 끝날 언쟁이 시작되는 것을 즐겁게 기다리고 있는 듯 하는 태도였다. "내가 방금 말씀드린 바로 그대로요." 잠자 씨는 이렇게 대답하고, 두 여인을 동반한 채 나란히 하숙인들 앞으로 다가갔다. 좌장격인 사내는 처음에는 조용히 선 채로, 사태를 새롭게 정리하려는 듯이 방바닥을 내려다보고 있었다. "그렇다면 나가겠습니다." 이윽고 그는 잠자 씨를 쳐다보며 말했다. 갑자기 자신에게 엄습해 온 겸손한 기분 속에서, 이 새로운 결의마저도 상대방의 승인을 얻고 싶다는 태도였다.

잠자 씨는 눈을 크게 뜬 채 그저 몇 번 상대방에게 고개를 끄덕여보였다. 그러자 그는 정말로 곧장 문간방 쪽으로 뚜벅뚜벅 걸어갔고, 다른 두 사람은 손가락 하나 까딱하지 않고 잠시 동안 귀를 기울이고 있다가 곧 그의 뒤를 좇아 달려갔다. 마치 그렇게 하지 않으면 잠자 씨가 먼저 문간방으로 가서, 그들과 그 사내 사이를 가로막지나 않을까 하고 두려워하는 듯 하는 모습이었다. 문간방에서 세 사람은 똑같이 옷걸이에서 모자를, 단장 통에서 지팡이를 뽑아들고 무뚝뚝하게 인사를 하고 물러갔다. 전혀 근거가 없는 불신감을 품고 — 근거가 없다는 것은 곧 알게 되었다. 잠자 씨는 두 여인을 거느리고 현관의 계단 앞으로 나가서 난간에 기대어, 세 명의 사내가 천천히 규칙적인 발걸음으로 긴 계단을 내려가면서 층층마다 계단의 모퉁이에서 한순간 사라졌다가 잠시 후에 다시 모습을 나타내는 것을 바라보고 있었다. 그들이 아래로 내려감에 따라서 그들에 대한 잠자 일가의 관심은 점점 사라져 갔다. 밑에서 그들과 마주쳐 올라오던 푸줏간의 한 심부름꾼 아이가 그들을 지나쳐 머리에 짐을 이고 당당한 태도로 계단을 올라왔다. 그 무렵에야 겨우 잠자 씨는 두 여인을 데리고 난간을 떠나 무거운 짐을 내려놓은 듯한 홀가분한 기분으로 집안으로 들어왔다.

잠자 씨 가족은 오늘 하루를 휴식과 산책이나 하며 보내기로 결심했다. 세 사람에게는 일을 쉬어야 할 충분한 이유가 있었을 뿐만 아니라 반드시 휴식을 필요로 했다. 그러한 사정으로 세 사람은 테이블 앞에 앉아서 잠자 씨는 감독 앞으로, 잠자 부인은 주문자 앞으로, 그리고 그레테는 상점주인 앞으로 각자 결근계를 썼다. 그럴 때에, 파출부가 와서 아침 일이 끝났으므로 이제 돌아가야겠다고 말했다. 세 사람은 글을 쓰던 상태로 얼굴도 쳐들지 않고 다만 머리를 약간 끄덕거렸다. 하지만 파출부는 좀처럼 돌아가려는 기색이 없는 것을 깨닫고, 그들은 불쾌하게 얼굴을 쳐들었다.

"무슨 할 말이라도?"하고 잠자 씨가 물었다. 파출부는 엷은 웃음을 띠고 문 앞에 서 있었다. 마치 가족들에게 몹시 반가운 소식을 알려 주고 싶은데, 그들이 캐묻지 않는다면 그렇게 쉽게는 일러줄 수가 없다는 태도였다. 파출부는 모자 위에는 거의 수직으로 세워진 작은 타조깃털이 — 이미 오래 전부터 잠자 씨에게는 이 깃털이 비위에 거슬렸었다 — 가볍게 사방팔방으로 흔들리고 있었다.

"무슨 일이에요, 도대체?"하고 잠자 부인이 물었다. 파출부는 가족들 중에서 이 잠자 부인을 가장 존경하고 있었다. "네"라고 그녀는 대답했으나 다정스러운 웃음을 짓느라고 곧바로 다음 말이 이어지지 않았다. "옆방에 있는 물건의 처치는 이제 걱정하시지 않아도 됩니다. 완전히 끝냈으니까요."

잠자 부인과 그레테는 쓰다 만 것을 계속 쓰려는 듯이 테이블 위로 다시 몸을 구부렸다. 잠자 씨는 파출부가 모든 전말을 자세하게 설명하려는 것을 눈치 채고, 손을 내밀며 그만두라는 몸짓을 해보였다. 파출부는 입을 다물지 않을 수가 없게 되자, 자신이 몹시 바쁜 몸이라는 것을 상기하고 노골적으로 기분이 상한 듯이 "그럼, 안녕히 계세요"하고 외친 후획 돌아서더니 요란스러운 소리를 내며 문을 닫고 돌아가는 것이었다. "저녁에 오면 내보내도록 합시다."하고 잠자 씨가 말했으나, 부인도 딸도 여기에 대해서는 아무런 말도 하지 않았다. 이제 간신히 얻은 마음의 안정을 일하는 파출부 때문에 다시 깨트리게 될까 봐 두려운 느낌이 들었던 것이다. 엄마와 딸은 일어나 창가로 가서 서로 껴안고 서 있었다. 잠자 씨는 의자에 앉은 채로 두 사람 쪽으로 몸을 돌려 잠시 두 사람을 조용히 바라보고 있다가 이윽고 이렇게 말했다. "자, 그만 이리로 와요. 지난 일은 잊어버려요, 이제는 내 생각도 좀 해주어야지." 그녀들은 그의 말대로 방안으로 돌아와서 잠자 씨를 위로하고는 서둘러 결근계를 마저 썼다.

그런 다음 그들은 함께 집을 나섰다. 수개월 만에 처음 있는 일이었다. 세 사람은 전차를 타고 교외로 나갔다. 전차 안에는 그들 외엔 아무도 없었고 따뜻한 햇볕이 비쳐들고 있었다. 느긋하게 의자에 등을 기대고 앉은 세 사람은 앞으로의 일을 이것저것 상의했다. 잘 생각해보면 그들의 장래도 그렇게 어두운 것만은 아니었다. 왜냐하면 세 사람의 직업은 모두가 괜찮은 편이었고, 이제까지 서로 털어놓고 물어본 일은 없었지만 장래가 매우 밝았기 때문이다.61)

지금으로서 가장 신속하고 유효한 환경의 개선은 두말 할 것도 없이 집을 옮기는 일이었다. 이제까지 그들 가족은 그레고르가 마련한 집에서 계속 살아 왔는데, 세 사람은 현재의 그 집보다는 작고 집세가 싼 그러나 위치가 좋고, 무엇보다도 전체적으로 좀 더 살기 편한 집이 필요했다.62)

---

61) Stiller werdend und fast unbewuβt durch Blicke sich verständigend, dachten sie daran, daβ es nun Zeit sein werde, auch einen braven Mann für sie zu suchen. Und es war ihnen wie eine Bestätigung ihrer neuen Träume und guten Absichten, als am Ziele ihrer Fahrt die Tochter als erste sich erhob und ihren jungen Körper dehnte.

그들이 그런 이야기를 나누고 있는 사이에 잠자 부부는 차츰 생기가 돌아오는 딸의 모습을 보고, 딸이 최근 안색이 나빠질 정도로 근심과 고생을 겪었음에도 불구하고 아름답고 탐스러운 한 사람의 여성으로 성장해 있음을 동시에 깨달았다.[63]

잠자 부부는 말없이 시선을 주고받으며 딸아이를 위해서 마땅한 신랑감을 구해 주어야 할 때가 곧 오리라는 것을 생각했다. 그리고 전차가 내려야 할 장소에 도착하자 잠자 양이 제일 먼저 일어나 싱싱한 팔 다리를 쭉 뻗었다. 잠자 부부의 눈에 그 모습은 그들의 새로운 꿈과 아름다운 계획의 보증서처럼 느껴졌다.[64]

---

62) Die gröβte augenblickliche Besserung der Lage muβte sich natürlich leicht durch einen Wohnungswechsel ergeben; sie wollten nun eine kleinere und billigere, aber besser gelegene und überhaupt praktischere Wohnung nehmen, als es die jetzige, noch von Gregor ausgesuchte war.

63) Während sie sich so unterhielten, fiel es Herrn und Frau Samsa im Anblick ihrer immer lebhafter werdenden Tochter fast gleichzeitig ein, wie sie in der letzten Zeit trotz aller Plage, die ihre Wangen bleich gemacht hatte, zu einem schönen und üppigen Mädchen aufgeblüht war.)

64) Stiller werdend und fast unbewuβt durch Blicke sich verständigend, dachten sie daran, daβ es nun Zeit sein werde, auch einen braven Mann für sie zu suchen. Und es war ihnen wie eine Bestätigung ihrer neuen Träume und guten Absichten, als am Ziele ihrer Fahrt die Tochter als erste sich erhob und ihren jungen Körper dehnte.

CHAPTER 3

카프카의 『아버지께 드리는 편지, Brief an den Vater』

사랑하는 아버지[65)]

아버지를 제가 무서워하는 것은 도대체 무슨 까닭이냐고 아버지는 최근 저에게 물으셨습니다. 저는 다른 때와 마찬가지로 아무런 대답도 드릴 수가 없었습니다. 그것은 역시 제가 아버지를 무서워하고 있기 때문이기도 했고, 또 그 기분을 설명하자면 여러 가지 사소한 점을 언급하지 않으면 안 되겠고, 또 이야기를 하면서는 그것을 정리하기가 어려울 것 같기 때문이었습니다. 그래서 저는 지금 아버지께 편지로 대답을 드리려는 것입니다. 그러나 역시 제 뜻을 다하지 못할 것만 같습니다. 왜냐하면 이렇게 쓰고 있는 지금도 그 결과에 대한 공포가 당신에 대한 저의 기분을 저해하고 있으며 그 소재의 광범위함은 저의 기억력과 이해력을 훨씬 초월하고 있기 때문입니다.[66)]

---

65) 프란츠 카프카는 이 편지를 1919년 11월 보헤미아의 슐레지엔에서 썼다. 이 편지는 프란츠 카프카아버지에게 끝내 전해지지 못했으며, 따라서 편지로서의 그 기능을 달성하지 못했다. 원고는 카프카가 직접 타이프라이터로 쳤고 펜으로 정정했다.

66) Liebster Vater, Du hast mich letzthin einmal gefragt, warum ich behaupte, ich hätte Furcht vor Dir. Ich wuβte Dir, wie gewöhnlich, nichts zu antworten, zum Teil eben aus der Furcht, die ich vor Dir habe, zum Teil deshalb, weil zur Begründung dieser Furcht zu viele Einzelheiten gehören, als daβ ich sie im Reden halbwegs zusammenhalten könnte. Und wenn ich hier versuche, Dir schriftlich zu antworten, so wird es doch nur sehr unvollständig sein, weil auch im Schreiben die Furcht und ihre Folgen mich Dir gegenüber behindern

모든 사정은 언제나 지극히 간단했습니다. 적어도 아버지께서 저를 상대로, 혹은 닥치는 대로 다른 이를 붙잡고서 이 문제를 의논하실 때에는 언제나 그랬습니다. 아버지의 생각은 대체로 이런 것 같았습니다. '나는 일생 동안 열심히 일했다. 자식들을 위해서 특히 너를 위해서 모든 것을 희생했다. 그 덕으로 너는 호화롭게 방종한 삶은 살아왔다. 무슨 일이든지 네가 배우고 싶은 대로 공부할 수가 있었다. 하루 세 끼의 식사도 걱정할 필요가 없었으므로 결국 무엇 하나 고생할 일이 없었다. 나는 그 대가로 감사를 요구하지 않았다. 그러나 나는 '자식들의 효도'라는 말은 알고 있다. 그런데 적어도 무엇인가 고마워하는 마음이나 동감의 표시는 있어야 할 터인데, 너는 그 대신에 도리어 나로부터 도망쳐서는 제 방으로, 제 책의 세계로, 미친놈들 같은 친구들에게로, 당치도 않은 상상의 나라로 가 버렸다. 너는 나와 마음을 털어놓고 이야기를 나눈 적이 없다. 내가 나가는 교회에도 나간 적이 없다. 내가 프란첸스바트로 온천 치료를 하러 갔을 때에도 너는 병문안을 오지 않았다. 그 외의 일에 있어서도 아버지와 자식이라는 느낌을 가져 본 일이 없다. 사업에 관한 일이며 그 외의 내 용무에 대해서 너는 눈도 돌리지 않았다. 공장 일에 대해서도 나에게 떠맡긴 채 전혀 상관하지 않았다. 누이 오틀라[67]의 방종을 너는 응원해 주었다. 나를 위해서는 손가락 하나 까딱하지 않으면서 — 극장 입장권조차도 가져오지 않는다 — 친구들을 위해서라면 무슨 짓이든 했다.'

저에 대한 아버지의 판단을 요약하면, 아버지는 저의 부당한 짓이나 악의에 찬 짓을 비난하고 있는 것이 아니라 — 저의 이번 결혼 문제에 대

---

und weil die Größe des Stoffs über mein Gedächtnis und meinen Verstand weit hinausgeht.

67) 프란츠 카프카의 세 명의 누이동생 중에서 제일 막내 동생. 똑같이 이 편지에 등장하는 그 위로 두 명의 누이는 엘리와 발리이다. 엘리는 1910년 카를 헤르만과, 발리는 1913년 오제프 폴라크와, 오틀라는 1920년 요제프 다비드 박사와 결혼했다.

해서는 어쩌면 예외이겠지만 — 저의 냉담함과 무미건조함과 은혜를 잊음에 대하여 비난하고 계십니다. 더군다나 당신의 비난을 듣고 있으면, 이것은 모두 제가 나빴기 때문이며, 네가 조금만 마음을 돌렸어도 사태는 일변했을 것이라고 말하고 계십니다. 제게 너무나도 잘해 주었다는 것을 제외하곤 아버지에겐 조금도 책임이 없으시다는 내용입니다.

아버지의 틀에 박힌 설명은, 우리 두 사람의 서먹서먹한 관계에 대해 아버지가 전혀 책임이 없다는 것을 제가 인정하는 경우에 한해서만 정당한 것이라고 저는 생각합니다. 그러나 역시 마찬가지로 제 탓도 아닙니다. 만약 제가 아버지께서 그것을 인정하시도록 할 수만 있다면 — 그럴 경우에 하나의 새로운 생활이 가능하다고 말씀드리는 것은 아닙니다. 그러기에는 우리 두 사람은 너무 나이를 먹었습니다. 하지만 그럴 경우 일종의 평화는 찾아오는 것이 아닐까요. 당신의 끊임없는 잔소리가 설령 그치지는 않는다 해도 다소 부드러워지지는 않을까요.

제가 무슨 말을 하려고 하는지 아버지께서 짐작하고 계시다는 것이 재미있지요. 이를테면 지난번에도 이렇게 말씀하셨지요. “나는 언제나 너를 사랑하였다. 비록 보통 다른 아비들이 겉으로 나타내는 태도로써 너를 대하지는 못했지만, 나는 다른 사람들처럼 허풍을 칠 수가 없었던 것이다.”

저는 언제나 저에 대한 아버지의 호의를 의심해 본 적은 없습니다만 그 말씀은 틀렸다고 생각합니다. 당신께서 허풍을 치시지 못한다는 것은 저도 잘 알고 있습니다. 그러나 단지 이 이유만으로 다른 아버지들이 허풍을 치고 있다고 주장하는 것은 더 이상 논할 여지가 없는 독선에 지나지 않든가 아니면 — 제 생각으로는 그것이 틀림없다고 생각됩니다만 — 우리 부자 사이가 원만하지 못하다는 것, 그리고 아버지의 책임은 아니지만 그 원인의 반은 아버지께 있다는 사실을 완곡하게 표현한 것에 지나지 않습니다. 아버지께서 진심으로 그렇게 생각해 주신다면 우리들의 의견은 일치된 것입니다.

저가 이런 인간이 된 것은 오직 아버지의 영향 때문이라고 하는 것은 아닙니다. 그것은 대단한 과장이 된 것입니다. — 저에게는 이런 식으로 과장하는 버릇이 있습니다. 제가 당신의 영향을 전혀 받지 않고 성장했다 할지라도 당신의 마음에 드는 인간이 되지 못했으리라는 것은 있을 수 있는 가정입니다. 어떻든 저는 역시 마음이 약하고 소심하고 결단력이 없으며 침착하지 못한 인간이 되었을 것입니다. 로베르트 카프카도 카를 헤르만도 되지는 않았겠죠. 하지만 현재의 저와는 전혀 다른 인간이 되어 우리는 사이좋게 지낼 수 있지 않았을까 하고 생각합니다. 아버지가 친구였다면, 사장이었다면, 아저씨였다면, 조부(祖父)였다면, 아니 이를테면 — 벌써 저는 겁을 먹고 말하고 있습니다만 — 장인(丈人)이기라도 했다면 저는 행복했을 것입니다. 단지 아버지로서는, 아버지는 저에게 너무 강하셨습니다. 제 동생들은 어렸을 때에 죽었고, 누이동생들은 훨씬 늦게 태어났기 때문에 더욱 견딜 수가 없었습니다. 저는 아버지의 최초의 일격을 혼자서 막아내지 않으면 안 되었습니다. 게다가 저는 너무나도 연약하였습니다.[68]

아버지와 저를 비교해 봅시다. 극히 간단하게 표현한다면 저는 무엇인가 아버지의 카프카적인 소질을 가진 어머니 집안의 뢰비[69]입니다. 그런데 제가 움직일 수 있는 것은 아무래도 아버지의 카프카적인 생활욕, 사업욕, 정복욕 때문이 아니라 어머니 집안의 뢰비적인 자극에 의해서 인 것 같습니다. 이 자극은 훨씬 비밀스럽고 소심하게 다른 방향으로 작용

---

68) Ich wäre glücklich gewesen, Dich als Freund, als Chef, als Onkel, als Groβvater, ja selbst (wenn auch schon zögernder)als Schwiegervater zu haben. Nur eben als Vater warst Du zu stark für mich, besonders da meine Brüder klein starben, die Schwesternerst lange nachher kamen, ich also den ersten Stoβ ganz allein aushalten muβte, dazu war ich viel zu schwach.

69) 카프카의 어머니(율리에 카프카, 친정 성(姓)은 뢰비)는 뢰비가(家) 출신이다.

하며, 때로는 완전히 그쳐 버리는 일도 있습니다. 그와 반대로 아버지는 강인한 체력으로 보나 건강 상태로 보나 식욕으로 보나 성량(聲量)으로 보나 웅변의 재능으로 보나 자기만족의 정도로 보나 세상을 내려다보는 태도로 보나 어떤 종류의 선의 굵기로 보나 바로 카프카가(家)에 어울리는 인물입니다.[70] 물론 이러한 장점에 따라다니는 단점이나 약점도 갖추고 있어서, 아버지께서는 감정을 흥분시키거나 화를 벌컥 내시거나 하면, 그러한 약점 속으로 빠져 들어 버립니다.

세상을 보는 아버지의 눈은 전혀 카프카적이 아닐지도 모릅니다. 아버지를 삼촌 필립 아저씨나 루드비히 아저씨, 하인리히 아저씨와 비교해 보면 그런 생각이 듭니다. 우스운 일입니다만, 저로서도 잘 모르겠습니다. 하지만 아저씨들은 모두 아버지보다는 쾌활하고 씩씩하고 마음이 느긋하고 낙천적이어서 아버지만큼 엄격해 보이지는 않았습니다. ― 저는 이 점에 있어서 아버지로부터 많은 유전(遺傳)을 받아 그 유산을 너무나도 훌륭하게 관리해 온 것입니다. 그리면서도 아버지에게 필적할 만한 것을 제 자신의 본질 속에 지니지 못하고 있는 것 또한 사실입니다 ― 하지만 뒤집어서 생각하면 아버지께서는 이 점에 있어서 갖가지 시대를 두루 경험하셨습니다. 아버지의 자식들, 특히 제가 아버지를 실망시키고 가정을 답답하게 만들기 전까지는 아버지도 좀 더 쾌활하셨을지 모릅니

---

70) Vergleich uns beide: ich, um es sehr abgekürzt auszudrücken, ein Löwy mit einem gewissen Kafkaschen Fond, der aber eben nicht durch den Kafkaschen Lebens-, Geschäfts-, Eroberungswillen in Bewegung gesetzt wird, sondern durch einen Löwyschen Stachel, der geheimer, scheuer, in anderer Richtung wirkt und oft überhaupt aussetzt. Du dagegen ein wirklicher Kafka an Stärke, Gesundheit, Appetit, Stimmkraft, Redebegabung, Selbstzufriedenheit, Weltüberlegenheit, Ausdauer, Geistesgegenwart, Menschenkenntnis, einer gewissen Groβzügigkeit, natürlich auch mit allen zu diesen Vorzügen gehörigen Fehlern und Schwächen, in welche Dich Dein Temperament und manchmal Dein Jähzorn hineinhetzen.

다. — 다른 사람들이 찾아오면 당신께서는 딴사람처럼 되셨습니다 — 지금은 어쩌면 누이 발리까지 포함시켜서 당신 자식들이 주지 못했던 따뜻한 정을 손자나 사위들에게서 다소나마 받으면서 다시 쾌활해지셨는지도 모르겠습니다.

우리 부자지간은 너무나도 차이점이 많으며 그 차이 나는 방법 또한 매우 위험합니다. 그러니까 저와 같은 발달이 늦은 아이와 아버지와 같은 완성된 어른과의 관계가 어떻게 될 것인가 미리 예상이라도 했다면, 아버지는 저를 짓밟아 제게는 아무것도 남지 않았으리라고 생각하실 수도 있었겠죠. 그런데 그렇게는 되지 않았습니다. 인생은 예측할 수가 없습니다. 오히려 더욱 심한 일이 생겼다고나 할까요. 거듭 부탁드립니다만 제가 이렇게 말한다 해서 아버지 쪽에 모든 책임이 있다고 하는 생각은 털끝만큼도 갖고 있지 않다는 것을 부디 잊지 말아 주십시오. 아버지께서 저에게 영향을 끼치신 것은 별 수 없는 일이었습니다. 다만 제가 이 영향에 굴복한 것은, 제가 특별히 악의에 차 있었기 때문이라고 생각하지는 말아 주시기 바랍니다.

어릴 적에 저는 소심한 어린아이였습니다. 그리고 어딘지 어린아이다운 고집스러운 점도 있었습니다. 어머니께서 저를 응석받이로 만드신 것은 사실입니다만 제가 특별히 다루기 힘든 아이였다고는 생각하지 않습니다. 아버지께서 정답게 말을 걸어 주고 살짝 손을 잡아 주고 부드러운 눈길로 쳐다보아 주기만 했어도 다른 사람의 말이라곤 전혀 받아들이지 않는 그런 아이가 되지는 않았을 겁니다.[71] 아버지께서는 본래 친절하고 정다우신 분입니다. — 다음에 이야기하는 것이 이 사실과 모순되지는 않

---

71) Ich war ein ängstliches Kind; trotzdem war ich gewiβ auch störrisch, wie Kinder sind; gewiβ verwöhnte mich die Mutter auch, aber ich kann nicht glauben, daβ ich besonders schwer lenkbar war, ich kann nicht glauben, daβ ein freundliches Wort, ein stilles Bei-der-Hand-Nehmen, ein guter Blick mir nicht alles hätten abfordern können, was man wollte.

을 것으로 생각합니다. 저는 아버지께서 어떤 영향을 자식에게 주었느냐 하는, 그 나타난 현상만을 말하고 있으니까요 — 그러나 모든 어린아이가 다른 삶의 친절을 받게 될 때까지 끈질기게 견디어 내는 인내력이나 대담성을 갖고 있다고는 말할 수 없습니다. 아버지의 자식을 다루는 솜씨는 아버지의 성질 그대로 완력을 휘두르고 큰소리로 고함을 질러 화를 내는 것뿐입니다. 더군다나 이런 경우 아버지는 저를 씩씩하고 건강한 소년으로 키우기 위해 그러한 방법은 매우 당연한 것이라고 마음먹고 계셨던 것입니다.

어렸을 때, 버릇을 가르치던 아버지의 방법이 어떠했는지는 — 지금에 와서는 물론 직접 표현할 수는 없지만 — 후년(後年)에 쓰시던 방법과 페릭스[72]를 다루시던 방법에 미루어 대체적으로 짐작은 갑니다. 그 시절의 아버지께서는 지금보다도 훨씬 젊으셨으므로 더욱 원기가 있으셨고 난폭하고 야성적이셨으며 무관심하셨을 것입니다. 게다가 오로지 장사에만 몰두하여 제게 모습을 나타내는 것은 하루에 한 번 정도였겠지요. 그 때문에 더욱 심각한 영향을 저에게 주셨고 그것에 익숙해져서 태연해진 수도 없는 것이었으므로, 틀림없이 맹렬했을 것이라고 생각되어집니다.

저의 기억으로서 제가 분명히 기억하고 있는 것은 다음과 같은 사건뿐입니다. 아버지께서도 기억하고 계실는지 모르겠습니다. 어느 날 밤의 일인데 저는 물을 먹고 싶다고 계속 울어대고 있었습니다. 특별히 목이 마른 것은 아니었고, 단지 누군가를 화나게 하고 싶은, 또는 저의 기분을 달래고 싶은 생각이었던 것 같습니다. 몇 번인가 심하게 꾸짖어도 소용없다는 것을 알자 아버지는 저를 침대에서 끌어내려 마루[73]로 안고 나

---

72) 페릭스 헤르만은 카프카의 누이 엘리의 아들.
73) 마루(die Pawlatsche)라는 말은 체코어에서 유래한 것으로 긴 발코니를 의미한다. 그것은 오래된 프라하의 가정집에서 뒤뜰 쪽으로 길게 나 있으며 여러 집이 함께 사용한다.

가는 문을 닫고 저를 혼자 샤쓰 바람으로 잠시 세워 두셨습니다. 저는 그것이 잘못되었다고 말하는 것이 아닙니다. 그때 그 외의 다른 방법으로는 밤의 고요를 회복할 수 없었을는지도 모릅니다. 그러나 저는 그것으로 아버지의 교육 방법과 그 교육 방법이 제게 미친 작용을 특징짓고 싶은 것입니다.[74] 저는 그 후로 아주 얌전해진 모양입니다만 그로 인하여 저는 마음의 상처를 받은 것입니다. 특별한 의미 없이 물을 달라고 애원하는 것은 그 나이의 저로서는 당연한 일이었으며 그 일이 곧바로 마루로 끌려 나가는, 뭐라고 말할 수 없는 무서움과 연결 지어진다는 것은 저로서는 결코 상상할 수 없는 일이었습니다. 그로부터 몇 해가 지난 후에도 거인 같은 남자가, 즉 아버지가 — 그것은 최후의 판단이기도 한데 — 별 이유도 없이 나타나서는 밤중에 나를 침대에서 긴 마루로 떠메고 나갈지도 모른다는 무서운 생각에 괴로워하곤 하였습니다. 그것은 결국 제가 아버지에게 그처럼 가치 없는 존재라는 말도 되는 것입니다.

모든 일은 시작에 불과합니다. 그러나 제가 곧잘 자신이 가치 없는 존재라는 기분 — 물론 다른 견해에서 본다면 고귀하고 풍요로운 기분입니다만 — 에 사로잡히는 것은 겹겹으로 아버지의 영향에 기인하고 있는 것입니다. 저는 약간이나마 격려를 해주고 정답게 대해 주고 저의 길을 약간 열어주기를 바랐던 것입니다. 그런데 아버지는 저의 길을 삐뚤어지게 했습니다. 물론 저에게 다른 길을 가도록 하려는 선의에서 나온 것이

---

74) Direkt erinnere ich mich nur an einen Vorfall aus den ersten Jahren. Du erinnerst Dich vielleicht auch daran. Ich winselte einmal in der Nacht immerfort um Wasser, gewiβ nicht aus Durst, sondern wahrscheinlich teils um zu ärgern, teils um mich zu unterhalten. Nachdem einige starke Drohungen nicht geholfen hatten, nahmst Du mich aus dem Bett, trugst mich auf die Pawlatsche und lieβest mich dort allein vor der geschlossenen Tür ein Weilchen im Hemd stehn. Ich will nicht sagen, daβ das unrichtig war, vielleicht war damals die Nachtruhe auf andere Weise wirklich nicht zu verschaffen, ich will aber damit Deine Erziehungsmittel und ihre Wirkung auf mich charakterisieren.

었습니다만, 저에게는 그 길이 적합하지 않았습니다.

제가 단정하게 경례를 하거나 보무당당하게 행진을 하면 아버지께서는 저를 격려해 주셨습니다. 그렇지만 저는 별로 군인이 되고 싶은 생각은 없었습니다. 그리고 제가 음식을 탐스럽게 먹거나 곁들여서 맥주까지 마시거나 하면, 혹은 제가 내용도 모르는 노래를 흥얼거리거나 아버지의 특유한 말솜씨를 흉내 내면, 아버지께서는 저를 격려해 주셨습니다. 그리고 오늘날에도 아버지께서 무슨 일로 저를 매우 격려해 주시는 경우는 아버지 자신이 공감을 느끼시거나 저 때문에 상처를 입거나 – 예를 들면 결혼 의사로 – 혹은 제가 상처를 입거나 – 예를 들면 페파[75]가 제게 욕을 할 때 – 하는 당신의 자존심에 관계되는 경우뿐이라는 것은 매우 재미있는 일입니다. 그런 때에 저는 격려를 받게 되고 저의 가치를 실감하게 되고 제가 할 권리가 있는 승부를 지적당하게 되며 페파는 철저하게 비난을 받게 됩니다. 그러나 지금 저의 나이로서는 치켜세운다고 해서 넘어가지 않는 것이 당연하지만 이것은 별문제로 하더라도, 저에게 직접적으로 관계가 없을 때에만 부추겨지는 것이 저에게 얼마만큼의 도움이 되는 것일까요.

당시에 어떤 경우에도 아버지의 격려 말씀을 듣고 싶었던 것입니다. 저는 아버지의 체격에 의해서만도 압도당하고 있었으니까요. 이를테면 지금도 분명하게 기억하고 있습니다만, 우리는 곧 잘 배의 방에서 함께 벌거벗은 일이 있었습니다. 저는 여위고 가냘프고 홀쭉했는데 아버지께서는 건강하고 크고 체격이 좋으셨습니다. 탈의실에 있을 때 저는 이미 비참한 기분이 되었습니다. 그것도 아버지께 대해서만이 아니라 사회 전체에 대하여 그런 기분이 드는 것이었습니다. 왜냐하면 저에게 있어서 아버지는 모든 일을 판단하는 기준이었으니까요. 그런데 다음에 우리가

75) 카프카의 누이동생인 발리의 남편 요제프 폴라크.

선실에서 여러 사람 앞으로 나오면 빈약한 골격을 가진 저는 아버지 손에 매달려서 아주 불안스럽게 맨발로 갑판 위로 올라갔습니다. 그러나 저는 물이 무서웠으므로, 아버지께서 저에게 수영 기술을 전수시키려는 것은 성의에서 나온 것이기는 하지만, 저에게는 심한 굴욕감을 주었기 때문에 당신의 수영 기술을 흉내 낼 수가 없었습니다. 그럴 때에 저는 깊은 절망감에 휩싸여서 모든 방면의 혐오스러운 경험이 모조리 제게 몰려드는 것 같았습니다. 때로는 아버지가 먼저 벌거벗으시고는 저만을 선실에 남겨 두시어 저는 사람들 속으로 나가는 굴욕을 지체시킬 수 있었는데, 그런 일이 저에게는 가장 기뻤던 것입니다. 그런데 아버지는 저의 괴로운 처지를 눈치 채지 못하신 것 같았는데, 그것은 다행스러운 일이었습니다. 아버지의 체격은 저에게도 자랑스러웠으니까요. 하지만 우리들 사이의 이러한 차이점은 오늘날에도 변함이 없습니다.

정신적인 지배력도 육체적인 것에 상응한 것이 아버지의 특징이십니다. 본래 아버지는 스스로의 힘만으로 노력하여 성취하신 분입니다. 그 때문에 아버지는 자신의 의견에 절대적인 자신감을 갖고 계셨습니다. 그러나 그것은 어린아이인 저의 생각으로는, 후에 청년으로 성장해 갈 때만큼도 훌륭한 것으로 여겨지지 않았습니다. 아버지는 팔걸이의자에 앉은 채로 세계를 지배하고 계셨습니다. 아버지의 의견만이 옳고 다른 의견은 모두 틀렸고 과장되고 엉터리이고, 상식을 벗어난 것이었습니다. 이 점에 있어서의 아버지의 자신감은 대단한 것으로서 아버지의 말씀이 조리에 닿지 않아도 역시 옳다는 것에는 변함이 없었습니다.[76] 또 아버

76) Dem entsprach weiter Deine geistige Oberherrschaft. Du hattest Dich allein durch eigene Kraft so hoch hinaufgearbeitet, infolgedessen hattest Du unbeschränktes Vertrauen zu Deiner Meinung. Das war für mich als Kind nicht einmal so blendend wie später für den heranwachsenden jungen Mann. In Deinem Lehnstuhl regiertest Du die Welt. Deine Meinung war richtig, jede andere war verrückt, überspannt, meschugge, nicht normal. Dabei war Dein

지께서 어떤 일에 대해서 아무런 의견도 갖고 있지 않았기 때문에 그 일에 관하여 가질 수 있는 일체의 의견들은 예외 없이 모두 틀렸다고 결정을 내려 버리는 일도 있었습니다. 예를 들면 아버지에게는, 체코인을 공격하는가 하면 이번에는 독일인을 공격하고, 다음에는 유태인을 공격하는 곡예가 가능했습니다. 그것도 어떤 점만을 지적해서 말씀하신다면 또 몰라도, 이것저것 모두가 틀렸다고 말씀하셨습니다. 이렇게 해서 최후에는 아버지 외에는 누구 한 사람 남아 있지 않게 되어 버리는 것이었습니다. 아버지는 제게 있어서 모든 폭군이 갖는 수수께끼 같은 특성을 지니고 있었습니다. 폭군이 폭군인 근거는 그 인품에 기인하며 사상과는 관계가 없는 것입니다. 적어도 저에게는 그렇게 생각되었습니다.

아버지는 저를 향해서 정말 놀라울 정도로 쭉 올바른 태도를 취하셨습니다. 좀처럼 대화를 가진 일이 없는 두 사람이었으니까 대화에서는 말할 것도 없고 현실의 행동에 있어서도 역시 그랬습니다. 하지만 그렇다고 해서 특별히 이상스러울 것은 없었습니다. 저는 모든 것을 생각하는데 있어서 아버지의 중압에 시달리고 있었으니까요. 아버지의 생각과 일치하지 않는 경우에는 더욱 그랬다고 말할 수 있겠지요. 아버지와는 관계가 없을 것이라고 여겨지는 생각조차 모두가 처음부터 아버지의 부정적인 판단을 등에 업고 있었습니다. 그 사상을 생각할 때 철저하게 처음부터 끝까지 견디어 내는 것은 불가능한 일이었습니다. 제가 지금 이야기하고 있는 것은 그 어떤 고상한 사람에 대한 것이 아니라 제 어렸을 때의 사소한 계획에 대한 것입니다.

제가 기쁜 나머지 부푼 가슴으로 집에 돌아와 그것을 제가 입 밖에 내면, 아버지의 대답은 비웃음이 섞인 한숨이거나 아니면 고개를 흔들거나 손가락으로 테이블을 두드리는 것이 상례였습니다. "그보다 더 훌륭한

Selbstvertrauen so groβ, daβ Du gar nicht konsequent sein muβtest und doch nicht aufhörtest recht zu haben.

것을 본 적이 있다"라든가 "너는 그것이 걱정이다"라든가 "내 머리는 그렇게 한가롭지가 않다"라든가 "그런 일은 아무래도 좋지 않으냐"라든가 "그렇겠지" 하는 등의 대답이었습니다. 물론 고생이 끊이지 않는 생활을 하고 계시는 아버지를 향해서 어린애 같은 일에 감격해 달라고 말하는 것은 무리한 이야기입니다. 그런 것은 아무래도 좋았습니다. 문제는 오히려 당신의 대립적인 기질 탓으로 그러한 환멸이 어린아이에게 언제든지 원칙적으로 주어지지 않으면 안 되었다는 점입니다.

아버지가 종종 저와 의견을 같이 할 때에도 습관적으로 통용되게 되었다는 점, 어린아이의 환멸은 마침내 세상의 일반적인 환멸이 아니라 도리어 일체의 기준이 되는 당신의 인품을 상대하는 이상 핵심에 접촉하는 것이 되었다는 점, 이러한 점에야말로 문제가 있었던 것입니다. 이런 저런 것에 대해서 용기도 결의도 확신도 기쁨도, 아버지가 반대하거나 아버지의 반대가 예상될 뿐이어서 끝까지 지속되지 못하고 흐지부지되어 버리는 것이었습니다. 사실 또 제가 무슨 일을 하려고 해도 우선 아버지의 반대가 걱정되었던 것입니다.

저에 대하여 아버지는 인간에 대해서도 사상과 같이 마찬가지였습니다. 제가 어떤 사람에 대하여 약간의 관심을 갖기만 해도 — 제 성격상 그런 일이 자주 있었던 것은 아닙니다 — 아버지께서는 기다렸다는 듯이 제 기분은 생각지도 않을뿐더러 제 판단도 존중하지 않고 우선 먼저 욕설과 중상과 독설을 늘어놓으며 간섭을 하셨습니다. 이를테면 유태인 배우 뢰비(동방 유태인 연극단의 배우로서 카프카에게 많은 영향을 주었음)처럼 순진하고 어린애 같은 사람까지도 그런 꼴을 당했습니다. 아버지는 그의 인품 같은 것은 알지도 못하면서 — 저는 이미 잊어버렸습니다만 — 무서운 어조로 그를 독충에 비유하셨습니다. 저에게 호의를 베푸는 사람들에 대해서는 아버지는 언제나 으레 개나 벼룩에 대한 속담[77]을 들고 나오셨습니다. 제가 그 배우에 대하여 지금 특별히 기억하고 있는 까닭은 당신께서 그 무렵 그에 대하여 말씀하신 다음과 같은 메모가 있기 때문입니다. '아버지는 전혀 알지도 못하는 내 친구에 대하여 그런 식으로 말씀하신다. 그 이유는 단지 그가 내 친구이기 때문이다. 아버지께서 나에게 효행이나 감사해 하는 마음이 부족하고 비난하시면 나는 언제든지 이것을 들고 나올 수 있다.'

제가 이해가 가지 않는 것은 아버지 자신의 말이나 판단이 제게 얼마만큼의 고통과 수치심을 주었는가에 대하여 전혀 무감각하다는 점입니다. 마치 아버지 스스로가 자신의 힘을 잘 모르고 있는 것 같았습니다. 저도 때로는 심한 말을 해서 아버지를 노하게 만든 일이 있었습니다. 그러나 그 사실은 저 자신이 잘 알고 있습니다. 저 역시 괴로웠습니다만 가만히 참고 그 말을 삼켜 버릴 수가 없었던 것입니다. 말을 하고 있는 사이에도 벌써 후회를 하고 있었습니다. 그런데 아버지는 가차 없이 독설을 퍼부었습니다. 상대방에 대해서는 조금도 생각해 주지 않으셨습니다. 말씀을 하고 계시는 동안에도 그렇고, 그 후에도 마찬가지였습니다. 아버지에 대해서는 어떻게 손을 쓸 수 없을 정도로 무방비 상태였습니다.

아버지의 전체적인 교육 방법은 그런 것이었습니다. 아버지에게는 일종의 교육적인 재능이 있었다고 생각합니다. 아버지와 같은 성격의 사람에 대해서라면 아버지가 지닌 교육 방법도 분명히 잘 되었을 것입니다. 그러한 인간이라면 아버지의 말씀에 일리가 있다는 것을 간파하고, 다른 일을 걱정하지 않고 말씀대로 정확히 따랐을 것입니다. 그런데 어렸을 때의 저에게는 아버지의 말씀이란 모두가 바로 하늘의 명령이었습니다. 저는 절대로 그것을 잊지 않았습니다. 그것은 세상일을 판단하는, 특히 아버지 자신을 판단하는 가장 중요한 실마리가 되었습니다. 그렇게 판단하면 아버지는 완전한 낙제였습니다.

---

77) '개와 함께 자는 자(者)는 벼룩과 함께 뛰어 일어난다.'라는 속담을 일컬음. (hattest Du automatisch das Sprichwort von den Hunden und Flöhen bei der Hand.)

식사 시간에 한자리에 모이면 아버지의 훈육은 대개 식탁에서의 예절에 대한 것이었습니다. 차려 놓은 것은 모두 먹지 않으면 안 된다, 음식이 좋으니 나쁘니 해서는 안 된다 하는 것들이었습니다. — 그런데도 아버지는 종종 이런 음식을 어떻게 먹을 수 있겠느냐고 소리치시곤 하셨습니다. 그때에 아버지께서는 이런 것은 "돼지나 먹을 것이다"라고 말씀하시기도 하고, "저 '개새끼'(식모를 말함)가 이런 것을 만들었다"라고 말씀하시기도 했습니다.[78] 아버지는 자신의 왕성한 식욕과 특별한 미각(味覺)에 따라서 무엇이든지 빠르고 맹렬하게 한입에 먹어 치웠기 때문에 어린아이는 급히 서두르지 않으면 안 되었습니다. 식탁에는 침울한 고요가 감돌았는데, 그것은 훈계에 의해서 깨뜨려집니다. "먼저 밥부터 먹어라. 이야기는 다음에 하고." "빨리 먹어라, 어서 빨리 먹어" "이것 봐라, 나는 벌써 다 먹었다." — 이런 식이었습니다. 뼈는 씹어서는 안 되었습니다. 그렇다면 아버지께서도 그것을 지키셔야 했습니다. 잔을 입으로 빨아서는 안 되었습니다. 그렇다면 아버지께서도 그것을 지키셔야 했습니다.[79] 중요한 것은 빵을 똑바로 써는 일이었습니다. 그런데 아버지 자신은 소스가 뚝뚝 떨어지는 나이프로 빵을 썰면서도 전혀 상관하지 않으셨습니다. 그리고 먹던 음식 부스러기가 바닥에 떨어지지 않도록 조심해야 된다고 말씀하시면서도 가장 많이 떨어져 있는 곳은 아버지 밑이었습니다. 식탁에서는 먹는 일에만 전념해야 될 터인데 아버지께서는 손톱을 자르거나 갈거나 연필을 깎거나 이쑤시개로 귀를 후비거나 하셨습니다. 아버지, 제가 하는 말을 오해하지 마십시오. 이러한 사소한 일은 그 자체만으로는 실로 무가치한 이야기입니다. 그러나 이런 일이 저에게 괴로

---

78) Was auf den Tisch kam, muβte aufgegessen, über die Güte des Essens durfte nicht gesprochen werden — Du aber fandest das Essen oft ungenieβbar; nanntest es »das Fressen«; das »Vieh« (die Köchin) hatte es verdorben.

79) Knochen durfte man nicht zerbeiβen, Du ja. Essig durfte man nicht schlürfen, Du ja.

움을 준 것은 다른 이유에서가 아닙니다. 저에 대하여 그토록 절대적인 결정권을 갖고 계신 아버지께서 그러한 계율을 저에게 강요하시면서, 자신은 그것을 지키지 않았다는 사실 때문이었습니다.

제게는 그 결과 세계가 세 부분으로 갈라져 보였습니다. 첫 번째 세계에서는 나라고 하는 노예가 살고 있었습니다. 저 한 사람만을 위하여 고안된 법률의 지배를 받고 있으면서도 웬일인지 이것이 완전히 지켜진 일이 없었습니다. 두 번째 세계는 저의 세계로부터 무한히 떨어진 곳으로서 그곳에는 아버지께서 살고 계셨습니다. 아버지는 그곳에서 다스리는 일이며 명령의 발포며 명령의 불복종에 대한 분노 등으로 바쁘셨습니다. 마지막으로 세 번째 세계입니다만 여기에서는 다른 사람들이 명령이나 복종 같은 것으로 인한 번거로움을 당하지 않고 행복하게 살고 있었습니다.80) 저는 어찌 되었든 굴욕 속에서 살고 있었습니다. 아버님의 명령을 따르는 것은 굴욕이었습니다. 그러한 명령은 저만을 상대로 했기 때문입니다. 그렇다고 해서 반항해 보았자 그것 역시 굴욕이었습니다. 왜냐하면 제게는 아버지께 반항할 도리조차 없었기 때문입니다. 그렇다고 해서 아버지만큼의 체력이나 식욕이나 재능은 갖고 있지 못하기 때문에 저는 아버지 명령대로 복종할 수도 없었습니다. 그런데도 아버지께서는 마치 당연한 일인 것처럼 저에게 복종을 요구하셨습니다. 이것이야 말로 분명히 최대의 굴욕이었습니다. 다만 그 당시에는 어린아이였으므로 분별력을 갖고 이런 식으로 골똘히 생각했던 것은 아니고 단지 그렇게 느끼고

---

80) Dadurch wurde die Welt für mich in drei Teile geteilt, in einen, wo ich, der Sklave, lebte, unter Gesetzen, die nur für mich erfunden waren und denen ich überdies, ich wuβte nicht warum, niemals völlig entsprechen konnte, dann in eine zweite Welt, die unendlich von meiner entfernt war, in der Du lebtest, beschäftigt mit der Regierung, mit dem Ausgeben der Befehle und mit dem Ärger wegen deren Nichtbefolgung, und schlieβlich in eine dritte Welt, wo die übrigen Leute glücklich und frei von Befehlen und Gehorchen lebten.

있었을 뿐입니다.

제 처지는 지금의 페릭스의 입장과 비교해 보면 좀 더 확실해질지도 모릅니다. 물론 아버지는 그 아이를 저와 똑같이 다루고 계십니다. 특히 지나친 예의범절을 가르치는 방법까지 똑같이 적용시키고 계십니다. 예를 들면 식사 때에 그 아이가 불경하다고 생각되는 행동을 하면 옛날 저를 향해서 말씀하신 것과 같은 "이 돼지야"만으로 부족하신지 다시 덧붙여 "헤르만과 꼭 같구나."라든가 "과연 그 아비에 그 자식이로구나."라고 말씀하십니다. 그런데 그런 말도 어쩌면 — '어쩌면' 이상의 말은 그 누구도 생각할 수가 없을 것입니다 — 당사자인 페릭스에게는 치명상이 되지 않을지도 모릅니다. 왜냐하면 그 아이에게 있어서 아버지는 물론 특별히 중요한 분이기는 하지만 한 분의 할아버지일 뿐 제게 있어서 그랬던 것처럼 전부는 아니기 때문입니다. 게다가 페릭스는 침착한 아이로서 지금은 벌써 어느 정도 남자다운 성격을 드러내 보이고 있습니다. 으레 같은 목소리로 야단을 맞으면 다소 위축은 되겠지만 언제까지나 그렇지는 않을 것입니다. 왜냐하면 그 아이가 아버지와 만나는 것은 비교적 드문 일이기 때문입니다. 사실 그 아이는 여러 가지로 다른 영향도 받고 있고, 그 아이에게 아버지는 차라리 소중한 골동품 같은 존재로서 그 아이는 거기에서 무엇이든지 필요한 것만을 골라 낼 것입니다. 그러나 제게 있어서 아버지는 골동품 정도가 아니었습니다. 골라낸다는 것은 생각할 수도 없는 일이었습니다. 무엇이든지 그대로 모조리 받아들이지 않을 수 없었습니다.

반대 발언 같은 것은 생각할 수도 없는 일이었습니다. 아버지는 자신이 찬성하지 않는 일이나 자신의 의견이 아닌 일에 대해서는 애당초 조용하게 말씀하시지 못하는 분이었습니다. 거만하신 성품이 그것을 허용하지 않는 것입니다. 근년에 이르러 아버지께서는 이것을 심장 신경증 탓으로 여기고 계십니다. 그러나 아버지가 본질적으로 지금과 달랐었다고는 생각되지 않습니다. 여하튼 아버지께서 심장 신경증이라는 것을 들고 나와 상대방으로 하여금 항변의 여지도 없게 만드는 것은 지배력을 더욱 엄격하게 휘두르기 위한 수단입니다. 이것은 물론 비난은 아닙니다. 사실의 확인에 불과한 것입니다.

오틀라의 경우로 예로 들면, "그 애하고는 도무지 이야기가 안 돼. 그 애는 곧바로 덤벼들거든."하고 당신께서는 항상 말씀하고 계십니다. 그러나 사실을 말한다면 그 애는 본시 덤벼들거나 하지는 않았습니다. 아버지께서는 일과 사람을 혼동하고 계십니다. 일에 한해서 그 애는 아버지께 덤벼드는 것입니다. 아버지는 사람이 하는 말에는 귀도 기울이지 않고 금방 일에 대해서만 결단을 내려버립니다. 시간이 지난 뒤에 그 일에 대해 설명을 하면 아버지는 더욱 흥분하실 뿐 결코 납득하시지를 않습니다. 오히려 아버지께 들을 수 있는 대답은 다음과 같은 말씀뿐입니다. "네가 좋을 대로 하면 된다. 너의 자유다. 너는 이미 제 구실을 할 수 있는 나이다. 아무것도 타이를 말이 없다." 그 반대로 노여움과 지독한 단죄의 무서운 쉰 소리를 듣게 되는 것입니다. 지금의 제가 이것에 대해 어렸을 때만큼 겁을 내지 않게 된 것은 어린아이다운 철저한 죄악감이 다소 희박해져서, 우리 두 사람은 모두 구제될 수 없다는 것을 알았기 때문입니다.

조용히 대화를 나눌 수 없었기 때문에 다음과 같은 결과가 생긴 것도 당연한 일이었습니다. 저는 이야기를 할 수 없게 되어버렸습니다. 원래 웅변가가 될 자질은 없었습니다만 인간이 일상 사용하는 정도의 말이라면 저도 충분히 할 수 있었을 것입니다. 그런데 아버지는 처음부터 말을 금지시키셨습니다. "말대꾸하지 마라."하는 위협과 함께 동시에 휘둘러지는 손은 예전부터 저에게 꼭 따라다는 것이었습니다. 아버지 앞에만 나가면 — 아버지는 아버지 자신의 일에 한해서는 멋진 웅변가였습니다 — 말에 갈피를 잡을 수 없게 되어 버립니다. 그것마저 당신 편에서 보면 괘씸한 일이었으므로 결국 저는 입을 다물어 버린 것입니다. 하지만 그 다음부터는 아버지 앞에만 나가면 생각하는 것도 말하는 것도 불가능해졌습니다. 더욱이 아버지는 저의 진짜 교육자였기 때문에 이 사실은 저의 생활에 있어서 여러 가지 면으로 영향을 끼쳤습니다. 제가 아버지가 하신 말씀을 들은 적이 없다고 생각하신다면 천 부당 만 부당한 일입니다. '매사에 언제나 반대'한다고 생각하시고 저를 책망하시지만 그런 일이 아버지에 대한 저의 생활 원칙이었던 적은 없었습니다. 당치도 않은 말씀입니다. 제가 좀 더 순종치 않았더라면 아버지는 좀 더 저에게 만족하셨을 것이 틀림없습니다. 도리어 아버지의 훈육상의 처치는 모두 과녁을 꿰뚫었다고 말할 수 있습니다. 저는 한 걸음도 몸을 피하지 않았습니다.

이러한 인간이 된 것은 — 생명의 바탕과 작용은 물론 제외하고서 말입니다만 — 아버지의 훈육과 저의 복종의 성과입니다. 그러면서 이 성과가 아버지에게는 매우 괴롭게 생각된다는 것, 아니 아버지가 이것을 자신의 훈육의 성과로 인정하기를 무의식중에 거부하고 계신다는 사실이야말로 당신이라는 손과 저라는 재료가 얼마나 인연이 멀었느냐 하는 것의 무엇보다도 중요한 증가가 되는 것입니다. 그러나 그 작용은 저에게는 너무나도 강렬했습니다. 저는 너무나 얌전해졌습니다. 완전히 입을 다물고 만 것입니다. 멀리 떨어져서 아버지의 힘이 최소한 제게 직접적으로 미치지 않게 되었을 때 비로소 어떻게든지 움직여 보겠다는 마음이 일었습니다. 그런데 아버지는 이걸 보시면서 또 다시 '매사에 언제나 반대'한다고 생각하시는데 사실 이것은 당신의 강(强)함과 저의 약(弱)함에서 온 당연한 결과에 지나지 않았습니다.

빗나가지 않았던 웅변적인 훈육 수단 중에서 저에게 특별히 효과를 발휘한 것은 욕설과 위협과 야유와 심술궂은 웃음과 — 묘한 일입니다만 — 자기 한탄이었습니다.

저에게 노골적인 욕설을 퍼부은 기억은 저로서도 잘 생각나지 않습니다. 또 그럴 필요도 없었습니다. 달리 여러 가지 방법이 있었기 때문이지요. 그리고 집안에서의 대화며 특히 가게에서의 대화에서는 다른 사람들에 대한 욕설이 끝없이 저의 주위를 난무했기 때문에 소년 시절의 저는 귀머거리가 되어 버릴 지경이었습니다. 그리고 그 때마다 '저것은 내 말을 하는 것이다'라는 생각이 들었습니다. 왜냐하면 아버지가 욕하는 그 사람들도 나만큼 용렬하지 않다는 것을 알고 있었기 때문입니다. 아버지에게는 그 사람들이 불만스러웠다 할지라도 저에 대한 것만큼 불만스럽지는 않았을 것입니다. 더욱이 이 경우에도 아버지의 불가사의한 무죄성(無罪性)과 신성 불가침성이 존재했습니다. 아버지는 아무런 거리낌없이 욕을 하시면서 다른 사람이 욕하는 것은 안 된다고 그것을 금지시켰던 것입니다.

위협적인 것은 아버지의 욕설의 효과입니다. 이 수단은 저에게도 사용되었습니다. 예를 들면 "생선처럼 찢어 버리겠다."라고 위협하시는 것이 저에게는 가장 무서웠습니다. 물론 그런 일이 일어나지 않는다는 것은 저도 알고 있었지만 ─ 어린아이였을 때에는 물론 그것도 모르고 있었습니다 ─ 그래도 아버지의 위력에 대한 두려움 때문에 그런 행동도 충분히 할 수 있으리라는 생각이 드는 것이었습니다. 또한 아버지가 누군가를 붙잡기 위하여 큰소리를 지르면서 테이블 주위를 뛰어다는 것도 저에게는 무서운 일이었습니다. 정말로 붙잡을 생각은 없으셨겠지만 정말 그럴 것 같은 태도를 취하였기 때문에 결국은 어머니가 구원의 손길을 뻗치셔야 했었습니다. 어린아이의 눈에는 마치 아버지의 자비에 의하여 다시 한 번 생명을 부여받아 고마운 선물로서 그것이 계속 이어진다고 생각되는 것입니다. 시키는 말을 듣지 않았다고 위협하는 경우에도 이와 비슷합니다. 아버지의 마음에 들지 않는 일을 제가 하기 시작했다고 합시다. 그러면 아버지는 그런 일이 있을 법이나 하냐고 저를 위협하십니다. 그런데 당신의 의견에 대한 존경은 절대적인 것이므로 — 물론 약간 시간이 경과된 후의 일입니다만 — 그 일의 실패는 막을 수가 없는 것이 됩니다. 결국 저는 자신의 행동에 대한 자신감을 잃었습니다. 저는 우유부단하게 되었습니다. 장성함에 따라서 아버지로부터 저의 무능력에 대한 증거로서 제시되는 재료는 점점 불어 날 뿐이었습니다. 어떤 의미에서는 정말로 말씀하시는 대로 되어 갔습니다. 아버지만의 탓으로 그렇게 되었다고는 말하지 않도록 다시 한 번 조심을 하겠습니다. 전부터 있었던 것을 아버지는 강화시켰을 뿐입니다. 하여튼 아버지는 저에 대해서 대단한 힘을 갖고 계셨으며 그것을 유감없이 행사하셨기 때문에 강화시키는 방법이 너무 심했다는 소리를 듣게 되는 것입니다.

야유에 의한 교육을 아버지는 신뢰하셨습니다. 이것은 저에게 대한 당신의 탁월성에 가장 어울리는 것 이었습니다. 무엇인가 경고를 할 때에도 당신은 이런 식이었습니다. "너는 그런 일을 이런 식으로 할 순 없느냐? 어쩐지 감당하지 못할 것 같구나. 물론 시간도 없겠지만 말이야." 아버지께는 이런 말을 할 때마다 심술궂은 미소와 심술궂은 얼굴 표정이 따라다닙니다. 실수를 했다고 깨닫기도 전에 벌을 받는 것과도 같았습니다. 그러나 제삼자로 취급당하고 심술궂은 말씀조차도 듣지 못하게 될 때에는 그런 질책까지도 오히려 격려가 되었습니다. 겉으로는 어머니께 말씀하시는 것 같으면서도 실은 옆에 있는 저에게 들려주시는 것이었습니다. 예를 들면 "그런 일은 물론 우리 아기에게 시킬 수는 없어요."하는 식이었습니다. 그러나 그런 경우에는 오히려 역효과가 생기는 것이었습니다. 예를 들면 옆에 어머니가 계시는데 아버지에게 직접 여쭈어 보겠다는 기분이 감히 생기지 않았으며, 그 후로는 그것이 습관이 되어서 전혀 생각지도 않게 되었습니다. 아버지 옆에 앉아 계시는 어머니를 향해서 아버지에 대한 일을 여러 가지로 물어 보는 편이 자식인 저에게는 훨씬 위험이 적었습니다. "아버지는 좀 어떠세요?"등으로 어머니께 질문을 하여 불의의 습격에서 몸을 지켰던 것입니다.

아버지의 심한 야유에 쉽게 의기투합해 버리는 일도 있었습니다. 즉 그 야유가 다른 사람에게 쏟아지는 경우에 말입니다. 이를테면 몇 년 동안이나 나와 사이가 안 좋던 둘째누이 엘리가 당할 때입니다. 누이동생의 식사 태도가 문제되었을 때 아버지가, "응, 테이블에서 10미터나 떨어져서 앉는구나, 뚱뚱보 계집애" 하고 말씀하시거나 참으로 밉살스럽게 소파에 앉아 애정이라든가 좋은 기분은 손톱 밑의 때만큼도 보이지 않은 채, 맹렬한 적의(敵意)를 보이며 기쁨으로 몸이 오싹해질 지경이었습니다. 사실 누이동생의 그런 자세가 당신의 취미로서는 견딜 수 없는 노릇이었겠지만 이런 일이 매일 되풀이됨으로써 당신이 얻으신 것이라곤 아무것도 없습니다. 제가 보기에 그렇게 된 것은 치솟는 노여움이나 심술의 양(量)이 사안(事案) 자체와 올바르게 균형을 이루지 못했기 때문이라고 생각합니다.

노여움은, 테이블에서 떨어져 앉았다는 하찮은 일에서 비롯된 것이 아니라, 그 큰 기대로 본래 존재하고 있었던 것이 우연히 이 기회를 이용해서 폭발한 것이라고 생각되었습니다. 기회란 언제든지 적당한 장소에서 발견될 수 있는 것이기 때문에 특별히 조심하고 싶은 생각도 들지 않았을 것입니다. 게다가 그처럼 항상 위협을 당하고 있으면 둔감해지기도 하는 법입니다. 실제로 매를 맞지는 않을 것이라는 사실만이 점점 분명해졌습니다. 저는 성미가 까다롭고 불성실하고 말을 듣지 않는 아이가 되었습니다. 대부분은 내면적인 의미에서이기는 하지만 언제나 도망칠 기회만 노리고 있었습니다. 이렇게 해서 아버지께서도 고민하시고 저희들도 고민했습니다. 아버지의 입장으로서는 무리도 아니었겠지만 이를 악물고 목구멍을 걸걸거리고 웃으면서 자식에게 처음으로 지옥이란 이런 것임을 깨닫게 하시면서 화가 치민 듯이 말씀하셨습니다. — 얼마 전에 콘스탄티노플에서 편지가 왔을 때의 아버지의 모습입니다 — "이것이 사회란 것이다."

아버지께서는 곧잘 드러내 놓고 자기 한탄을 하셨습니다. 솔직하게 말씀드립니다만, 저는 어렸을 때 — 앞으로도 같겠지만 — 그런 일에는 전혀 둔감했으므로 아버지가 연민의 정을 바라고 계시리라고는 꿈에도 생각지 못했습니다. 어느 면으로 보아도 아버지는 항상 거인(巨人)다우셨는데, 저희들의 동정이나 조력이 아버지에게 무슨 도움이 되었겠습니까? 그런 것은 경멸하셨어야 했지요. 저희들 자신을 항상 경멸하고 계셨던 것과 똑같이 말입니다. 그렇기 때문에 저로서는 한탄하시는 것이 믿어지지가 않았고 그 배후에 무엇인가 의도를 숨기고 있는 것이라고 생각했습니다. 자식의 일로 심히 고민하고 계시다는 것을 안 것은 훨씬 후의 일이었습니다. 그러나 그 무렵에는, 사정이 달라지면 어린애같이 개방적이고 무분별한, 어떠한 조력도 싫어하지 않을 기분이셨는지 모르는 아버지의 한탄이 제가 보기에는 또 다시 지나치게 노골적인 교육 수단이나 억누르기 위한 수단으로 밖에는 생각되지 않았습니다. 그래서 그것 자체로서는 별로 강력한 수단은 아니었습니다만 유해한 부작용을 가져왔습니다. 자식이란 익숙해짐에 따라 본래는 진지하게 받아들여야 할 일도 별로 대수롭지 않게 받아들이게 되는 것입니다.

여기에 예외는 있었습니다. 그것은 대개 아버지께서 고민하고 계실 때입니다. 그런 때에 애정과 선의가 힘을 얻어서는 일체의 대립물을 정복하고 상대방의 마음을 직접적으로 사로잡는 것이었습니다. 물론 그것은 드문 일이었지만 그만큼 더 멋있는 일이었습니다. 예를 들면 옛날 일입니다만 어느 무더운 여름날 오후, 아버지는 일에 지쳐서 책상에 팔꿈치를 괴고 졸고 계셨습니다. 그리고 또 어느 일요일에는 지칠 대로 지친 몸으로 우리가 피서하고 있던 곳까지 오신 일이 있었습니다. 어머니가 중병에 걸리셨을 때에는 아버지는 몸을 떨고 우시면서 책장에 매달려 계셨습니다. 제가 언젠가 앓아누웠을 때에는 아버지께서 오틀라의 방에 누워 있는 저에게로 가만히 다가와서는 문지방에 서서, 고개를 내밀고 잠들어 있는 저를 보시려고 하셨습니다. 그러나 저를 깨울까 염려하시어 단지 손으로만 인사를 하셨을 뿐입니다. 그런 일이 있었을 때에 저는 모로 돌아누워 기쁜 마음에 울어 버렸습니다. 그리고 지금 이 편지를 쓰면서 다시 한 번 울고 있습니다.

조용하고 만족스러운 그리고 공감의 뜻을 전하려는 아버지의 미소에는 다른 사람에게서는 좀처럼 찾아볼 수 없는 일종의 독특한 아름다움이 있어서 그 미소를 받은 사람은 더없이 행복해져 버립니다. 어렸을 때의 저에게 그와 같은 미소가 주어진 확실한 기억은 없습니다만, 그런 일이 분명 없진 않았겠죠.[81] 아버지의 눈에 제가 아직 순진하게 비치고 아버지의 큰 희망이었을 무렵, 그 미소를 저에게 주지 않았을 리가 없을 테니까요. 그런데 그와 같은 온화한 인상도 역시 그것이 오랜 동안에 성취한 것이라면 그것은 저의 죄의식을 확대하고, 이 세상을 더욱 불가해한 것으로 만드는 것일 뿐입니다.

저는 구체적이고 영속적인 것에 매달렸습니다. 그것은 아버지께 나 자신을 주장하기 위한 것이었고 다소는 복수 비슷한 기분도 있었습니다. 제가 곧 시작한 일은 아버지에게서 사소한 우스꽝스런 점을 발견하게 되면 곧 그것을 관찰하고 수집하고 과장하는 일이었습니다. 예를 들면 대개는 외형상으로만 신분이 높은 사람들에게 아버지는 정신없이 눈이 멀어 그 사람들의 소문을 끝없이 떠들어대는 일이 있었습니다. 그들은 어떤 황실의 고문관과 같은 패거리들입니다. —다른 각도에서 보면 저의 아버지이신 당신이 자신의 가치에 대해서 그와 같은 시시한 보증이 필요

---

81) Du hast auch eine besonders schöne, sehr selten zu sehende Art eines stillen, zufriedenen, guthei*β*enden Lächelns, das den, dem es gilt, ganz glücklich machen kann. Ich kann mich nicht erinnern, da*β* es in meiner Kindheit ausdrücklich mir zuteil geworden wäre, aber es dürfte wohl geschehen sein.

하다고 생각하고 그런 패거리들과 모여 큰 소리를 친다는 것은 저로서는 슬픈 일이기도 했습니다 — 그리고 또 제가 발견한 아버지의 취미는 천한 말을 될 수 있는 대로 큰 목소리로 내뱉는 일이었습니다. 그리고 무엇인가 특별히 좋은 말이라도 한 것처럼 웃으시는데 그것은 참으로 무가치하고 보잘것없는 무례함일 뿐이었습니다. 동시에 그것은 저로 하여금 정신을 잃게 하는 당신 자신의 생활력의 표명이기도 했습니다[82]. 물론 이런 종류의 일은 얼마든지 관찰할 수 있었습니다. 덕분에 저는 즐거웠습니다. 재미있고 신나게 나날을 보냈던 것입니다. 때로는 아버지께서 그 사실을 깨닫고 기분을 상하신 일도 있었습니다. 아버지는 그것을 악의에 차 있다느니 존경심이 부족하다느니 하는 식으로 받아들이셨습니다. 그러나 사실을 말씀 드리자면, 그것은 저에게 있어서 어찌 되었든 아무 도움도 되지 않는 자기 보존의 수단에 불과했습니다. 그것은 장난이긴 했지만 하여튼 신이나 제왕들에게 하고 싶었던 장난이었습니다. 가장 깊은 존경과 결부되어 있을 뿐 아니라 그 존경에 속해 있기라도 한 듯한 장난이었습니다.

저에 대한 당신의 유사한 상황에 대응해서 일종의 대항책을 아버지는 강구하셨습니다. 저의 환경이 얼마나 좋은가, 제가 얼마나 훌륭한 몸으로 키워졌는가, 그것을 입버릇처럼 지적하셨습니다. 그 점은 아버지 말씀 그대로입니다. 그러나 애써 이룩한 그 일도 사정이 이렇게 되고 보면 본질적인 측면에서 저에게 도움이 되었다고는 생각할 수 없습니다. 어머지가 저에게 무한히 좋은 분이셨다는 것은 사실입니다. 그러나 그분도 아버지와의 연관 속에 있었습니다. 그러나 그것은 결코 고마운 연관은

---

82) Oder ich beobachtete Deine Vorliebe für unanständige, möglichst laut herausgebrachte Redensarten, über die Du lachtest, als hättest Du etwas besonders Vortreffliches gesagt, während es eben nur eine platte, kleine Unanständigkeit war (gleichzeitig war es allerdings auch wieder eine mich beschämende Äuβerung Deiner Lebenskraft).

아니었습니다. 어머니는 부지불식간에 사냥개의 몰이꾼 역할을 떠맡고 계셨습니다. 쉽사리 생각할 수 없는 일입니다만 아버지의 교육이 반항과 혐오와 증오까지도 가져오게 함으로써 저를 저 자신의 발로 일어설 수 있는 인간으로 만들었다고 가정합시다. 그런 경우에도 어머니는 그처럼 온화한 분이셨으므로 사리를 따져서 이야기하고 — 유년 시절의 혼돈 속에서는 어머니야말로 이성(理性)의 원형이었습니다 — 애원해서 일을 수습하셨을 것입니다. 그렇게 해서 저는 다시 아버지의 영향권 안으로 되돌려 보내졌습니다. 그렇지 않았으면 저는 그곳을 깨뜨리고 빠져 나왔을지도 모릅니다. 그 편이 아버지를 위해서도 저를 위해서도 다행스러웠을 것입니다. 혹은 참다운 화해는 이루어질 수가 없었을 것입니다. 어머니가 오직 아버지로부터 저를 몰래 감싸 주거나 무엇이든 몰래 슬쩍 건네주거나 용서해 주거나 하는 것으로 그쳤을지도 모릅니다. 그렇게 되면 저는 또 아버지 앞에 꿇어앉아서는 엉큼한 사람이 되고 사기꾼이 되고 죄를 깨닫는 사람이 되는 것입니다. 그리고 저는 자신의 허무감 때문에 당연히 자신의 권리로 볼 수 있는 것에 도달하는 데도 샛길로 다닐 수밖에 없는 결과가 되었을 것입니다. 샛길로 다니면서, 자신이 생각해 보아도 아무런 권리가 없는 것을 찾는 일에 습관이 되어 버렸을 것입니다. 이것이 또한 죄의식을 확대하게 만드는 것입니다.

저를 때린 일이 한 번도 없었던 것은 사실입니다. 하지만 큰 소리를 치고 얼굴을 뻘겋게 붉히고 바지 허리띠를 풀어서 그것을 의자 팔걸이에 거는 것은 저로서는 더욱 못 견딜 일이었습니다. 마치 교수형이라도 집행당하는 꼴이었습니다. 정말로 목을 졸리 우면 그것으로 죽어 버리니까 만사가 끝납니다. 그런데 사형에 처해지기까지의 만반의 준비를 똑똑히 지켜보고 목을 맬 밧줄이 눈앞에 매달린 후에야 비로소 사면을 통고받는다면, 평생토록 그것으로 인해 시달림을 당하게 됩니다. 게다가 아버지의 분명한 설명에 따르면, 제가 태형을 당해 마땅한데 아버지의 자비로서 겨우 모면되었다는 것입니다. 그것이 여러 번 거듭될수록 저의 죄의식은 더더욱 깊어졌습니다. 저는 모든 면에서 아버지의 은혜를 입게 된 것입니다.

아버지는 저를 꾸짖으면서 — 저 혼자 있을 때뿐 아니라 다른 사람 앞에서도 그랬습니다. 후자의 경우, 그것이 저의 자존심을 상하게 한다는 것을 조금도 이해해 주시지 않았습니다. 자식들의 일이면 언제나 공공연하게 드러내 놓고 하셨습니다 — 제가 아버지께서 하시는 일 덕택으로 무엇 하나 부족함 없이 안정되어, 자유스럽게 사치스러운 생활을 하고 있다고 말씀하셨습니다. 저는 그때의 말씀을 기억하고 있으며 그것은 분명하게 저의 뇌리에 뚜렷이 새겨져 있습니다. "나는 7년 동안이나 이 마을에서 저 마을로 수레를 밀고 돌아다녀야만 했다." "온 집안이 모두 단칸방에서 자야만 했었다." "감자라도 먹을 수 있으면 다행이었다." "여러 해 동안을 겨울옷이 부족해서 다리의 상처를 드러내 놓고 있었다." "어렸을 때 이미 나는 피제크로 일을 하러 가야만 했다." "집에서는 동전 한 푼 받지 않았다. 군대에 들어간 후에도 그랬고 나는 오히려 돈을 집으로 보냈다."83) "그렇지만, 비록 그렇지만 아버지는 내게 있어서 어디까지나 아버지임에 변함이 없었다. 그런 기분을 지금에 와서 누가 알겠는가! 아이들이 무엇을 알겠는가! 그런 일은 아무나 견디어 낼 수 있는 일이 아니다. 그것을 지금의 아이들이 이해할 수 있겠는가."

다른 기회에 이런 이야기를 해주셨다면 훌륭한 교재가 되었을지도 모

83) Ich denke da an Bemerkungen, die in meinem Gehirn förmlich Furchen gezogen haben müssen, wie : »Schon mit sieben Jahren muβte ich mit dem Karren durch die Dörfer fahren.« »Wir muβten alle in einer Stube schlafen.« »Wir waren glücklich, wenn wir Erdäpfel hatten.« »Jahrelang hatte ich wegen ungenügender Winterkleidung offene Wunden an den Beinen.«
»Als kleiner Junge muβte ich schon nach Pisek ins Geschäft.« »Von zuhause bekam ich gar nichts, nicht einmal beim Militär, ich schickte noch Geld nach Hause.«

르며 또 아버지께서 경험하신 바와 같은 고생이며 부자유를 견뎌 내기 위한 격려가 되었을 것입니다.[84] 그러나 아버지에게는 그런 것을 전혀 바랄 수가 없었습니다. 저희들은 그야말로 아버지의 고생의 결과로 다른 사람이 되어 버렸습니다. 그렇게 때문에 아버님께서 하신 방법처럼 그곳으로부터 발돋움하여 올라설 기회가 저희들에게는 없었습니다. 이러한 기회는 먼저 폭력이나 파괴에 의하여 자기 스스로가 만들어 내지 않으면 안 되었을 것입니다. 결국은 집을 뛰어나가는 방법 외에는 없었을 것입니다. — 가령 저희들에게 그렇게 할 결심과 힘이 있고 어머니께서도 여기에 대하여 별도의 대책을 세우지 못할 것을 전제로 했을 때의 이야기입니다 — 그러나 아버지는 그런 일을 전혀 바라지 않으셨습니다. 도리어 아버지는 은혜를 모른다느니 얼토당토않은 일이라느니 괘씸한 일이라느니 배신이라느니 미친 짓이라느니 하고 말씀하셨습니다. 그러니까 아버지께서는 한편으로는 무엇인가 자신의 예를 들어 가며 당신의 이야기를 제게 들려주심으로써 저에게 부끄러운 생각을 갖도록 하여 그렇게 시키려고 하시는가 하면, 또 다른 한편으로는 그것을 단호하게 금지시키셨습니다.

아버지께서는 예를 들어 부차적인 상황은 별도로 하더라도 오틀라의 취라우 행의 모험에 대해 기뻐하셔야 했습니다. 그녀는 아버지의 고향에 가려고 했던 겁니다. 그녀는 아버지가 하신 것 같은 일과 부자유스러운 생활을 해보고 싶었던 겁니다. 아버지께서도 자신의 아버지에게 의지하려고 하지 않았던 것과 같이 그녀는 아버지의 노력의 성과를 감 빼먹듯이 즐기고 싶지 않았던 것입니다. 그것이 그처럼 무서운 계획이었을까

84) Solche Erzählungen hätten unter anderen Verhältnissen ein ausgezeichnetes Erziehungsmittel sein können, sie hätten zum Überstehen der gleichen Plagen und Entbehrungen, die der Vater durchgemacht hatte, aufmuntern und kräftigen können.

요. 아버지의 모범이나 교훈과 그토록 동떨어진 것이었을까요. 물론 오틀라의 계획은 끝내 결과적으로 실패로 끝났고 다분히 우스꽝스럽게 되어 버렸으며 시끄러운 소동이 되고 말았습니다. 그녀는 부모님의 일을 돌아볼 겨를이 없었습니다. 그런데 그것은 오로지 그녀만의 탓이 아니라 그 당시 상황의 탓이나 특히 아버지가 그녀와 그처럼 서먹서먹한 관계에 있었던 탓은 아니었을까요. 그녀는 — 아버지께서도 후에 자신에게 믿게 하려고 하셨던 것처럼 — 가게에서는 후의 취라우 시절보다도 오히려 아버님과 더 서먹서먹한 관계에 있지 않았습니까. 그리고 아버지는 — 거기까지 자신을 극복하셨으리라 가정해서인데 — 그녀를 격려하시고 충고하시고 감독하시고 해서, 차라리 관용의 기분에 의해서 만이라도 그녀의 모험에서 무엇인가 좋은 것을 만들어 줄 수 있는 힘을 분명히 갖고 있지 못하셨을까요?

아버지께서는 언제나 심한 농담조로 "매사가 너무나 좋았었다."하고 말씀하시는 것이 상례였습니다. 그러나 이 농담은 어떤 의미에서는 농담이 아니었습니다. 우리는 아버지께서 스스로 노력해서 얻어야 했던 것을 아버지 손에서 받았습니다. 그러나 아버지께서 손수 겪으신 외면 생활을 위한 싸움을 — 물론 저희 들이라고 언제까지나 싸우지 않고 끝난 것은 아니지만 — 우리는 늦게 시작했으며 그것도 어른이 된 후에 어린아이 같은 힘으로 쟁취하지 않으면 안 되었습니다. 저는 그 때문에 저희들의 경우가 아버지의 경우보다 절대로 불리했다고 말씀드리고 있는 것은 아닙니다. 도리어 양자 사이에는 다분히 우열을 가릴 수 없는 무엇인가가 있겠죠. 이 경우에 물론 각자의 근본적인 소질은 비교하지 않았습니다만 단지 저희들의 불리한 점이라고 말씀드린 것은, 아버지가 자신의 고생에 대해서 하신 것처럼 저희들은 저희들의 곤궁을 자만하지도 않으며 또 그것으로 어느 누구에 대해서 굴욕감을 느끼도록 하지도 못한다는 점입니다. 저는 또 아버지의 위대하고 성공적인 일의 소산을 정말로 즐기고 활용하고 그 일을 다시 이어받아서 아버지를 기쁘게 할 수 도 있었다는 것을 부정하지는 않습니다. 그러나 거기에는 바로 우리들의 소원한 관계가 방해물이 되고 있었습니다. 저는 아버지가 주신 것을 즐길 수가 있었습니다. 그러나 그것은 오직 부끄러운 마음으로, 지쳐 있는 마음으로, 약한 마음으로, 또 죄를 의식하는 마음으로 즐겼습니다. 그러므로 저는 한 결같이 거지처럼 무엇이든지 아버지에게 감사하고 있었기 때문에 아무것도 실행할 수가 없었습니다.

교육의 외면적인 성과는 제가 단지 멀리에서만 아버지를 생각했던 것 전부로부터 더 멀리 도망쳐 온 것입니다. 첫째는 가게입니다. 가게 그 자체는 특히 어렸을 때에, 그것이 골목 가게였던 동안은 저를 매우 기쁘게 해주었습니다. 가게는 매우 활기를 띠고 있었으며 밤이 되면 불이 켜져서 보는 것 듣는 것이 많아지고, 이따금 심부름을 해서 다른 사람들의 눈을 끌 수도 있었습니다. 그러나 특히 아버지에게 감동한 것은 아버지의 물건을 파는 솜씨라든가 손님을 다루는 방법, 여러 가지 농담을 하고, 부지런히 일에 열중하고, 의문이 생겼을 경우에는 금방 그 해결책을 모색하는 등등, 아버지에게 훌륭한 상업적인 재능이 있다는 것이었습니다.[85] 그리고 또 아버지가 짐을 꾸리거나 나무 상자를 여는 장면은 다른 사람들에게 보이고 싶을 정도였습니다. 요컨대 어린 시절의 전부가 결코 최악의 유치원이라고 말할 수는 없습니다. 그러나 아버지는 차츰 저를 모든 면에서 위협하게 되었고 아버지의 가게는 아버지의 이미지와 겹쳐서 저에게는 하나로 여겨졌으며, 따라서 그 가게는 이미 기분 좋은 존재

---

85) Das nächste äuβere Ergebnis dieser ganzen Erziehung war, daβ ich alles floh, was nur von der Ferne an Dich erinnerte. Zuerst das Geschäft. An und für sich besonders in der Kinderzeit, solange es ein Gassengeschäft war, hätte es mich sehr freuen müssen, es war so lebendig, abends beleuchtet, man sah, man hörte viel, konnte hie und da helfen, sich auszeichnen, vor allem aber Dich bewundern in Deinen groβartigen kaufmännischen Talenten

는 아니었습니다. 처음에는 자명하게 생각되었던 일들이 마침내 저를 괴롭히고 부끄러움을 느끼게 했습니다. 특히 가게 종업원에 대한 아버지의 부당한 취급이 그랬습니다.[86] 저는 잘 모릅니다만 아마도 대개 어떤 가게에서도 그런 취급을 했겠죠. — 예를 들면 일반 보험회사에서 제가 근무하던 시절에도 그와 꼭 같았습니다. 저는 그래서 사장에게 저와 직접 상관없는 욕지거리라 할지라도 참을 수 없다는 이유로 사직서를 냈었습니다. 이것은 모두 사실이라고 할 수는 없지만 그렇다고 전혀 거짓이라고도 할 수 없습니다. 저는 그 점에서는 이미 선천적으로 매우 신경질적이었습니다 — 그러나 어렸을 때의 저는 다른 가게들에 대해서는 마음을 쓰지 않았습니다. 그러나 아버지께서 가게에서 큰소리로 꾸짖거나 욕하거나 화내는 것을 보고 들으면 전 세계 어디를 가도 그런 일은 결코 없으리라는 생각이 들 정도였습니다. 아버지는 소리 지르실 뿐 아니라, 그 외에 폭군 같은 행동도 하셨습니다. 예를 들어 아버지는 물건에 하자가 없다고 버티실 경우에도 그 물건을 단번에 책상 위에서 집어 던졌는데, 오죽 화기 치밀었으면 분별심을 잃었겠느냐고 억지를 부리시는 것이 아버지의 변명이셨습니다. 그러면 가게 사람들이 그것을 집어 올려야 했습니다. 그리고 폐를 앓고 있던 종업원에게도 항상 입버릇처럼 말씀하셨습니다. "그 새끼는 죽어야 해, 폐병 든 개새끼."

종업원들을 '급료를 받고 있는 적(敵)들'이라고 아버지가 부르셨어요. 사실 종업원들은 그러했습니다만 그들이 그렇게 되기 이전에 먼저 아버지가 '그들의 급료를 지불하는 적'처럼 저에게는 생각되었습니다. 그 경우에 저는 아버지가 잘못을 저지르고 계신다는 큰 교훈을 얻었습니다.

---

86) Aber da Du allmählich von allen Seiten mich erschrecktest und Geschäft und Du sich mir deckten, war mir auch das Geschäft nicht mehr behaglich. Dinge, die mir dort zuerst selbstverständlich gewesen waren, quälten, beschämten mich, besonders Deine Behandlung des Personals.

저 자신의 경우였다면 그렇게 빨리 그것을 깨닫지는 못했을 것입니다. 그 점에 있어서 저는 실로 너무나도 큰 죄책감을 가지고 있었으므로 아버지가 옳다고만 생각하고 있었습니다.[87] 그러나 저는 어린 마음에 – 물론 그 후에 다소는 수정되었지만 크게 변한 것은 아니었습니다 – 그 사람들은 우리와는 상관없는 타인인데 우리를 위해서 일을 해주고 있다. 그럼에도 불구하고 아버지를 시종 무서워하면서 지내야만 한다고 생각했습니다. 물론 그때의 저의 생각에 지나친 점은 있었습니다. 즉 아버지는 다른 사람들에게도 저를 대할 때와 똑같이 무서운 인상을 주는 분이라고 쉽사리 생각하고 있었던 것입니다. 만일 정말로 무서웠다면 그 사람들은 분명히 도망가고 말았을 것입니다. 그러나 그 사람들은 모두가 어른들로서 대개 뛰어난 신경의 소유자였으므로 자신들에게 퍼부어지는 아버지의 꾸짖음을 힘들이지 않고 떨쳐버렸으며, 결국 상처를 입는 것은 그 사람들보다는 오히려 아버지였습니다.[88]

이런 일로 해서 저는 가게가 싫어졌고 가게 일을 생각하면 저와 아버지와의 관계가 너무나도 뚜렷이 생각나서 견딜 수가 없었습니다. 아버지는 기업인으로서의 흥미나 권세욕 같은 것은 전혀 별도로 치더라도, 이미 상인으로서 그 당시 휘하에서 가르침을 받던 모든 사람들보다 훨씬 뛰어나셨습니다. 그 사람들이 하는 일이 무엇 하나 아버지에게 만족을 줄 리가 없었습니다. 아버지는 저에 대해서도 그와 똑같이 영원히 불만족스러웠을 것이 틀림없습니다. 그래서 저는 그때 형편으로 자연히 가게

---

87) Du nanntest die Angestellten »bezahlte Feinde«, das waren sie auch, aber noch ehe sie es geworden waren, schienst Du mir ihr »zahlender Feind« zu sein. Dort bekam ich auch die groβe Lehre, daβ Du ungerecht sein konntest; an mir selbst hätte ich es nicht sobald bemerkt, da hatte sich ja zuviel Schuldgefühl angesammelt, das Dir recht gab.

88) da sie aber erwachsene Leute mit meist ausgezeichneten Nerven waren, schüttelten sie das Schimpfen ohne Mühe von sich ab, und es schadete Dir schlieβlich viel mehr als ihnen.

종업원들 편에 섰습니다. 왜냐하면 저는 처음부터 아버지에 대한 두려움을 갖고 있었고 왜 아버지가 저토록 타인을 매도하시는지를 몰랐기 때문입니다. 그래서 저는 그것이 걱정되어, 몹시 겁을 먹고 있는 것 같은 가게 종업원들을 어떻게 해서든지 아버지나 우리 집안사람들과 화해시켜 저 자신의 안전을 꾀하고 싶었던 것입니다. 그러기 위해서는 더 이상 보통의 점잖은 태도로만 가게 종업원들을 대해서는 안 되었습니다. 이미 조심스러운 태도마저도 소용없었습니다. 오히려 저는 공손해져야만 했습니다. 먼저 이쪽에서 인사를 할 뿐만 아니라 될 수 있으면 상대방이 답례를 하지 않도록 해야만 했습니다. 만일 저와 같은 하찮은 인간이 사람들에게 엎드려 절해 보았자, 여전히 아버지라는 주인이 위에 계시면서 그들을 두들겨 팼다면 아무런 타협의 여지가 없었을 것입니다.

동포와 맺은 이런 종류의 관계는 가게의 범위를 넘어서 장래에까지 확산되었습니다. — 이와 비슷한 경우로서 그러나 저의 경우만큼 위험하지도 않고 심오한 것도 아닌 예가 있었습니다. 이를테면 오틀라도 가난한 사람들과의 접촉을 특히 좋아해서 하녀들이 있는 곳을 찾아 다녀 아버지를 몹시 노하게 했었습니다 — 결국 저는 가게에 대해서 무서움을 갖게 되었습니다. 어찌 되었든 가게는 이미 오래 전에 저와는 관계없는 것이 되어 버렸습니다. 그것은 김나지움에 입학한 까닭에 계속 그곳을 떠나 있어야만 했기 때문입니다. 그리고 그 가게는 저의 능력을 능가하는, 전혀 상상할 수도 없을 만큼 막대한 재산으로 보이기도 했습니다. 그것은 아버지께서도 말씀하신 바와 같이 아버지의 능력으로서도 최선을 다할 만큼 큰 것이었습니다. 아버지께서는 그렇게 말씀하실 때마다 — 저에게 있어서 그 일은 오늘날에 와서도 마음 아픈 일이며 부끄러운 생각이 들기도 합니다 — 가게에 대한, 즉 일에 대한 저의 혐오감 때문에 몹시 괴로워하셨습니다.

아버지는 아버지 자신을 위하여 위안이 될 만한 것을 저의 혐오 속에서 찾아내려고 시도하셨습니다. 그래서 당신 자신은 장사 기질이 없으며 너무 원대한 갖가지 관념을 머릿속에 갖고 있다고 주장하셨습니다. 물론 아버지께서는 이 말을 듣고 매우 기뻐하셨습니다. 그러나 그것은 아버지께서 무리하게 억지를 부리신 것이었습니다. 그런데 저까지도 한편으로는 허영심에 다른 한편으로는 곤궁에 몰려서 별수 없이 그 영향을 받았습니다. 그러나 저를 가게 — 저는 지금에야 비로소 진심으로 그것을 증오하고 있습니다 — 로부터 떼어 놓은 것이 단순히 혹은 주로 이 원대한 관념이었다면, 이 관념들이 다른 형식을 취해 나타났을 것이 틀림없습니다. 그 관념들은 제가 결국 공무원의 사무 책상에 이르기까지 저로 하여금 김나지움이나 대학에서의 법률 공부를 조용히 그리고 아주 조심스럽게 해나가도록 하지는 않았을 것입니다.

어머니라면 언제든지 은신처를 찾을 수 있었지만 그것은 단지 아버지와의 관계에서만입니다. 어머니는 아버지를 너무나 사랑하셨고 아버지께 헌신적인 봉사를 하고 계셨기 때문에 자식과의 다툼에 있어서도 독립적인 정신력을 지닌다는 것은 불가능했을 것입니다. 이것은 자식으로서의 정확한 본능에서 나온 결론입니다. 왜냐하면 어머니는 나이가 드실수록 더욱 아버지와 화목해지셨기 때문입니다. 어머니께서는 자신의 독립을 최소한의 경지에서 아름답고 부드럽게 지킴으로써 이제까지 본질적으로 아버지의 기분을 상하게 하는 일은 결코 없었습니다. 그러는 동안에 이성보다는 감정에서이겠지만, 해가 거듭할수록 완전히 자식들에 대한 아버지의 판단이나 선고를 눈을 감고 승인하시게 되었습니다. 특히 매우 중대한 오틀라의 사건에서 그랬습니다. 물론 한 집안에 있어서의 어머지의 입장이라는 것이 얼마나 마음을 괴롭히고, 신경을 마멸(磨滅)시키는 것인가를 모든 사람들은 기억하고 있어야만 합니다.

가게 일이나 집안일에 항상 어머니는 애를 쓰셨고, 온 가족의 질병은 어머니가 저희들과 아버지 사이에 끼여서 시달림을 당하시는 일이었습니다. 아버지께서는 언제나 어머니께 정답고 친절하셨지만, 이 점에 있어서 아버지가 어머니를 위로해 주신 적은 한 번도 없었습니다. 저희들의 경우도 마찬가지였습니다. 아버지는 아버지대로 우리들은 우리들대로 사정없이 어머니의 애를 태워드렸습니다. 그것은 잘못이었습니다. 그러나 어떤 악의에서 그랬던 것은 아니었습니다. 단지 아버지는 저희들에게, 저희들은 아버지께 싸움을 건 것만이 문제였습니다. 그래서 저희들은 어머니에게 까닭 없이 화를 내곤 하였습니다. 아버지께서 저희들 일로 해서 어머니를 ─ 물론 아무리 아버지께 죄가 없을지라도 ─ 괴롭힌 것은 자식들의 교육을 위해서 결코 이롭지 못했습니다. 그 때문에 오히려 변명의 여지도 없었을 어머니에 대한 저희들의 태도가 언뜻 보기에 정당한 것으로 보이기까지 했습니다. 어머니는 아버지 때문에 저희들로부터, 또 저희들 때문에 아버지로부터 얼마나 많은 괴로움을 당하셨습니까! 다만 아버지께서 정당하셨을 경우에는 완전히 달랐습니다. 어머니는 저희들의 응석을 받아주곤 하셨지요. 이 '응석'은 단지 아버지의 질서에 대한 무언중의 무의식적인 반대 데모였습니다. 어머니는 물론 우리 모두를 사랑하시고 그것을 행복하게 생각하셨기 때문에, 어머니는 이 모든 일들을 견뎌내셨습니다.

누이동생 중에서 저와 가까이 지낸 아이는 별로 없었습니다. 다만 아버지를 대하는 태도가 가장 좋았던 아이는 발리였습니다. 그녀는 어머니와 가장 가까이 있으면서 아버지께 비위를 맞추는 방법도 어머니를 꼭 닮았었는데 발리에게는 그것이 별로 힘들지 않았고 그래서 상처도 입지 않았습니다. 아버지도 그녀에 대해서만은 한층 마음을 써 주셨는데, 그것은 그녀에게 비록 카프카적인 요소는 거의 없었어도, 단지 어머니를 생각하셨기 때문에 그러셨겠죠. 그러나 이것이야말로 아버지로서는 자연스러운 것이었습니다. 카프카적인 것이 전혀 없는 곳에서는 정녕 아버지도 그런 것을 요구하실 수가 없었던 것입니다. 아버지께서는 카프카적인 저희들 경우와 같이 그녀에 대해, 무엇인가 사라져 가고 있기 때문에 그것을 억지로라도 구하지 않으면 안 된다는 감정을 갖고 계셨던 것은 아닙니다. 더욱이 아버지는 카프카적인 것이 여성 속에서 나타나는 것을 결코 좋아하시지 않았습니다. 발리와 아버지의 관계는 저희들 다른 아이들이 조금이라도 방해하지 않았더라면, 아마도 좀 더 격의 없는 사이가 되었을 것입니다.

당신의 세력권에서 빠져 나가는 데 거의 완전하게 성공한 유일한 예는 엘리입니다. 그녀가 어렸을 때만 해도 그렇게 되리라고는 전혀 생각할 수조차 없었습니다. 그녀는 매우 둔하고 우울하고 겁쟁이이고 기운이 없으며 죄의식에 사로잡혀 있고 지나치게 비굴하고 심술궂고 나태하고 식탐이 많은 인색한 아이였습니다. 저는 그녀를 바라보는 것만도 견딜 수가 없었으며 그녀에게는 전혀 말을 걸고 싶은 마음도 생기지 않았습니다. 그녀는 저와 너무나 비슷했기 때문입니다. 아버지의 엄한 교육에 얽매인 모습이 너무나도 비슷했습니다. 특히 그녀의 인색한 점이 싫었습니다. 왜냐하면 그러한 기질은 제게 오히려 더 많았기 때문입니다. 인색하다는 것은 매우 궁핍하다는 것을 뜻하는 것입니다. 저는 무슨 일에도 확신을 가질 수 없었고 실제로 내 자신이 갖고 있는 것이란 이미 손안 또는 입 속에 넣어 버린 것이거나, 혹은 최소한 그곳까지 옮겨 가는 도중의 것에 국한되어 있을 뿐이었습니다. 그리고 이것이야말로 같은 입장에 놓여 있던 그녀가 제게서 꼭 빼앗아 가려던 것이었습니다.

그녀가 혼기가 차서 — 이것이 가장 중요한 일입니다만 — 결혼을 하고 출가하여 어린아이를 낳았을 때, 이러한 모든 것은 일변해 버렸습니다. 그녀는 쾌활하고 사물에 구애받지 않고 대담하고 호기롭고 사욕이 없고 믿음직스러운 사람이 되었습니다. 아버지께서 원래 이러한 변화를 전혀 깨닫지 못하시고 어찌 되었든 그녀의 공적을 올바로 평가해 주시지 않았다는 사실은 거의 믿을 수 없는 일입니다. 아버지께서 예전부터 엘리에게 품고 계시던 좋지 못한 감정이 지금까지도 근본적으로 사라지지 않았기 때문에 그녀의 좋은 점들이 눈에 띄지 않았던 것입니다. 다만 그러한 나쁜 감정이 지금은 훨씬 약해진 것은 사실입니다. 그것은 엘리가 이제 저희들과 함께 살지 않는데다가 아버지의 페릭스에 대한 귀여움이나 카를에 대한 애착으로 인해 엘리에 대한 감정이 별로 중요하지 않게 된 때문입니다. 그러나 오직 게르티(엘리와 카를 헤르만 사이에서 태어난 또 하나의 자식)만은 지금도 이따금 그녀의 역할을 대신하면서 그 감정의 보상을 받지 않으면 안 되는 것입니다.

거의 쓸 용기조차 없는 사람은 오틀라 입니다. 자칫하면 애써서 쓴 이 편지의 효과가 완전히 희생될 염려가 있기 때문입니다. 그녀가 무슨 특별한 곤란을 당하거나 위험에 봉착하지 않는 한 아버지는 그녀에게 오직 증오심만을 가지고 계셨습니다. 아버지는, 그녀 때문에 괴로워하면 그녀가 만족해서 기뻐한다고 생각하십니다. 그러니까 아버지에게 있어서 그녀는 일종의 악마 비슷한 존재입니다. 아버지와 그녀와의 사이에는 참으로 무서운 소외가, 그것도 아버지와 저와의 사이보다 더 무서운 소외가 생긴 것이 틀림없습니다. 그 때문에 그처럼 무서운 오해가 생기는 것입니다. 그녀는 아버지에게서 떨어져 있었으므로, 아버지에게는 그녀가 거의 눈에 들어오지 않았으며 아버지께서 그녀라고 생각하시는 것은 사실 그녀의 허상이었습니다. 아버지는 분명히 그녀에게 특별히 마음을 쓰셨다고 생각합니다. 사실 저도 매우 복잡한 이 경우를 완전히 간파하지는 못했습니다. 그러나 하여튼 거기에는 일종의 뢰비식(式)의 어떤 것이 있었으며 게다가 최상의 카프카적인 무기도 준비되어 있었습니다.

우리 부자지간에는 진정한 의미의 싸움이란 것은 없었습니다. 저는 갑자기 당해 버린 것입니다. 결국 제가 할 수 있는 것은 도망치거나 몹시 불쾌해 하거나 슬픔에 빠지거나 내심의 힘든 싸움을 경험하는 외에는 다른 방법이 없었습니다.[89] 그러나 아버지와 오틀라는 항상 전투태세를 취하고 계셨습니다. 언제나 원기 왕성하게 긴장하고 있었습니다. 그것은 장렬하기도 했지만 또한 암담한 광경이기도 했습니다. 그러나 아버지와 그녀는 서로 매우 가까웠습니다. 왜냐하면 오늘날에도 아직, 저희들 넷 중에서 오틀라가 다분히 아버지와 어머니 사이의 결혼 생활, 따라서 두 분 사이에 그때 맺어진 모든 힘의 가장 순수한 상징이기 때문입니다. 아버지와 오틀라에게서 아버지와 자식 간의 화합의 행복을 빼앗아 간 것이 무엇인지 저는 모릅니다만, 저의 경우와 비슷한 경로를 거친 것이라고 믿어도 될 것 같습니다. 아버지에게는 아버지의 본질인 폭군성, 그녀에게는 뢰비류의 반항, 민감성, 정의감, 불안정감, 이러한 것들이 모두 카프카적인 힘의 의식에 의해서 지탱되고 있는 것입니다. 물론 저의 영향도 있었겠지만, 그러나 제가 자발적으로 영향을 준 것은 아니고 단순히 제가 여기에 있다는 사실만으로 충분했습니다.

이미 완성된 세력 관계 속에 그녀는 맨 나중에 들어와서는 이미 준비되어 있는 많은 재료 중에서 골라 자기 스스로 자신의 판단을 세우면 되었습니다. 저는 그녀가 아버지 품에 머무를 것인가, 아니면 상대인 저희들 편에 붙을 것인가가 잠시 동안 내심으로 동요한 일이 있었다고 생각됩니다. 분명히 그때 아버지는 무엇인가 실수를 하셔서 그녀를 떼밀어 버리셨는데, 그러나 만약 그런 일이 없었더라면 두 사람은 정답고 훌륭한 부녀지간이 되었을지도 모릅니다. 그렇게 되었으면 저는 한 사람의 동맹자를 잃게 되었을지 모르지만 그 대신 두 사람의 모습을 보며 저는 충분히 보상을 받았을지도 모릅니다. 그뿐만 아니라 당신은 적어도 한 명의 자식에게서나마 충분한 만족감을 얻어 헤아릴 수 없는 행복을 느끼시고 저를 위해서도 유리한 쪽으로 변하셨을 것입니다. 그러나 오늘에 와서는 모든 일이 물론 꿈에 지나지 않습니다. 오틀라는 아버님과는 아

---

89) Zwischen uns war es kein eigentlicher Kampf; ich war bald erledigt; was übrigblieb war Flucht, Verbitterung, Trauer, innerer Kampf.

무런 관계도 없으며 자신의 길을 혼자서 찾지 않으면 안 됩니다. 저와 똑같습니다. 신뢰라든가 자신감이라든가 건강이라든가 과단성이라든가, 저와 비교해서 그녀가 갖고 있는 것이 더 많다면 그만큼 아버지의 눈에는 저보다 더 사악한 배신자로 보였을 것입니다.

아버지가 보시기에 그녀는 그 정도의 존재로밖에는 안 된다는 것을 저는 알고 있습니다. 그런데도 그녀는 아버지의 눈으로 자신을 바라보는 것도 아버지의 고뇌를 함께 느끼는 것도 그리고 더욱이 절망에 빠지지 않고 – 절망하는 것은 오히려 접니다 – 가만히 슬픔을 견디어 내는 것도 충분히 해낼 수가 있습니다. 이것과 모순된다고 생각하실지 모르지만 아버지는 저희들이 곧잘 함께 있는 것을 보십니다. 우리는 수군거리기도 하고 웃기도 하는데 때때로 아버지께서는 자신에 대한 소문을 귀로 들으십니다. 아버지는 틀림없이 우리에 대해 철면피한 공모자의 인상을 가지시겠죠. 우리는 놀라운 공모자들입니다. 아버지는 확실히 오래 전부터 저희들의 대화의 중요한 화젯거리였으며 머릿속의 중요한 소재였습니다. 그러나 사실 아버지에게 반항하려는 생각에서 함께 어울린 것은 아닙니다. 서로 모든 노력을 기울이거나 농담을 하거나 진심으로 애정을 기울여 반항도 노여움도 혐오도 심복도 죄의식도 감추지 않고 자신의 온갖 힘을 짜내어 저희들과 아버지 사이에 자욱하게 낀 이 무서운 심판을 상세하게, 모든 방면에서 온갖 기회를 포착해서 혹은 멀리 떨어져서 혹은 가까이 다가가서 힘을 합해 검토하자는 목적에서였습니다. 이 심판에서 아버지는 항상 자신이 재판관이라고 주장하고 계시지만, 아버님도 최소한 대개의 경우 – 여기에서 저도 당연히 제가 저지를 것 같은 모든 잘못을 감수합니다 – 무력하고 맹목적인 한 당사자에 불과하다는 점에서는 저희들과 조금도 다를 바가 없습니다.

아버지의 교육 효과의 실례 중에서 가르침을 가장 많이 받은 사람이 사촌 누이인 이르마 입니다. 어떻게 보면 그녀는 타인 같은 존재로서 이미 성장한 후에 아버지 가게로 온 것입니다. 아버지와의 관계도 주로 가게 주인을 대하는 그것이었습니다. 그러니까 그녀는 아버님의 영향을 가장 적게 받은 편이며, 그것은 이미 저항력이 생긴 나이가 된 후의 일이었기 때문입니다. 그러나 한편으로는 그녀도 역시 혈연의 한 사람이었습니다. 아버지는 그녀에게 있어서 존경해야 하는 아버지의 형제였으며, 한낱 가게 주인의 단순한 권력 이상의 것을 지니셨습니다.

그녀는 그 허약한 몸으로 착실하고 영리하고 부지런하고 신중하고 믿음직스러우며 사욕이 없고 성실했으며, 아버지를 큰 아버지로서 사랑하고 가게 주인으로서 존경하였습니다. 그녀는 우리 집에 오기 전에 다른 직장에서도 좋은 평가를 받는 여자였습니다만, 아버지에게 있어서는 반드시 좋은 여직원은 아니었습니다. 그녀는 물론 저희들로부터도 밀려났습니다. 그러나 당신에게 있어서는 자식의 입장에 가까웠습니다. 그래서 그녀에 대해서도 아버지의 본성인, 사람을 꺾지 않고는 놓아두지 않는 힘이 매우 강하게 작용했기 때문에 – 확실히 아버지에게 대해서 뿐이고, 다분히 자식이 갖는 좀 더 깊은 괴로움은 모르고 있었겠지만 – 잊어버리기를 잘하는 성질, 단정하지 못한 행동, 궁한 끝에 하는 서투른 유머, 게다가 자신이 할 수 있는 최소한의 반항심까지도 커져 갔습니다. 물론 그녀가 불구자이고 그 밖에 별로 행복하지도 않으며 불우한 가정 사정이 겹쳐 있었던 것은 전혀 계산에 넣지 않고 하는 이야기입니다. 그녀와 아버지와의 관계는 저와도 여러 가지 관련이 있습니다만, 당신은 결국 그 한 마디 – 오래지 않아서 저희들에게는 고전이 된, 거의 신을 모독한다고 볼 수 있는, 그러나 악의 없이 사람을 취급하는 당신다운 것의 유력한 증거도 될 수 있는 한 마디 – 에 의해 급소를 찔린 것입니다. "그토록 믿음이 강한 여인도 당치 않은 부정(不淨)을 남기고 갔구나."

아버지 영향에 대한 투쟁의 좀 더 넓은 범위를 묘사할 수 있으면 좋으련만, 여기에서 벌써 불확실해져서, 여러 가지로 구상을 세워 보지 않으면 안 되겠습니다. 게다가 아버지께서는 오래 전부터 가게나 가정에서 멀리 떨어지면 떨어질수록 점점 온화해지시고, 타인에게도 양보를 잘 하시고, 친절하시고, 조심스럽고, 동정심도 깊어지십니다. 외면적으로도 그렇습니다. 이를테면 마치 독재자가 자신의 영토의 국경을 한 걸음이라도 벗어나게 되면 더 이상 계속해서 폭군 행세를 할 이유가 없기 때문에 가장 신분이 낮은 사람들과도 부드럽게 접촉할 수 있는 것과 같습니다. 사실 예를 들면, 프렌첸스바트에서 찍으신 무리들 속에서 아버지는 조그마한 불평가들 사이에 섞여 여행 중인 임금님처럼 기분이 좋아서 당당하게 서 계십니다. 불가능한 일이겠습니다만, 우리가 아직 어렸을 때에 이것을 알 수 있는 힘을 만일 갖고 있었더라면 자식들에게 확실히 유리했을 것입니다. 그리고 이를테면 저도 어느 정도 아버지의 영향의 내면적인 고리를 엄중하게 졸라매며 지낼 필요는 없었을 것입니다.

제가 잃은 것은 결코 아버지께서 말씀하시는 가정에 대한 감각뿐만이 아닙니다. 오히려 가정에 대한 감각은 아직 있었습니다. 그것은 아버지로부터의 내면적인 해방에 대한 감각 — 그것이 그치는 일은 물론 결코 없었습니다 — 이었으며 확실히 대체적으로 소극적인 것이었습니다. 그런데 가정 외의 사람들에 대한 관계에서 어쩌면 당신의 영향을 더욱 많이 받았을지도 모릅니다. 혹시 제가 다른 사람들에게는 애정과 성의를 갖고 무슨 일이든지 하는데 아버지와 가족에 대해서는 냉담과 배신으로써 아무 일도 하지 않는다고 생각하신다면 그것은 잘못 생각하시는 것입니다. 몇 번이라도 반복해서 말씀드립니다만, 저는 아무래도 밖에서도 사람을 싫어하는 소심한 인간이 되어버린 모양입니다.

제 자신이 사실 더듬어 온 현재의 지점까지에는 또 한 줄기의 길고 어두운 길이 있습니다. — 지금까지 이 편지에서는 비교적 많은 일들을 일부러 숨김없이 말해 왔습니다. 그러나 앞으로는 어느 정도 입을 다물지 않으면 안 되겠습니다. 아버지에게 그리고 저 자신에게 그것들을 고백하는 것이 저로서는 아직은 너무나 괴롭습니다. 이렇게 말씀드리는 것은, 설령 어떤 경우 사건의 전모가 다소 불명료하게 되더라도 그것이 증거가 불충분한 탓이라고 믿지 않으시기를 바라기 때문입니다. 그뿐만 아니라 증거는 정확하게 있어도 전모는 참을 수 없을 정도로 왜곡되어 버릴지도 모릅니다. 이 점에 있어서 중심을 잡는다는 것이 용이하지 않습니다 — 여기에서는 어찌되었든 이제까지의 일을 생각해 내는 것만으로도 충분합니다. 저는 아버지에 대해서 자신을 잃어버렸습니다. 그 대신으로 얻은 것은 끝없는 죄의식입니다. — 이 끝없음을 회상하고 언젠가 저는 누군가에 대해서 이렇게 쓴 일이 있습니다만 말 그대로라고 생각합니다. '그 녀석은 부끄러움이 자기 자신보다도 더 오래 사는 것이 아닐까 하고 두려워하고 있다' — 저는 다른 사람들과 함께 어울려도 갑작스럽게 변할 수가 없습니다. 그뿐만이 아니라 저는 그들에 대한 더욱 더 깊은 죄의식 속으로 빠져 들었습니다. 왜냐하면 이미 말씀드린 대로, 저는 아버지가 가게에서 저와의 연대 책임에서 그들에게 범하신 일에 대하여 그들에게 보상하지 않으면 안 되었기 때문입니다. 게다가 아버지는 사실 제가 접촉하는 몇몇 사람들에게도 노골적으로, 혹은 비밀리에 무엇인가 비겁한 짓을 하셨기 때문에 저는 그 당사자들에게 그 일을 사과하지 않으면 안 되었습니다. 아버지께서는 가게에서나 집에서나 대부분의 사람을 신용해서는 안 된다고 저에게 가르치셨습니다. — 어렸을 때 저에게 중요한 사람으로서 최소한 한 번이라도 아버지로 부터 심하게 비난받지 않은 사람이 한 명이라도 있으면 그 이름을 말씀해 주시지요. — 더군다나 아버지는 그런 것에 대해 별로 걱정하지 않으셨던 모양입니다 — 결국 아버지는 그런 것에 견딜 수 있을 만큼 강하셨던 것입니다. 이것은 실제로, 다분히 지배인의 상징에 지나지 않았습니다.

저의 눈에는 타인을 신용하지 않을 증거가 될 만한 것이 아무것도 없었습니다. 언제나 제 눈에 띄는 것은 저 자신 따위는 도저히 당해 낼 수 없을 만큼 훌륭한 사람들뿐이었습니다. 이 불신의 생각은 이윽고 저의 내부에서 자기 자신에 대한 불신이 되고 자기 이외의 일체의 사람들에 대한 끊임없는 불안이 되었습니다. 그래서 거기에서 저는 분명하게 아버지로부터 저 자신을 구원할 수는 없었습니다. 아버지가 이 점에 대하여 생각을 잘못하신 이유는, 다분히 저의 대인 관계에 대해서 본래 아무것도 모르셨기 때문에 그릇된 추측과 질투하는 마음에서 — 아버지가 저를 사랑하고 계시는 것을 어찌 부정 하겠습니까 — 제가 가정생활에서 상실한 것만큼의 보충을 어디선가 하지 않고는 못 배길 것이라고 생각하셨기 때문입니다. 밖에서도 집에서 하는 식으로 제가 생활하리라고는 도저히 생각할 수 없었기 때문입니다. 그런데 저는 이 점에 있어서 이미 소년 시절부터 자신의 판단에 대한 바로 이러한 불신 속에서 도리어 어떤 종류의 위안을 발견하고 있었습니다. 저는 자신에게 말했습니다. "네 말은 과장된 것이다. 젊은 사람들이 항상 그렇듯이, 사소한 일을 마치 대단한 예외이기나 한 것처럼 지나치게 느끼고 있다"라고. 그러나 이 위안은 그 후에 세상을 보는 눈이 높아짐에 따라서 거의 사라져 버렸습니다.

저는 아버지로부터의 유태교에서도 탈출구를 발견하지는 못했습니다. 물론 여기에서는 처음부터 탈출이라는 것을 생각해도 좋았습니다. 그뿐만 아니라 우리 두 사람이 함께 유태교 속에 있든지, 혹은 두 사람이 모두 함께 나와 버리든지, 그 어느 한쪽을 생각할 수도 있었습니다. 그런데 제가 아버지에게서 물려받은 것은 어떤 유태교였을까요. 저는 여러 해가 지남에 따라서 거기에 대해 세 가지 태도를 취해 왔습니다.

어렸을 때의 저는 아버님과 똑같은 기분으로 교회에 충실하게 참여하지 않았기 때문에 단식을 하지 않았고 그런 일로 자신을 꾸짖었습니다. 그 일로 제 자신에게가 아니라 아버지에게 나쁜 짓을 저질렀다고 믿었습니다. 그래서 항상 정한 이치대로 죄의식이 전신을 덮치는 것이었습니다.

무엇 때문에 아버지가 자신은 유태교에 대해서 그처럼 자유스럽게 행동하시면서, 유태교란 이처럼 공허한 것이다 하여, 저에게 비난을 퍼부으시는지를 청년이 될 때까지 알지 못했습니다. 제가 — 아버님은 분명히 믿음에서라고 말씀하시지만 — 똑같은 공허한 짓을 하려고 노력하지 않는 것이 나쁘다고 말씀하십니다. 그것은 사실, 정말로 저의 눈에 비친 바로는, 한낱 무(無)였습니다. 하나의 장난이었습니다. 그렇다고 결코 장난만은 아니었습니다. 아버지께서는 일 년에 4일 정도 교회에 참여하셨습니다. 그곳에서 아버님은 적어도 진지하게 생각하고 있는 사람들보다는 무관심한 사람들을 닮으셨습니다. 기도도 형식대로 느긋하게 끝내셨습니다. 기도서 안에서 방금 바로 적용되고 있는 부분을 지적하셔서 저는 깜짝 놀란 일도 가끔 있었습니다. 저로서는 일단 교회에 가기만 하면 — 그것은 중요한 일이었습니다. 이렇게 해서 저는 그곳에서 오랜 시간 동안 계속 하품을 하거나 졸아야 했습니다. 그 후로 이처럼 싫증난 일은 춤출 때 이외에는 없었다고 생각합니다. 그래서 그곳에서 사소한 변화가 일어나도 그것에 될 수 있는 대로 정신을 현혹시키려고 노력하는 것이었습니다.

'언약의 궤'가 열리면, 저는 항상 사격장을 연상하는 것이 한 예가 되었습니다. 총알이 명중하면 상자 문이 열립니다. 그곳에서는 언제나 정해 놓고 재미있는 것들이 튀어나오는데, 이곳에서는 항상 변함없이 목이 없는 낡은 인형들뿐입니다. 그런데 저는 이곳에서 많은 공포를 느끼게 되었습니다. 아주 자명한 일이지만 그것은 한층 가까이서 서로 스쳐간 많은 사람들에 대한 공포뿐만이 아니라, 아버님께서 어떤 순간에 저도 율법(모세의 율법서, 유태교에 있어서 신의 계시를 뜻함)에의 부름을 받을 수 있다고 말씀하셨기 때문이었습니다. 그로부터 오랫동안 저는 그것을 두려워했습니다. 그러나 그 외에는 저의 지루함을 본질적으로 방해하는 것은 없었습니다. 기껏해야 바르미츠베(유태교의 신앙 문답) 시간 정도였으나 이때에는 오직 어리석은 암기만을 필요로 했으며 따라서 그것은 마치 우스꽝스러운 시험 성적 비슷한 것이 될 뿐이었습니다.

거의 무의미한 사소한 불의의 사건, 예를 들면 아버지께서 율법에의 부름을 받음에 있어서 저에게는 어디까지나 사회적인 사건인 것처럼 느껴지던 그 일을 훌륭하게 타개하실 때나, 혹은 심령 기념제 때 아버지만이 교회당에 남으시고 저를 내보내실 때에는 오랫동안 – 분명히 자신이 교회 밖으로 나오게 된 때문이기도 하며 또 그 이상 깊은 관심이 없었기 때문에 – 여기에서 무엇인가 수상스러운 일이라도 행해지고 있는 것이 아닌가 하는 기분이 자신도 모르는 사이에 들기도 했습니다. 교회에서는 이런 식이었습니다만 집에서는 어쩌면 더욱 초라했으며, 유월절의 첫날 밤에 한해서 무의식중에 터뜨리고 싶어지는 희극으로 변할 뿐이었습니다. 이것은 분명히 장성해 가는 어린아이들에게 영향을 미쳤습니다. – 왜 아버지 자신도 이 영향을 받을 수밖에 없었을까요. 자신이 그것을 야기 시킨 장본인이었기 때문입니다 – 즉 이것이 제가 이어받은 신앙의 알맹이였습니다. 여기에 또 덧붙일 것이 있다면 기껏해야 대축제일이면 부친과 함께 교회당에 예배하러 온 '백만장자 훅스의 아들들'을 가리키려고 뻗은 손(사제의 축복하는 손을 말함) 정도입니다. 이러한 신앙의 알맹이로는 될 수 있는 대로 빨리 손을 떼는 것밖에 더 나은 방법이 없었습니다. 손을 떼는 것이 가장 경건한 행동인 것처럼 저에게는 생각되었습니다.

그러나 저는 또 다른 견해를 갖게 되었습니다. 제가 고의로 아버지를 배신했다고 믿으시더라도 그것이 당연하다는 이유를 알았습니다. 아버지는 유태인 거주 구역의 작은 마을에서 실제로 약간의 유태교라고 말할 수 있는 것을 가져오셨습니다. 그것은 본래 많지 않은 데다 오래지 않아서 도시나 군대에서 다시 조금씩 사라져 가고 있었습니다. 젊은 시절의 인상이라든가 추억담 같은 것이 지금도 약간 유태인식의 생활을 그립게 할 정도입니다. 특히 아버지는 실제로 이런 종류의 조력을 필요로 하시는 분이 아니었고, 실로 강한 혈통이기도 하셨기 때문에 아버지 자신으로서는 종교상의 의혹 때문에 — 만일 그것이 사회적인 의혹과 심히 뒤섞여 있지 않은 한 — 동요하는 일은 거의 없었습니다. 근본적으로 아버지의 생활을 이끄는 신앙은, 유태인 사회의 어떤 일정한 계급이 품고 있는 견해라면 무조건 옳다고 믿는 것이었습니다. 그러한 견해는 아버지의 본성에서 나온 것이므로 결국 아버지는 신이 아니라 아버지 자신을 믿고 계셨다고 말할 수 있습니다. 여기에도 또한 훌륭한 유태교가 남아 있었습니다. 그러나 우리가 계승해 나가기에는 그것만으로 너무 부족했습니다. 후세로 계승되어 가는 사이에 그것은 토막토막 떨어져 쇳덩어리가 되어 갔습니다.

그것들은 타인에게는 설명할 수도 없는 젊은 시절의 인상이었으며, 다른 한편으로는 그것이야말로 우리가 두려워하고 있던 아버지의 본성이었습니다. 두려웠기 때문에 지나치게 날카로운 눈빛을 하고 있던 우리들에게 아버지께서는 이것이 유태교라고 말씀하셨고, 그 공허함에 꼭 들어맞는 무관심한 태도로 내보이신 그 서너 가지의 하찮은 것 속에 마치 무엇인가 원대한 뜻이라도 있는 것처럼 설명하시려고 해도 그것은 헛수고였습니다. 물론 아버지에게는 그것들이 젊은 시절의 조그마한 추억을 의미하고 있었기 때문에 우리에게 전하려고 생각하셨겠죠. 그것은 이미 아버지에게 있어서까지도 그 자체로서의 가치가 없어졌으므로 오직 억지로 설득을 한다든가 위협을 하는 수밖에는 전할 방법이 없었던 것입니다. 그러나 그런 방법으로는 잘 될 리가 없고, 또 한편으로는 아버지께서 자신의 이 입장의 약점을 전혀 깨닫지 못하셨기 때문에 제가 몹시 고집스러워 보여 심하게 화를 내셨던 것입니다.

이 일은 전체적으로 보아서 그것만의 고립된 현상은 아닙니다. 이 유태인의 과도기적 세대에 속하는 대부분의 사람들의 경우도 이와 비슷한 사정이었습니다. 그들은 비교적 아직도 믿음이 깊은 시골에서 도시로 이

주를 한 것입니다. 이것은 자연스럽게 그렇게 된 것입니다. 오직 그것은 신랄한 관점에선 부족함이 없었던 우리들의 관계에 다시 비통한 일면까지 듬뿍 덧붙였다고 할 수 있는 것입니다. 그렇지만 저와 같이 이 점에 있어서 아버지 자신에게는 죄가 없다는 것을 믿어 주시기를 바라지만, 그러나 이 죄가 없다는 것을 자신의 본성과 시대 상황에서 해석해 주시기를 바랍니다. 이런 식으로 아버지는 언제나 자신에게는 아무런 죄가 없다고 말씀하시며 부당한 비난을 다른 사람 쪽으로 돌리시는 것입니다. 그러나 그것에 대한 반박은 어느 경우에도 지극히 용이합니다.

아버지께서 당신 자식들이 받아야만 한다고 생각하시던 교육이라기보다는 오히려 일종의 모범적인 생활이 아니었을까요. 만일 아버지의 유태교가 좀 더 강력했었다면 아버지이라는 모범도 좀 더 사람들을 쉽게 납득시켰을지도 모른다는 것은 물론 사실입니다. 이것은 새삼스러운 비난이 아니라 오히려 아버지의 비난에 대한 단순한 방어일 뿐입니다. 아버지께서는 언젠가 프랭클린의 청년 시절에 관한 회상록을 읽으셨지요. 그것을 실제로 읽어 주셨으면 하고 제가 일부러 드린 것은, 아버지께서 빈정거리시며 주의를 주시던 그 채식주의에 대해서 씌어 있었기 때문만은 아니었습니다. 거기에 씌어져 있는 그 저자와 그의 부친과의 관계 때문이었습니다. 자식을 위해서 씌어진 그러한 추억 속에 자연히 나타나 있는 그 저자와 자식과의 관계 때문이기도 했습니다. 저는 여기에 그러한 것들을 일일이 상세하게 열거하려는 생각은 없습니다.

유태교에 대한 저의 이러한 견해를 어느 정도 뒷받침해 준 것이 달리 또 있다고 하면, 그것은 이 수년 동안 제가 유태적인 일에 한층 열중하게 되었다고 생각하시게 된 후의 아버지의 태도입니다. 아버지는 처음부터 저의 일 하나하나에 대해서, 특히 제가 갖는 흥미에 대해서 혐오를 느끼고 계셨기 때문에 이 경우에도 그랬습니다. 그러나 여기에서는 그것 이상으로 당신이 하나의 작은 예외를 만드시는 것을 기대해도 좋을 것 같이 생각되었습니다. 어쨌든 여기에서 일어난 문제는 다름 아닌 아버지의 유태교였습니다. 그러므로 이것으로 해서 아버지와 저 사이에 새로운 관계가 맺어진다고도 볼 수 있었습니다. 정직하게 말해서 이러한 일들에 대하여 만일 아버지께서 흥미를 나타내셨더라면, 오히려 그 때문에 저에게는 그러한 일들이 의심스럽게 여겨졌을지도 모릅니다. 물론 이 점에서 무엇인가 저 자신에게 아버지보다 뛰어난 점이 있다고 주장하고 싶은 생각은 사실 전혀 없습니다. 그러나 그 일은 전혀 시도되지도 않았습니다. 제 손을 거쳤기 때문에 아버지는 유태교가 싫어지셨으며 유태교의 책자도 읽을 수가 없었으며, 그것들은 아버지를 구역질나게 만들었던 것입니다. ─ 그러나 이 일은 다음과 같은 의미로 받아들여졌습니다.

어린 시절의 저에게 가르쳐 주신 것은 유태교야말로 유일하게 정당한 것이며 그 이상의 것은 아무것도 없다는 것이었습니다. 그러나 아버지가 설마 진심에서 그런 주장을 하시리라고는 전혀 생각 할 수도 없었습니다. 그러나 거기에서 그 '구역질'이라는 말의 의미인데 ─ 그 말씀을 하신 것은 결국 유태교에 대해서가 아니라 저 자신에 대해서였다는 것은 별도로 해도 ─ 무의식중에 아버지는 아버지 자신의 유태교와 저에게 가르친 유태교의 약점을 인정하신 결과가 되었습니다. 참으로 생각하기조차 싫습니다. 아버지는 생각나는 일 전부에 대해서 노골적인 증오를 나타내셨습니다. 한편 저의 새로운 유태교에 대해서 아버지께서 마지못해 인정하신 것은 참으로 과장된 것이었습니다. 첫째로 거기에는 아버지의 저주가 담겨 있었으며 둘째로 그것을 설명하기에는 동포들에 대한 원칙적인 관계가 아무래도 결정적이었으니, 따라서 저에게는 그것이 치명적이었습니다.

자신의 혐오의 정을 제가 쓴 책이며 그것과 관련이 있는, 아버지께서는 알지 못하는 사물에 향하셨을 때에는 이것과 비교해서 더욱 적중한 것이었습니다. 사실 저는 이때 어느 정도 아버지에게서 도망쳐서 독립해 있었습니다. 약간 벌레를 연상케 하는 점도 있기는 했습니다만 저는 엉덩이를 발로 짓밟혔으므로 윗몸으로 몸을 비틀어 빼면서 옆으로 기어갔던 것입니다. 그래도 저는 어느 정도는 안전 했습니다. 숨을 돌이킬 수가 있었습니다. 아버지가 물론 즉시 제가 쓴 것에 대해서도 갖게 된 혐오의 정은 이 경우만은 제게 있어서 적당한 것이었습니다. 저의 저서에 대한 아버지의 인사, "침실 책상 위에 놓아 두어라" 하신 말은 저희들 사이에서 유명해졌습니다. ― 책이 도착 했을 때 대개 아버지는 트럼프를 치고 계셨습니다 ― 저의 허영심, 저의 명예심이 받은 것은 비록 이러한 인사였습니다만 그러면서도 근본적으로는 역시 저의 마음은 편안했습니다. 반항하려는 악의에서 뿐만도 아니고, 우리들의 관계에 대한 저의 견해가 또 다시 확증되었다는 기쁨에서 뿐만도 아닌, 완전히 근원적으로 마음이 편안했었습니다. 왜냐하면 그 정해진 인사말은 언제나 저에게 이런 식으로 들렸기 때문입니다. '자, 이제 너는 자유다!'[90)]

저는 자유가 아니었습니다. 아무리 좋게 보아도 아직 자유는 아니었습니다. 제가 쓴 것은 아버님에 관한 것을 취급하고 있었습니다. 거기에서 저는 오직 제가 아버님의 가슴에 매달려 호소하지 못한 것을 호소했을 뿐입니다. 그것은 일부러 끌어 왔던 아버지와의 이별이었습니다. 물론 그것은 아버지에 의해서 강요당한 것이기는 하지만 결국 저의 힘으로 정해진 방향을 제대로 더듬은 것입니다. 그러나 그것들은 전부가 참으로 무가치한 것들뿐이었습니다. 만일 거기에 실제로 무엇인가 이야기할 만한 점이 있다면 그것은 단지 저의 생애 중에서 일어났다는 것 때문입니

---

90) Meine Eitelkeit, mein Ehrgeiz litten zwar unter Deiner für uns berühmt gewordenen Begrüβung meiner Bücher: »Legs auf den Nachttisch!« (meistens spieltest Du ja Karten, wenn ein Buch kam), aber im Grunde war mir dabei doch wohl, nicht nur aus aufbegehrender Bosheit, nicht nur aus Freude über eine neue Bestätigung meiner Auffassung unseres Verhältnisses, sondern ganz ursprünglich, weil jene Formel mir klang wie etwa: »Jetzt bist Du frei!«

다. 저의 생애에서가 아니면 그것은 전혀 문제가 되지 않았을 것입니다. 게다가 그것은 어렸을 때에는 예감으로서, 그 후에는 희망으로서, 다시 그 후년에는 종종 절망으로서 저의 생애를 지배해 왔기 때문이기도 합니다. 그리고 또 그것은 ― 결국 역시 아버지의 모습에 있어서라고 해두겠습니다 ― 제가 내린 일련의 조그마한 결단의 기록이기도 하기 때문입니다.

직업의 선택에서 아버지는 아버지다운 도량이 넓은, 그 의미에서는 참을성이 많다고도 할 수 있는 방법으로 완전한 자유를 부여해 주셨습니다. 확실히 이때에도 아버지는 아버지 자신의 기준이 되고 있던 유태인의 중류 계층에서의 보통 남자아이에 대한 취급 방법, 혹은 적어도 그 계층에서의 가치 판단에 따랐을 뿐입니다. 결국 이 경우에도 저라는 인물에 대한 아버지의 오해 한 가지가 동시에 작용했습니다. 즉 아버지는 이전부터 아버지로서의 자랑하는 마음에서, 또 저 자신의 본모습을 모르시기 때문에, 또 저의 허약한 점을 고려하셔서 저를 특별히 근면하다고 믿고 계셨습니다. 아버지의 생각에 어렸을 때의 저는 항상 공부를 하고 있었던 것입니다. 그 후에도 계속 무엇인가 쓰고 있었던 것입니다. 그런데 이것은 완전히 잘못된 생각이십니다. 오히려 솔직히 말씀드릴 수 있는 것은 저는 공부도 하지 않았으며 아무것도 외우지 않았습니다. 오히려 오랫동안 중위 정도의 기억력에 머물러 있었으며, 이해력도 별로 좋지 않은 편이였습니다. 그러나 그런 것은 사실 별로 눈에 띄지 않았습니다.

이것은 저의 지식의, 특히 기초 지식의 총결산입니다. 이것은, 외견상으로는 근심 없는 평온한 생활 속에서 낭비해 온 시간과 돈에 비교하면 매우 비참한 것입니다. 특히 제가 알고 있는 모든 사람들과 비교해 보아도 역시 그러합니다. 그러나 그것이 비참한 것이긴 해도 저로서는 충분히 이해할 수 있는 일이기도 합니다. 사물을 이해하게 된 이래로 저는 정신적으로 실존을 주장하는 데 가장 깊은 배려를 해왔기 때문에 다른 것들은 아무래도 좋았습니다. 유태인의 김나지움 학생들은 저희들이 있는 곳에서는 곧 눈에 띕니다. 그곳에서는 도저히 있을 것 같지 않은 일까지도 눈에 띕니다. 그런데 저의 그 냉정하고 솔직한, 부술 수 없는, 어린애답고 귀여운, 우스꽝스러울 정도로 동물적인 자기만족을 느끼고 있는 무관심, 홀로 자신만이 만족스러운 그러나 냉정하게 공상적인 어린아이의 그와 같은 무관심은 다른 어느 곳에서도 본 일이 없습니다. 확실히 그것은 불안과 죄의식으로 인하여 생겨나는 신경 장애를 방지하는 유일한 것이기도 했습니다.

저 자신의 정신을 빼앗긴 것은 저 자신입니다. 그것도 여러 가지 방법으로 말입니다. 이를테면 자신의 건강에 대한 근심 걱정이 그것입니다. 그것은 어쩐지 저도 모르게 시작되었습니다. 소화불량과 탈모, 척추의 굽음 같은 일로 인하여 약간 걱정이 되는 일이 종종 있었습니다. 그것은 헤아릴 수 없을 정도의 여러 단계를 거쳐 차츰 심해지다가는 마침내 진짜 병이 되어 버렸습니다. 그러나 저는 무슨 일에나 자신이 없었기 때문에 항상 자신의 생존에 대한 새로운 확증이 필요했습니다. 저 자신만의 의심할 여지없는 소유물, 오직 저 혼자서 확실하게 결정할 수 있는 소유물, 그런 것은 아무것도 없었습니다. 사실 저는 상속권을 박탈당한 자식이었습니다. 그래서 저는 자기 자신과 가장 가까운 육체에까지도 자신을 가질 수 없게 되었습니다. 나날이 키는 자랐습니다만 어떻게 해야 좋을지 힘겨웠습니다. 짐이 너무 무거웠습니다. 등이 굽기 시작했습니다. 저는 전혀 몸을 움직여 보려고 하지 않았으며, 체조를 해볼 생각도 하지 않았습니다. 허약한 채로 있었습니다. 그리고 자신이 자유로이 할 수 있는 것은 모두 기적인 양 눈을 크게 뜨고 보았습니다. 이를테면 소화가 잘 될 경우가 그것입니다. 그러나 그것을 이상하게 여길 뿐 오히려 그것을 잃어버리는 것으로 충분 했습니다. 온갖 우울증에의 길은 열려 있었습니다.

결혼할 생각으로 인간으로서 할 수 있는 최대한의 노력을 하고 있는 동안에 피를 토했습니다. 이것은 쇤보른 궁전 안에 있던 방과도 충분히 관계가 있을 것입니다. 그러나 그 거처는 오직 글을 쓰는 데 필요했던 것입니다.[91] 이 말을 여기에 써 놓지 않으면 안 되겠습니다. 그러므로 그 모든 것은 아버지가 언제나 생각하시는 것과 같이 일이 과대했기 때문에 그러한 것은 아니었습니다. 저는 건강했었는데도, 아버지께서 일생 동안 아프신 기간을 전부 합해 그곳에서 보내신 것보다도 더 긴 시간을 긴 안락의자에 누워 지낸 시절이었습니다. 제가 매우 바쁜 듯이 아버지에게서 도망친 일이 있다면 그것은 대개 제 방에서 뒹굴기 위한 것이었습니다. 사무실에서나 — 확실히 거기에서는 게으름을 피워도 별로 남의 눈에 띄지 않았고 게다가 저는 겁쟁이였으므로 일정한 한도는 유지하고 있었습니다만 — 집에서나 제가 한 일은 똑같이 아주 적은 양이었습니다. 만일 그것을 전부 훑어보셨더라면 매우 놀라셨을 것입니다. 그러나 저는 천성적으로는 전혀 게으름뱅이가 아닌 모양입니다. 다만 저에게는 할 일이 아무것도 없었던 것입니다. 제가 생활했던 그 장소에서도 배척당하고, 형편없는 취급을 받았으며 짓눌렸습니다. 그곳에서 어딘가 다른 장소로 도망치려고 맹렬히 노력해 보았지만 그것은 일이 아니었습니다. 그곳에서 문제가 되었던 것은 저의 힘을 남김없이 쏟는다 해도 미칠 수 없는 어떤 불가능한 것이었습니다.

저는 직업 선택의 자유를 얻은 것입니다. 그러나 도대체 이런 제가 그러한 자유를 실제로 누릴 수가 있었겠습니까? 그리고 또 어떤 실제적인 직업을 가질 수 있다고 자신에게 말할 수 있었겠습니까? 자신에 대한 저의 평가는 다른 그 무엇보다도 이를테면 어떤 외부적인 성과 같은 것보

---

91) damit war der Weg zu aller Hypochondrie frei, bis dann unter der übermenschlichen Anstrengung des HeiratenWollens (darüber spreche ich noch) das Blut aus der Lunge kam, woran ja die Wohnung im Schönbornpalais — die ich aber nur deshalb brauchte, weil ich sie für mein Schreiben zu brauchen glaubte.

다도 훨씬 더 아버지에게 얽매여 있었습니다. 저의 외부적인 성과는 그 순간에는 용기를 줍니다. 그러나 그때뿐입니다. 곧 이어 아버지의 무게가 더욱 강하게 저를 끌어내리는 것이었습니다. 저는 그때 아무래도 초등학교의 최상급 반에 올라 갈 수 없을 것이라는 생각이 들었습니다. 그런데 최상급 반에 갈 수 있었을 뿐 아니라 상까지 받았습니다. 또한 김나지움의 입학시험에는 결코 합격하지 못하리라고 생각했습니다. 그런데 성공했습니다. 또 저는 김나지움에서는 반드시 낙제할 것이라고 생각했으나 역시 낙제하지 않고 계속해서 진급할 수 있었습니다.

확신이 생긴 것은 아닙니다. 오히려 그 반대의 변함없는 확신은, 다른 사람을 가까이 오지 못하게 하는 아버지의 안색에서 분명히 그 증거를 확인할 수 있었습니다. – 저에게는 잘 되어 가면 갈수록 결국은 나쁜 결과만 생긴다는 것이었습니다. 저는 종종 마음속에 무서운 교수 회의를 연상했습니다 – 김나지움은 가장 조직적인 실례에 불과합니다. 저를 둘러싸고 있는 것은 어디에서나 비슷비슷 했습니다. – 만일 제가 최상급 반을 통과했으면 그 앞의 학급에, 그 학급도 통과했으면 다시 그 앞의 학급에 순차적으로 거슬러 올라가며 그 교수 회의에서는 이 유례없는, 모든 사람이 용서할 수 없는 사건을 조사하려고 합니다. 참으로 무능하고 세상에서 둘도 없는 저라는 무지한 놈이 어떻게 이런 상급반에까지 기어 올라올 수 있었는지 모든 사람들의 주의가 제게 쏠린 이상, 물론 곧 사람들은 저에게 침을 뱉을 것이고 이러한 악몽에서 해방된 정의의 아이들은 일제히 환성을 지를 것입니다.

어린아이로서는 이런 생각을 품는 것은 용이한 일이 아닙니다. 이런 실정에서 수업 같은 것이 제게 무슨 흥미가 있겠습니까?. 그러한 저에게 그 누가 흥미라는 불꽃을 타오르게 할 수 있었겠습니까?. 그러한 제가 수업이라는 것에 – 수업만이 아닙니다. 중요한 시기에 있는 저를 둘러싼 모든 것이 그랬습니다 – 흥미가 있었다면, 마치 은행 사기꾼이 자기 죄가 당장 탄로 나지 않을까 두려워하며 여전히 행원으로서 처리해야 할 사소한 은행 업무를 보는 것과도 같은 흥미입니다. 중요한 일 이외의 모든 것이 제겐 아주 하찮고 아주 무관한 것들이었습니다. 그러한 상태는 졸업 시험 때까지 계속되었습니다. 그 졸업 시험도 사실은 거의 현기증 속에서 간신히 통과했습니다. 그것이 끝나자 이제야말로 저는 자유였습니다. 그러나 잠시 자유로운 상태가 된 지금도, 김나지움의 속박을 받으면서 자신의 일에만 마음을 쓰고 있던 때와 조금도 달라진 게 없습니다. 저에게는 직업 선택에 대한 자유가 없었던 것입니다.

직업들이 김나지움에서 배운 과목들과 마찬가지로 어느 쪽이든 상관없다는 것은 저도 알고 있었습니다. 그러므로 자신의 허영심을 별로 손상시키지 않고 이 무관심을 적당히 허용해 줄 직업을 찾아내는 일이 문제였습니다. 그리하여 법률학을 선택한 것은 당연한 일이었습니다. 허영심과 무의미한 희망 등으로 2주일 동안 화학 공부도 했고, 반 년 동안 독일어 공부도 했지만 이러한 반대되는 조그마한 시도는 법률학에 대한 근본 신념을 강화시킬 뿐이었습니다. 이렇게 해서 저는 법률학을 연구하게 되었습니다. 이것은 결국 시험 전의 수개월 동안 신경을 몹시 소모시키면서, 게다가 정신적으로는 수천 명의 입에서 미리 씹혀진 톱밥 가루를 먹으며 틀에 박힌 듯이 몸을 부양했다는 것을 의미합니다. 그러나 이것은 어떤 의미에서 마치 예전의 김나지움이나 그 후의 관리 생활과 같은 맛이었다고 말할 수 있습니다. 이것은 모두가 저의 사정에 꼭 알맞은 것이었으므로 어찌 되었든 저는 놀라운 지혜를 발휘한 것이 됩니다. 어렸을 때의 저는 이미 공부나 직업에 있어서 거의 확실한 예감을 갖고 있었습니다. 지금 여기로부터 빠져 나가는 것은 전혀 기대하지 않았습니다. 이미 오래 전에 단념하고 있었습니다.

저는 결혼이 가지는 의의와 가능성에 대해서 아무런 선견지명이 없었습니다. 지금까지의 제 생애에 있어서 최대의 공포라고도 할 수 있는 것이 참으로 갑자기 닥쳐온 것입니다. 저라는 어린아이는 참으로 더디게 성장해 왔습니다. 그러므로 지금까지의 저에게 이런 일은 언뜻 보기에 저와 별로 관계없는 일처럼 보였습니다. 때로는 이 일에 대해 꼭 생각해 볼 필요도 느꼈습니다. 그러나 이런 일에 영속적이고 결정적인 시련, 그것도 가장 격렬한 시련이 기다리고 있으리라고는 생각지도 못했습니다. 그러나 결혼은 무엇보다도 규모가 크고 희망 있는 탈출 계획이었고 그만큼 실패할 가능성 또한 큰 것이었습니다.

모든 것이 실패였으므로 저는 아버지가 저의 결혼 계획을 이해해 주시지 않으리라 생각하고 있습니다. 더욱이 이 편지 전부가 성공을 거두느냐 못 거두느냐는 이 한 가지에 달려 있으니까요. 한편 제가 자유로이 쓸 수 있는 적극적인 힘의 전부가 여기에 집중되어 있으며 또 한편으로는 여기에는 이제까지 아버지의 교육의 부산물로서 지금까지 써 온 모든 소극적인 여러 가지 힘도 맹렬한 기세로 집중 되어 있습니다. 그것은 연약한 마음이라든가 자신감의 결핍이라든가 죄의식 같은 것입니다. 그러한 것들이 저와 결혼 사이에 분명하게 감시의 망을 치고 있었습니다. 제가 이 문제를 설명하기가 어려운 이유는 이 문제에 대하여 모든 것을 아주 오랫동안 밤낮 없이 생각하고 파헤쳤기 때문에, 지금 제 눈에 이 모든 것이 뒤엉켜 보이기 때문입니다. 그러나 저에게는 완전한 오해라고 생각할 수밖에 없는 아버지의 이 사건에 대한 해석 때문에 오히려 제가 설명하기 곤란했던 점이 조금 부드러워진 것 같기도 합니다. 그만큼 철저한 오해라면 이것을 약간 정정하는 일은 별로 어렵지 않으리라고 봅니다.

첫째로 아버지는 제 결혼의 실패를 제가 실패한 그 외의 것과 같은 줄에 놓으십니다. 그 자체에 대해 반대할 구실은 아무것도 없습니다. 다만 이것은 실패하는 것에 대해서 이제까지 제가 설명한 바를 아버지가 승인해 주신다는 전제 아래에서의 일입니다. 사실 그것은 같은 줄에 놓여 있기는 합니다. 그러나 아버지는 이 일의 의미를 너무 가볍게 생각하고 계십니다. 그렇기 때문에 서로 이 문제에 대하여 이야기를 나누어도 마치 처음부터 다른 문제에 대해서 이야기하고 있는 것처럼 됩니다. 감히 말씀드립니다만 아버지의 생애에서 저의 결혼 계획만큼 큰 의의를 지닌 일은 한 번도 있어 본 적이 없습니다. 그렇다고 해서 본래 그만큼 의의 있는 일을 단 한 가지도 경험하시지 않았다고 말씀드리는 것은 아닙니다. 오히려 아버지의 생애는 저 같은 놈에 비해서 훨씬 풍요롭고 고생도 적었으며 절박한 것이었습니다. 그래서 아버지에게는 이런 종류의 일이 한 번도 일어나지 않았던 것입니다.

어떤 사람은 낮은 계단을 다섯 단 올라가야만 하는데, 그 다음 사람은 한 단만 올라가도 됩니다. 단지 그 사람에게 있어서 한 단은 처음 사람의 다섯 단을 합친 정도의 높이와 같은 것이죠. 그 처음 사람은 다섯 단뿐만 아니라 백단이든 천단이든 척척 정복해 갈 것입니다. 그는 위대하고 극히 긴장된 생애를 보낸 것이 되겠죠. 그러나 그가 올라간 다섯 계단 중의 한 단이라도 두 번째 사람에게 있어서 그 최초의, 높고, 전력을 다해도 올라가기 어려운 한 단, 그곳까지 올라갈 수도 그것을 넘어서 나갈 수도 없는 그 한 단이 가지고 있는 의의를 과연 그 첫 번째 사람도 갖고 있을까요.

결혼을 하여 한 가정을 구성한다는 것, 태어날 자식들을 떠맡아 이 불안정한 세상에서 양육할 뿐만 아니라 그들을 올바로 이끌어 주는 일, 이것은 제가 확신하는 바로는 일반적으로 한 사람의 인간이 성취할 수 있는 최대한의 것입니다.[92] 언뜻 보기에 많은 사람들이 간단히 이 일에 성

---

92) Heiraten, eine Familie gründen, alle Kinder, welche kommen, hinnehmen, in dieser unsicheren Welt erhalten und gar noch ein wenig führen, ist meiner Überzeugung nach das Äuβerste, das einem Menschen überhaupt gelingen kann.

공하고 있다는 것은 아무런 반증이 되지 않습니다. 왜냐하면 첫째, 실제로 많은 사람들이 이 일에 다 성공을 거두고 있는 것은 아닙니다. 둘째로 그 많지 않은 사람들도 대개는 그것을 자신이 '행한다'기보다는, 단순히 그들과 함께 '일어난다'는 것뿐입니다. 이것은 도저히 최고로 만족스러운 것은 아닙니다만 그것만으로도 매우 훌륭하고 실로 명예스러운 것입니다. 특히 '행한다'와 '일어난다'는 순수하게 서로 구별하기 어려우므로 결국 문제가 되는 것은 다만 이 최대한의 그 자신이 아니라 그곳에서는 멀지라도 끊임없이 그곳으로 가까이 가려고 하는 것뿐입니다. 반드시 태양 한복판으로 뛰어 들어갈 수는 없어도 어딘가 지구상의 깨끗한 한쪽 구석으로 기어 들어가면 태양이 때로 그곳까지 비쳐서 조금은 따뜻해질 수가 있는 것입니다.

도저히 이야기할 수 없을 정도로 대단한 것이었습니다. 그것은 이미 지금까지 말씀드린 것 중에서 가장 두드러진 것입니다. 누구나 이것에 대해서는 각자가 직접 준비해야 하고 필요한 전반적인 근본 조건도 직접 자신이 만들어 나가는 것이 당연한 이상 아버지께서도 별로 간섭을 하지 않으셨습니다. 그럴 수밖에는 다른 방법이 없었습니다. 여기에서 결정권을 갖고 있는 것은 계급이나 민족, 시대의 일반적인 성적 풍습입니다. 특히 아버지는 이 문제에 대해서도 간섭을 하시지 않았지만, 그것은 그다지 대단한 것도 아닙니다. 이런 종류의 간섭이 가능하기 위해서는 반드시 상호간의 강한 신뢰가 필요하기 때문입니다. 그런데 우리 두 사람에게는 이미 오래전부터 특히 이 중요한 시기에 있어서 그것이 결여되어 있었습니다. 실제로 아버지와 제가 필요로 하는 것은 전혀 달랐기 때문에 별로 행복하지는 못했습니다. 저를 감동시키는 것이 아버지 기분에는 전혀 맞지 않는 일도 있었으며, 반대로 아버지의 경우에는 죄가 되지 않는 일도 저의 경우에는 죄가 될 수 있었습니다. 또 반대로 아버지의 경우에는 아무런 결과 없이 그칠 일도 제게 있어서는 관 뚜껑이 될 수도

있었습니다.93)

어느 날 석양 무렵 아버지가 어머니와 함께 산책을 갔을 때의 일입니다. 지금의 연방 은행 근처의 요제프 광장이었습니다. 그 흥미로운 문제에 대하여 제가 이야기를 꺼냈습니다. 바보처럼 허풍을 떨며 거만하고 냉정하게 — 이것은 거짓이었습니다 — 냉혹하게 — 이것은 사실이었습니다 — 그리고 아버지와 이야기 할 때 대개 그랬듯이 말을 더듬으면서 말입니다. 아버지를 비난하면서, 저 자신은 가르침을 받지 못하고 그대로 방치되었으며 저의 동급생들은 분명히 이미 제가 큰 위험에 쫓기고 있다고 상상하고 있을 것이 틀림없다고 말씀드렸습니다. — 여기에서 저는 저 나름으로 파렴치한 거짓말을 했습니다. 자신을 용기 있는 사람으로 보이고 싶었습니다. 사실 저는 소심했기 때문에 '큰 위험' 같은 것을 생각해 본 적이 없었습니다 — 결국 저 자신은 '다행스럽게도 이제는 무슨 일이나 알고 있다. 더 이상 아무런 충고도 필요 없다. 만사가 해결되고 있다'는 뜻을 비쳤습니다. 어찌 되었든 특별히 제가 이 일을 끄집어낸 이유는 적어도 그 일에 대해 이야기하는 것이 뭐니 뭐니 해도 저로서는 유쾌했기 때문입니다. 거기에는 호기심도 작용했습니다. 그리고 마지막으로 어떻게 해서든지 어떤 일로든지 아버님에게 복수를 하고 싶었습니다.

그것을 극히 간단히 받아들이시고, 어떻게 하면 제가 위험 없이 이러한 일들을 처리해 나갈 수 있을지 아버지께서는 제게 충고해 주시겠다고 말씀하셨을 뿐입니다. 다분히 그때 제가 끄집어내려고 생각했던 대답이

---

93) Immerhin hast Du auch da eingegriffen, nicht viel, denn die Voraussetzung solchen Eingreifens kann nur starkes gegenseitiges Vertrauen sein, und daran fehlte es uns beiden schon längst zur entscheidenden Zeit, und nicht sehr glücklich, weil ja unsere Bedürfnisse ganz verschieden waren; was mich packt, muβ Dich noch kaum berühren und umgekehrt, was bei Dir Unschuld ist, kann bei mir Schuld sein und umgekehrt, was bei Dir folgenlos bleibt, kann mein Sargdeckel sein.

라는 것은 고기나 그 밖의 사치스러운 것을 지나치게 많이 먹어서 육체적으로 활발치 못하고 자신만을 영원히 상대하려고 하는 소년의 성적욕망과도 비슷한 것이었습니다. 그러나 역시 저의 표면상의 수치심이 그것으로 인해서 손상을 당한 때문인지 아니면 틀림없이 손상을 당했다고 믿었기 때문인지 본의 아니게도 그 이상 이 일에 대해 이야기할 수 없게 되어, 오만하고 뻔뻔스럽게 아버지와의 대화를 중단해 버렸습니다.

아버지의 대답에 대해 판단하는 것은 용이한 일이 아니었습니다. 한편으로 그 대답은 역시 압도적으로 개방적이어서 어느 정도 원시 시대적인 데가 있었습니다. 또 한편으로는 확실히 그 교훈 자체에 관한 한, 극히 현대적이고 단호한 것이기도 했습니다. 그때 제가 몇 살이었는지 모르겠습니다. 물론 열여섯 살보다 더 많지는 않았을 것입니다. 그러나 저처럼 젊은 사람에게 있어서 그것은 역시 극히 주목할 만한 대답이었습니다. 그리고 그것은 사실 처음으로 직접 아버지로부터 받은 처세교훈이기도 했는데, 그 점에서도 우리 두 사람 사이에는 거리가 있었음이 드러났습니다. 그 교훈의 본래 의미는 그때 이미 제 몸에 스며들었습니다만 훨씬 후에야 그것을 어느 정도 의식하기에 이르렀습니다. 그것은 이러했습니다. 그때 저에게 충고해 주신 말은 아버지의 의견으로서나 그 당시의 저의 생각으로서나 대체로 있을 수 있는 한의 가장 불결한 것이었습니다. 제가 육체적으로 이 불결을 조금이라도 집에 갖고 돌아오지 않도록 염려하신 것은 지엽적인 것입니다. 그렇게까지 해서 지키려고 하신 것은 오직 아버지 자신이었고 자신의 가정뿐이었습니다. 중요한 점은 오히려 아버지 자신이 자신의 충고 바깥쪽에 남겨 두셨던 것에 있었습니다.

남편으로서 순결한 남성으로서 이러한 일에 대해서는 초연하게 문제 삼지를 않으셨습니다. 더욱이 당시의 저에게는 이 점을 더 한층 격렬하게 만드는 것이 있었습니다. 왜냐하면 저에게는 결혼이라는 것이 철면피한 것으로 생각되었고 따라서 일반적으로 세상의 결혼에 대해서 들은 것을 부모님에게 적용시킬 수가 없었습니다. 그 때문에 아버지는 더욱 순결하게 되었고 한층 높은 곳에서 우러러 받들어지는 결과가 되었습니다. 아버지께서는 결혼 전의 자신에 대해서도 이와 비슷한 충고를 할 수가 있었을 것이라는 생각은 전혀 하지 않았습니다. 이런 까닭으로 지상적인 불결함은 거의 아버지 쪽에는 남아 있지 않았습니다. 더욱이 바로 그 아버지가, 마치 저라는 사람은 그런 식으로밖에 결정되어 있지 않은 것처럼 서너 마디 노골적인 말씀으로 저를 이 불결 속에다 떨어뜨리셨습니다. 그러므로 이 세상이 저와 아버지만으로 존재한다는, 저에게는 매우 친숙한 그 관념이 만일 사실이라고 한다면 그때에는 아버지와 함께 이 세상의 순결이 끝나고 저와 함께 아버지의 충고의 힘에 의하여 불결이 시작된 것입니다. 아버지가 저에게 그런 식의 선고를 하셨다는 것은 그것만으로는 이해할 수 있는 일이었습니다. 약간 오래된 죄와 아버지 측에서의 가장 깊은 경멸이라는 것만이 저에게 그것을 설명해 줄 수가 있었습니다. 그래서 저는 이것으로 또다시 자신의 가장 깊은 내부의 본질을 붙잡을 수 있었습니다. 더욱이 매우 엄격하게.

그 어느 쪽에도 우리 두 사람은 죄가 없다는 것은 아마도 여기에서 가장 확실해질 것입니다. A가 B에게 노골적으로 자신의 인생관에 어울리는, 별로 아름답지는 않지만 그러나 오늘날에도 도시에서 많이 이용되고 있으며 다분히 건강 상해를 예방하는 것 같은 충고를 한다고 합시다. 그러나 이 충고는 B에게 있어서 도덕상으로 별로 고마운 것은 아닙니다. 그렇다고 그 상해에서 빠져 나가지 못하도록 몇 년 동안을 그대로 방치해 두어도 괜찮을까요. 그러나 그는 이 충고에 전혀 따르지 않을 것이 틀림없습니다. 어찌 되었든 이 충고에는 B의 머리 위에서 그의 미래의 온 세계가 붕괴될 그러한 실마리는 하나도 없습니다. 그렇지만 이러한 일들이 역시 일어납니다. 그리고 그것은 오직 A가 아버지이고 B가 저라는 이유 때문이었습니다.

아무런 죄가 없다는, 저에게 특별히 잘 간파된 또 한 가지 이유는 우리들 사이에 이와 비슷한 충돌이 — 전혀 다른 사정 아래에서입니다만 — 그로부터 약 20년이나 지난 후에 다시 한 번 일어났기 때문입니다. 사실은 소름이 끼칠 일입니다만 그것만으로는 확실히 훨씬 해(害)가 적은 일이었습니다. 다만 저라는 36세의 인간이 지금에 와서도 상해를 당하는 일이 없으면 말입니다. 제가 말씀드리는 것은 결혼에 대한 저의 최후의 의향을 알려 드리자 매우 격앙되셨던 아버님께서 어느 날 잠깐 입에 담으신 말씀입니다. 아버님은 저에게 이렇게 말씀하셨습니다. "그녀는 아마도 어떤 훌륭한 블라우스를 입고 있었겠지. 그것은 프라하의 유태인 여인들이 즐겨 쓰는 수법이야. 게다가 너는 물론 그녀와 결혼하기로 작정했겠지. 그것도 될 수 있는 대로 빨리, 일주일 이내에 말이다. 내일이나 오늘이 될 수도 있을 거야. 네 마음을 이해할 수 없구나. 너는 장성한 어른이고 도시에서 살고 있지 않느냐. 그런데도 마음에 드는 여자만 나타나면 서둘러 결혼이나 하려 들고 어찌할 바를 모르는구나. 어떻게 달리 방법이 없느냐? 만일 그것이 두렵다면 내가 너와 함께 가주마." 아버지는 아주 더 자세하고 명료하게 말씀하셨습니다. 그러나 더 이상 자세한 것은 생각이 나지 않습니다. 아마도 약간 눈앞이 흐려졌던 모양입니다. 저는 어머니 쪽에 더 많은 관심을 갖고 있을 정도였습니다. 어머니는 아버지와 똑같은 의견이셨지만 그래도 무엇인가 테이블 위에서 집어 들고 방에서 나가셨습니다.

말로써 저에게 창피를 주신 일은 일찍이 없었던 것 같습니다. 또 그때만큼 확실히 저에게 경멸을 나타내신 일도 없었습니다. 20년 전에 그와 비슷한 말씀을 하셨을 때에는 아버지의 눈에서 아직 조숙한 도시의 젊은이에 대한 다소 존경 비슷한 것을 엿볼 수가 있었습니다. 아버지의 의견으로는 제가 한눈을 팔지 않고 세상에 나가려면 그렇게 해도 좋다는 것이었습니다. 오늘날은 이 배려가 오직 경멸감만 더해 줄 뿐입니다. 그 당시 젊은이는 누구나 첫출발을 시도했으나 그대로 그곳에 정체해 버렸고, 오늘날에 아버지의 눈에는 무엇 하나 경험이 축적된 것으로는 보이지 않고 오직 20년 동안 고뇌만이 늘었다는 것입니다. 한 사람의 처녀에 대한 저의 결의 따위는 아버지에게는 전혀 아무런 의미도 없었습니다. 아버지는 저의 결단력을 무의식적으로 항상 억누르고 계셨습니다. 그리고 그것이 어느 정도의 가치가 있는 것인지 지금도 무의식적으로 이해하고 계신다고 생각하신 것입니다. 여러 가지 다른 방향으로 기도해 온 저의 탈출 계획에 대해서는 아무것도 모르셨습니다. 그래서 마침내 이 결혼 계획에까지 이르게 된 저의 생각의 줄거리는 아무것도 모른 채 단지 갑자기 추측을 해보신 것뿐입니다. 그리고 전부터 저에 대해 품고 계셨던 판단에 따라서 그것을 무엇보다도 싫은, 천하고 우스꽝스러운 짓으로 만들어 버리셨습니다. 더군다나 그러한 아버지의 행동을 사실대로 말씀하시는 데 조금도 주저하시지 않았습니다. 그 일로 해서 아버지가 저에게 가하신 모욕은 ― 아버지의 의견에 의하면 ― 저의 그 결혼으로 인한 아버지의 이름에 씌운 그 불명예에 비하면 아무것도 아니라는 것이었습니다.

저의 결혼 계획에 대하여 아버지는 실제로 여러 가지 회답을 주실 수가 있었으며 또 사실 회답을 주셨습니다. 제가 F와의 혼약을 두 번이나 취소했다가 두 번이나 다시 하는 와중에 아버지와 어머니는 약혼식 때문에 베를린까지 갔다가 헛걸음을 하시게 되었으므로 아버지가 저의 결심에 대하여 경의를 표하실 수는 없었을 것입니다. 이것은 모두 사실입니다. 그러나 왜 그렇게 되었을까요. 두 차례의 결혼 계획의 근본 취지는 전혀 나무랄 데가 없었습니다. 새 가정을 꾸려서 독립한다는 것이었습니다. 그러한 근본 취지에 대해서는 아버지께서도 동감 하셨습니다만 그것은 마치 어린아이의 장난과 같았습니다. 즉 어떤 사람이 상대방의 손을 꽉 잡고 누르면서 이렇게 외치는 것과 같습니다. "자, 가거라. 가라니까.

왜 가지 않느냐?" 우리들의 사정이 확실히 복잡하게 되어 버린 이유는, 아버지께서 전부터 정직하게 '자, 가거라.' 하실 생각이셨지만 사실은 자신의 위엄으로 저를 붙잡으셨을 뿐 아니라 계속 꽉 누르고만 계셨기 때문입니다.

처녀들은 우연이기는 하지만 매우 신중하게 선택되었습니다. 저처럼 소심하고 굼뜨고 게으르며 의심이 많은 인간이 갑자기 결혼할 결심을 하게 된 이유가 하나의 블라우스에 반했기 때문이라고 믿으시는 것은 또다시 아버지의 완전한 오해였습니다. 두 여자 중 어느 한쪽과의 결혼은 오히려 이성적인 결혼이 되었을 것입니다. 처음에는 수년 동안, 두 번째에는 수개월 동안, 밤낮을 가리지 않고 자신의 사고력의 전부를 주입시켜서 세운 계획이었으니까요. 어느 쪽 처녀도 저를 속이지는 않았습니다. 단지 제가 그 두 사람을 속인 것입니다. 그 두 사람에 대한 저의 판단은 오늘날에도 그녀들과 결혼하려고 마음 먹었던 그때와 조금도 변함이 없습니다. 제가 두 번째 결혼을 계획했을 때 최초의 결혼 계획의 경험 같은 것을 문제 삼지 않았다고 하여 제가 경솔하지 않았느냐고 생각하실지 모르지만 그런 일은 없었습니다. 양쪽의 사정이 전혀 달랐습니다. 두 번째의 경우가 전체적으로 보아서 훨씬 희망이 있었는데 그것은 지난번의 경험이 희망을 주었기 때문입니다. 상세한 것을 여기에서 말씀드릴 생각은 없습니다.

결혼을 제가 왜 하지 않았을까요. 어디에나 있듯이, 이 경우에도 약간의 장애는 있었습니다. 그러나 이러한 장애를 제거하는 일에 인생의 의의가 있는 것입니다. 그러나 사실은 여기에 유감스럽게도 개개의 경우와는 관계없는 장애가 있었습니다. 그것은 제가 결혼을 결심한 그 순간부터 이미 잠을 이룰 수 없었다는 점에서 분명하게 드러났습니다. 밤이나 낮이나 할 것 없이 머리가 뜨거웠습니다. 그것은 이미 삶이 아닙니다. 저는 절망적으로 비틀거리며 돌아다니고 있었습니다. 그 원인은 엄밀하게 말하면 결혼에 대한 걱정 같은 것은 아닙니다. 걱정이라면 원래 저는 우울증인 데다가 어떤 일에든 구애받는 처지였으므로 수없이 많은 걱정이 따라다니고 있었으나 그 걱정들이 결코 결정적인 이유는 아닙니다. 비록 시체에 달라붙은 구더기처럼 그것들이 마지막 마무리는 하였지만 결정적인 타격을 준 것은 다른 것이었습니다. 그것은 불안과 심약함과 자기 경시의 기분에서 오는 누구에게나 있는 강박 증세였습니다.

그것을 좀 더 상세하게 설명해 보고 싶습니다. 아버지와 저의 관계는 두 가지 측면이 있어서 분명히 대립되고 있는데 이 결혼 계획의 경우에도 다른 경우와 비교가 되지 않을 정도로 강하게 서로 충돌하고 있었습니다. 결혼은 확실히 가장 강력하게 자기 해방과 독립을 보증하는 것입니다. 제가 가정을 갖는다고 합시다. 이것은 제 생각으로는 누구나가 달성할 수 있는 것 중의 최소의 것이고 아버지께서 달성하신 것 중의 최고의 것이기도 합니다. 따라서 거기에서는 제가 아버지와 동격이 되고, 옛날의 그리고 영원히 새로운 모든 굴욕과 횡포는 단순한 한바탕의 이야깃거리에 불과하게 됩니다. 분명히 동화 비슷한 것이 되어 버릴 것입니다. 그러나 거기에야말로 바로 문제삼아야할 점이 반드시 있습니다. 왜냐하면 이것은 과욕이기 때문입니다. 이렇게 욕심이 많아서는 도저히 달성할 수가 없습니다.

누군가가 감옥에서 도망치다가 붙잡혔다고 합시다. 도망갈 생각뿐이라면 아마도 잘 될지도 모르겠습니다. 그런데 그것뿐만 아니라 동시에 그 감옥을 자신의 별장으로 개축하려는 마음까지 생겼다면 어떻게 될까요. 도망을 치면 개축을 할 수가 없습니다. 개축을 하고 있으면 도망칠 수가 없습니다. 아버지께 대하여 제가 놓여 있는 이 특별히 불행한 관계 속에서 독립하려는 생각을 한다면 무엇인가 될 수 있는 대로 아버지와는 전혀 관계가 없는 일을 하지 않으면 안 됩니다. 결혼은 과연 그러기 위한 최대의 방법이고 무엇보다도 명예스러운 독립을 부여해 주기는 합니다만, 그러나 동시에 그것으로 인해 아버지와 가장 밀접한 관계를 맺게 될 수도 있습니다. 여기에서 빠져 나오려고 생각한다면, 그러니까 어떤 정신 착란으로써 그런 짓을 피한다면 그야말로 언젠가는 벌을 받게 되겠죠.

이런 관계는 오히려 어느 정도 제 마음을 결혼 쪽으로 부추깁니다. 저는 오래지 않아서 우리들 사이에 성립될 동격이라는 것에 대하여 생각해 봅니다. 그렇게 되면 저는 자유스럽고 은혜를 저버리지 않고 죄를 짓지 않는 착한 자식이 될 것이고 아버지도 고생하지 않고 횡포도 부리지 않으며 동정심 있고 항상 만족하는 분이 되실 것입니다. 그러니까 그것만으로도 그 누구와도 비교되지 않을 정도로 아름다운 이해를 거기에 대해 가지실 것이라고 생각해 봅니다. 그러나 그렇게 되려면 무엇보다도 지금까지 일어났던 일체의 일들이 일어나지 않았던 것으로 되어야 하겠죠. 결국 우리들 자신이 말살되어야만 할 것입니다.

저의 결혼은 그야말로 아버지의 독무대로 막을 내렸습니다. 저는 곧잘 세계 지도를 펼쳐 놓고 그 위에다 아버지를 비스듬히 확대시켜 보았습니다. 그때 저에게는 아버지가 발견하시지 못한 지방과 아버지의 행동반경에 들어있지 않은 지방만이 저 자신의 생애에 있어서 문제가 될 것으로 생각되었습니다. 아버지의 훌륭하신 점에 비해서 — 제가 생각하는 바에 의하면 — 이것들은 그 수도 별로 많지 않고 별로 위안도 되지 않는 지방들입니다. 그래서 특히 결혼 같은 것은 그 속에 들어 있지도 않습니다.

아버지와 저를 동렬에 놓는 것만으로도 이미 저로서는, 아버지가 아버지 자신의 모범에 의하여 가게에서와 똑같이 결혼으로부터도 저를 추방시켜 버리셨다고 말씀드릴 생각이 없다는 것을 증명하고 있습니다. 그뿐만 아니라 설사 닮은 점이 아무리 적다하더라도 저에게 있어서 두 분의 결혼은 여러 가지 점에서 모범이 되는 결혼이었습니다. 성실한 면이나 서로 협력하는 면에서나 자식들의 수에 있어서나 모범적이었습니다. 자식들이 자라서 차츰 평화를 어지럽히게 된 후에도 두 분의 결혼, 그 자체는 여전히 그런 일들로 인하여 아무런 침해를 당하지 않았습니다. 이 모범이 있었기 때문에 다분히 저의 결혼에 대한 제 이상(理想)도 만들어졌을 것입니다. 그러나 결혼에 대한 저의 욕망이 무력했었던 것에는 따로 여러 가지 이유가 있었습니다. 그것은 아버지와 자식들 간의 관계 속에 있었습니다. 그리고 이것이야말로 이 편지 전체가 문제 삼고 있는 점입니다.[94]

자기 부모에게 자신이 범한 죄를 혹시 나중에 자식들이 자기에게 반복하지 않을까 하는 염려에서 결혼에 대한 불안이 생기는 일이 종종 있다는 의견이 있습니다. 이것은 저 자신의 경우에는 별로 큰 의의가 없다고 생각합니다. 저의 죄의식은 본래 아버지로부터 나온 것이며 참으로 너무나도 유례없는 성질의 것이기 때문입니다. 그것을 유례없는 것이라고 느끼는 이 감정, 그 자체가 이미 본질적인 것이어서 고통의 씨가 되기도 합니다. 이것이 반복된다는 것은 생각할 수도 없습니다. 하여튼 아무래도 말하지 않을 수 없는 것은 이렇게 말이 없고 둔감하고 무미건조하고 타락한 자식이 생긴다면 참으로 저 자신으로서도 견딜 수 없을 것이라는 사실입니다. 만일 달리 어떻게 할 수가 없으면 아버지가 저의 결혼에 대해 처음에 그렇게 생각하신 것처럼 아마도 저는 외국으로 도망쳐 버릴 것입니다. 그러므로 저도 자신의 결혼 무능력에 한해서는 그때의 아버지

---

94) Schon dieser Vergleich beweist, daβ ich keineswegs sagen will, Du hättest mich durch Dein Beispiel aus der Ehe, so etwa wie aus dem Geschäft, verjagt. Im Gegenteil, trotz aller fernen Ähnlichkeit. Ich hatte in Euerer Ehe eine in vielem mustergültige Ehe vor mir, mustergültig in Treue, gegenseitiger Hilfe, Kinderzahl, und selbst als dann die Kinder groβ wurden und immer mehr den Frieden störten, blieb die Ehe als solche davon unberührt. Gerade an diesem Beispiel bildet sich vielleicht auch mein hoher Begriff von der Ehe; daβ das Verlangen nach der Ehe ohnmächtig war, hatte eben andere Gründe. Sie lagen in Deinem Verhältnis zu den Kindern, von dem ja der ganze Brief handelt.

의 기분에 감화되어 닮고 싶은 생각입니다.

중대한 것은 저 자신에 대한 불안입니다. 이것은 이런 식으로 해석해야 될 것입니다. 이미 잠깐 말씀드렸다만 저는 무엇을 쓰거나 또 그것과 관계있는 일을 해서 일종의 독립이나 도피를 꾀하였지만 잠시 동안 극히 작은 효과를 거두었을 뿐입니다. 그것들은 이젠 더 이상 계속되지 않을 것입니다. 그 증거는 여러 가지가 있습니다. 그럼에도 불구하고 그것들을 지켜보며 제가 막을 수 있는 한의 위험을, 위험뿐만 아니라 위험의 가능성까지도 그쪽으로 접근하지 못하게 하는 일은 저의 의무입니다. 아니 차라리 그것이야말로 저 자신의 생활입니다. 그런데 결혼은 바로 그러한 위험의 가능성입니다. 그것은 확실히 위험을 촉진할 최대의 가능성이기도 합니다. 그러나 저에게는 그것이 위험의 가능성이라는 것만으로 충분합니다. 만일 그것이 위험 그 자체라고 한다면 어떻게 해야 좋을까요. 다분히 증명할 수도 없는 아무래도 어떻게 할 수가 없는 이 위험성을 안고서 어떻게 제가 결혼 생활을 이어 갈 수 있겠습니까. 여기에 대해 결심이 서지 않는다 하더라도 결론은 확실합니다. 단념할 수밖에 없습니다.[95] 손안의 참새와 지붕 위의 비둘기와의 비교는 여기에서는 커다

95) Viel wichtiger aber ist dabei die Angst um mich. Das ist so zu verstehn: Ich habe schon angedeutet, daβ ich im Schreiben und in dem, was damit zusammenhängt, kleine Selbständigkeitsversuche, Fluchtversuche mit allerkleinstem Erfolg gemacht, sie werden kaum weiterführen, vieles bestätigt mir das. Trotzdem ist es meine Pflicht oder vielmehr es besteht mein Leben darin, über ihnen zu wachen, keine Gefahr, die ich abwehren kann, ja keine Möglichkeit einer solchen Gefahr an sie herankommen zu lassen. Die Ehe ist die Möglichkeit einer solchen Gefahr, allerdings auch die Möglichkeit der gröβten Förderung, mir aber genügt, daβ es die Möglichkeit einer Gefahr ist. Was würde ich dann anfangen, wenn es doch eine Gefahr wäre! Wie könnte ich in der Ehe weiterleben in dem vielleicht unbeweisbaren, aber jedenfalls unwiderleglichen Gefühl dieser Gefahr! Demgegenüber kann ich zwar schwanken, aber der schlieβliche Ausgang ist gewiβ, ich muβ verzichten. Der Vergleich von

란 예상 착오입니다. 손안에는 아무것도 없고 지붕 위에는 모든 것이 있습니다. 그러나 저는 갈등 관계와 생활의 곤궁이 그와 같은 결단을 내리게 합니다만, 아무것도 없는 편을 선택할 수밖에 없습니다. 저는 직업 선택의 경우에도 이와 비슷한 선택 방법을 취하지 않을 수 없었습니다.

결혼의 장애는 너무 완강해서 꺾을 수 없는 다음과 같은 확신입니다. 그것은 가족을 부양하고 그 가족을 이끌어 나가기 위해서는 아버지가 갖고 계신다고 인정되는 일체의 것이 꼭 필요하다는 사실입니다. 더욱이 전부를 함께 말입니다. 좋은 것도 나쁜 것도, 유기적으로 아버지 속에 융합되어 있는 모든 것 그대로를 말입니다. 강인성과 타인에 대한 조롱, 건강과 어떤 종류의 무절제, 언변의 재간과 어딘가 좀 부족한 점, 자신감과 누구에게나 갖는 불만감, 세상에 대한 우월감과 횡포, 인정(人情)에 통하는 일과 대부분의 사람들에 대한 불신감, 그 밖에도 각별히 형편이 나쁘지 않은 장점, 이를테면 근면이라든가 내구력이라든가 침착성이라든가 대담성이라든가, 이러한 모든 것들과 제가 갖고 있는 것들을 비교해 보면 제가 가지지 않은 것이 거의 태반이고 가진 것은 극히 적을 뿐입니다.

아버지께서도 결혼에서는 어렵고 힘들게 싸우지 않을 수 없었고 자식들도 아버지의 기대에 부응하지 못한 것을 제 눈으로 보면서 어찌 자진해서 결혼할 마음이 생기겠습니까?[96] 물론 이 질문을 자기 자신에게 분

---

dem Sperling in der Hand und der Taube auf dem Dach paβt hier nur sehr entfernt.

96) Das wichtigste Ehehindernis aber ist die schon unausrottbare Überzeugung, daβ zur Familienerhaltung oder gar zu ihrer Führung alles das notwendig gehört, was ich an Dir erkannt habe, und zwar alles zusammen, Gutes und Schlechtes, so wie es organisch in Dir vereinigt ist, also Stärke und Verhöhnung des anderen, Gesundheit und eine gewisse Maβlosigkeit, Redebegabung und Unzulänglichkeit, Selbstvertrauen und Unzufriedenheit mit jedem anderen, Weltüberlegenheit und Tyrannei, Menschenkenntnis und Miβtrauen gegenüber

명히 해본 적은 없습니다. 또 분명하게 대답해 보지도 않았습니다. 그렇지 않으면 틀림없이 일반적인 생각에 사로잡혀 아버지와는 아주 다르고 — 가까운 데서 한 분 들면 리하르트 숙부입니다 — 더군다나 이미 결혼을 해서 그 때문에 적어도 실패 같은 것은 하지 않을 다른 사람들을 일부러 보게 되었을지도 모릅니다. 그래서 저에게는 그것만으로도 충분했을 것입니다. 비록 저는 이 질문을 꺼내지는 않았지만 그 대신 어렸을 때부터 몸소 그것을 체험해 왔습니다. 결혼 문제에 부딪쳐서야 비로소 자신을 시험해 본 것은 아닙니다. 아무리 작은 일이라도 부딪칠 때마다 그것을 시험해 왔습니다. 아무리 작은 일에 대해서도 아버지는 자신의 모범과 교육에 의해서 저의 무능력을 납득시키려 하셨습니다. 이 편지에서 써 보려고 애썼던 바로 그대로입니다. 아무리 작은 일에도 아버지의 그것은 꼭 들어맞았습니다. 말씀하신 그대로였습니다. 하물며 가장 큰 일, 즉 결혼에 있어서도 당연히 놀라울 정도로 꼭 들어맞았습니다.

성장을 해서 결혼하려는 데까지 왔는데, 어쩐지 이것에 대한 걱정과 좋지 않은 예감이 들었습니다. 마치 제대로 장부를 기록하지도 않으면서 어슬렁거리고 있는 상인과 비슷한 상태입니다. 서너 가지 조그마한 벌이를 하면 그것이 매우 신기해 보여서 항상 머릿속에서 그것만을 어루만지고 잡아당기고 하는 동안에 일상생활 쪽은 신경도 안 쓰게 되는 것입니다. 장부에 모조리 기입은 하였지만 한 번도 결산을 해본 일이 없는 것입니다. 그러나 마침내 무슨 일이 있어도 결산을 해야만 할 때가옵니다. 결혼 계획이 그것입니다. 여기에서 지금까지의 빚을 청산하게 되는데 이전의 조그마한 벌이 같은 것은 전혀 표도 나지 않고 오직 하나의 큰 빚

---

den meisten, dann auch Vorzüge ohne jeden Nachteil wie Fleiβ, Ausdauer, Geistesgegenwart, Unerschrockenheit. Von alledem hatte ich vergleichsweise fast nichts oder nur seht wenig, und damit wollte ich zu heiraten wagen, während ich doch sah, daβ selbst Du in der Ehe schwer zu kämpfen hattest und gegenüber den Kindern sogar versagtest?

만이 남게 됩니다. 그래서 '자, 정신 착란을 일으키기 전에 결혼하자'가 된 것입니다.

이제까지의 아버지와 저의 생활은 이렇게 해서 끝이 납니다. 그리고 그 생활 그 자체 속에 장래에 대한 이상과 같은 여러 가지 희망이 포함되어 있습니다.[97)]

아버지에 대한 제 자신의 공포감이 어디서 생겼는지 그 이유를 설명했습니다만 아버지는 이것을 한 번 훑어보신 후 이런 식으로 대답 하실 지도 모르겠습니다. "너에 대한 나의 태도를 단순히 네 탓이라고 말해 버린다면 내 마음이 시원할 것이라고 너는 주장하고 있다. 그러나 언뜻 보아서 너는 괴로운 모양인데, 사실은 이전보다 더 고심하는 것이 아니라 오히려 훨씬 유리해졌다고 나는 믿는다. 우선 너는 어떤 죄도 책임도 자신에게는 없다고 말하고 있지 않느냐. 그러므로 그 점에 있어서 우리들의 방법은 똑같다. 다만 내 경우에서는 어떻게 하든 공공연하게 일방적으로 너만의 탓으로 돌리고 있는데, 네 편에서는 동시에 영리함이 지나칠 정도로 영리하게, 고분고분함이 지나칠 정도로 고분고분하게, 자신에게 유리하도록 내 편에도 모든 죄를 면하게 해줄 생각인 것이다. 물론 그것이 잘 되더라도 표면적인 것일 뿐이다. 너도 그 이상 바라지 않을 것이다. 그리고 본질이니 본성이니 대립이니 낭패니 아무리 '틀에 박힌 문구'를 늘어놓아도 글 줄거리를 읽어서 파악할 수 있는 것은, 원래 내 편이 공격자이고 네가 한 일은 단순한 자기 방어에 지나지 않는다는 것이다. 지금 너는 이렇게 해서 이미 너의 천성적인 검은 속셈을 마음껏 발휘했다고 할 수 있다. 왜냐하면 너는 다음 세 가지를 증명했기 때문이다. 첫째는 너에게는 죄가 없다는 것. 둘째는 내게 죄가 있다는 것. 셋째는 완전히 위대한 체하면서 네가 나를 용서할 생각이라는 것. 그뿐만 아

---

97) So endet mein bisheriges Leben mit Dir, und solche Aussichten trägt es in sich für die Zukunft.

니라 — 결국 오십보백보이겠지만 — 너는 진실을 거역하여 나도 무죄의 증명을 언제든지 해서 자신이 무죄임을 믿고 싶은 것이다. 이것만으로 지금의 너는 이미 만족할지도 모른다. 그러나 그것만으로는 아직 충분하지 못하다. 너는 결국 철두철미하게 나를 집어삼키려고 결심하고 덤비고 있는 것이다. 지금 우리는 서로 싸우고 있는데 싸움에는 두 가지 성격이 있다. 기사의 싸움에서는 각자 독립적인 쌍방의 힘이 겨루어져서 어느 쪽이나 한 사람만이 남고 한 사람만이 잃으며 한 사람만이 이기는 것이다. 그러나 독충의 싸움은 서로를 찌를 뿐만 아니라 자신의 생명을 보존하기 위해서 재빨리 상대방의 피를 빨기도 한다. 이것이 본래의 용병이란 존재로서, 그것이 바로 너다. 너는 생활 무능력자인 것이다.

너는 마음 편하게 고생도 하지 않고, 자책의 생각에도 몰리지 않고, 하고 싶은 대로 내가 너에게서 생활능력을 완전히 빼앗아 나 자신의 것으로 만들어 버렸다는 것을 증명하려고 한다. 지금 네가 마음을 쓰고 있는 일은, 만일 네가 생활 불능자라면 그 책임은 바로 내게 있으므로 네 편에서는 평안하게 몸을 뻗고 육체적으로나 정신적으로 나를 먹이로 삼으면서 평생 동안 발을 질질 끌면서 걸으려는 것이다. 간단히 말하면 얼마 전에 네가 결혼하려고 생각했을 때 네가 이 편지에서도 인정하고 있는 일이지만 한편으로는 동시에 결혼할 마음이 없었던 것이다. 그래서 너는 너 자신이 고생하지 않아도 되도록 내가 너를 도와서 결혼하지 못하도록 작용해 주기를 바랐던 것이다. 따라서 너희들이 함께 합치는 일로 인해 내가 받게 될 '불명예'를 방패로 내가 너의 이 결혼을 금지해 주기를 바랐던 것이다. 그러나 이런 일은 나로서는 전혀 상상조차 할 수 없었다.

첫째로 나는 이 경우에도 결코 너의 행복을 방해할 생각지 않았다. 둘째로 나는 그런 비난을 내 자신의 자식으로부터 듣고 싶은 생각이 없다. 결혼에 한해서는 너의 자유에 맡기기 위해서 나는 자신을 극복하지 않으면 안 되었다. 그러나 그런 짓을 해보았자 무슨 소용이 있겠는가. 조금도 도움이 되지 않았다. 그리고 설령 그 결혼을 내가 싫어했다 할지라도 방해가 되지는 않았을 것이다. 그뿐만 아니라 오히려 너에게는 더한층 그 처녀와 결혼하고 싶은 자극제가 되었을 것이다. 너의 소위 '도망 계획'이 과연 그 덕택으로 완성되었을지도 모른다. 그렇다고 해서 그 결혼을 내가 허락했다 해도 너의 비난을 막는 데는 별 도움이 되지 못했을 것이다. 어찌 되었든 네가 결혼을 하지 않은 데 대한 책임은 내게 있다는 것을 너는 증명하고야 말 테니까. 그러나 근본적으로 네가 이 경우에도, 그 밖에 어떤 경우에도 내게 대해서 증명한 결과는 결국 오직 나의 비난 전부가 옳았다는 것이다. 그리고 또 한 가지 거기에는 특별히 정당한 비난이 결여되어 있다는 것이다. 즉 너는 속셈이 검고 사랑에는 아첨꾼이고 식객 근성을 갖고 있다는 비난이 바로 그것이다. 만일 내가 심한 착각을 하고 있는 것이 아니라면 너는 이 편지에서도 내게 기생하고 있는 것이 된다.

답변을 드리자면 우선 첫째로 이 항의 전체는 약간 아버지 입장에서 씌어져 있습니다만 이것은 아버지 입에서 나온 것이 아니라 물론 제게서 나온 것입니다. 다른 사람에 대한 아버지의 불신은 저의 저 자신에 대한 불신에 비하면 결코 그다지 큰 것은 아닙니다. 아버지께선 저를 그런 식으로 교육시키셨습니다. 이 항의로 말하더라도 확실히 그 자체는 우리들의 관계의 특징을 설명하기 위해서 도움이 되는 새로운 재료를 제공하고 있으며, 거기에는 거기대로 어떤 근거가 있다는 것을 저는 부정하지 않습니다. 물론 모든 사물의 이치는 실제에 있어서는 저의 이 편지 속의 증명처럼 앞뒤가 꼭꼭 들어맞는 것은 아닙니다. 인생은 '인내 겨루기' 이상으로 참을성을 필요로 하는 것입니다. 그러나 이 항의에 의해서 그것을 정정한다 할지라도 그것을 일일이 관철할 수는 없으며 또 그렇게 할 생각도 없습니다. 그러나 저의 생각으로는 그것을 정정하면 역시 훨씬 진실에 가까워질 수가 있으며 그 결과 우리 두 사람의 기분도 다소 안정되어서 삶과 죽음을 좀 더 마음 편하게 맞이할 수도 있으리라 생각합니다.[98]

-프란츠 올림

98) Darauf antworte ich, daβ zunächst dieser ganze Einwurf, der sich zum Teil auch gegen Dich kehren läβt, nicht von Dir stammt, sondern eben von mir. So groβ ist ja nicht einmal Dein Miβtrauen gegen andere, wie mein Selbstmiβtrauen, zu dem Du mich erzogen hast. Eine gewisse Berechtigung des Einwurfes, der ja auch noch an sich zur Charakterisierung unseres Verhltnisses Neues beiträgt, leugne ich nicht. So können natürlich die Dinge in Wirklichkeit nicht aneinanderpassen, wie die Beweise in meinem Brief, das Leben ist mehr als ein Geduldspiel; aber mit der Korrektur, die sich durch diesen Einwurf ergibt, einer Korrektur, die ich im einzelnen weder ausführen kann noch will, ist meiner Meinung nach doch etwas der Wahrheit so sehr Angenähertes erreicht, daβ es uns beide ein wenig beruhigen und Leben und Sterben leichter machen kann.

CHAPTER 4

소설 이해

1) 문학 일반론

카프카는 작가로서 많은 독자들에게 감동을 준 많은 소설들을 집필했다. 그 소설들을 이해하기 위해서는 문학일반론과 소설론을 공부할 필요성을 느꼈다. 이에 문학이해의 장을 마련했다.

문학 작품은 언어에 의하여 창조된 언어예술 작품이다. 카이저(W. Kayser)는 "언어 예술 작품은 어느 것이든 그 자체로서 완결된 전체이며, 오직 그 작품 자체에 의해서만 이해되어 질 수 있는 것이기 때문에 그 작품을 창작한 작가에 관한 지식 등은 그 작품을 제대로 이해하는 데에는 아무런 도움이 되지 않는다."[99]고 했다. 그렇지만 작품이 작가에 의하여 만들어진 창작물인 이상, 그 작품을 이해하는데 있어서 그 작품의 배후에 자리 잡고 있는 작가 자신과 더 나아가 그 작가가 살았던 시대와 사회 그리고 문학론 등을 완전히 무시해버리는 것은 옳다고 만은 할 수 없다는 주장도 있다.[100] 물론 문학 작품이란 작품 외의 현실의 세계로부터 완전히 독립된 것으로서 각각 독자적인 존재 가치를 지닌 자율적인 세계이다. 그러나 다른 의미에 있어서 작가자신과 그 작가가 살고 있는 시대와 사회 등은 작품의 내용으로서가 아니라 그 작품의 소재로서 그 작품과 전혀 관계가 없는 것은 아니라고 본다.

---

99) W. Kayser, *Das sprachliche Kunstwerk*. P. 35
100) 박환덕, 작품론, P. 416

힐데스하이머(W. Hildesheimer)는 카프카의 문학은 유별나게 그의 생애와 밀접한 관계가 있다고 했고, 엠리히(W. Emrich)도 그의 「카프카론」에서 카프카의 작품을 이해하기 위해서는 작품 내재적인 해석 방법만을 고집 하는 일부 해석학자들의 의견에 수정을 가할 필요가 있다면서 "카프카 작품의 모든 현상과 등장인물을 동일한 평면상에 놓고 규격화 하는 것은 극히 부당한 일이고 위험스럽다."[101]고 했다. 즉 카프카의 창작 전반에 관한 지식이 없이는 그들의 기능을 찾아낼 수가 없다고 했다.

그래서 우리는 우선 문학을 이해하는 차원에서 문학론과 소설론을 이해하는 것이 카프카 작품 『변신』을 이해하는 기본이 된다고 본다.

(1) 문학의 개념을 정리하면 다음과 같다.

첫째는 문학의 표현대상이다. 문학의 표현대상은 인간의 사상과 감정과 체험이다. 즉 인간탐구와 삶의 현장묘사가 문학이 지향하는 세계이자 도달점이다. 특히 인간의 정서와 감정의 표현은 문학의 본질에 속한다. 개인적 체험의 질서화가 작가의 창작과정인 것이고 그러한 질서화 과정에서 얻어지는 삶의 새로운 조명, 인생관의 제시 등을 통하여 독자는 폭넓은 간접체험과 인식력을 이룰 수 있는 것이다.

둘째는 문학의 표현목적이다. 문학의 표현목적은 우리에게 즐거움과 교훈을 준다는 것이다.

셋째는 문학의 표현방식이다. 문학은 인간이 창출한 정신적 창조물의 꽃으로서 이러한 상상과 허구의 결실이다. 아리스토텔레스(Aristoteles)는 역사는 사실(史實)의 기록이고 문학은 가능한 세계의 기록으로 보고 있는데 이 허구(虛構, Fiction)란 말은 예술의 공통성으로서 상상의 세계를 의미한다. 그러나 문학적 상상은 직관적 '심상(心象)에 의한 사고이다. 르네 웰렉(Rene Wellek)도 문학의 이러한 특성을 고려하여 '상상적 문학

101) W. Emrich, *F. Kafka*, P. 104

(Imaginative Literature)'이라는 말을 사용하고 있다.

넷째는 문학의 표현매체이다. 음악이 소리로, 미술이 색체로 이루어지듯이 문학은 언어에 의해서 이루어진다. 그래서 문학을 언어예술(Wortkunst)이라 한다.

이상을 종합해 보면 문학은 언어라는 매체를 통하여 상상과 허구적 방식에 의해서 인간의 사상과 감정과 체험을 표현함으로써 우리의 삶을 좀 더 진지하고 풍요롭고 유쾌하게 해주는 것이라고 정의를 내릴 수 있을 것이다.

카프카의 『변신』도 카프카의 갈등과 고뇌를 상상과 허구를 통해서 인간 소외(疏外)의 문제를 진지하게 우리에게 드러내 보이고 있다.

(2) 문학의 특징을 정리하면 다음과 같다.

문학은 작가의 상상을 통하여 독자의 감정에 호소함으로써 독자를 움직이는 감동의 결실이다. 다시 말해서 문학작품이 독자에게 주는 것은 독자의 상상을 환기시키고 감정을 자극하여 독자를 감동케 해야 하는 것이다. 이에 대해서 영국의 비평가 토마스 드 퀸시(Thomas De Quincey)는 세상에는 지식의 문학(Literature of Knowledge)과 힘의 문학(Literature of Power)이 있다고 했다. 전자의 기능은 가르치는 것이고, 후자의 기능은 마음을 움직이는 데 있다고 했다. 여기서 지식의 문학은 과학을 말하고, 힘의 문학은 문학을 말한다. 문학의 특징을 윈체스터(C. T. Winchester)는 「문예비평의 원리」(Some Principles of Literary Criticism)에서 영구성(Permanence)과 보편성(Universality) 그리고 개성(Individuality)이라 했다. 그 특징들은 다음과 같다.

① 첫째는 문학의 영구성(永久性, permanence)이다. 윈체스터에 의하면 위대한 문학은 영구성과 보편성을 지닌다고 말한다. 문학의 영구성이

란 시간으로 오래 지속됨을 의미하고, 보편성이란 공간적으로 널리 알려진다는 뜻이다. 문학의 이러한 특성은 문학이 인간의 정서에 호소하는 힘을 갖고 있기 때문이다. 감정에 호소하여 사람을 감동시키기 때문이다.

그리고 감정에 호소하는 힘을 가지는 것이 어떻게 해서 문학에 영원성, 불멸성을 부여하는 것이 되느냐에 대해서 윈체스터는 '지식과 정서가 서로 다른 이유의 하나는 지식은 계속되고 정서는 이내 소멸하는 데 있다. 우리가 어떠한 사실 또는 진리를 충분히 습득하게 되면 그 만큼 많이 지식의 창고에 축적한 것이 된다. 따라서 지식에 호소하는 어떤 책은 한 번 읽어서 충분히 내 것으로 만들고 나면 두 번 다시 읽을 필요를 느끼지 않는다.

이와는 달리 정서는 그 성질상 순간적인 것이다. 왜냐하면 지식은 일종의 영구적 습득이지만 정서는 부단히 변화하는 경험의 연속이기 때문이다. 한 편의 문학 작품을 읽고 받은 감동은 곧 소멸할 수도 있으나 훗날 그 작품을 다시 읽었을 때 우리는 마음속에 새로운 감동을 불러일으키게 된다. 훌륭한 고전이 시간과 시대를 초월하여 계속 읽히게 되는 이유가 바로 문학이 영구적인 생명을 갖고 있기 때문이라고 할 수 있다'고 했다.

② 둘째는 문학의 보편성(普遍性, Universality)이다. 문학작품에서 감정이나 정서가 순간적이지만 그것은 동시에 보편적인 것이다. 부모의 자식에 대한 사랑의 정서는 개인의 기질이나 상황에 따라 정도의 차이는 있을 수 있지만 동서고금을 막론하고 변하지 않는 감정이다. 사랑의 정서뿐만 아니라 슬픔과 기쁨, 공포와 경이, 노여움과 반가움 등 모든 정서는 시간과 공간을 초월해서 변함이 없는 것이다. 고전을 읽어서 우리가 감동을 받는 이유가 바로 그런 까닭에서다.

호머(Homeros)시대의 학문은 벌써 퇴색했지만 호머가 아직도 퇴색하지 않는 것은 그가 인간의 불멸의 정서에 호소하였기 때문이고, 또 개개의 정서는 순간적이지만, 인간정서의 일반적 성질은 크게 변하는 것이 아니고 각 감정의 물결은 잠시 동안 일어나 부서져 없어지지만, 정서는 여러 시대에 걸쳐서 끊임없이 일렁이고 있다. 인간의 정서나 감정은 시대를 따라 다소 변할 수는 있지만 인류의 기본정서는 그 성격상 거의 변화하는 것이 아니다. 변하는 것은 정서가 아니고 사상이며, 정서 자체가 아니고 표현방법인 것이다.

문학의 보편성을 가장 열심히 주장한 사람 가운데는 프랑스 미학자인 귀요(M. J. Guyau)와 러시아 작가 레프 톨스토이(Lev N. Tolstoy)를 들 수 있다. 특히 귀요는 그의 저서 「사회학상으로 본 예술」에서 보편적인 생명이란 사회성을 이르는 말이라고 한다. 그에게 있어서 위대한 문학이란 개인적인 생명을 넘어 보편적 생명으로까지 확대하여 사회성을 획득함으로써만 가능하다는 것이다.

그러니 위대한 문학과 생명력 있는 문학은 시간적으로 영구적이고 공간적으로 보편적인 특질을 지니는 문학이다. 그것은 시간과 공간을 초월하여 인간에게 정서적 감동을 주는 문학이 되어야 한다.

③ 셋째는 문학의 개성(個性, Individuality)이다. 영구성과 보편성이 문학의 특성이 되지만 동시에 문학의 특성은 개성적인 것이다. 문학에서 표현되는 정서는 작가의 개인적 정서이며, 이를 느낄 수 있는 것도 역시 독자의 개인적 정서다. 다 같이 연애 감정을 소재로 한 작품이라고 하더라도 사람의 인격이 서로 다르듯이 거기에 표현된 연애 감정 또한 다른 것이다. 과학적 표현은 어느 개인의 개성과 아무 상관이 없지만 문학과 예술은 그 작품을 쓴 작가의 주관과 개성이 거의 절대적이라 할 수 있다. 독일 작가 괴테(J. W. Goethe)는 『에커만과의 대화』에서 '작가의 문체는 작가 그 사람의 내적 자아의 진정한 표현이다'[102]고 했다.

문학은 작가의 개성적인 체험의 표현이다. 그렇다면 문학의 보편성과 개성의 관계는 서로 모순 대립되는 개념으로 보이나 개성에 철저하면 보편성에 도달할 수 있다. 이것은 문학에서는 역설이 아니고 진리이다. 문학은 보편성을 추구하면서도 가장 개성적이고 독창적인 것을 생명으로 삼고 있다고 본다.

엘리엇(T. S. Eliot)은 『시와 주장』(Poetry and Propaganda)에서 '시인의 진보는 끊임없는 자기희생이며, 끊임없이 자신을 버리는 것'이라고 주장했는데 개성을 버린다는 것은 개성의 완전한 사멸을 의미하지 않고 자기에게 고유한 것이 일반적인 것에 혼합되고 융화되어 더욱 풍부해지고 확대되며 진전되니 비개인적인 것이 됨에 따라 한층 고유한 것이 됨을 의미한다고 하였다.

최재서는 다시 이상의 세 가지 문학의 특징인 영구성과 보편성, 그리고 개성을 한데 결합하는 이념을 고전(古典, Classic)이라고 하였는데, 문학의 궁극적인 목적은 시대와 역사를 초월하여 그 가치와 생명이 인정되는 고전이 되는 것이라 하겠다.[103)]

그러니 문학은 감정을 통하여 정서에 호소하는 것이지만, 그 정서는 순간적인 것으로서 영구성을 지니는 것이며, 또 그것은 개인에 따라 차이가 있으나 근본적인 의미에 있어 보편성을 지니고 있는 것이다. 따라서 영구적이고 보편적이며, 또한 개성적인 감정 정서를 전달하는 문학은 동시에 영구적, 보편적, 개성적인 특성을 가진 고전이라고 말할 수 있을 것이다.

문학 작품 중에서 고전으로 읽히는 카프카의 『변신』은 위대한 생명력 있는 문학으로 시간적으로 영구적이고 공간적으로 보편적인 특질을 지니는 문학이다. 그것은 시간과 공간을 초월하여 인간에게 정서적 감동을

---

102) Johann Wolfgang von Goethe, *Gespräche mit Eckerman,* P. 58
103) 조기섭외 2인, *문학의 이해*, P. 25

주는 문학으로 영구성과 보편성을 지니면서도 카프카의 개성적인 작품이다.

(3) 문학의 관점을 알아보자.

고대로부터 18세기에 이르기까지 서양 문학론에서 가장 중심이 되었던 것은 문학을 일종의 모방(模倣, Imitation, Mimesis)으로 보는 입장이다. 아리스토텔레스는 모든 예술을 모방이라 규정하고, 이 모방은 인간의 원초적 본능이며, 본능의 만족은 즐거움이라 주장했다. 문학을 포함한 모든 예술은 인간과 더불어 생겨나 거기서 즐거움을 얻었다.

모방은 인간이 살고 있는 세상의 모든 것을 모방하는 것이다. 역사는 개별적인 사실을 기술하는 것이기에 인생의 보다 가치 있는 진실을 다루는 것이 못된다. 그러나 문학은 역사처럼 한 번 있었던 일을 다루지 않고 있음직한 일이나 있을 수 있는 일을 다루므로 인생의 보편적 진실을 다루는 것이 된다. 따라서 문학은 역사보다 훨씬 가치 있는 진실을 다룬다. 이런 의미에서 문학은 인생의 진실을, 즉 확실하지는 않으나 그럴 것이라고 믿는 개연성(蓋然性)을 모방한다는 것이다.

이러한 아리스토텔레스의 견해는 문학의 독자성을 확립시키는 데 크게 이바지하였다. 문학이 정치나 종교의 지배를 벗어나 인간정신의 자유롭고 독립된 활동으로서의 문학론을 처음으로 밝힌 것은 아리스토텔레스이다. 예술은 자연의 모방이라는 그의 명제는 인생의 한 면의 특수성만을 나타내는 것이 아니라, 다방면의 보편성을 나타내는 것이다.

① 첫째는 예술지상주의 문학관(Art for art's sake)이다. 아리스토텔레스의 모방론에서 모방은 즐거운 행위이며 실제보다 모방을 대하면 즐거움을 느낀다고 하였다. 이러한 문학의 즐거움은 정화(淨化, Katharsis)에서 잘 나타나고 있다.

카타르시스란 아리스토텔레스의 『시학』(Poetica)에 나오는 것으로서 비극에서 관객이 울적한 감정이나 격정을 방출하고 정화되는 의미로 쓰고 있다. 말하자면 비극에서 서로 모순되는 두 개의 감정, 곧 공포와 연민을 통하여 독자의 마음은 흥분되고 그리고 안정된다. 이것을 그는 즐거움이라 부르지 않고 카타르시스라 불렀다. 그러나 그것 역시 일종의 즐거움임을 부인할 수 없다. 비극이 주는 즐거움이란 바로 지나치게 고조되었던 감정들이 스스로 풀려나갈 때의 즐거움이기 때문이다. 따라서 비극 역시 모방이고, 모방은 근본적으로 즐거운 것이다.

예술을 위한 예술(Art for art's sake)론은 프랑스의 보들레르가 유미주의(唯美主義) 구호를 실제 인생에 적용시켜 예술을 위해 현실생활 전부를 바쳐야 한다는 이른바 예술지상주의(藝術至上主義)에서 주창됐다.

예술은 오로지 예술 그 자체의 가치와 존엄성을 위해 기여할 뿐이라는 것이다. 예술의 즐거움은 근대에 이르러 쇼펜하우어(A. Schopenhauer)가 문학의 본질은 미(美)의 추구에 있으며, 그 미는 전적으로 이해관계에서 벗어나는 것, 즉 인간의 세속적인 이해에서 해방되어 윤리, 도덕과 단절된 것이라고 했다. 칸트(Kant)도 미가 또 다른 목적에 의존할 수 없다는 이른바 무목적(無目的)의 목적설을 설파(說破)했다. 그리고 독일의 작가 토마스 만(T. Mann)은 예술작품에 도덕적 목적을 요구할 수 없으며, 또 예술작품에 또 다른 목적의식, 즉 현실고발 내지 허무주의적 삶의 제시 같은 것을 요구할 수 없다고 못 박았다.

② 둘째는 인생을 위한 문학관이다. 모든 것이 오직 예술을 위해 존재한다는 주장과는 달리 예술은 인생을 위해 존재한다는 상반된 견해도 있다. 플라톤은 예술이 도덕적 덕목을 위해 기여해야 한다고 했다. 그러므로 예술은 인생을 위해 존재한다는 견해이다. 예술의 종속성, 요컨대 예술 그 자체보다 도덕, 종교, 정치 등 기타를 위해서 예술이 존재한다고

보는 견해다. 이러한 견해에서 작품을 쓴 대표적 작가로서 톨스토이(Lev N. Tolstoy)와 사르트르(Jean Paul Sartre)를 들 수 있다. 우리나라에서도 춘원 이광수와 1920년대 후반기에 우리 문단을 석권했던 프롤레타리아 작가들은 그 좋은 사례가 된다.

톨스토이는 먼저 도덕을 희생시키는 예술을 부정하고, 예술은 오로지 사회봉사를 위해 기여해야 한다고 주장했다. 더 나아가서 그는 좋은 예술이란 선(善)과 악(惡)이 어디에 있는가 보여주는 데 있고, 정신을 높이고 육체를 낮추게 하는 마음을 나타내게 하는 데 있다고 했다.

사르트르도 작가는 허물어져 가는 인간성 회복을 위하여 적극 사회에 참여해야 한다고 말하고 있다. 인간을 둘러싼 갖가지 폭력에서 벗어나 인간다운 실존을 회복시키는데 있어서 문학은 적극 참여해야 한다고 보고 있다.

우리나라의 춘원 이광수도 문학은 종교라 하면서 문학이 아니고서는 표현할 수 없는 인생경험의 표현이라 말하였다. 20년대 후반기 맹렬하게 불붙었던 프로문학도 문학은 가난한 자들의 계급해방을 위해 놓여있다고 주장함으로써 순수한 그대로의 문학 독자성을 인정하려 하지 않았다.

③ 셋째는 니체(F. Nietzche)의 문학관으로 위의 두 문학관들의 균형을 잡는 것이다. 이와 같이 상반되는 두 개의 문학관은 오랜 역사 동안 반복되었다. 이들 두 가지 문학관 가운데 어느 것이 옳고 그르다는 판단을 할 수는 없다. 이들의 우열을 가린다는 것은 마치 닭이 먼저냐 달걀이 먼저냐를 따지는 것과 같다. 플라톤의 이성중심의 문학관과 아리스토텔레스의 감성중심의 문학관을 상호절충하고 통합할 수 있는 문학관이 니체의 문학관이다.

니체(F. Nietzche)는 이 양자의 균형 잡힌 조화를 요구하고 있다. 가령 로고스(Logos)를 바탕으로 하는 아폴론(Apollon)적인 것과 파토스(Pathos)

를 바탕으로 하는 디오니소스(Dionysos)적인 것의 결합이 니체가 갈망하는 문학관이다. 디오니소스적 예술성은 자유로움을 의미하나, 아폴론적인 예술성은 절도와 자기인식을 요구한다. 이 양자 사이의 보다 건전한 결과물이 문학이라는 것이다. 이 근본적인 양극성의 조화는 모든 위대한 문학작품의 본질이며, 그것은 대립하는 두 개의 상호 보완적인 연관 위에서 나타난다는 것이다. 꿈의 상태인 예술성과 위풍 있는 태도인 사회성이 하나로 통합할 때 비로소 위대한 작품으로 이루어진다고 니체는 본 것이다.

실제로 동서고금을 통해 볼 때 불후의 명작이라 일컫는 고전(Classic) 작품은 이러한 두 개의 정신이 서로 알맞게 조화를 이루고 상호보완적 관계에 놓여 있는 것을 목격할 수 있다. 깊이 있고 참다운 문학이 도달해야 할 최고의 이상은 이처럼 극단적인 두 세계를 상호 절충하여 제 3의 세계를 수립하는 단계라 할 것이다.

불후의 명작인 카프카의 『변신』도 예술성과 함께 삶의 좌표를 제시할 사회성도 지닌 양극성의 조화를 이룬 작품이라고 볼 수 있다.

(4) 문학의 기능(機能)을 알아보자.

문학 기능은 가르침을 주는 것과 즐거움을 주는 것이다. 문학의 존재 이유는 우리 인간에게 잃어버린 인격과 양심을 되찾게 해 주는데 있다. 문학은 배고픈 거지에게 빵 한 조각 줄 수 없는 것이지만 배고픈 거지가 존재하고 있는 우리 사회의 부조리나 부끄러움을 고발할 수는 있다. 전쟁 속에서도 톨스토이(Lev N. Tolstoy)나 투르게네프(Ivan S. Turgenev) 등의 작품을 읽음으로써 정신적 구원은 물론 생명까지 보존할 수 있었던 러시아의 청년들이 있었다. 2차 세계대전 중에서도 괴테의 『파우스트』를 읽고 정신적 위안을 얻었던 독일 병사들도 있었다. 이렇게 볼 때 문학은 근원적이고 정신적이며 영적인 차원에서 문학의 역할이 나타난다.

문학의 이원적 기능인 교훈(敎訓)을 주는 기능과 즐거움을 주는 기능은 두 가지 문학의 흐름인 헤브라이즘(Hebraism)과 헬레니즘(Hellenism)에 그 근거를 두고 있다. 헤브라이즘은 기독교의 신(神) 중심사상이다. 따라서 권위주위, 정의주의, 금욕주의, 이상주의적 세계관을 특징으로 한다. 이러한 헤브라이즘은 도덕주의, 정의주의의 세계관에 의해 뒷받침되고 있는 문학의 교훈을 주는 기능이다. 인간을 가르치고 지도하여 교양있는 인간, 도덕적이고 정의로운 세계를 건설하는 것을 문학의 목적으로 인식하는 것이다.

이에 반해서 헬레니즘은 일종의 낭만적 패턴(Romantic Pattern)으로서 인간중심, 본능중심, 자유중심, 미 중심, 향락중심의 속성을 지니고 있다. 이 헬레니즘은 문학의 사조로서 낭만주의, 상징주의, 예술지상주의로 이어졌다. "아름다운 것은 영원한 기쁨이다. 위대한 시인에게 필요한 것은 모든 생각을 잊게 하는 미의 센스뿐이다"라는 키츠(John Keats)의 말은 이러한 헬레니즘 정신에서 나온 것이고 문학이 즐거움 주는 기능의 세계관을 뒷받침하고 있다.

문학의 두 역할의 대표적 입장은 플라톤의 '시인 추방론'과 아리스토텔레스의 '개연성 이론'이다. 플라톤은 그의 저서 『공화국』에서 시인 추방론을 논하고 있다. 플라톤이 설정한 이상국(理想國)과 공화국(共和國)은 진리가 이념이 되고 정의가 실현되는 곳이다. 따라서 시인은 정의로운 이상국인 공화국에서 추방되어야 한다는 것이다.

그러나 플라톤은 시인이 악(惡)을 물리치고 선(善)을 조장하는 경우에는 그의 추방을 유보시킬 것을 전체하고 있다. 진리와 정의에 입각한 공화국에서 가공적으로 꾸민 이야기인 문학이 바로 교육적, 도덕적인 입장을 취하는 경우에만 그 존재가 허용됐던 것이다. 이렇게 볼 때 플라톤은 철저히 가르침을 주는 입장에서 문학을 인식했었음을 알 수 있다.

이에 비해 아리스토텔레스의 '개연성이론(蓋然性理論)'은 시인옹호의 입장에 서있는 이론이다. 아리스토텔레스 역시 시인을 모방자로 보고 있으나 그의 모방대상은 현상계가 아닌 인간의 행동이다. 개별적이고 구체적인 인간의 행동을 모방함으로써 보편적 진리에 도달할 수 있다는 것이 아리스토텔레스의 생각이었다. 일반 현상을 지배하는 공통된 법칙인 '그럴 것'이라는 개연성(蓋然性, Probability)을 획득하기 위해서 도입한 개념이 허구(虛構, Fiction)였다. 춘원의 『이순신』은 여러 가지 허구적 이야기로 꾸며져 있으나 독자들로 하여금 누구나 수긍할 수 있는 보편적 개연성을 획득하고 있다. 이렇게 시인은 인간의 개별적 행동을 모방함으로써 보편적 진리, 즉 플라톤적 의미에서의 이데아의 세계에 도달할 수 있는 만큼 당연히 옹호를 받아야 한다는 것이 아리스토텔레스의 입장이었다.

① 첫째는 가르침을 주는 문학의 교훈적(教訓的) 기능이다. 공자는 『논어』 위정편에서 시삼백(詩三百, 文學)은 인간의 마음을 순화시키는 기능을 한다고 했다. 인간의 본성을 바르게 하는 것이 문학이라는 생각이 도덕적 가르침을 준다는 입장이다.

이러한 가르침을 주는 역할은 고전파 학자나 계몽주의 문학인들에게 두드러지고 비교적 최근에 등장한 예를 들면 다음과 같다.

사르트르는 산문적 언어활동을 세계개혁의 행위로 못 받고 문학은 대중에게 자유를 주고 자유의 귀중함을 인식시키는 데 그 목적이 있다고 했다. 특히 문학의 이러한 목적을 위해서는 산문이 효과적이라고 했다. 문학의 가치는 생활력의 향상에 있다고 보는 것이다. 또한 문학을 조직, 계획, 통합된 사회상의 과업의 한 구성 부분으로 인식하는 마르크스주의 문학관은 이러한 문학의 기능을 극단화시킨 경우로 볼 수 있다.

이 밖에 문학은 인간에게 지식을 제공하고 우리가 체험하지 못한 것을 제공하는 것으로 본 포스터(E. M. Foster), 문학가를 책임 있는 선전가로 본 엘리엇(T. S. Eliot), 시인을 교사로 본 워즈워스(Wordsworth)등도 이 계열에 속한다고 볼 수 있다. 문학의 교훈을 주는 기능은 나름대로의 한계를 갖고 있지만 볼테르(Voltaire)와 루소(Rousseau), 톨스토이(Tolstoi)와 투르게네프(Turgenev), 입센(Ibsen)등의 작품들이 근세에 이루어낸 성과는 충분히 주목해야 할 사항들인 것이다.

② 둘째는 즐거움과 정화(淨化, Katharsis)작용을 하는 쾌락적(快樂的) 기능이다. 이 기능은 아리스토텔레스(Aristoteles)의 모방론에서 시작되었다. 그는 인간에게는 두 개의 본능이 존재하는데 하나는 대상을 모방하려는 본능이고, 또 다른 하나는 모방된 대상에서 즐거움을 얻는 본능이라고 말하고 있다. 모방에서 오는 기쁨은 일종의 인식의 기쁨이고 이러한 모방의 본능이 곧 예술창작의 동기로 보고 있는 것이다.

이러한 즐거움을 주는 기능은 비극의 효과에 대한 설명도 가능해진다. 비극에서 두 개의 대립감정인 공포와 연민을 통하여 독자의 정서는 갈등과 안정을 경험하게 된다. 갈등과 긴장 뒤에 오는 심적 안정감과 정서적 즐거움을 그는 카타르시스(Katharsis)의 효과라고 불렀다. 즉 감정과 정서의 억압상태에서 해방되면서 얻어지는 즐거움을 중시했던 것이다. 이러한 카타르시스의 효과는 소화제, 종교의식에서의 정화(淨化)작용, 배설, 정신의학 등 다양한 방면에서 사용되고 있으나 문학에서는 작가의 창작심리의 한 현상을 의미하는 경우도 있다.

『젊은 베르테르의 슬픔』을 써서 실연(失戀)으로 온 고통에서 해방된 괴테, 『의사 지바고』를 통해 정치적 패배감을 극복했던 보리스 파스테르나크 (Boris Pasternak), 역사적 수치감에서 해방되기 위해 『하늘과 바람과 별과 시』를 썼던 윤동주 등 작가 자신의 시대적 아픔과 고통의 카타르시스가 창작의 동기가 되고 있는 것이다.

카프카도 그레고르의 변신과 그의 죽음을 통해서 부자지간에 겪은 본인의 고통에서 심리적이고 정서적으로 해방되지 않았을까 생각해본다.

쾌락설의 주요한 또 하나의 개념이 감정이입(感情移入, Empathy)현상이다. 독자는 작품을 읽어가면서 작중인물과 동일시(同一視, Identifying)되는 착각을 일으킨다. 스스로가 로미오가 되기도 하고 줄리엣이 되기도 하여 작중인물과 똑같이 호흡하고 생각하고 느끼게 된다. 그리하여 현실에서 이루지 못한 정신적 승화됨을 맛보기도 하고 절망과 깊은 번민에 쌓이기도 한다. 이것이 바로 문학에 접하는 독자의 원초적 체험인 것이다.

영국 평론가인 콜리지(Samuel Taylor Coleridge)는 예술의 본질을 즐거움의 추구로 못 박고 다시 그 즐거움을 감각적 즐거움(Sensual Pleasure)과 미적 즐거움(Aesthetic Pleasure), 지적 즐거움(Intellectual Pleasure) 등으로 분류하여 참다운 예술의 즐거움은 이 세 가지의 참다운 조화에서 얻어진다고 하였다.

③ 셋째는 두 기능의 상호보완성(相互補完性)이다. 문학의 두 기능인 교훈적 기능과 쾌락적 기능은 분명 그 중요성이 클 것임에는 틀림없으나 그 어느 하나가 편중적으로 극단화될 때는 커다란 부작용을 일으킬 수 있다.

교훈적 기능의 경우 문학의 역할을 사회개혁이나 이데올로기의 전파, 교육적 계몽적 수단으로만 인식될 경우 문학의 순수한 자율성은 상실되고 문학이 어떤 목적에 봉사하는 중간매체로 전락하게 된다. 그러한 경우의 문학을 선전문학, 목적문학, 이데올로기 문학, 권력에 영합한 문학 등으로 부르게 된다.

문학이 진정한 교훈적 기능을 갖기 위해서는 토마스 드 퀸시(Thomas De Quincey)가 지적했듯이 지식의 문학(Literature of Knowledge)이 아닌 힘의 문학(Literature of Power)이 되어야 한다. 즉 직접적으로 가르치고 교육하는 것이 아니라 깊은 공감적 감동에 의해 마음을 움직이게 하는 것이어야 한다. "위대한 작품은 우리를 가르치지 않고 우리를 변화시킬 뿐이다"[104]고 한 괴테의 말이 가장 적합하다고 본다.

쾌락적 기능 역시 그 극단화는 커다란 부작용을 유발한다. 콜리지는 쾌락이 조화롭지 못하고 관능적이고 원초적이며 본능적인 쾌락만을 문학이 추구할 때는 문학은 이미 문학이 아니라고 했다. 인기위주의 통속작가의 작품들은 문학의 정신적 승화 작용, 카타르시스의 효과를 외면한 채 감각적인 흥미만을 추구한다.

문학의 형식과 내용은 두 개이면서 하나이듯이 문학의 두 가지 기능 역시 마찬가지다. 동전의 표리(表裏)와 같은 관계에 있다. 즐거움만을 추구해서도 안 되고 교훈만을 추구해서도 안 된다. 이 두 개의 기능은 상호보완적인 관계에 있어야 한다. 예술은 본질적으로 아름답고 속성상 진실하다고 한 르네 웰렉(Rene Wellek)의 말이나 즐거움과 정서는 필요한 것이나 고상성(Nobleness)이 희생되어서는 안 되며 고상성 또한 필요한 것이나 즐거움이 희생되어서는 안 된다는 것이다. 문학의 즐거움이 고상한 즐거움(Higher Pleasure)으로서, 문학의 효용이 미적 진지성(Aesthetic Seriousness)으로서 조화로운 결합을 이룰 때, 문학의 기능은 참다운 본질을 발휘할 수 있는 것이다.

(5) 문학의 요소는 형성요소와 본질요소로 나뉜다.

① 문학의 형성요소를 알아보자.

문학을 이해하려 한다면, 작품을 창작한 작가나 작품을 읽고 감상하는 독자의 문제도 중요한 요소가 되는 것이다. 그러므로 문학작품을 중심으로 하여 사물과의 관계, 독자와의 관계, 작가와의 관계 그리고 작품자체에 내재해 있는 유기적인 구조 등을 추적하는데 따라 문학연구의 분야가 갈라진다. 에이브럼즈(M. H. Abrams)는 이것을 모방론, 효용론, 표현론,

104) Johann Wolfgang von Goethe, *Gespräche mit Eckerman,* P. 78

존재론으로 나누고 문학론의 근본체계를 수립했다. 작가와 작품과 독자 사이에서 문학을 대하는 서로 다른 관점인 문학론이 나타난다고 볼 수 있다. 따라서 작가와 작품과 독자는 각각 문학을 존립케 하는 중요한 형성요소가 되고 있는 것이다.

첫째는 작가의 체험세계이다. 체험세계는 작가가 작품을 표현할 중요한 재료이다. 작가의 체험은 직접 경험에서 얻은 모든 것이 포함된다. 그리고 한 작가의 모든 체험이 종합되고 축적되어서 한 작가의 인격체(Character)로 문학작품이 나타나는 것이다. 나아가서 작가의 인격은 무의식적으로 사고와 행동을 결정하게 된다. 작가가 직접적으로나 간접적으로 체험한 세계는 한 작품에 내재하는 인생관, 세계관 형성에 지대한 영향을 미치게 되는 것도 사실이다. 참다운 의미에서 문학을 이해하기 위해서는 작품 속에 자리 잡고 있는 사상뿐만이 아니라, 작가 쪽의 인격이나 인생관에 관한 이해도 중요한 것이다. 작가의 인격이나 인생관의 차이로 인해 지금까지 수많은 전쟁 이야기나 사랑의 이야기가 있지만, 서로 다른 사상과 주제로 작품이 나온다.

문학연구에서 작가론의 경우, 이 작가의 문제를 중요시하고 있다. 어떤 작품을 낳게 한 작가의 모든 것을 구체적으로 조사하여 마치 전기(傳記)와 흡사하게 엮어 나가는 작업이다. 이때 작가의 모든 것은 사소한 것에 이르기까지 조사되고 통합되어 하나의 체계를 세우게 된다. 가령 작가의 출생, 환경, 가계, 성격, 기호 등을 통해 작품에 미친 영향, 그리고 어쩔 수 없이 그렇게밖에 쓰일 수 없었던 결정적 요인을 설명하게 되는 것이다. 그러므로 작가는 문학을 이룩하게 하는 첫 요소가 되지 않을 수 없는 것이다. 어떤 작품이라도 작가의 결정적인 작용이 없고서는 작품이 탄생할 수 없기 때문이다.

둘째는 작품의 구조이다. 문학작품은 하나의 자족적 실체로 인식될 만큼 형식주의자들은 작품자체를 중시한다. 작품은 존재양식, 구조, 미적 범주 등의 측면에서 고찰될 수 있다. 작품구조 면에서 살펴보면 구조란 작품의 각 부분의 요소들이 전체를 이루고 있는 짜임새를 말한다. 즉 요소와 요소들이 긴밀한 상호연관을 가짐으로써 완결된 의미의 덩어리를 형성하게 될 때, 이처럼 치밀한 내부적 조직을 가지고 있는 하나의 완성된 현상을 이룩한다. 문학의 구조란 하나의 전체를 이루는 모든 요소들의 총합으로 본다.

시의 경우에는 행(行)과 연(聯)은 각각 시 작품 사이에 유기적 관련을 맺고 있어 엘리엇(T.S. Eliot)는 '시는 어디까지나 시 자체로 보아야 한다'고 했다. 또 소설에 있어서도 각 사건과 사건, 소설작품 사이의 유기적 결합을 나타내는 구조들은 모두 부분적 구조(하위구조)가 전체구조(상위구조)의 형성을 위해 필요 불가결한 기능을 가지고 있음을 알 수 있다. 따라서 각 부분은 유기적 통일을 유지하고 있으므로 전체 작품을 완결체로 만드는 것이다.

셋째는 독자의 수용(공감과 비판)이다. 독자의 수용은 주요한 작품형성요소이다. 독자가 작품을 이해하는 과정은 긍정적인 의미에서의 공감(共感)과 부정적인 의미에서의 비판(批判)으로 갈라질 수 있다. 똑 같은 작품이라 할지라도 독자 쪽에서의 공감과 비판은 얼마든지 달라질 수 있다. 공감과 비판은 작품에 나타나 있는 인생관과 독자가 가진 인생관과의 관계에서 생겨나기 때문이다. 말하자면 작품과 독자의 인생관이 서로 일치할 때 공감이 일어나며, 서로 다르게 나타날 때 비판이 일어난다. 먼저 독자 쪽에서 일어나는 공감의 경우를 몇 가지 살펴보자.

독자가 막연하고 어슴푸레하게 생각하고 있던 일들을 작품을 통해서 재확인하였을 때 느끼는 경우다. 우리가 작품을 읽는 이유 중의 하나가 그 작품을 읽고 즐거움을 느끼는 데도 있다. 재인식의 경험은 현실이라고 하는 막연하고 잡다한 혼돈 속에서 그저 어슴푸레하게 한 순간 별똥처럼 번쩍이다만 이미지의 단편이나 섬광을 작가가 작품 속에 포착하여 뚜렷하게 체계를 세운 것을 독자가 재확인하고 재발견하는 경험이다.

공감을 얻는 경우는 리얼리티(Reality)를 터득했을 때다. 사실 우리는 하루도 일상현실을 떠나서 살 수 없다. 그러나 그 일상을 구체적으로 느끼며 살아가지 않는다. 막연하게 생각하고 느끼며 살아갈 뿐이다. 그런데 어느 날 그렇게 막연하게 생각하고 살아왔던 현실에 대하여 구체적이고 치밀하며 박진감 있게 작품으로 보여주고 있을 때, 그 작품을 통해 독자는 무한한 공감을 체득하게 된다. 이것은 리얼리티를 통해 받은 즐거움이요, 감동이 아닐 수 없다. 이렇게 하여 독자는 막연하게 생각해왔던 그런 현실을 구체적으로 재확인 했을 때 받아들인 공감으로 계속해서 작품을 읽게 되는 것이다.

그런 반면 작품을 읽고 부정적인 비판이 끊임없이 제기되는 경우도 있다. 비판이란 일정한 가치기준에 따른 판단이므로 가치기준이 무엇이냐에 따라 비판의 기준은 얼마든지 달라질 수 있다. 가령 독자 쪽의 주관적 기준에만 전적으로 매달려 비판하는 경우와 독자의 가치기준은 전연 무시하고 작품 쪽에만 가치기준의 절대치를 두고 비판하는 객관적 태도가 있다. 전자는 개인의 취미 또는 기호에 따라 달라지기 때문에, 자신의 취미 또는 기호와 어긋난 작품에 대하여 가차 없이 비판을 가하게 된다. 따라서 이러한 경우 독자 개인의 지적 수준, 즉 지식의 넓이나 깊이의 문제가 대두되지 않을 수 없다. 그런 반면 후자는 작품에 실재하고 있는 가치가 하나로 독립해 있다고 보고 그 실체를 비판한다. 널리 알려져 온 형식비평(形式批評)은 어느 작품이나 언어 예술로 이루어져 있으므로 그 언어구조를 면밀하게 분석 검토하여 작품의 가치를 비판하게 되는 것이다.

② 문학의 본질요소를 알아보자.

허드슨(W. H. Hudson)은 『문학연구의 입문』에서 문학의 본질요소로서 지적 요소와 정서적 요소와 상상의 요소, 그리고 양식의 요소로 나누고 있다. 창작으로서의 문학은 언어로 표현되는 세계인만큼 형식이 필수 조건이지만, 또 감정과 정서 중심의 정신활동이라 하더라도 감정에 상응할 사상 곧 지적 세계가 필연적으로 동반되지 않을 수 없다. 또 창조의 세계인 관계로 상상이 특히 중요한 요소이다. 결국 문학의 본질요소는 정서, 상상, 사상, 형식 이들 4가지를 빼 놓을 수 없다.

첫째는 정서(情緖)이다. 감정(Feeling)과 정서(Emotion)란 낱말은 국어사전에 의하면 감정은 '사물에 느끼어 일어나는 희로애락 등의 심정'이라 했고, 정서는 '생각에 따라 일어나는 감정의 실마리'로 풀이하고 있다. 이 둘은 문학에 있어서 매우 중요한 기능과 영역을 차지하고 있는 것이다. 그럼에도 불구하고 문학에서는 감정이란 말 대신에 정서란 말을 널리 쓰고 있다.

정서는 사상과 달리 주관적인 것이 특징이다. 제임스(W. James)는 정서를 '자극이 되는 사실을 지각한 뒤를 따라 신체적 변화들이 나타나는데 그 변화의 의식이 곧 정서인 것'이라 정의했다. 예컨대 한 송이 아름다운 꽃을 보면 누구나 안정된 미소가 피어오른다든지, 또 느닷없이 그림자가 나타나면 등골이 움칫해지는 것은 전자가 환희의 정서를 느낀 것이고, 후자는 공포의 정서를 느낀 결과다. 이런 것은 모두 미적 정서(Aesthetic Emotion)를 유발한 것이다. 문학에서 이러한 미적 정서는 중요하다.

보즌켓(Bernard Bosanquet)은 우리에게 즐거움을 줄 수 있는 미적 정서의 3대 특징을 영속적, 상관적, 공통적인 것이라 규정하고 있다. 첫째의 영속적이란 아무리 누려도 포만하지 않고 언제까지나 계속될 수 있다는 뜻이요, 둘째의 상관적이란 것은 미적 대상이 자기 자신의 일이 아닌, 작가와는 일정한 거리가 있다는 뜻이며, 셋째의 공통적이란 언제든지 누구나 향유할 수 있도록 일정한 대상 속에 구현된 정서란 것이다.

문학에서는 미적정서를 제 일차적인 본질요소로 갖추지 않으면 안 된다. 문학은 이 정서를 표현하므로 관념이나 사상까지 정화시켜 독자에게 단순한 지식을 심어주는 대신 영원한 감동(感動)을 주게 되는 것이다.

둘째는 상상(想像)이다. 문학에서 상상요소는 무엇보다 창조성과 직결되는 세계이다. 그럼에도 불구하고 상상은 베이컨(F. Bacon)이전까지 별로 주목을 받지 못했다. 이유는 아리스토텔레스 이후 신고전주의 시대까지 모방론이 문학의 주류를 형성해 왔기 때문에 상상보다는 이성을 더 중시했다. 그러나 베이컨은 '역사는 기억, 문학은 상상, 철학은 이성'에 직결되어 있다고 말하면서 역사와 철학이 사실 또는 실재를 다루는데 반하여 문학은 사실에 대한 지식을 가지고 상상하는 것이라 하였다.

제임스(W. James)는 상상을 정의하여 '상상은 과거에 느꼈던 실제의 모방을 재생하는 능력'이라 했다. 그러므로 상상은 과거에 느꼈던 사실의 세계에 매이지 않고 사실보다 더 아름답고, 더 훌륭하게, 그리고 더 다양한 세계를 우리에게 보여준다. 체험의 소재들을 가지고 새로운 심상을 만들어 내는 능력은 문학의 값진 창조세계이다. 상상은 모든 예술을 창조하는 근원적 능력으로서 중요한 요소가 되는 것이다.

셋째는 사상(思想)이다. 문학에서 사상은 작품전체를 위대하게 결정해주는 중요한 요소이다. 따라서 정서나 상상은 문학의 독창성을 만들어 준다는 의미에서 부분적 요소에 불과한 것이다. 그러나 동서고금을 통해 문학의 사상은 아주 가치 있게 다루어 왔다.

문학에서 말하는 사상은 작가의 인생관이나 세계관에 의해서 결정되고 작품 속에 숨겨진 의미와 내용을 가리키고 있다. 사실 문학에서 말하는 사상은 필요하면서 충분한 조건은 되지 못한다. 정서나 상상이라는 요소가 자리 잡고 있는 한 문학에서 사상성을 고도로 요구하면 할수록 그것은 이율배반적인 것이 될 우려가 있기 때문이다. 요컨대 정서나 상상이 인간의 주관적 세계라 할 파토스(Pathos)를 지향한다면, 사상은 엄격한 로고스(Logos)를 지향하기 때문이다. 이처럼 상반되는 정신세계이지만 작품 속에서 사상은 언제나 작품의 무게나 가치를 결정해 주기 위해 필요한 요소이다.

대체로 이러한 사상을 작품에 드러나게 하는 계기는 주제(主題)로서 구현된다. 한 마디로 말해 주제란 작가가 작품을 통해 궁극적으로 말하고자 하는 사상이다. 따라서 주제는 도덕적인 것, 철학적인 것, 현실적인 것 등으로 얼마든지 다양하게 표출될 수 있다. 우리나라의 고대소설에서 많이 찾아볼 수 있는 권선징악적(勸善懲惡的) 주제, 개화기 신소설이나 춘원소설에 이르기까지 열렬이 다루어 왔던 신문화, 신문명에 대한 계몽적(啓蒙的) 주제, 그리고 프로 문학에서 다루어 왔던 빈부 갈등에서 빚어진 계급투쟁(階級鬪爭)적 주제 등은 다 그러한 예이다.

그러나 중요한 것은 이러한 주제가 작가의 인생관, 세계관과 결부되어 사상으로 승화되어 나타나기까지는 정서나 상상의 영역과 얼마나 조화를 이루고 있는가에 있다. 문학에서 사상은 중요한 요소이다. 그러나 그것을 미적 요소라 할 정서나 상상과 알맞게 조화를 이루지 않으면 안 되는 한계를 지니고 있다.

넷째는 형식(形式)이다. 작품의 형식은 내용과 구별되어 질 수 없는 세계이다. 문학작품은 내용과 형식이 유기적으로 결합된 하나의 통일체이기 때문이다. 내용은 형식을 결정하고 형식은 내용을 결정한다는 말이 있듯이 이들은 불가분(不可分)의 관계에 놓여 있다.

문학은 다른 예술보다 더 폭넓고 복잡한 인생의 모습을 반영하고 있다. 그러므로 문학형식에 관계되는 모든 요소들은 통일성을 지향한다. 통일성은 완전, 방법, 그리고 조화의 세 가지 조건들을 전제한다.

완전은 형식에 있어서 어떠한 부족함이 없음을 의미하고, 방법은 한 작품의 내용을 적절한 순서와 조화로운 비율에 따라 구성시키는 것을 말한다. 그리고 조화는 작품에 불합리한 것들을 제거하는 것은 말한다. 다시 말하면 문학의 형식은 내용과 유기적으로 결합되어 구체적인 작품을 형성하는 요소로서 예술적인 미(美)를 조성하는데 크게 기여한다고 볼 수 있다.

(6) 문학의 언어(言語)를 알아보자.

문학은 언어 예술이다. 모든 예술은 각각 그 특정의 매체를 가진다. 무용은 몸, 음악은 소리, 그림은 색채, 조각은 대리석이 매체이듯이 문학의 매체는 언어인 것이다. 그러나 언어는 문학만을 위하여 존재하는 것은 아니다. 문학이 언어를 수단으로 삼는 점에서는 과학과도 일치하지만, 그것이 서로 다른 것은 언어의 사용 방법이라 할 수 있다. 문학가(文學家)는 모든 사상전달의 도구로서 언어를 가지고 내면감정을 표현해야 하기 때문에 언어선택의 어려움이 있게 마련이다.

① 첫째는 내포적(內包的) 언어와 외연적(外延的) 언어를 알아보자. 언어의 과학적 사용은 개념의 정확성을 목표로 삼아야 한다. 하나의 언어는 하나의 사물만을 정확하게 지시해야 하는 것으로 더 다른 의미가 부가되어서는 안 된다. 그 때문에 언어와 그 언어가 지시하는 사물 사이에는 1 : 1의 정확한 대응관계가 성립한다. 곧 언어(言語)와 그것이 지시하는 사물과는 하나의 명백한 의미만이 전달되도록 해야 하는 것이다. 언어의 이러한 사용법을 외연(外延, Denotation)이라 하는데, 언어의 지시적이고 논리적인 용법이라고도 할 수 있다.

그러나 문학적 언어는 사전적 의미 뿐 아니라 전혀 다른 비논리적 비합리적인 의미를 형성하게 된다. 한 마디로 말에서 되도록 많은 의미를 포함하려는 이러한 사용법을 내포(內包, Connotation), 또는 언어의 함축적(含蓄的) 사용이라고 한다. 웰렉(R. Wellek)은 『문학의 이론, Theory of Literature』에서 과학적 용어는 순수하게 외연적(denotation)인데 비해, 문학적 언어는 내포적(Connotation)이라고 하였다. 그리고 리처드(I. A. Richards)도 『문학비평의 원리, Principles of Literary Criticism』에서 언어의 성질을 구별하여 정서적 용어와 비정서적 용어로 나누면서 문학은 정서적 용어로, 과학은 비정서적 용어로 표현된다고 했다.

서정주는 그의 시 '국화 옆에서'에서 '국화'를 '누님'으로 비유하고 있다. 이런 표현은 실재하는 국화의 사전적 의미와는 거리가 너무나도 먼 논리성이나 실증성과도 무관한 것이다. 외연적 언어가 언어의 지시적이고 표시적인 기능을 추구하는데 반하여 내포적 언어는 함축적인 것이다.

이와 같이 언어가 내포적으로 사용하면 사용할수록 문학적이고 미학적인 것에 가까워지고 그 언어가 외연적으로 사용하면 사용할수록 과학적인 것에 가까워진다. 한 언어가 문학적으로 쓰여 졌느냐 않느냐 하는 것은 그 언어의 내포적 사용 여부(與否)에 의해서 결정되는 것이다. 다시 말해서 문학적 언어는 함축적이고 내포적이며 상징적이고 암시적이다.

② 둘째는 구체적 언어이다. 언어는 본래 추상적이지만 문학작품의 표현은 구체적이라야 한다. 언어의 사용을 방법에 따라서 진술(陳述 Statement)과 표현(表現 Expression)으로 나누기도 한다. 과학은 설명적인 진술을 매개로 하지만, 문학의 경우는 구체적인 표현을 통해서만 그 효과를 거둘 수 있다. 그러나 문학의 이러한 구체성은 정서, 상상의 소산인 문학에서는 내용이 벌써 뉘앙스가 짙은 애매성을 띠기 때문에 적확한 표현을 기한다는 것은 사실상 용이한 일이 아니다. 아리스토텔레스가 훌륭한 문체의 조건의 하나로 '적당한 언어'라는 말로 그 중요성을 지적하고 있는 것도 그러한 의미에서다. 영국의 문학자 스위프트(Jonathan Swifit)도 문체를 정의하여 '적당한 말을 적당한 장소에 배치하는' 것이라고 주장한 것도 같은 맥락이다.

다시 말해서 문학 언어의 구체성은 언어의 선명성(鮮明性) 또는 정확성(正確性)과 진실성(眞實性, Reality)까지를 뜻한다고 할 수 있다.

결론적으로 문학은 언어를 매체로 한 예술로서 문학 언어는 첫째로 내포적이고 함축적이며, 상징적이고 암시적이며 둘째로 구체적이며 그리고 셋째로 정서적 표현이라야 한다는 말이다.

(7) 문학의 타학문과의 관련성을 알아보자.

문학의 타학문과의 관련성을 알아보는 것은 카프카의 『변신』을 이해하는데 중요하다. 우선 문학의 지향성(指向性)으로 문학에서 진(眞)·선(善)·미(美)는 시대에 따라 작가에 따라 어느 한 쪽으로 다소 편중되기도 했다. 그래서 사실주의 문학은 진을, 인도주의 문학은 선을, 탐미주의 문학은 미를 중심으로 나타났던 것이다. 문학에서 진·선·미와의 상호관계는 매우 중요하게 다루어 왔다. 왜냐하면 예로부터 오늘에 이르기까지 문학은 참되고, 착하며, 아름다움과 어떤 형태로든 결합하지 않는다면 가치 있는 작품이라 할 수 없기 때문이다. 그러나 이 세 가지 요소가 알맞게 조화를 이루며 상호 보완적 관계에 놓여 있다면, 그 이상 바랄 것이 없겠으나 시대에 따라 작가에 따라 대부분의 작품은 어느 한 쪽으로 편중하고 있었던 것이 사실이다.

진(眞)을 지향하는 것은 문학에서 성실성과 직결되고 있다. 성실하지 않는 작품에 진실이란 있을 수 없기 때문이다. 그러므로 예로부터 문학은 작가의 참다움, 즉 진실성 여부로서 평가되어 왔다고 해도 과언이 아닐 것이다. 우리가 수없이 많이 접해온 여러 고전작품은 어떤 측면에서든 작가의 성실하고 진실한 목소리가 살아 숨 쉬고 있는 것을 볼 수 있다. 인간의 삶이 지속되는 한 누구도 부인하지 못할 정정당당한 것, 그것은 세월이 가고 시대가 변해도 영원히 살아남는 작품이 될 것이다. 19세기 유럽에서 나타난 리얼리즘 문학은 리얼리티(Reality)를 문학의 생명으로 생각했다. 리얼리티란 『소설의 이해 Understanding Fiction』에서 논리(Logic)이라 규정하고, 이 논리로 인하여 전체적인 작품의 통일을 이룬다고 하였다. 현실생활에서처럼 무질서하고 잡다한 세계가 아니라, 플롯이나 인물, 그리고 배경 등은 모두 원인과 결과에 따라 치밀하게 연결되며 전체적인 통일을 기해 질서가 주어질 때 리얼리티가 성립된다고 했다.

선(善)을 지향하는 것은 문학에서 동서고금을 막론하고 끊임없이 제기되었다. 서양의 중세 기독교가 지배하던 시대에는 기독교적 윤리관에 따라 문학의 존재가치가 놓여있었던 것이며, 동양에서도 유교 도덕률이 지배하던 시절은 유교적 가치관에 따라 문학의 가치가 결정되었던 것이다.

문학에서 오래 동안 문학의 주제로 다루어져 왔던 것은 이 도덕의 문제였다. 인간의 삶이 존재하는 곳에서는 누구나 악보다 선을 추구하려는 본성이 자리 잡고 있기 때문이다. 따라서 대부분의 서사적 장르의 작품에서는 선악 갈등으로 볼 수 있다. 주인공(Protagonist)은 선(善)을 지향하는 인물이고, 적대자(Antagonist)는 악(惡)을 지향하는 인물로 등장하여 서로 갈등을 조성하다가 결말 부분에 이르러 악인은 패하고 선인은 행복하게 된다는 이야기에서 많은 독자는 갈채를 보내었던 것이다. 따라서 독자들은 이러한 작품을 읽고 실생활에서도 직접 선행을 하고자 노력했던 것이다.

우리가 알고 있는 단테(Dante)의 『신곡』, 밀턴(Milton)의 『실락원』, 괴테(Goethe)의 『파우스트 Faust』, 그리고 셰익스피어(Shakespeare)의 여러 작품들은 모두 이러한 도덕률을 확보하고자 노력했던 결실이었다. 우리나라에서도 이조시대의 유교 도덕이 지배하는 시절 씌어졌던 수많은 시조나 가사 작품에서 도덕성을 중시했다. 춘원의 작품에서도 신구갈등 상(像)을 통해 새로운 문물에 눈떠 나아가려는 인물을 옹호함으로써 문학의 새로운 도덕성(Morality)을 확립했던 것이다.

미(美)를 지향하는 것은 문학이 예술로써 자리 잡게 하는 최후의 보루(堡壘)이다. 어떤 형태로든 미적 정서가 느껴지지 않는 경우 우리는 문학을 가치 있는 예술로 볼 수 없다. 그러나 이러한 미적 요소를 알맞게 조정할 때와는 달리 극단화할 때 또 문제가 생기는 것이다. 가령 19세기의 보더레러(Baudelaire)나 포우(E. A. Poe), 그리고 오스카 와일더(O. Wilde)같은 시인은 문학에서 다른 모든 요소는 모두 배제하고 오로지 아름다움(美)만을 위해 기여해야 한다고 주장했다. 때문에 이들의 문학에서는 인간이 인간으로서 소중히 다루어야 할 윤리나 도덕, 그리고 진실이란 문제까지 버리고 미적 감흥을 어떻게 하면 더욱 더 강렬하게 높일 것인가에 온 심혈을 기울였던 것이다. 그러므로 이들의 문학에는 일정한 도덕이나 윤리규범도 없고, 진실이란 문제마저도 뛰어넘어 기상천외한 내용들을 보여주게 된다. 따라서 문학은 쾌락과 타락으로 인간정신을 마구 헝클어 놓고 쾌재를 부르는 것이다. 이러한 운동은 19세기 말 전 유럽에 흘러넘치게 되었는데, 이는 처음 순수한 미적 경험이란 도덕성과 관계없이 그 미적 대상에 대한 사심 없는 관조로 이루어진다는 칸트(Immanuel Kant) 이론에 기초를 두고 있었다. 미는 예술의 영역에서 중요한 비중을 차지하는 것은 사실이나, 극단화하여 악마주의와 결합되는 것은 바람직한 결과라 할 수 없다.

문학의 타학문과의 관련성을 알아보자. 웰렉(Wellek)과 워렌(Warren)은 『문학의 이론, Theory of Literature』에서 문학적 체험을 학문으로 이해하기 위해서는 크게 두 가지 관점에서 볼 수 있다고 했다. 하나는 내적요소라 할 문학의 본질적 연구이고, 다른 하나는 외적 요소라 할 비본질적 연구가 그것이다.

문학이란 언어와 문자를 통해서 인생을 표현한다고 볼 때, 전적으로 작품자체의 내적 요소만으로 그 연구가 가능하다고 보는 신 비평가들의 견해는 문학의 본질적 연구에 기여하는 것이다. 그러나 문학의 매체인 언어 그 자체도 사회성과 역사성을 지닌다고 볼 때, 문학을 둘러싼 역사나 사회, 전기나 심리, 기타 여러 관념들을 통해서도 문학을 연구할 수 있다고 믿는 것은 문학의 비본질적 연구와 관계된다고 볼 수 있다. 이러한 비본질적 태도에서 타학문과의 관련성 연구는 또 다른 의미가 있는 일이라고 본다.

① 첫째는 전기(傳記, Biography)적 관련성이다.

문학연구의 비본질적 태도에서 전기(Biography)적 방법은 작품과 그것을 쓴 작가와 분리시켜 생각할 수 없다는 태도다. 이것은 19세기 생뜨뵈브(Sainte Beuve)와 테느(H. Taine)에 의해 본격적으로 문학연구의 방법으로 등장하기에 이르렀다. 이들은 실증주의 역사관을 토대로 하여 개인에 관한 모든 기록을 수집하여 엄격한 심사와 진위를 거쳐 이것을 기초자료로 하여 작가의 역사를 발생순서 대로 객관적으로 기술해 나갔다.

이렇게 하는 것은 문학작품이란 그 작품을 쓴 작가를 보다 정확히 알기 위한 수단에 불과하다는 견해이기 때문이다. 그러나 대체로 전기 작가는 자칫 상상으로 조립하여 작가의 생애를 오도할 위험성을 내포하고 있다. 그러나 문학작품의 올바른 이해를 위하여 작가의 문제에 관심을 갖는다는 것은 결코 헛된 노력이라 할 수 없다. 이상적인 것은 작가와 작품을 유기적 관련 속에서 함께 파악하는 것이 훨씬 효과적이라는 사실이다.

카프카의 작품들도 가족 특히 아버지와의 관계와 주변 상황들인 전기적인 관련성을 이해하는 것이 그의 작품들을 이해에 크게 도움이 된다고 본다.

② 둘째는 심리학적(心理學的)) 관련성이다.

웰렉(Wellek)과 워렌(Warren)의 『문학의 이론』에서는 문학과 심리학의 관계를 작가의 심리학적 연구, 창작과정의 연구, 문학작품 속에 있는 심리학상의 법칙 연구, 독자에게 주는 문학의 영향 연구 등 4가지로 나누고 있다. 사실 작가와 작품, 독자 사이에 관계되는 모든 문제를 심리학적 측면에서 살펴보면 크게 세 갈래로 적용해 볼 수 있다.

하나는 창작심리학이라 할 작가에 대한 심리학적 고찰이다. 작가의 영감에 의해 창작된다는 플라톤의 학설 이래, 프로이드(S. Freud)는 작가의 무의식의 작용에 의해 이루어진다는 학설을 제기했다. 작가가 겪은 좌절이나 억압, 그리고 미해결에 대한 반동, 즉 의식생활에서 못 이룬 바를 작품으로 실현한 것이라는 견해다.

둘은 작품심리학으로 작품자체가 내포하는 심리현상을 해석하는 것이다. 복잡한 심리 현상을 드러내는 작중인물, 가령 햄릿, 라스콜리니코프 등에 대한 설명은 작품심리학의 본령이라 할 수 있다. 오이디푸스(Oedipus)적인 복합심리를 간직하고 있는 햄릿, 그리고 노파를 살해하고 번민하는 라스콜리니코프의 행적에 대한 이상심리의 징후를 분석하여 작가의 심리까지 엿볼 수 있게 한다.

셋은 독자에게 미친 문학의 심리적 영향을 살피는 독자심리학이다. 아리스토텔레스가 말한 카타르시스(Catharsis)를 억압된 감정의 대리적 만족, 또는 환상의 해방이라는 심리작용으로 해석되는 것은 독자 쪽의 반응을 통해 파악되는 심리현상이다. 역사책과 역사소설을 대하는 독자 측의 서로 다른 반응도 마찬가지다. 역사책에서는 이성적 판단, 정보에 대한 기억 등 부담감이 있으나 역사소설에 대해서는 저자가 마련 해준 적절한 방법으로 무의식의 욕구를 해소시킬 환상에 정신을 맡겨버린다는 것이다.

프로이드(S. Freud)가 의식세계는 자아(Ego), 그리고 초자아(Superego)의 단계를 거치는데 무엇보다 무의식(Unconsciousness)이 중시되어야 한다고 했다. 이러한 무의식의 심층심리 때문에 표면의 행위에 대한 본질이 많이 해명되기도 했다. 그리고 융(C. G. Jung)은 자아의 속성을 내향과 외향의 대립적 관계로 파악하고 이 대립은 어떤 생명력에 의해 통일될 때 창조적 능력인 판타지(Phantasy)에 도달 된다는 것이다. 20세기에 이르러 문학은 프로이드와 융의 영향을 크게 힘입고 인간심리의 적나라한 표출을 의식의 흐름(Stream of Consciousness)으로 완성시켰다. 조이서(J. Joyce)의 『율리시즈』, 프로스트(M. Proust)의 『잃어버린 시간을 찾아서』 등은 모두 인간의 내면세계를 깊이 있게 탐험하여 새로운 문학의 세계를 열었던 것이다.

카프카의 작품 『변신』을 이해하기 위해서도 창작심리학과 작품심리학과 연계시켜 이해함이 중요하다고 본다. 융의 이론 중에서 자아의 속성을 내향과 외향의 양면적 관계로 파악하고 그 대립적인 관련성이 창조적 능력으로 카프카의 글쓰기가 시작되었다고 본다.

가장 많은 갈등을 빚은 아버지는 외향성의 극치로, 아들 프란츠 카프카는 내향성의 극치로 보이니 서로 간에 성격의 차이점과 다른점을 이해하지 않고 자기 기준으로만 상대를 바라보는 부자지간의 갈등은 프란츠가 가진 유일한 탈출구인 글쓰기를 통해서 해소되었으니 그 결과물들이 그의 작품들이 되었다.

③ 셋째는 사회학적(社會學的) 관련성이다.

문학은 어떤 형태로든 사회와 밀접한 관계를 가지고 있다. 따라서 엄격한 의미에서 사회의 문제를 떠나 문학은 존재할 수 없다는 것이다. 이것은 무엇보다 문학이 언어예술, 곧 언어를 매체로 해서 이루어지는 만큼 그 언어의 속성은 말할 나위도 없이 사회성을 띠고 있기 때문에 더욱 그러하다. 언어는 문학의 표현 수단이기에 앞서 사회의 산물이며 사회전체의 공동자산인 것이다.

한편 문학의 재료로 다루어지는 사랑과 미움, 화합과 갈등, 참여와 소외 같은 것은 모두 사회문제와 직접 관련을 맺고 있는 주제들이다. 이러한 주제들은 모두 인간 사이에서 벌어지는 사회관계의 여러 양상들이다. 어떤 작품에서나 이러한 주제가 성립된다면 일단 사회적 측면에서 접근해 보지 않을 수 없을 것이다.

리얼리즘 문학에서는 작품 속에 들어있는 사회적 요소가 얼마나 정직하게 당대 사회의 모습을 반영하고 있는가의 측면에서 평가되기도 한다. 가령 리얼리즘의 전제는 사회 환경의 절대적 위력에서 결정된다고 보기 때문에 사회라는 환경을 면밀하게 검토하고 있다. 19세기 리얼리즘 소설은 한 결 같이 당대의 시대나 사회가 폭넓게 그려져 있는 것을 볼 수 있다. 발자크(H. Balzac)의 『인간희극』이 그렇고, 프로베르(Flaubert)의 『마담 보바리』, 그리고 졸라(E. Zola)의 『루공 마카르 총서, Les Rougon-Macquart』(20권)에 담겨 있는 프랑스 제 2 제정시대의 사회상이 여실하게 재현되고 있는 것을 볼 수 있다.

그러나 우리는 이들이 그려내고 있는 사회가 거울에 비친 그대로 또는 사진을 찍듯이 재현했다고 볼 수 없다. 현실을 있는 그대로 재현한다고 했지만 그것은 어디까지나 작가의 주관을 거친, 말하자면 작가에 의해 질서부여를 마친 뒤의 현실로 재구성한 것이라는 사실을 이해해야 한다. 즉 작가가 사회적 체험내용을 그의 독특한 입장에서 독특한 언어로 재구성하여 한 편의 소설을 문학적 요건으로 형상화한 것에 지나지 않는 것이다. 따라서 우리는 작가가 창조한 작품을 통해서 그 시대와 사회를 이해할 수 있다는 말이지 직접 그 사회를 보는 것은 아니라는 사실이다.

④ 넷째는 철학적(哲學的) 관련성이다.

문학을 관념의 표현, 곧 철학의 일 분야로 파악하려는 경우와 이와 정반대로 철학과의 관련을 시인하지 않는 경우가 있다.

특히 전자는 지성의 역사와 병행하여 지성의 역사를 반영하고 있는 까닭으로 문학은 여러 관념과 철학의 역사에 있어서 문헌으로 취급되고 있다. 가령 어떤 시인은 특정의 철학을 신봉하고 있는 것을 지적하는 수가 있거나, 혹은 작가가 유명한 철학과 직접적인 교섭을 가지고 있다는 것을 나타내는 수가 많은 것이다.

수많은 시인·작가들은 직간접으로 어떤 철학이나 사상의 관념을 끌어들여 그것을 토대로 문학을 전개시킨 사례가 많다. 예컨대 스펜서로부터 셰익스피어, 밀턴 등은 신과 우주의 문제, 영혼사멸의 문제, 정치적이고 과학적인 제반문제들을 작품에 담아왔다. 특히 낭만파 시인가운데 콜리지(S. T. Coleridge)나 워즈워스(W. Wordsworth), 그리고 쉘리(Shelly)는 다 같이 철학에 관심을 두었던 시인이었다. 콜리지에게는 칸트로 부터 많은 독일의 관념철학을 수용했는가 하면, 워즈워스도 칸트에서 심리학자 하르트레이(Hartley)의 면밀한 연구자였다는 점과 쉘리는 18세기 프랑스의 철학자들과 만년에는 스피노자(Spinoza), 플라톤에게서 많은 관념을 전수 받았던 것이다.

이렇듯 어떤 형태로든 관념을 미리 알고 문학의 세계를 구축하려 했던 것을 보면, 문학외적인 정치, 경제, 사회, 철학, 종교, 도덕 등 여러 분야와 밀접한 연관성을 맺고 있었던 것을 알 수 있다. 그러나 이러한 여러 관념들은 분명히 문학에서 다루어질 때와 독립해서 놓여있을 때와는 구별되어 진다는 것을 잊어서는 안 된다. 말하자면 이들이 독자적으로 독립해서 놓여있을 때는 현실적으로 자체의 힘으로 실현시키는 것인데 반하여, 문학과 융해되어 나타날 경우에는 작가의 인생관이나 세계관과 결부되는 것이 그 특색이다.

2) 소설론

(1) 소설의 정의(定義)를 알아보자.

소설은 그 정의를 명확히 내리기가 어려운 장르(Genre)이다. 소설은 다른 장르에 비해서 늦게 발달했다. 옥스퍼드사전(OED)에 의하면 소설(Novel)은 '등장인물의 과거와 현재의 실생활을 다소 복잡한 구성 속에 묘사한 길이가 긴 허구적인 산문 서사문'이라고 했다. 소설은 근대 이전의 전설(傳說)과 서사시(敍事詩)의 흐름을 이어 받아서 근대에 와서 가장 발달한 장르이다. 소설이 문학의 중심 장르를 차지한 것은 약 200년 전이다. 그 이전의 문학은 시(詩)가 중심적인 문학 장르였다.

소설은 이야기이며 이야기의 요건인 사건을 갖추고 있다. 소설을 흔히 연애나 모험의 이야기책으로 인식되어온 것도 이 때문이다. 소설(小說)이란 자의(字意)를 생각해보면 '작을 소(小)'와 '이야기 설(說)'로 '자질구레한, 하찮은, 사소한 이야기'란 뜻이다. 서구에서도 소설을 Novel, Novelle하면 News와 같은 어원으로 '신기한, 새로운' 뜻이고, Roman, Romance하면 '모험적이고 괴기한' 뜻을 지닌다. 소설을 Novel, Story라 하고 단편소설은 Shortstory라 하며 장편소설을 Roman이라 하는데 이것은 글자의 뜻이 이야기란 말이다. 소설의 이야기는 실생활의 표현이고 인물탐구에 있으니 인간의 발견을 내세운 르네상스 이후 18세기 근대사회의 발전과 더불어 소설은 발전했다.

'소설은 인생의 해석이다'라고 한 허드슨(W. H. Hudson)의 말이나, '소설은 이야기, 즉 캐릭터에 대해서 꾸며놓은 이야기이다'라고 한 브룩스와 워렌(C. Brooks & R. P. Warren)의 말이나, '소설은 적당한 길이의 산문으로 된 가공적인 이야기이다'라고 한 포스터(E.M. Forster)의 말처럼 소설은 픽션(Fiction)으로 가공적인 허구(虛構)의 세계를 당대의 삶에 반영한 이야기이다. 그러므로 소설을 정의하면 소설은 허구를 통한 서술적인 산문으로 삶의 세계를 표현하는 창작문학의 중요한 장르라고 말할 수 있다.

(2) 소설의 특성(特性)을 알아보자.

소설은 서술적인 산문으로 되어 있고 허구를 통하여서 인생을 표현하되 진실성(眞實性)이 있어야 하며, 따라서 인간성을 탐구하고 인생이 무엇인지를 추구하는 문학형태라고 할 수 있다.

① 첫째는 산문성(散文性)이다. 소설이 서술적인 산문으로 되어 있다는 그 산문성은 시(詩)나 희곡과 다른 장르로서 제일 먼저 지적할 수 있는 특성이다. 가령 시의 운문은 언어문자의 일정한 배열과 규율이 있어야 하지만, 산문은 그러한 규율의 제한 없이 자유로운 형식을 택하는데 있다. 그러므로 산문성은 근대정신이 추구해온 논리와 혼잡한 시대성과 사회성 때문에 인간의 사상, 감정 그리고 심리까지도 더욱 복잡해져서 이러한 것을 예술로 표현하는데 있어서 표현형식을 제한 받는 운문으로서는 매우 곤란하다. 이러한 내면적 욕구에 따라 자유로운 산문형식이 발전되었다. 따라서 현대를 산문시대라 부르는 것은 당연한 결과라 할 것이다.

② 둘째는 허구성(虛構性)이다. 소설의 창조는 허구(Fiction)에서 비롯된다. 허구란 아리스토텔레스가 역설한 바와 같이 '실제로 일어난 세계를 말하는 것이 아니고, 일어날 수 있는 세계, 가능성의 세계, 즉 개연성(蓋然性, Probability)속에 놓이는 것'을 말한다. 따라서 소설은 현실의 재생이나 재현하는 것을 의미하는 것이 아니라, 가능한 세계를 기술하는데 있다. 달리 말하면 현실을 근거로 하되 그 현실을 그대로 떼 내어 보여주는데 만족하지 않고, 작가가 허구라는 상상력을 동원하여 새로운 세계를 재구성하여 보여준다.

그러므로 소설의 내용이 되는 사실은 작가가 그 현실을 어떻게 인식하고 의식하는가에 따라 현실은 얼마든지 달라질 수 있다. 작가가 그 작품을 통하여 자신의 인생관과 세계관에서 사회의 모순을 지적하고 진실을 추구하면서 휴머니즘을 앞세우는 것은 사실을 근거로 하면서 사실의 허구성 때문에 가능한 것이다.

이렇게 볼 때 작가는 수동적으로 현실에 끌려가는 사람이 아니고 능동적으로 그와 맞서 진실을 추구하는 사람이다. 즉 허구의 기능을 빌어 현실을 비평하고 새로운 세계에 도전하고 있다고 본다. 그래서 작가를 창조자라고 부르는 이유가 여기에 있다.

③ 셋째는 진실성(眞實性)이다. 소설에 있어서 사실(事實, Fact)과 진실(Reality)은 엄격히 구별되어야 한다. 사실은 실제성(Actuality)을 의미하고, 진실은 리얼리티(Reality)를 의미한다. 소설이 자유로운 형식에 의해 발달된 것은 근대의 과학정신처럼 사실을 표현하는데 그 무엇보다 편리했기 때문에 결국 소설의 내용은 현실의 진실을 추구했던 것이다.

이 때 작가는 참다운 리얼리티를 구현하기 위해 혼신의 힘을 기울이지 않으면 안 된다. 그러므로 작품에 내재한 사상은 작가의 신념에 찬 진실한 목소리다. 여러 사조나 유파에 따라 작품들도 따져보면, 세계를 넘어서서 진실성을 추구했다. 우리가 흔히 말하는 리얼리즘도 현실을 사실에 입각하여 복사하는 형태가 아니라, 철저히 진실에 입각한 것이다.

진정한 리얼리즘이란 사실보다 진리에 입각하는 정신이다. 그러나 근대소설 형성에 있어서 초기의 양상은 사실과 밀착되어 있음을 알 수 있다, 즉 픽션은 가공의 사실인데 이것을 가공이 아닌 것처럼 독자에게 보이려고 여러 가지 치장을 하는 기교에서 리얼리즘은 발전해 왔다. 그러나 사실이 곧 진실한 것이 아니고 많은 사실에서 귀납된 작가의 주관을 거친 것이 진실이며 이것을 표현한 것이 소설이라는 자각은 19세기 이후의 일이다.

④ 셋째는 객관성(客觀性)이다. 삶과 인간성을 탐구하고 인생이 무엇

인지를 추구하기 위해서는 주관적으로 이루어져서는 곤란하다. 얼핏 생각하면 문학 그 자체란 주관적인 것이라 생각하기 쉬우나 그렇지 않다. 자연과학처럼 실증과 논증을 전제로 하는 분야에 비한다면 다분히 주관적이라 할 만하다. 문학은 인간정신을 그리는 것인 만큼 자칫 주관성에 빠질 우려도 전면 배제할 수는 없다. 그러나 소설은 객관성을 전제로 하지 않는다면 보편성(普遍性)을 상실한 독단의 문학이다.

문학의 여러 형태에 있어서 객관성을 요구하는 것은 비단 소설만이 아니다. 우리가 잘 알고 있듯이 서사시나 희곡도 객관성을 요구하는 문학이다. 그러나 그 철저성은 소설에 미치지 못한다. 서사시에서 요구하는 객관성은 민족이나 단체적인 성격을 표현하는데 있다면, 희곡은 무대라는 제한된 시간과 공간에서 표현하는데 그친다. 그러나 소설은 그것이 1인칭시점으로 된 것일지라도 어디까지나 객관적 입장에서 관찰하고 주시해야 되며, 심지어 자기 자신의 심리를 드러내는 경우에 있어서도 객관적으로 묘사하지 않으면 실패하고 만다.

이상과 같은 것을 염두에 두고 보면 소설의 특성은 산문으로 씌어져 있고 허구를 통하여 인생을 그리되 진실성이 있어야하며, 인간성을 탐구하고 인생이 무엇인지를 객관적으로 추구하는 것이라 할 수 있다.

(2) 소설의 목적을 알아보자.

일반적으로 문학의 목적을 말할 때 크게 두 가지 측면에서 설명한다. 하나는 즐거움을 주는 목적이고 다른 하나는 교육적 효과를 부여하는 것이다. 소설도 문학인 이상 이 두 가지 목적으로 잘라 생각할 수 있다. 그러나 예술의 이상(理想)인 진·선·미의 세 가지 각도에서 그 목적을 알아보자. 소설의 세 가지 목적은 진실한 인간문제를 제시하고 거기에 어떤 해답의 실마리를 주어야 한다는 인간적 목적과 도덕적인 교훈을 주어야 한다는 실리적인 입장과 그리고 소설은 독자에게 즐거움을 주어야 한다

는 순수예술적인 입장이다.[105)]

① 첫째는 진(眞)을 추구하는 인간적인 목적이다. 소설의 참다운 목적은 역시 인간문제를 탐구하고 인생이 무엇인지를 밝혀주는 것을 가장 큰 과제로 생각하지 않을 수 없다. 소설을 왜 읽는가? 이러한 물음에 대하여 간단히 재미를 느끼기 위해서라고 대답하기에는 너무 단조롭다. 적어도 삶의 문제, 또는 인생의 문제를 생각해 보고 해명해 보자는 욕구를 저버릴 수가 없다. 우리들의 삶은 어차피 일회성으로 끝나고 마는 것이다. 그러기에 소설을 통해서 다른 사람들의 인생을 엿보고 싶은 마음이다. 따라서 소설의 참다운 목적은 인간 문제를 탐구하고, 인생이 무엇인지를 밝혀 나가는데 있다고 할 수 있다.

그러니 진(眞, Reality)을 추구한다는 것은 인생의 진실한 면을 보여주는 것이다. 현실에 처해 있는 삶을 솔직하게 기탄없이 보여줄 때 가능하다. 그러므로 현실을 철저히 객관적인 입장에서 그려내려는 태도다. 근대사회가 대두되면서 이 정신은 줄기차게 일어났다. 서구에서 말하는 리얼리즘은 처음부터 끝까지 이러한 사실·진실·진리의 문제와 결부되어 있다.

② 둘째는 선(善)을 추구하는 공익적 목적이다. 예술적 목적과 달리 문학을 선(善)추구로 파악하자는 공익적 목적도 있다. 의외로 우리는 동서고금을 통해서 이러한 문학의 목적을 가지고 창작된 작품을 많이 대하게 된다. 톨스토이나 이광수의 작품이 그렇다.

이들은 무엇보다 소설을 어떤 이념(Ideology)이나 사상을 내세우기 위한 수단이나 도구로 파악하고 있다. 즉 소설을 어디까지나 가르침이나 선전적인 자세로 그 목적을 부여하는 태도다. 가령 이광수는 신문화·신

---

105) 구인환외 1인, *문학개론*, 삼영사, P. 171

문명을 대중에게 보급하기 위해 소설형식을 빌어 가르침을 주고 계몽을 했던 것이다. 또 윤리적인 문제에 있어서도 이광수 나름의 선(善)의식을 설정하여 남녀평등권, 자녀 중심주의 등을 끊임없이 주창했다.

고대소설이나 서구 소설도 권선징악(勸善懲惡)적인 주제를 설정하여 소설을 엮어가고 있다. 이처럼 공익적 소설은 공식화된 플롯을 지닌다는 것이 약점으로 지적되기도 한다.

그러나 문학의 공익적인 면을 무조건 배척할 수는 없다. 인생에 있어서 독창적인 문제성을 제시하거나 위대한 사상을 강조하려 할 때 이것을 무조건 배타적으로 생각해서는 곤란하다. 톨스토이처럼 쓰러져 가는 인간을 부둥켜안는 위대한 박애주의정신(Humanitarianism)을 고취한 작품은 오늘날에 이르기까지 무한한 감동을 주고 있기 때문이다.

③ 셋째는 미(美)를 추구하는 예술적 목적이다. 예술적 목적이란 소설을 미(美)의 테두리에 넣고 보자는 견해다. 소설의 미(美)란 즐거움 또는 재미로 관련지을 수 있다. 요컨대 소설이라면 무엇보다 독자에게 즐거움을 주고 감동을 주어야 한다는 원칙에 이의가 있을 수 없다. 그러나 여기서 말하는 즐거움은 관능적이고 통속적이며 오락적인 재미를 뜻하는 것이 아니라, 어디까지나 정서적(情緖的) 감동을 주는 미적 즐거움을 주는 것이어야 하며 정신과 영혼을 편안하게 해주는 지적 즐거움이어야 한다.

우리나라의 김동인이나 영국의 오스카 와일드(O. Wilde)는 이러한 예의 대표적인 작가다. 특히 김동인은 이 미(美)에 대해서 '미의 반대의 것도 미다. 사랑도 미이나 미움도 미다. 선도 미인 동시에 악도 또한 미'라고 하여 주목을 끌었다.

이와 같이 소설의 목적은 크게 세 가지로 나누어 볼 수 있다. 이들 세 가지 목적은 시대에 따라 사회에 따라 다소 한쪽으로 편중되게 존재해 오기도 했으나 앞으로도 계속 소설의 목적은 균형 있게 존재할 것이다.

(3) 소설의 요소(要素)를 알아보자.

소설의 요소는 나누는 사람에 따라 달라질 수 있다. 가령 크게 개념적 요소와 기술적 요소로 나눈다든지, 브룩스(Brooks)와 워렌(Warren)처럼 필수적 요소와 부수적 요소로 나누기도 한다. 그러나 소설의 요소로서 가장 중요한 것은 주제(Theme)와 구성(Plot) 그리고 문체(Style)이다.

① 첫째는 소설의 주제(Theme)이다. 주제는 작가가 그 작품에서 나타내 보이려 한 어떤 사상이라 규정할 수 있다. 이것을 좀 더 구체화시키면 작가가 작중인물에 대해 가지고 있는 느낌을 추상화한 것과 사건, 인물, 배경 등 여러 구성요소를 통합시켜 주는 형이상학적 구체성이다. 또 라보크(P. Lubbock)은 『소설 기술론, The Kraft of Fiction)』에서 '소설에서 최초로 존재하는 것은 주제'라고 했다. 주제를 발견하는 능력이 작가가 가질 기본적인 재능이라 볼 수 있다. 따라서 주제는 소설의 시작이고 마지막이다.

이처럼 소설에서 주제는 중요한 요소이다. 이러한 주제를 파악하는 방법으로 이재선의 『문학의 이론』에서 플롯과 액션을 통한 방법, 톤을 통한 방법, 분위기를 통한 방법, 무드(Mood)에 의한 방법으로 나누어 설명하고 있다. 그리고 스탠턴(R. Stanton)은 주제 제시의 방법으로 다음과 같이 설명한다.106)

- 주제는 스토리 속에서 설명을 할 수 있어야 한다.
- 주제 분석의 결과는 스토리와 모순되면 안 된다.
- 스토리 속에 표현되지 않은 주제 분석은 안 된다.
- 주제 분석은 스토리에 의해 직접 암시되어야 한다.

---

106) R. Stanton, *An Introduction to Fiction*, P. 19

작품에 구현된 의미를 추출한다는 것은 여러 가지 방법이 있다. 창작 과정에서는 모티브(Motive)를 모티베이션(Motivation)할 때, 즉 동기의 구체화 과정에서 주제는 출발한다고 할 수 있다.

② 둘째는 소설의 구성인 플롯(Plot, 構成)이다. 플롯(plot)은 엮어 짜기를 의미한다. 플롯(構成)에는 시작과 중간과 끝이 있어야 한다고 아리스토텔레스가 말한 이래로 문학에서 작가가 취할 수 있는 예술적 기교 중에서 가장 중요한 것이 플롯이다.[107)]

프랑스 평론가인 티보데(Thibaudet)는 플롯의 개념을 광의와 협의로 나누어 설명했는데, 광의는 스토리를 이어나가는 기술, 성격을 창조하는 기술, 상태를 만드는 기술을 총체적으로 말하는 경우이고, 협의는 이 세 가지 가운데 스토리를 이어나가는 것만을 가리키고 있다.

포스터(E. M. Forster)는 플롯을 스토리(Story)와 구별하여 설명하였다. 예술적 가치가 있는 소설은 인과관계에 중점을 둔 사건의 서술인 플롯은 '왕이 죽자, 왕비는 너무 슬퍼한 나머지 죽고 말았다'라고 예시하고, 스토리는 시간의 순서에 따라 정리된 사건의 순서로 단순히 '왕이 죽고 다음에 왕비가 죽었다'는 식으로 엮어간다고 했다.

프라이(N. Frye)도 스토리는 앞마당에 난 잡초와 풀들로, 플롯은 차창을 통해 시선을 집중시키는 나무와 집들로 비유하였고, 정적구조를 스토리로 동적구조를 플롯으로, 우연성은 스토리이고 필연성은 플롯이라고 그 차이를 설명했다.

러시아 형식주의자(Formalist)들은 서술의 초점(焦點)을 통하여 매개된 플롯을 주제(Sujet)라 하고 스토리를 우화(Fable)라고 했다. 우화는 여러 모티브를 연대기적으로 배열하고, 작가가 예술적으로 재구성하고 변형시켜야 할 재료들인데 이것은 과거, 현재, 미래로 발생순서에 따라 배열된

---

107) 박철희, *문학개론*, P. 233

다고 했다. 그러나 주제는 여러 모티브를 실제로 표현하거나 배열하여 하나의 작품으로 구체화하여 작가의 의도에 따라 그 재료들이 실제로 정리 배열된 과정을 가리키며 이것은 표상의 순서에 따른다고 했다.

예를 들면 춘향설화는 우화(Fable)이고, 이 춘향설화를 바탕으로 판소리 『춘향가』, 이해조의 『옥중화』, 그리고 춘원의 『일설 춘향전』등은 작가에 따라 끊임없이 새로운 주제(Sujet)로 탄생된 것으로 볼 수 있다.

그리고 플롯(Plot)의 단층은 대개 5단계로 나누어 볼 수 있는데, 간단히 요약하면 다음과 같다 :

- 발단: 장차 일어날 사건의 변화에 흥미를 갖도록 설정한다.
- 전개: 사건의 실마리가 풀려 이야기의 정체가 나타나는 부분이다.
- 위기: 주인공이 독자들에게 동정과 연민, 공포와 스릴을 갖도록 조성한다.
- 절정: 인간의 비애와 몰락이 극도에 도달, 파멸로 이끄는 부분이다.
- 결말: 고조된 사건이 질서를 찾아 주제의 결론으로 내닫는 부분이다.

작품에 따라서는 절정(Climax)이 전반부에 설정될 수도 있고, 또 후반부에 설정될 수도 있다. 작품의 성격에 따라 이것을 적절히 효과 있게 응용하여 엮어 짬으로써 예술적 가치에 기여할 수 있는 것이다.

③ 셋째는 소설의 문체(Style)이다. 소설문장에 나타난 개성적인 특징을 한 마디로 문체(Style)라 할 수 있다. 먼저 소설문장의 구성에 대하여 살펴보면, 어느 소설이나 할 것 없이 서술(Narration)과 묘사(Description)와 대화(Dialogue)가 상호 유기적으로 짜여 있음을 볼 수 있다.

서술(Narration)은 작가가 사건을 진전시키기 위해 설명하는 문장으로서 소설의 이야기를 충족시켜주며, 인물, 사건, 배경 등을 직접적으로 표현하는 방법이다. 따라서 서술은 해설적이고, 추상적이며 요약(Summary)

의 방법으로 소설을 출발시키며, 또 속도를 빨리해 준다는 점에서 필요한 수법이다.

묘사(Description)는 작가가 객관적 입장에서 인물, 배경, 장면 등을 구체적으로 표현해 내는 방법이다. 그러므로 묘사는 독자들의 눈앞에 구체적인 이미지를 재현시켜 준다. 고대소설은 거의 서술중심이었으나 근대소설에 이르면 본격적인 묘사중심의 문장으로 생동감 있는 표현이 이루어진다.

대화(Dialogue)는 희곡에서와 같이 구성을 진행시키고 인물의 성격을 부각시키기 위해 사용된다. 대화를 알맞게 전개시킴으로서 불필요한 서술이나 묘사를 생략시킬 수 있다. 따라서 대화는 스토리와 유기적으로 결합되어야 하고 말하는 인물과 성격이 일치해야 하며, 말하는 환경에 알맞아야 하고, 자연스러우면서 참신하고 생생하게 살아있어야 효과적이다.

작가가 자기의 사상이나 이념 쪽으로 현실을 끌어들이려 할 때, 대체로 요약중심의 서술문장이 지배한다. 그러나 객관 현실을 솔직하게 보여주려 할 때는 장면중심의 묘사문장이 지배할 것이다.

문체는 작가 개인의 특이성으로 창조되어야 한다. 이름 있는 작가들은 다 개성 있는 문체로 작품을 다루고 있다. 이광수의 설명체, 김동인의 긴박체, 염상섭의 만연체, 이효석의 서정체, 이상의 요설체 등이다. 그리고 외국의 조이스(J. Joyce)는 내적독백체(Internal Monologue Style)로 유명하고, 헤밍웨이(E. Hemingway)의 비등체(Hardboiled Style), 포크너(W. Faulkner)의 확산체(Diffused Style)들도 다 개성 있는 문체로 널리 알려져 있다.

(4) 소설구성 요소를 알아보자.

① 첫째는 소설주인공의 성격이다. 주인공의 성격(Character, Personality)은 개인의 개체로서 개성과 생활의 보편적 인격이 표현되는 것을 말한다. 뚜렷한 개성을 띄면서 보편성을 나타내는 것만으로는 부족하다. 적어도 인격의 내부에서 우러나오는 사고와 감정이 행동과 일치되어 통합적으로 표현되는 세계이다.

뮤어(E. Muir)의 성격 규정에 의하면 성격은 독립된 존재로서 성격과 주제와 구성이 삼위일체로 상호보완적 관계가 유지될 때 효과적인 작품이 탄생된다고 했다. 그러니 성격은 작품에서 다른 요소들과 긴밀한 상관관계에서 이루어져야 한다. 헨리 제임스(H. James)도 '성격이란 사건을 결정하는 주체이며 사건은 성격을 증명하는 것'이라 했다.

인물의 성격유형은 포스터(E. M. Forster)의 분류에 의하면 평면적 인물(Flat Character)과 입체적 인물(Round Character)로 나누어지는데 전자는 수동적이고 판에 박혔거나 지정된 덕목만을 대표하는 인물로 단일한 관점이나 성질을 가진 정적인 인물이다. 이는 한 작품 안에서는 그 성격이 변하지 않는다. 예를 들면 『흥부전』의 '흥부'와 같은 인물이다. 그러나 후자의 입체적 인물은 능동적이며 스스로 결정을 내리고 책임지기도 하는 인물이라 할 수 있다. 그러므로 한 작품 안에서도 성격은 변할 수 있기 때문에 동적인 인물이라 할 수도 있다. 김동인의 『감자』에 나오는 '복녀'와 같은 인물이다.

또한 전형적 인물과 개성적 인물로 나누기도 한다. 전형적 인물은 어느 시대나 사회의 가장 보편적인 인물을 상징한다. 즉 그 시대와 사회계층을 대표할 수 있는 인물을 가리킨다. 개성적 인물은 작가가 그 작품 안에서 독창적으로 창조해낸 보편성 속에서 찾아낸 개성 있는 인물을 가리킨다. 전자의 예는 『삼대』의 조·부·손을 대표하는 인물들을 들 수 있고, 후자는 이상의 『날개』에 등장하는 '나'와 같은 인물을 예로 들 수 있다.

② 둘째는 소설사건의 행동이다. 모든 사건은 행동(Action)으로 나타

난다. 즉 사건은 이야기를 구성하는 요소로서 사회적, 역사적 또는 인간과 그 집단 사이에서 일어나는 모든 행위를 가리킨다.

고대소설과 근대소설에서 사건이 조성되는 계기는 현격히 달라지고 있다. 고대소설에서는 주로 인물이 사건을 만들어 나간다. 그러므로 주인공으로 설정된 인물은 평범한 인물이 아니라, 영웅이거나 초인간이 주인공으로 설정되는 것이 보통이다. 그러나 근대소설에서는 사건이나 행위로써 인물을 만들고 있다. 따라서 평범하고 일상적인 인물이 주인공으로 설정된다. 소설에서 사건의 형성은 행위(Acting), 시간(Time), 의미(Meaning)로써 이루어진다. 그러므로 흔히 이것을 사건형성의 3요소라 부른다.

사건진행의 형태는 여러 가지가 있다. 객관적 현실을 기본으로 하여 과거-현재-미래의 순서로 사건을 엮어가는 순행형식과 사건이 일어날 가능성을 먼저 제시한 후 과거로 소급하는 미래-현재-과거의 역행형식을 비롯하여, 과거-미래-현재의 순역행형식, 미래-과거-현재의 역순행형식, 그리고 현대소설에 이르러 전통소설의 모든 형식을 거부하고 나타난 평행진행형식 등이 그것이다.

소설을 엮어 나가는 방식이 사건중심으로 이루어질 때와 환경중심으로 이루어질 때에 따라 서로 다른 두 개의 소설로 갈라진다. 즉 극적소설 (Dramatic Novel)과 성격소설(Novel of Character)의 차이가 그것이다. 성격(性格)소설은 인생을 '사회적 넓이'에서 바라보기 때문에 공간중심의 소설로 엮어진다. 말하자면 사건의 구체화에 매달리기 때문에 인물이 놓여있는 무대가 구체적으로 묘사된다. 반면에 극적(劇的)소설은 인생을 어디까지나 시간의 계열에서 바라보기 때문에 시간중심으로 소설이 엮어진다. 끊임없이 사건은 발전하고 그러한 발전적 사건에 따라 이야기가 전개되기 때문에 무대는 추상적으로 그려지고 오로지 사건중심의 줄거리가 중요시 된다. 전자의 대표적인 작품은 현진건의 『운수좋은 날』이고 후자의 소설에는 김동인의 『감자』와 같은 작품이 있다.

③ 셋째는 소설의 배경과 분위기이다. 소설에서 인물의 행위가 벌어지는 물리적이고 정신적인 장소를 배경(Setting)이라 한다. 다시 말하면 소설에서의 구체적 풍경이나 분위기로서 여러 가지 상태나 시대색, 지방색 등을 가리키는 말로서 이는 인물이 거주하고 활동하는 장소로서 사건과도 밀접한 관계를 맺게 되어 있다.

그런데 배경과 분위기(Atmosphere)는 흔히 혼동하기 쉬운 사이이다. 배경이 소설에 설정된 시간과 장소를 나타내는 물리적인 힘이라 한다면, 분위기는 스타일(Style), 토운(Tone), 작중인물의 태도 등이 작용하여 형성된 것을 말한다.

포(E. A. Poe)의 소설에는 어시시한 분위기로서 효과를 증가시키고 있다. 그러므로 배경은 분위기 조성보다 더 적극적인 목적을 수행할 뿐 아니라, 소설의 분위기 조성의 구실까지 담당한다. 뿐만 아니라 작품의 인물과 사건에 리얼리티를 제공하고, 경우에 따라서는 상징적 의미를 띠기고 한다. 따라서 고대소설은 배경을 경시하는 경향이 있지만 근대소설은 사건의 당위성을 요하기 때문에 배경을 중요시한다.

헤밍웨이(E. Hemingway)의 『무기여 잘 있거라!』에 설정된 공간적 배경을 보면 고지와 평지로 나뉘어져 있는 것을 볼 수 있는데, 고지가 배경일 때는 희망과 서광, 사랑, 순애, 신앙 등 밝은 쪽과 결부되고, 평지가 설정되면 실망과 좌절, 죽음, 고난 등 어두운 쪽의 이야기가 전개되는데 이것은 객관적 상관물로 해석된다.

(5) 소설의 기술(技術)을 알아보자.

① 첫째는 소설의 시점(視點, Point of View)이다. 시점(Point of View) 또는 서술의 초점(Focus of Narration)이란 소설의 이야기를 작가가 어

떤 입장 또는 각도에서 독자에게 보여주는가의 문제로서 작가는 일단 이야기 전개의 틀을 마련하게 되는데, 이러한 이야기 전개의 틀을 시점이라 한다.

이 시점 분류는 학자에 따라 여러 가지 견해가 있는데 가령 메르디스(G. Meredith)와 핏제럴드(F. S. Fitzgerald)의 『소설작법, Structuring Your Novel』에서는 8가지로 분류해서 설명하고 있다. 그러나 일반적으로 널리 알려져 있는 것은 브룩스(C. Brooks)의 4분법이다. 여기서는 이 4가지 시점을 중심으로 알아본다.

	사건의 내부분석(Internal Analysis of Events)	사건의 외부분석(External Observation of Events)
이야기 속에 등장 인물로서의 진술자	Ⓐ 주인공이 자기 자신의 이야기를 말 함	Ⓑ 부(副)인물이 주인공의 이야기를 말 함
비(非)등장 인물로서의 진술자	Ⓓ 전지적 분석적으로 작가가 이야기를 함	Ⓒ 외부 관찰자로서 작자가 이야기를 함

위의 표에서 Ⓐ는 1인칭 서술 시점(First Person Narration)이라 하는데, 이것은 한 마디로 주인공이 자기 자신의 이야기를 하는 시점을 말한다. 따라서 인물의 초점과 서술의 초점이 일치한다. 즉 이 시점에서는 서술자가 곧 주인공이 되어 나타나서 자신의 이야기를 직접 들려주기 때문에 사건의 신뢰도가 높으며 주관적, 심리적 효과를 부여하기에 좋은 이점이 있다. 즉 주인공(Character)의 내면세계를 표출하기에 알맞은 수법이나 외면세계를 객관적으로 그려내기에는 부적합하다. 흔히 서간체 소설이라 할 일기나 편지 형식으로 쓰인 소설이나 사소설(私小說, Ich roman)은 여기에 속한다. 춘원의 『어린 벗에게』, 최서해의 『탈출기』 그리고 하디(T. Hardy)의 『아리사의 일기』는 대표적인 1인칭 서술시점의 소설이다.

Ⓑ는 1인칭 관찰자 시점(First Person Observer Narration)이라 하는데 작품에 등장하는 부수적 인물이 주인공의 이야기를 하는 경우다. 서술자는 부(副)인물로서 어디까지나 관찰자에 불과하고, 성격의 초점은 주인공에게 주어진다. 그러므로 서술방법은 1인칭이지만 이야기는 이 관찰자의 눈에 비친 외면세계를 객관적으로 보여준다. 그러면서도 화자인 부(副)인물은 주인공을 둘러싸고 일어나는 사건을 제한적으로 전달하기 때문에 역시 신뢰감을 주고, 스토리 전체에 통일성과 단일성을 기할 수 있는 이점이 있다. 주요섭의 『사랑손님과 어머니』, 폴커너(W. Faulkner)의 『에밀리의 장미』가 이 경우에 속한다.

Ⓒ는 작가 관찰자 시점(Auther Observer Narration)이다. 작가가 관찰자적 입장에서 일체의 주관을 배제하고 외부적 사실을 관찰하면서 서술하는 방법이다. 그런 만큼 신문기사를 쓰는 기자의 입장과 같이 생생한 묘사와 선명한 표현을 할 수 있는 이점은 있으나, 너무 단조롭고 평면적인 것은 단점이라 할 수 있다. 대체로 이 시점은 근대 리얼리즘 소설에서 많이 이용되던 기법인데, 황순원의 『소나기』, 헤밍웨이의 『살인자들』은 이 예에 속한다.

Ⓓ는 전지적 작가 시점(Omniscient Author Narration)이다. 이것은 오직 작가가 신과 같은 전지전능(全知全能)한 입장에서 작중인물의 심리상태나 행동의 동기, 감정 등을 해설하고 분석하여 서술하는 방법이다. 서술자의 위치도 자유자재로 이동시킬 수 있기 때문에 인생의 총체적인 모습을 다각적으로 그려나갈 수 있는 이점을 지니고 있다. 따라서 이 시점은 장편소설의 수법에 널리 이용된다. 춘원의 『무정』과 채만식의 『탁류』는 이 예에 속한다.

카프카의 『변신』은 1부와 2부는 1인칭 서술시점으로 주인공이 자기자신의 이야기를 한다. 그러나 3부에서 주인공 그레고르가 죽고부터는 전지적 작가 시점으로 나머지 가족들의 심리가 묘사되어 있다.

② 둘째는 소설의 거리의 문제이다. 거리(Distance)는 시점의 문제와 밀접한 관계가 있는 것 같지만 독자적 기능을 가지고 있다. 가령 거리의 양상은 작가와 작중인물 간의 거리, 작중인물과 독자 사이의 거리, 그리고 작가와 독자 사이의 거리를 생각해 볼 수 있는데, 이것을 브룩스와 워렌이 처음으로 설정하여 사용했다. 이들은 『소설의 이해, Understanding Fiction』에서 이 거리를 소설 속에서 인물이 관찰되어지는 분리의 정도를 의미한다고 말했다. 말하자면 작가가 작중인물을, 작중인물을 독자가 대하는 단순한 수치적 거리를 말하는 것이 아니라, 심리적 거리(Psychic Distance)라 할 수 있다.

거리(距離)란 말은 분위기란 말이 그렇듯이 하나의 은유(隱喩)로서, 어떤 작품에 있어서 작가가 타인에게 보다 자기 주인공에게 더 친근감을 느끼게 하는 것이다. 그렇게 함으로써 작가는 독자의 감정과 태도가 그의 등장인물의 감정과 같게 되기를 바라고 또한 독자의 동정이 더욱 더 얽혀지기를 바라게 된다.

작가가 작중인물을 친근감으로 대하느냐 적대감으로 대하느냐에 따라 거리는 무한히 달라진다. 요약하자면 작가가 등장인물을 어떤 태도나 각도로 바라보느냐에 따라 거리가 조성된다. 작가는 일정한 효과를 거두기 위해 등장인물과의 거리를 신축성 있게 조성할 수 있어야 할 것이다. 만약 독자로 하여금 등장인물의 감정이나 태도를 똑같이 공유케 할 필요가 있을 때는 그 인물의 시점 속으로 독자를 끌고 들어갈 수 있어야 하며, 비관적으로 바라보게 할 때에는 인물의 시점으로부터 독자를 이동시켜 일정한 거리를 유지토록 해야 한다.

소설기술의 시점과 더불어 소설기술의 거리는 소설의 리얼리티에 기여하게 된다. 원근(遠近)은 작품의 주제, 인물, 플롯의 구성 등에 의해 적절히 선택되며 충분히 구사되어 최대한의 효과를 발휘하도록 운영되지 않으면 안 된다. 따라서 거리문제는 소설의 기술면에서 소설미학에 기여하는 하나의 장치로서 의미를 가지는 것이다.

③ 셋째는 소설의 패턴(Pattern)이다. 소설의 기술로서 자주 이용되고 있는 것 가운데 패턴(Pattern)이란 것이 있다. 이 패턴이란 말은 원래 반복(Repetition)이란 뜻을 지니고 있는 말인데, 브룩스와 워렌의 「소설의 이해」에서 패턴을 '플롯 안에서 일어나는 사건의 반복과 같은 의미 있는 반복'이라 규정하고 있다.

패턴은 이처럼 플롯 안에서 반복되는 사건을 말하는데, 어디까지나 작품전체의 주제나 성격에 이바지하는 의미 있는 사건의 반복을 가리키고 있다. 즉 이것은 구성을 보다 효과적으로 하려는 의도인 동시에 성격창조와 주제표출을 원만하게 이루려는 기술의 문제이다.

흔히 이 패턴의 실례를 체호프(Anton P. Chekhovd)의 『비탄, The Lament』에서 찾고 있다. 이 작품은 아들을 잃은 늙은 마부 '이요나'는 말 못하는 자기 말(馬)에게 온갖 이야기를 꺼내 호소한다는 이야기다. 처음 인간에게 똑같이 반복하여 이야기를 꺼내나 들어주지 않는 장면을 읽을 때 단순한 이야기라고 여겼지만, 마지막 말에게 호소하는 장면은 우리를 감동케 하고 있다. 이처럼 아무것도 아닌 것 같이 반복하다가 끝에 핵심을 부여하여 효과를 얻는 방법이 다름 아닌 패턴이다.

우리 소설에서도 가만히 살펴보면, 이런 패턴의 효과를 기하면서 작품이 전개되고 있는 것을 발견할 수 있다. 가령 현진건의 『운수 좋은 날』이나 이상의 『날개』같은 작품에서 보면, 가난한 인력거꾼인 '김 첨지'가 운수 좋게 손님을 태우고 바쁘게 돌아가는 장면이라든가, 『날개』의 '나'는 하루 종일 방안에 틀어박혀 있다가 밤이 되면 외출을 한다. 바쁘게 돌아가는 '김 첨지'와 되풀이 되는 외출의 끝에 점점 증가하는 패턴의 효과를 엿볼 수 있다.

④ 넷째는 소설의 토운(Tone)이다. 토운(Tone)이란 어조(語調)·성조

(聲調)로 번역할 수 있다. 그러나 흔히 '토운'이란 말 그대로 쓰이고 있다. 문학에서 토운의 중요성은 특정한 인물이 특정한 사물에 대하여 일정한 토운을 통하여 전달하는데 있다. 그러니까 말하는 이의 사람됨이나 그의 신분, 정신상태 등을 나타낼 뿐 아니라, 듣는 이의 신분이나 정신상태에 대한 그의 판단도 은근히 나타내게 되어있다.

토운이란 소재와 독자에 대한 개성 있는 작가의 태도 표현이라고 할 수 있다. 같은 말이라 하여도 작가의 태도에 따라 의미가 변한다. 따라서 그 글이 취급하고 있는 주제에 대한 작가의 태도, 가령 정중한 태도냐, 비꼬는 태도냐, 해학적인 태도냐, 자조적인 태도냐, 아이러니컬한 태도냐 등등에 관심을 두고 파악하는 일이다. 따라서 어느 작품을 읽고 토운을 파악함으로써 곧 그 작품의 주제까지도 파악할 수 있게 된다. 곧 작가의 작품에서 그 글에 대한 인생관이나 세계관이 반영된다고 할 수 있기 때문이다. 예컨대 채만식의 풍자적 토운, 이상의 냉소적 토운을 통하여 작가의 인생관을 엿볼 수 있는 반면, 이들 작가의 작품에 지배하고 있는 주제까지 파악할 수 있는 것이다.

(6) 소설의 분류(分類)를 알아보자.

소설분류의 기준은 보는 각도와 기준에 따라 여러 가지로 나누어 질 수 있다. 먼저 양적인 것을 바탕으로 하여 꽁트(Conte), 단편, 중편, 장편 등으로 나누는 것이 널리 알려져 있는데, 꽁트는 장편(掌篇)이란 말과 같이 손바닥에 놓고 선채로 써낼 수 있는 분량의 가장 짧은 소설이다. 그리고 장편(長篇)은 물론 가장 길게 쓴 소설이다. 이 가운데 단편과 중편이 놓이는데, 단편은 200자 원고지 70~80장 정도의 분량, 중편은 4~5백장 정도의 분량이 일반적이다.

소설의 주제에 따른 분류는 비극소설, 희극소설, 명랑소설, 운명소설, 순정소설 등이 있다. 주제가 좌우하는데 따라 명명되어진 분류다.

또 구성에 따라 테마소설, 성격소설, 사회소설, 문제소설, 분위기소설, 정치소설, 종교소설, 계몽소설, 심리소설 등으로 분류하고 있다.

소재에 따라 나누면 해양소설, 농촌소설, 역사소설, 항공소설, 사막소설, 도시소설 등과 같이 배경을 중심으로 한 것과 전쟁소설, 혁명소설, 추리소설, 탐정소설, 과학소설 등과 같이 액션중심의 소재에 따라 나누어지기도 한다.

편의상 문예사조에 따라 낭만주의 소설, 사실주의 소설, 자연주의 소설, 상징주의 소설, 심리주의 소설, 실존주의 소설로 분류해서 부르기도 한다.

그리고 소설의 가치 정도에 다라 대중소설, 순수소설 또는 통속소설, 본격소설, 중간소설 등으로 구별하여 분류하기도 한다.

이와 같이 소설을 보는 각도와 기준에 따라 다양하게 나누어지고 있는 것을 볼 수 있다. 이렇게 분류해 나가면 앞으로도 얼마든지 소설의 분류는 가능해 진다. 중요한 것은 무한정 이렇게 분류하여 혼란을 조성할 것이 아니라, 어떤 객관적인 명확성을 토대로 하여 설득력 있는 하위 장르를 마련해야 할 것이다.

① 첫째는 띠보데의 3분류이다. 띠보데(Thibaudet)는 그의 『소설과 미학』에서 총체적 소설(Roman Brut) 피동적 소설(Roman Passif) 능동적 소설(Roman Actif)로 3분하여 설명하고 있다.

총체적 소설은 일정한 시대를 그려내는 것을 목적으로 하는 소설이다. 그러므로 개인의 문제보다 집단 또는 사회의 문제를 복잡한 시대상에 따라 복합적인 시간을 포괄적으로 다루게 되는 것이 특징이다. 예를 들면 톨스토이(Tolstoi)의 『전쟁과 평화』, 빅토르 위고(Victor Hugo)의 『레미제라블』, 그리고 우리나라 채만식의 『탁류』같은 작품은 여기에 속한다.

피동적 소설은 시대를 그려내려는 것이 아니라, 인간생활의 모습 즉 인생 그 자체의 원리를 더 중요시하는 소설이다. 하나의 인간생활의 통일을 붙잡아 그것을 통일시키고, 그것을 이야기하고, 그것을 중심으로 삼는다. 그는 피동적 소설에는 찰스 디킨스(Charles Dickens의 『데이비드 코퍼필드, David Coperfield』와 같은 기록적 소설과 스탕달(Stendal)의 『적과 흑』처럼 성격이 자연스럽게 완만한 진전을 보이는 진행적 소설과 플로베르(Gustave Flaubert)의 『보바리 부인, Madame Bovary』처럼 돌발적인 변화 아래 논리적 진행을 보여주는 소설 등 세 가지 종류로 나누고 있다.

마지막으로 능동적 소설은 작가가 의도하는 독창적 세계를 창조하기 위해 그 시대나 인간생활을 자연스럽게 창조하는 소설이다. 어떤 의미를 지닌 에피소드가 중요시 되면서 전개되기 때문에 구성을 중요시하는 소설이라 할 수 있다. 폴 부르제(Paul Bourget)의 『제자』와 같은 소설이 대표적인 사례가 된다.

② 둘째는 뮤어의 3분류이다. 뮤어(E. Muir)는 『소설의 구조, The Structure of Novel』에서 소설을 성격소설, 극적소설, 연대기소설로 3분하고 있다.

성격소설(Novel of Character)은 등장인물의 성격을 공간적으로 탐구하는 소설을 가리킨다. 이 소설에 등장하는 인물은 소설에서 변화가 없고, 그 자체로서 성격이 완결되기 때문에 정적인물(Static Character)이라 할 수 있다

극적소설(Dramatic Novel)은 성격소설과 달리 시간개념에서 플롯의 집중적 전개를 중요시하는 소설이다. 그러니까 공간 즉 장소라는 것은 거의 고정되어 있고, 등장인물 자신의 인간체험의 영역을 독자에게 제시하여 효과를 나타내 보이는 것이다. 따라서 극적소설은 외양과 진실성의 동일성, 즉 성격이 곧 행동이고 행동이 곧 성격임을 나타낸다. 뮤어는

이 두 소설의 차이를 다음과 같이 요약·설명하고 있다. 성격소설이 생활의 양상을 그린다면 극적소설은 체험의 양상을 형상화하는 것이다. 성격소설의 가치는 사회적이고 극적소설의 가치는 개인적이거나 보편적이다. 전자에서는 사회에서 살고 있는 인물을 볼 수 있고, 후자에게는 처음부터 끝까지 움직이는 인물을 볼 수 있다.

연대기소설(Chronicle Novel)은 위의 두 소설이 지니고 있는 특성을 조화시켜 엮어간 소설이다. 가령 성격소설과 극적 소설의 시간과 공간을 연대기적으로 그려 나가는 것이 이 소설의 특성이다. 등장인물 개인의 이야기를 주로 사회를 배경으로 하여 그려나가기 때문에 위의 두 소설이 갖고 있는 효과를 최대한 살려나가게 된다. 톨스토이의 「전쟁과 평화」는 이 소설의 대표적인 예라 할 수 있다.

③ 셋째는 프라이의 4분류이다. 노드롭 프라이(Northrop Frye)는 『비평의 해부, Anatomy of Novel』에서 산문을 소설(Novel), 로맨스(Romance), 해부(Anatomy), 고백(Confession) 넷으로 분류하였다. 그는 네 개의 중요한 위상이 순환적 상징으로 나타난다고 보고 있다. 봄, 여름, 가을, 겨울이란 일 년의 4계절은 하루의 네 개의 기간, 즉 아침, 정오, 저녁, 밤이 유형을 이루고, 물의 네 개의 순환 양상을 비, 시내, 강, 바다, 생명의 네 가지 기간은 유년, 성숙, 노년, 죽음으로 끊임없는 순환의 유형을 이루고 있다고 했다.

산문에 있어서도 개인적이라는 에토스(Ethos), 즉 성격에서 보면, 소설과 로맨스로 나타나고, 지적이라는 디아노이아(Dianoia), 즉 내용 또는 의미에서 보면 해부와 고백으로 나타난다. 한편 수사적 기법문제로서 외향적인 것을 소설과 해부로, 내향적인 것을 로맨스와 고백으로 나누어 다음과 같은 도식을 만들어 볼 수 있다.

	외향적	내향적
에토스(Ethos)	소설(Novel)	로만스(Romance)
디아노이아(Dianoia)	해부(Anatomy)	고백(Confession)

즉 소설(Novel)은 외향적이며 성격적으로 개성적인 인간의 성격에 가장 중요한 관심을 가지는 근대소설을 가리키고 있다. 이 범주에 해당하는 작가와 작품으로서 필딩(Henry Fielding)의 『톰 존스, The History of Tom Jones』, 제인 오스틴(Jane Austin)의 『오만과 편견, Pride and Prejudice』등을 열거하고 있다.

로맨스(Romance)는 역사적 환상이 발달된 것으로 내향적이며 성격면이 뛰어나 영웅적이며 귀족적이다. 에밀리 브론테(Emily J. Bronte)의 『폭풍의 언덕』과 호돈(N. Hawthorne)의 작품들을 예시하고 있다.

고백(Confussion)은 루소(Rousseau)의 『참회록』처럼 전기의 형태에서 소설로 변용된 것으로 내향적이며 내용이 지적인 것이 특색이다. 아우구스티누스(Augustinus)의 『고백록』 이후 내적 독백 형식으로 쓴 조이스의 『율리시즈, Ulysses』같은 작품까지 이 형태의 예로 들고 있다.

해부(Anatomy)는 인생을 냉소하거나 풍자하면서 해부·비판하는 내용의 것이다. 지적으로 인생을 해부하는 형태의 소설이다. 헉슬리(Aldous. Huxly)의 『멋진 신세계』, 스위프트의(J. Swift) 『걸리버 여행기』가 이 예에 속한다.

(7) 현대소설의 다양한 양상(樣相)들을 알아보자.

① 첫째로 의식의 흐름(Stream of Consciousness) 소설이다. 의식의 흐름 기법으로 쓰인 소설은 1차 세계대전이 발발하기 전후에 불란서의 프루스트(M. Proust)와 영국의 리차드슨(D. M. Richardson), 그리고 아일랜드의 조이스(J. Joyce)에 의해 외면현실에서 내면세계로 소설의 방향

을 전환시켰던 것이다. 즉 이들은 발작(H. Balzac)이 묘사한 외부세계에서 의식의 생명과 지각작용이 부단히 작용하는 환상과 몽상의 세계로 소설의 방향을 돌렸던 것이다.

이들 작품들은 서로 다른 점을 가지고 있지만 현저한 공통점도 가지고 있다. 즉 본질적으로는 자서전같이 느껴지고 있다. 『율리시즈, Ulysses』까지 포함시킨다면 우선 그 제목부터가 탐구, 항해, 순례라는 등 묘하게도 상통되는 점을 암시하고 있다. 사실 이들 작품은 의식을 취급한 작품들이다. 왜냐하면 세 작가는 자신들의 마음가짐과 감각에 대해서는 엄청나게 의식적이었고 더욱이 자신을 솔직담백하게 파고들어 가는데 있어서는 다른 작가들 사이에서 찾아볼 수 없을 정도의 능력을 이 세 작가들은 갖추고 있었다. 이렇게 해서 출발한 의식의 흐름 소설은 그 뒤 울프, 포크너에 이르러 열병처럼 퍼져나갔다. 험프리는 의식의 흐름의 소설은 일차적으로 등장인물들의 심리적 정신적 실재를 드러내기 위하여 의식상태를 탐험하는 일을 근본적으로 강조하는 유형의 소설이라고 정의했다. 오늘날에는 이러한 수법의 소설은 모든 소설가에게 애용되고 있으며, 그러한 영향을 받지 않은 작가는 거의 없다 해도 과언이 아니다.

② 둘째는 실존주의(Existentialism) 소설이다. 제 2차 세계대전 이후 특히 전쟁으로 인한 공포는 전 인류를 불안의 도가니로 몰아넣었다. 전쟁을 통한 인간의 폭력과 부정, 삶과 죽음, 잔인과 압제 등 여러 가지 인간의 모순을 목격하고, 깊은 철학적 사고를 바탕으로 형상화한 문학이 실존주의(Existentialism) 문학이다.

이 실존주의 문학의 특색은 무엇보다 19세기를 전후하여 대두되었던 리얼리즘이나 상징주의, 심리주의 등이 모두 미학적 관점에서 이루어졌던데 비해 다분히 철학적 관점을 앞세우고 있었다는 점이다. 덴마크 철학자 키에르케고르(Kierkegaard), 그리고 니체(F. Nietzsche)등에게서 비롯된 철학사조가 사르트르(Sartre)에 의해 문학으로 부각되면서 보봐르(Beauvoir), 카뮈(Albert Camus)등이 대표적인 실존주의 작가로 손꼽히게 되었다.

실존주의는 종래의 가치관과는 달리 합리적으로 설명할 수 없는 부조리한 세계 속에 인간이 존재한다고 보기 때문에, 결국 인간은 궁극적인 허무 또는 부조리를 안고 실존하게 되는 것이다. 그러므로 엄격한 실존의 무의미함에서 빚어지는 불안과 고뇌는 실존주의 문학의 공통요소가 되는 것이다. 『구토, La Nausie』, 『자유에의 길, Les Chemius de la Libert』, 『벽, Le Mur』 등의 소설과 희곡 『파리떼, Les Mouches』 등을 쓴 사르트르(Jean Paul Sartre)는 문학에 의식적으로 역사 또는 사회의식을 도입하여 전 인류의 현실적 상황을 밝히는 한편 실존과 부딪쳐 있는 한 인간의 조건을 그려냄으로써 인간의 '전인적 해방'을 가져오도록 애썼다. 인간의 불안과 위기에서 문학 본래적인 것을 찾을 때, 단순히 미학적 수사에만 몰두할 수 없고 스스로 역사나 사회의 거센 소용돌이 속에 뛰어들지 않으면 안 된다고 역설했다.

카프카의 「변신」을 바르게 이해하기 위해서도 의식의 흐름과 실존의 문제는 그 관련성을 깊이 알아볼 과제들이다.

③ 셋째는 신소설이라 하는 누보로망(Nouveau roman)이다. 1955년경 프랑스에서는 종래의 전통소설이 지니고 있는 일체의 정석을 깨뜨려 버리고 새로운 형태의 소설을 창작했다. 이것을 반(反) 소설(Antiroman) 또는 신소설(Nouveau roman)이라 한다.

이들 그룹의 대표적 작가는 로브 그리에(A. Robbe Grillet), 뷔또르(M. Butor), 나탈리 사로뜨(N. Sarraute)등인데 이들은 모두 과거의 낡은 가치를 부정하고 새로운 소설을 실험했던 것이다. 대체로 이들이 내세운 소설의 공통점은 반(反) 휴머니즘적 태도이고 소설과 희곡에서처럼 특정의 인물, 특정의 장소, 특정의 시간을 피하며 되도록 사람의 이름을 드러내지 않고 형용사의 사용을 기피하며 객관적 묘사를 중시하고 플롯이 분명하지 않으며 표현에 있어서 현재형을 쓴다는 점 들을 지니고 있다. 대표적인 작품은 로브 그리에(A. Robbe Grillet)의 『미궁 속에서』, 『고무, Le Gommes』, 『질투, La Jalusie』 등과 뷔또르(M. Butor)의 『변심, Modification』, 『단계, Degree』, 그리고 사로뜨(N. Sarraute)의 『향성, Tropisme』이 있다.

카프카의 중편 소설 『변신』은 의식의 흐름(Stream of Consciousness)의 소설인가 생각해보면 실존주의(Existentialism) 소설인 것 같고 또 다른 면에서는 누보로망 같은 애매하면서도 복잡하기에 어느 형식이라고 규정하기 어려운 소설이다.

능동적인 삶인 변신(變身)하기

CHAPTER 5

인생 리모델링을 위한 생애설계(生涯設計)

중국의 송나라 때 주신중(朱新仲)이라는 학자는 인생 오계론을 주창(主唱)했다. 첫째는 생계(生計), 둘째는 신계(身計), 셋째는 가계(家計), 넷째는 노계(老計), 다섯째는 사계(死計)이다. 생계는 무엇을 해서 먹고 살 것인가 하는 직업의 문제이고, 신계는 건강을 유지하기 위한 건강관리 계획이다. 가계는 누구와 결혼을 하고 자녀는 몇을 두고 가정을 어떻게 꾸릴까 하는 가정계획이다. 그러니 부부관계, 부모자식관계, 형제관계를 잘 맺어야 한다는 것이다. 노계는 노후관리로 먹고 사는 것도 중요하지만 정신적 안정과 평화를 이루는 일이 더 중요하다. 노년의 고독감과 소외감, 허무함을 느끼지 않고 자신감과 기쁨, 그리고 보람을 느끼면서 행복하게 사는 것이 축복 받는 인생이다. 사계는 누구에게나 찾아오는 죽음을 확고한 사생관(死生觀)을 갖고 맞이할 계획인데 그 준비는 종교와 신앙에서 찾아야 할 것 같다.

인간은 무엇 때문에 사는가는 사람에 따라 천차만별일 것이다. 그러나 보편적으로 인간은 가치(價值)를 추구하며 살아간다고 말할 수 있다. 인간이 살아가며 추구하는 가치는 '됨의 가치', '가짐의 가치', '나눔과 섬김의 가치', 그리고'본(本)과 모델 되는 가치'로 나눠 볼 수 있다.

인간은 철이 들기 시작하면서부터는 직업적으로 무엇인가 되고자 노력한다. 즉 교사, 과학자, 법조인, 교수, 공직자 등 사회적으로 인정받는 그 무엇이 되고자 한다. 무엇이 되려고 공부하는 시기로 초등, 중등, 고

등, 대학까지 30여년이 걸린다. 그리고 자신의 생존을 위해서 돈, 권력, 명예를 갖고자 노력한다. 직장을 갖고부터는 무엇인가 가지려고 한다. 즉 수입을 갖고 가정을 갖고 자녀를 갖고 집과 차를 갖고 지위를 가지려고 또 30여년의 직장 생활을 한다.

그러나 성숙된 사람은 됨의 가치와 가짐의 가치만을 추구하는데 머물지 않는다. 한 단계 더 나아가 나눔의 가치, 섬김의 가치를 추구한다. 돈을 나누면 사랑이 넘치고, 명예를 나누면 자유가 늘고, 권력을 나누면 평화가 넘친다고 했다. 나눔과 섬김의 가치는 가치 중의 극치(極致)라고 하지 않을 수 없다. 그리고 100세 시대를 맞아서 나눔과 섬김으로 많은 사람들에게 본(本)이 되고 모델이 되는 시기가 인생의 가장 아름다운 시기일 것이다.

세계는 급변하고 있다. 2015년부터 세계는 저성장 시대에 접어들고 있다. 행복한 삶을 구현하기 위해서는 젊음의 패기와 경륜의 노련함이 조화를 이루어야한다. 이제는 나이와 관계없이 능력과 실력만이 소중한 잣대가 되고 있다. 시원치 않으면 40대에도 퇴출되는 시대이다. 젊은이가 기다리면 높은 자리가 저절로 오는 시대가 아니다. 젊은이가 시원치 않으면 나이 든 세대가 그 자리를 지켜야 한다. 자신의 자리를 보존하려면 모두가 변해야 기회가 온다. 즉 변화(Change)해야 새로운 기회(Chance)가 온다.

즉 카프카의 작품속의 주인공처럼 변신당하는 것이 아니고 스스로 주도적으로 변신(變身)을 해야 한다. 변신해야만 치열한 경쟁 속에서 조직에 활력이 넘칠 것이다. 경쟁이 없으면 조직이 동맥경화증에 걸려 발전이 없다고 한다. 경륜의 세대인 경력자들은 자기변신과 지혜로운 판단으로 젊은이들에게 이런 사실들을 증명해 보여야 할 것이다. 이제 우리 사회는 연공서열이 차츰 사라지고 있다. 능력에 맞게 보수도 책정되어야 경쟁력이 유발된다. 이럴 수 있을 때 비로소 세계시장에 살아남을 수 있다. 이제 경력세대는 젊은 정신과 높은 경륜으로 치열한 경쟁의 파고를 넘어야 한다. 신구세대가 화합과 균형으로 견제를 이루고 남녀가 조화를 이룰 때 가장 효과적인 체제가 될 것이다.

한국인의 평균수명은 가파르게 상승하고 있다. 2020년이면 대부분의 사람들이 90세의 수명을 누릴 것으로 전문가들은 전망하고 있다. 인생 100세 시대가 꿈이 아닌 현실로 다가오고 있으나 긴 수명은 축복이기보다는 오히려 '오래 살 위험'으로 받아들여지고 있다. 수명은 길어진 반면 한국인의 정년 나이는 갈수록 낮아지고 있기 때문이다. 이에 생애설계를 새롭게 해야겠다.

100세 시대 행복한 삶을 위해선 생애 재설계가 필요하다. 맥아더 재단에서는 생애를 네 단계로 나누어야 한다고 했다. 제 1기 인생(First Age)은 출생 후 25세까지 부모의 그늘에서 무엇이 되려고 공부하는 시기이다. 제 2기 인생(Second Age)은 직장을 갖고 가정을 이뤄 사회에 정착하는 25세에서 50세까지이다. 제 3기 인생(Third Age)은 제2의 성장기인 50세부터 75세까지로 나눔과 섬김의 가치를 추구한다. 제 4기 인생(Fourth Age)은 성숙된 삶을 실현해가는 75세에서 100세까지로 다른 사람들에게 본(本)이 되고 모델이 되는 시기이다.

이 중에서 제 3기 인생(Third Age)이 가장 중요하다. 인생 이모작을 실현하기 위해서는 돈 못지않게 건강과 가족, 여가, 교육, 봉사 등 비(非)재무적 요소들이 중요하다. 이러한 비재무적 요소를 바탕으로 새로운 생애를 설계해야 할 때가 바로 제 3기 인생(Third Age)이다. 축구경기로 치면 하프타임이다. 하프타임을 잘 보내야 후반전에 골을 넣을 수 있듯이 인생에서도 인생 후반전 준비는 대단히 중요하다.

혹자는 계절의 변화를 인간의 생로병사(生老病死)에 비유하기도 한다. 봄·여름·가을·겨울의 사계절이 존재하듯 사람도 태어나면 누구나 생로병사의 과정을 겪기 때문이다. 봄·여름을 제대로 준비해야 가을·겨울을 잘 날 수 있듯이 우리의 삶도 늙고 아플 때를 미리 대비해야 행복한 노후를 맞이할 수 있다. 이를 위해서는 우선 생애설계를 통해 인생에 대한 장기적인 계획을 세워야 한다.

생애설계란 개인의 인생 전반에 걸친 생애 목표나 상황을 체계적으로 분석해 본인의 인생과 가족의 안정된 미래, 풍요로운 노후를 종합적으로 준비하는 과정을 말한다. 사람마다 처한 환경이나 삶의 목표가 다르기 때문에 생애설계도 다를 수밖에 없다.

자금 준비에서도 인생의 단계별로 필요자금을 살펴보고, 각자 자신과 가족에게 맞는 생애설계를 하는 것이 중요하다. 필요자금은 생(生)의 자금뿐만 아니라 노(老) 병(病) 사(死)의 자금으로 나눠 체계적으로 노후에 대비해야 한다.

먼저 생(生)의 자금은 생활비, 주택 구입비, 자녀 교육비와 결혼비용 등을 들 수 있다. 당장 필요하거나 앞으로 꼭 지출해야 하는 비용인 만큼 현재의 재무 상태와 인생 목표를 정확히 파악하고, 이에 따른 재무계획을 세워야 한다.

둘째로 노(老)의 자금은 본인과 배우자의 노후준비자금이다. 평균수명의 연장으로 퇴직 이후의 기간이 길어짐에 따라 과거보다 훨씬 많은 금액을 마련해야 하므로 빠른 나이부터 구체적인 계획을 세워 대비하는 것이 여유로운 삶이 될 수 있다.

셋째로 병(病)의 자금이다. 살다보면 갑작스런 사고나 질병으로 인해 막대한 의료비가 드는 경우가 발생할 수 있다. 혹시 있을지 모르는 일들에 대비해 치료비와 수술비, 입원비 등을 준비해야 한다. 향후 건강상태에 따른 간병비와 요양비까지 대비할 수 있다면 금상첨화(錦上添花)이다.

마지막으로 사(死)의 자금을 들 수 있다. 가정의 주 수입원인 가장의 유고가 생기면 가정이 지금까지 쌓아 올린 공든 탑이 하루아침에 무너질 수도 있다. 남겨진 가족을 위해 가장(家長)의 유고 시 생활자금을 미리 확보해 두는 것이 중요하다.

이렇듯 생애설계를 할 때는 생로병사의 필요자금을 충분히 고려해 종합적으로 균형 있는 보장을 받을 수 있도록 해야 한다. 우선 가장의 유고 시 생활자금을 보장해 줄 수 있는 종신보험에 가입하는 것이 좋다. 이때 보장금액은 가장 연봉의 3배 정도로 준비하는 것이 적당하다. 다음으로 중대질병이나 치명적인 질병에 걸릴 시에 보험이 되는 CI보험과 실손보험에 가입하면 본인과 가족이 사고나 질병이 발생하는 경우를 사전에 대비할 수 있다. 마지막으로 국민연금과 퇴직연금, 연금보험을 통해 3종 세트로 준비해서 생활비와 은퇴자금뿐만 아니라 자녀 교육비와 결혼비용 등 목적자금까지 마련할 수 있도록 준비하는 것이 필요하다. 부부들이 가장의 퇴직 전에 7가지 실수를 조심하라고 삼성생명 은퇴연구소는 제시한다. 그 내용은 다음과 같다.

① 은퇴 후 필요한 돈에 대해 계산해보지 않는다는 것이 첫째 실수다.

은퇴 전에 70%이상이 은퇴 후 소득을 계산해본 적이 없었다.

② 부부 중 한 사람만 재무적 의사결정에 참여한다는 것이 둘째 실수다.

부부 5쌍 중 2쌍은 돈 문제를 거의 상의하지 않는다고 답했다. 부부 중 한 사람 만 돈을 관리하는 것은 매우 위험한 일이다.

③ 의료비와 간병과 요양비를 고려하지 않는다는 것이 셋째 실수다.

부부가 노후를 위한 의료비를 마련하는 경우는 34%에 그쳤고, 절반 이상(55%)이 간병과 요양비 마련을 하지 않는다고 했다.

④ 자녀 지원비와 자신의 노후 자금을 바꾼다는 것이 심각한 실수이다.

부모들의 67%가 노후 준비 대신에 자녀를 지원한다고 했다.

⑤ 은퇴 준비를 돈 문제로만 생각한다는 것이 다섯 번째 실수이다.

건강관리(64)·사회활동(60)·대인관계(66) 등 돈 외의 은퇴 준비 수준은 재무(79)에 비해 크게 낮았다.

⑥ 은퇴 후의 삶에 대하여 부부가 대화하지 않는다는 것은 위험하다.
4~50대 부부의 32%만이 은퇴 후 삶에 계획한다고 했다.

⑦ 자신의 만일의 상황에 대비한 의사 결정을 해두지 않는 것도 실수다.
대부분 부부는 상속과 연명치료 등에 대한 사전 결정이 없다.

위의 상황을 고려하면서 떠오려는 시(詩)가 있다. 사무엘 울만이 78세에 쓴 청춘(Youth)이라는 시이다. 이 시를 Time지(誌) 기자가 울만 선생에게 양해를 얻어서 Time지에 실었다. 이 시에 감동받아서 맥아더 장군이 70세 고령에 인천상륙작전을 감행했다는 후문도 있다.

청춘

사무엘 울만((Samuel Ullman)

청춘이란 인생의 어떤 시기가 아니라 마음가짐이다. 장밋빛 볼, 붉은 입술, 부드러운 무릅이 아니라, 강인한 의지, 풍부한 상상력, 불타오르는 열정이다. 청춘이란 인생의 깊은 샘에서 솟아나는 신선함이다.

청춘이란 두려움을 물리치는 용기, 안이한 삶을 뿌리치는 모험심, 때로는 스무 살 청년보다 예순 살 노인이 더 청춘일 수 있다. 나이를 더해가는 것만으로 사람은 늙지 않는다. 꿈과 희망, 자신감을 잃어버릴 때 비로소 늙는 것이다. 세월은 피부에 주름살을 늘게 하지만 열정을 잃어버릴 때 영혼에 주름이 진다.

고뇌, 공포, 실망에 의해서 기력은 땅을 기고 정신은 먼지가 되어간다. 예순이든 열여섯이든 인간의 가슴에는 경이로움에 이끌리는 마음, 어린아이와 같은 미지에 대한 끝없는 탐구심, 인생에 대한 즐거움과 환희가 있다.

우리 모두의 마음속엔 눈에 보이지 않는 네트워크가 있다. 인간과 신으로부터 아름다움, 희망, 기쁨, 용기와 힘의 영감을 받는 한 당신은 젊다. 영감의 교류가 끊기고 영혼이 비난의 눈에 덮여 슬픔과 탄식의 얼음 속에 갇힐 때 스무 살이라도 인간은 늙을 수밖에 없고 고개를 들고 희망의 물결을 붙잡는 한 여든 살이라도 인간은 청춘으로 남는다.[1)]

(1) 건강관리를 잘하자.

평균 수명이 길어질수록 병수발을 받는 기간 역시 길어지고 있다. 이는 공중보건이 발달한 일본이나 첨단의료로 무장한 미국도 마찬가지다. 더 심각한 문제는 이들을 수발 들어줄 가족이 사라지고 있다는 점이다. 가족 구조의 변화, 일하는 여성들의 증가에 따라 가족의 힘만으로 수발이 어렵게 됐다. 결국 수발을 전문으로 하는 유료 간병 서비스에 기댈

---

1) YOUTH By Samuel Ullman

Youth is not a time of life; it is a state of mind; it is not a matter of rosy cheeks, red lips and supple knees; it is a matter of the will, a quality of the imagination, a vigor of the emotions; it is the freshness of the deep springs of life.

Youth means a temperamental predominance of courage over timidity of the appetite, for adventure over the love of ease. This often exists in a man of sixty more than a body of twenty. Nobody grows old merely by a number of years. We grow old by deserting our ideals.

Years may wrinkle the skin, but to give up enthusiasm wrinkles the soul. Worry, fear, self-distrust bows the heart and turns the spirit back to dust.

Whether sixty or sixteen, there is in every human being's heart the lure of wonder, the unfailing child-like appetite of what's next, and the joy of the game of living. In the center of your heart and my heart there is a wireless station; so long as it receives messages of beauty, hope, cheer, courage and power from men and from the Infinite, so long are you young.

When the aerials are down, and your spirit is covered with snows of cynicism and the ice of pessimism, then you are grown old, even at twenty, but as long as your aerials are up, to catch the waves of optimism, there is hope you may die young at eighty.

수밖에 없는데. 이 비용이 만만치 않다.

결국 노년기에 질병이나 장애에 걸리는 것은 재산 손실을 의미한다. 의료 간병 서비스가 철저하게 시장에 맡겨져 있는 미국의 경우, 많은 노인들이 재산의 대부분을 간병 비용으로 쓰고 죽는다고 한다. 한국의 경우는 준비가 안 된 부모의 간병 비용마저 젊은 세대가 짊어지지 않으면 안 되기 때문에 중년 세대들의 어깨가 더욱 무겁다.

결국 건강을 지키는 것만이 가난해지지 않는 방법이다. 나아가 건강해야 노후에도 계속 일을 할 수 있고 보람 있는 노후 생활이 가능하다. 사람은 나이가 들면 몸에 조금씩 이상이 생기고 질병에 걸리기 쉽다. 하지만 건강한 생활 습관에 따라 노화를 늦추고 더 오래까지 활기찬 생활을 할 수 있다.

꾸준히 운동을 할 것, 뼈가 약해지지 않도록 우유를 마실 것, 담배는 끊고 술은 적당히 즐길 것, 신선한 야채와 균형 잡힌 식단으로 식사할 것 등 건강한 습관이야말로 노화 과정을 억제할 수 있는 비결이다. 그런데 많은 사람들이 이를 모르는 것이 아니다. 실천을 하지 않는 것이 문제이다. 건강한 습관 대신 나쁜 습관이 몸에 밴 탓에 이를 실천하지 못하는 것이다. 우리 몸은 매일 매일 하는 생각과 행동의 축적물이다. 지금이라도 자신의 습관이 건강한 노후를 준비하고 있는지 점검해볼 일이다.

(2) 사회적 능력을 향상시키자.

① 평생 동안 일할 결심을 하자.

평생 한 직업에 종사했던 과거와 달리 요즘은 직업 수명이 점점 짧아지는 추세다. 따라서 재취업을 위한 직업 교육의 중요성은 갈수록 더 해진다. 게다가 평생 일해야 한다는 것은 이제 당연하게 여겨지고 있기에, 평생 할 수 있는 능력을 길러서 일을 찾는 것이 당면 과제이다. 평생 일할 수만 있다면 노후에 대한 불안도 상당히 해소될 것이다.

나이 들어서도 일을 계속할 때 얻는 이점(利點)은 여러 가지다. 우선 아침에 눈을 떴을 때 오늘 하루는 어떻게 보낼 것인가를 고민하지 않아도 될 것이다. 주말을 기다리는 즐거움이 있을 것이며, 무엇보다 경제적인 불안에서 벗어날 수 있다.

한평생 일을 계속해야 한다고 해서 직장을 전전하며 쉬지 않고 일을 해야 한다는 의미는 아니다. 60세를 기준으로 할 때 이전에는 '일'을 중심으로, 이후에는 '여가'를 중심으로 생활을 하리라는 점에서 변함이 없다. 단지 60세 또는 65세를 정년이라는 경계는 점점 의미가 없어지고 있다.

② 지속적으로 새로운 지식과 기술의 능력을 업그레이드하자.

나이가 들면서 소외 되고 사회의 관심에서 멀어지는 것이 현대에 이르러 더 심해지고 있다. 노인들의 가장 큰 무기인 지혜(知慧)와 경륜(經綸)이 급변하는 현대 사회의 기술지식 구조에 도움이 안 되기 때문이다. 우리 사회에서 노인들이 소외되는 이유는 이들이 사회에 공헌할 길이 부족하기 때문이다. 노인뿐 아니라 조금이라도 기술 발전에 뒤처진 사람들은 사회와의 연결고리를 찾기가 어려워진다. 갈수록 눈부시게 진화하는 기술을 열심히 쫓아가지 않으면 기술적 백치가 돼버리고 소외받는 사람이 될 우려가 있다.

캘리포니아 미래지향적 연구기관인 'Rand Corporation'은 2020년이면 평균 노동자들이 평생 13번 재교육을 받아야 할 것이라고 예측했다. 미국인들은 평균 3년마다 직장을 바꾸는데, 그때마다 새로운 업무를 익힐 필요가 있으며, 새로운 지식 기술에 적응하기 위한 교육과 기능 보강이 필요하다는 것이다.

한국도 상황은 마찬가지다. 직장을 바꿀 때마다 또는 사무실 환경의 변화와 기술 개발 등으로 직장인들은 계속해서 지식을 업그레이드 하고 재교육을 받아야 한다. 이 때문에 직장인들이 야간대학원을 다니거나 주말에 특강을 듣는 일이 허다해졌다.

기업 가운데는 사원들의 재교육을 위해 학비를 지원해주거나 필요한 내용을 교육시키는 곳이 적지 않지만, 모든 기업이 이런 식으로 사원들에게 투자를 하는 것은 아니다. 또 정사원이 아닌 단기 계약직의 경우, 이런 사원 재교육 기회에서 제외된다. 그래서 아쉽지만 스스로 자기에게 투자하는 수밖에 없다.

(3) 부모와 자녀사이의 재무적인 관계를 재정립하라.

① 자녀에게 물고기 잡는 방법을 가르쳐라.

과거에는 부모의 재산 상속이 빨리 이루어졌지만, 요즘은 평균 수명이 길어지면서 그 유산 상속이 늦어지고 있다. 게다가 부모들도 '재산을 무덤에 가기 직전까지 갖고 있는 것'이 안전한 노후대책임을 깨닫고 있다. 또 시간이 지날수록 남겨줄 것이 줄어든다. 이제는 자신의 부모에게서 재산을 물려받을 것을 기대하지 말라는 이야기가 나오고 있다.

이제는 부모 재산에 대한 기대를 버리는 게 좋을 것이다. 이유는 부모들이 기대 이상으로 오래 살고, 자신들의 간병비용으로 자산을 거의 다 써버릴 것이기 때문이다. 대신 젊은 사람들은 자신의 부모가 건강하고 경제적으로 문제가 없다면 만족해야한다. 부모의 재산은 대부분 부모들의 노후 생활비와 간병비로 충당될 것으로 보는 것이 현명하다. 따라서 부모의 재산을 내 것처럼 여기며 인생 후반기 자금 계획을 세운다면 낭패(狼狽)를 보게 될 것이다.

부모로부터 도움 받을 기대를 버리고, 스스로의 힘으로 일어서는 자립심이 필요하다. 설혹 나중에 부모로부터 받게 되더라도 이는 오래전에 장롱 속에 숨겨두었던 지폐를 우연히 찾아내는 정도의 행운으로 받아들여야 한다. 부모로부터 유산을 기대하지 말아야 하는 것처럼, 자녀들에게 유산을 남겨주기 위해 애쓸 필요도 없다. 사실 상속세 비율이 높아지면서 더 이상 자녀에게 부(富)를 그 자체로 남겨주는 것이 소용없는 일임이 분명해지고 있다. 오히려 자녀가 성장하고, 자리를 잡아가는 동안 필요한 자금을 지원해주는 것이 더 필요한 일이다. 자식에게 물고기를 잡아주지 말고, 물고기 잡는 방법을 알려주어야 한다는 말이다.

② 자녀교육비와 노후자금 사이 합리적 균형을 찾자.

아이를 키우는 부모로서 노후 준비에 가장 큰 걸림돌이 아이들 교육비라고 생각한다. 초등학교 6학년인 첫째에게는 학원비, 유치원에 다니는 둘째에게는 피아노, 태권도 등 예체능 과외비로 한 달 생활비의 절반이 나간다. 앞으로 해외 어학연수, 유학까지 시켜야 한다고 생각하면 머리가 지끈거린다. 물론 자녀 교육이라면 물불 가리지 않는 열성 부모가 아닌데도 말이다. 문제는 여기에서 끝나는 것이 아니다. 학교를 졸업하고도 취직을 못하는 자녀에게 용돈을 대주고, 결혼 자금, 사업 자금까지 대주어야 부모 노릇 하는 것이라니 그저 막막하다.

물론 우리 아이를 1등으로 키워야 하는 건 아니다. 학원에 가지 않아도 많은 것을 배울 수 있다고 되뇌지만 솔직히 자신이 없다. 갈수록 공교육이 부실해지고, 다른 아이들이 하는 건 흉내라도 내야 하는 풍토에서 소신 있게 사교육은 안 시키겠다고 할 수 없는 것이다. 이런 상황이니, 자신의 노후를 위해 저축한다는 것은 불가능하다.

모든 것을 자녀에게 쏟고 난 부모들을 기다리는 것은 노년기 빈곤이다. 따라서 우리들은 자신의 노후 준비와 자녀 교육비 사이에서 합리적인 균형점을 찾아야 한다.

이와 관련해서 자녀에게 덜 투자하는 것이 항상 나쁜 것만은 아니라고 한다. 노벨경제학상을 받은 경제학자 베커(Gary S. Becker)는 그의 저서에서 '자녀에 대한 투자는 수익률 체감의 법칙을 따른다'고 지적했다. 수익률 체감의 법칙은 단위 생산요소를 투입하면 계속 수익이 올라가는데, 일정 지점을 지나면 수익률 증가율이 감소하기 시작한다는 것이다. 즉 교육비를 많이 쓴다고 해서 무조건 성적이 올라가지는 않는다는 것이다. 그러니 자녀 교육비와 자신의 노후자금 사이에서 균형을 잡아야한다.

(4) 배우자와 파트너십에 기초한 공존관계를 형성하자.

부부는 사랑의 끈으로 맺어진 영원한 남이라 했다. 삶의 행복감은 배우자와의 원만한 관계에 비결이 있다. 나이가 들수록 여성들은 독립적이며 능동적으로 변해간다. 인간관계를 중시하는 생활을 해왔기 때문에 주위에 자기편이 되어줄 사람들을 많이 만들어두었다. 반면 직장밖에 몰랐던 남편들은 정년퇴직과 함께 갑자기 무력한 존재가 돼버린다. 아내가 돌봐주지 않으면 자기 속옷이 어디에 있는지도 모를 정도가 된다. 경제력 상실과 함께 가족이 가장을 바라보는 눈이 사뭇 달라졌음에도 불구하고 여전히 가족 위에 군림하려는 경우가 많다. 살림 간섭을 한다거나, 아내의 외출을 못마땅하게 여김으로써 노년기 갈등이 심해지는 경우가 많다. 심지어 정년 이후의 소외감과 분노 등을 아내에게 쏟아냄으로써 가정 폭력으로 치닫는 경우마저 있다.

물론 반대의 경우도 있다. 한평생 내조를 해준 아내에게 그동안 미루어두었던 애정 표현을 하는가 하면, 아내도 남편이 신분 변화에 잘 적응할 수 있도록 동창 모임 대신 남편과 외출을 자주 하는 식으로 배려를 하기도 한다.

그런데 주변을 둘러보면 금슬 좋은 노부부보다 그렇지 않은 경우를 더 많이 보게 된다. 아무래도 평생 부부 중심의 생활을 해본 적이 없기 때문일 것이다. 한국의 가족생활이 서양과 달리 부모와 자녀 중심으로 이루어져왔기 때문에, 부부가 서로 대면하게 되는 기회가 드물었다. 그런데 노년기에 이르면 그동안 완충 역할을 해왔던 자녀들이 독립하고 부부만 남겨진다. 그제야 평생 함께 살아왔던 타인(他人)을 발견하게 되는 것이다.

그래서 인생 주기에서 보면 자녀가 떠난 빈 둥지에 남겨진 노부부가 함께 보내는 시기가 신혼기와 비슷하다고 한다. 신혼기는 서로 개성이 다른 두 사람이 티격태격하면서 적응하느라 어려움을 겪는 시기이다. 노년기 부부관계도 마찬가지다. 가정 또는 직장에서 서로 다른 생활을 해오다 보니 새로운 갈등을 겪는 경우도 많다.

그런데 노년기 부부 관계가 신혼기와 다른 점은 신혼기는 애정으로 넘치지만 노년기에는 살아오면서 실망하고 힘들었던 점이나 원망 등이 쌓여 부정적인 감정을 갖기 쉽다는 점이다. 그렇기 때문에 부부의 공동생활에서 일어나는 갈등과 불만 등은 가슴속에 차곡차곡 쌓아두지 말아야 한다.

부부는 싸움을 가끔 하는 것도 좋을 수도 있다. 물론 말로 하는 싸움을 말한다. 서로의 입장을 차근차근 풀어가다 보면 상대방을 이해하게 되고, 타협점도 찾을 수 있다. 평소 대화를 많이 하는 부부라면 노년 준비는 절반은 한 셈이다.

또 한 달에 한 번 정도는 외식을 한다거나 일 년에 한 번 정도는 부부만의 여행을 가는 것도 바람직하다. 평소에는 자녀들을 보살피느라 부부만의 시간을 갖기가 어렵다. 평균 수명이 길어질수록 배우자와의 관계가 더 중요해진다. 자녀가 독립해 집을 떠나기까지의 시간이 20~25년 정도라면 배우자와 함께 살아야 하는 시간은 훨씬 긴 40~50년이 될 수도 있다. 자녀에게 쏟는 관심의 절반이라도 배우자에게 표현해보자.

(5) 활력 있는 삶을 위해서 사회단체에 참여하고 사회에 기여하자.

① 새로운 친구를 만들자.

은퇴를 하고 사회 활동의 폭이 줄어든 노년기에 들어설수록 친구의 역할은 더욱 중요해진다. 60대 후반이신 한 할머니는 친구가 영감보다 좋다고 하신다. 같은 마을에 살면서 30년 단짝으로 지내신 두 할머니는 비 오는 날이면 함께 부추 전을 부쳐 먹고 자신들 문제로 언짢으시면 두 분이 팔짱 기고 이웃 마을로 나들이를 가신다.

나이 들어갈수록 내 친구의 안부를 살펴봐야 한다. 영국의 지성(至聖) 사무엘 존슨(Samuel Johnson)은 친구의 우정조차도 보수하고 개선되지 않으면 안 된다고 했다. 오랜 친구와 계속 교류하는 것만큼, 새로운 친구를 사귀는 것도 중요하다는 것이다.

② 자원봉사(自願奉仕)는 노후행복통장일 수 있다.

노년기는 자기 동일성의 위기를 겪는다는 점에서 사춘기와 비슷한 사추기(思秋期)이다. 사춘기는 신체는 성인처럼 성숙하는데 정신적으로 아직 어린이 상태로 정신과 신체의 불균형 때문에 갈등하게 되는데 노년기 초입에도 비슷한 현상이 일어난다. 몸은 늙어 가는데 마음은 아직 젊은 상태이다. 몸과 마음의 괴리(乖離)를 겪게 되면서 자신이 도대체 어디에 속한 것인지 헷갈리게 되는 것이다.

정신과 육체의 괴리 현상 때문에 사춘기 청소년들이 심하게 반항하는 것처럼 노인들은 우울증과 자기 연민에 빠지기 쉽다. 노인들 가운데 매사가 부정적이고 화를 잘 내는 사람이 있다. 이런 모습은 상실감과 자기 정체성의 위기에서 오는 것이다. 자기정체성이 약하기 때문에 타인에게서 받는 작은 상처도 더 크게 느껴지는 것이다.

반대로 누구에게나 사랑받는 노인이 있다. 혼자 생활하는 어떤 할아버지는 크리스마스나 어린이날이 되면 이웃의 어린이들을 위해 작은 선물

꾸러미를 준비한다. 무역 회사에서 오래 일했던 모(某)씨는 동네 어린이에게 무료로 영어를 가르쳐주고 있다. 이들은 남을 위해 봉사하면서 자신의 노후를 즐겁게 바꾼 사람들이다.

시간과 마음의 여유를 갖고 자신의 기술이나 지식 등을 나누어주는 것은 바로 자기 자신을 행복하게 하는 길이다. 자원봉사는 노년기 삶의 질을 높이는 데 결정적인 요소이다. 자원봉사를 통해 퇴직이나 배우자 상실, 자녀의 독립 등 노년기 상실감을 극복할 수 있기 때문이다. 또 자원봉사를 하면서 새로운 사람도 만나고 새로운 기술도 습득하게 된다. 직장 대신 지역 사회에 소속될 수 있는 기회인 데다, 다름 사람을 돕는다는 만족감이 긍정적인 자존감(自尊感)을 높인다.

(6) 제 3기 인생(Third Age)에 생기는 7만 시간을 잘 활용하자.

일본의 민간단체인 '시니어르네상스 재단'의 조사에 따르면 사람이 정년퇴직한 후 주어지는 자유 시간이 모두 7만 시간이라고 한다. 60세에 정년퇴직을 했을 때 평균 수명 80세까지 20년의 세월이 덤으로 주어진다. 20년을 시간으로 환산하면 17만 5,200시간이다. 이 가운데 밥 먹고 잠자는 생리적 시간으로 하루에 14시간은 쓴다고 하면, 모두 10만 5,000시간이 된다. 나머지 7만 시간은 온전히 자유 시간이다. 7만 시간이란 엄청난 시간이 아닐 수 없다. 이 시간을 무엇을 하며 지낼 것인가? '1만 시간의 법칙'이 있다. 어떤 분야이든지 1만 시간을 투자하면 전문가가 될 수 있다. 김연아 선수가 1만 시간의 투자의 결실로 금메달을 획득한 것이다. 그러니 7만 시간은 엄청난 결실을 맺을 귀한 시간이다. 그런데 문제는 자신의 실행력이다.

물론 정년퇴직 이후에도 계속 일을 하거나, 다시 학교로 돌아갈 수도 있다. 그러나 역시 남은 시간은 즐거움을 위한 활동이 중심이 될 것이다. 인생의 처음 20년은 살아가는 기술을 터득하는 시간, 밥벌이를 할 수 있도록 교육받는 시간이라면, 다음 30~40년은 자녀를 낳아 기르고 가족을 부양하느라 정신없이 보내는 시간이다. 학습과 일이 제1, 제2의 인생의 목적이었다면 제3의 인생에서는 즐거움을 찾는 일을 우선시할 수밖에 없다. 시간 가는 것을 잊게 할 정도로 즐거우면서 자기 자신을 찾을 수 있는 유익한 활동이 바로 취미생활이다.

사실 취미를 가지면 좋은 것은 시간을 지루하지 않게 보낼 수 있다는 차원만은 아니다. 최근 의학 연구를 통해서 음악이나 카드놀이, 퍼즐 맞추기 등 두뇌를 쓰는 레저 활동이 뇌의 노화를 막는 데 큰 역할을 한다는 사실이 알려지고 있다. 과거에는 뇌세포는 태어날 때 생성된 것을 평생 사용하며 나이 들면서 뇌세포가 죽는다고 알려졌는데 최근연구에서는 뇌세포도 재생이 된다는 사실이 밝혀졌다.

존스홉킨스 대학의 가이 맥칸(Guy Mckhann)교수의『젊은 뇌를 지녀라, Keep your Brain young』에서 취미생활을 하면 뇌가 더욱 긴밀하게 활동한다고 설명했다. 연구에 따르면 가벼운 정신활동은 뇌의 세포를 더욱 긴밀하게 한다고 설명했다. 연구에 따르면 가벼운 정신활동만으로도 6~7년 정도 지능의 노화를 더디게 할 수 있다고 한다. 이러한 연구를 토대로 취미 활동이 치매 방지에 좋다는 조언도 나오고 있다. 어떤 연구에서는 중년기부터 취미생활을 즐겼던 사람들이 알츠하이머병에 걸리는 비율이 낮았다고 보고했다.

그런데 나이가 들어서 취미생활을 즐긴다는 것이 생각처럼 쉽지만은 않다. 취미를 즐길 수 있는 정도의 수준에 이르려면 상당한 시간과 노력 그리고 어느 정도의 돈이 필요하기 때문이다. 그러므로 노년기에 취미를 즐기려면 젊었을 때부터 시간과 노력을 투자해야 한다.

그런데 일에 쫓겨 무취미로 생활을 보낸 사람이라면 나이가 들어 취미생활을 갖는 게 무척 어려운 일이다. 그리고 주목해야 할 것은 취미생활은 이제 꼭 노년을 위한 것만은 아니다. 주5일 근무가 확산되면서 길어진 주말을 주체하지 못하는 사람들이 많다. 취미생활의 필요성을 깨닫고 등산, 낚시 동호회에 가입하거나 악기를 배우려고 애쓰는 사람들이 늘어나고 있다. 이는 참으로 바람직한 현상인 것 같다. 아직도 주말에 사무실에 나가는 사람이라면 자신의 미래를 위해 빨리 취미생활을 시작하는 것이 좋다. 음악 감상도 좋고, 사진도 좋다. 악기 연주만 해도 요즘은 색소폰, 오카리나, 대금 등 종류도 매우 다양해졌다. 노인들 사이에 유행하는 취미 활동으로는 원예, 서예, 도예 등이 있다.

정원을 가꾸는 일은 흙과 식물, 햇빛을 몸으로 접하는 활동으로 건강에도 좋을 뿐 아니라 정식적 안정에도 크게 도움이 된다. 정원에서 가꾼 방울토마토, 오이 등을 이웃과 나누어 먹는 즐거움도 쏠쏠하다. 도예도 흙을 만지는 일로 노인들에게 적합한 취미 활동 가운데 하나이다. 취미는 노년기 삶의 질을 향상시키는데 빼놓을 수 없는 중요한 요소이다.

(7) 은둔(隱遁)생활은 삶의 노화를 촉진시킨다.

대한민국 산에는 개미보다 등산객이 더 많다고 한다. 정년이 없는 미국이나 어른의 경험을 중시하는 일본과 달리 은퇴하면 그냥 퇴물 취급하는 우리나라에서는 등산으로 세월을 보내는 은퇴자들이 그만큼 많다는 우스갯소리다. 등산은 은퇴자들에게 큰돈 들이지 않고 건강도 챙길 수 있는 최고의 여가활동이다. 하지만 30~40년을 산에만 다닌다면 과연 행복할까라고 묻는다면 즉각 예라고 답할 수 있는 사람은 많지 않을 것이다.

자신의 영혼을 담을 수 있는 여가를 개척하는 것이 좋다. 이런 점에서 등산과 여행 같은 여가는 자신의 영혼을 담기엔 조금 가볍다. 악기를 연주하고 같은 취미를 가진 이들과 악단을 만들어 요양원을 다니면서 봉사하는 것은 권할 만하다. 은퇴자들은 온종일 TV 앞에 있거나 온종일 등산한다. TV를 꺼야 하고 등산을 조금이라도 줄여야 한다고 말한다. 그래야 은퇴 후 행복한 삶을 살 수 있다. 잠깐 즐기는 가벼운 여가보다는 어렵지만 난관을 극복해가며 세상과 소통할 수 있는 여가를 고르는 것이 훨씬 의미 있는 노후를 보낼 수 있다.

여가는 크게 진지한 여가(Serious Leisure)와 캐주얼한 여가(Casual Leisure)로 나눌 수 있다. 캐주얼한 여가는 짧은 즐거움을 주는 등산, 골프, 여행 등이 여기에 속한다. 반면 진지한 레저는 많은 노력을 기울여 난관을 극복해가면서 장기적인 경력을 쌓아가는 것이 특징이다.

이런 점에서 등산과 같은 캐주얼한 여가는 성취감을 주거나 사회적 교류를 확대시키고 스스로를 재발견하는 기쁨을 제공하기 어렵다. 그래서 전문가들은 가벼운 여가보다는 진지한 여가를 권한다. 전문가들은 노후의 여가활동은 지나치게 한 분야에만 매달리기보다는 시간과 노력을 골고루 배분하는 것이 좋으며 세상과 교류도하고 자기 개발을 통해 성취감을 느낄 수 있는 여가를 택하는 것이 좋다고 말한다.

은퇴를 하고 나면 남자들의 사교성은 여자들보다 오히려 떨어진다. 수직적 관계에 익숙해져 새로운 사람을 사귀는 것이 힘들고 아집(我執)과 고집(固執)이 세져 고립과 은둔을 편하게 생각하는 경향을 보인다. 그래서 등산도 혼자 한다. 한 조사에 의하면 시니어들이 사회관계를 맺는 사람의 수는 7~8명이었으나 이것도 대부분 친척이나 자녀였다. 은퇴 후 새로운 사람과의 접촉이 거의 없다는 것이다.

여가활동은 어느 한 쪽으로 치우친 것보다는 신체적 활동과 정신적 활동, 혼자 하는 활동과 여럿이 함께하는 활동이 적절히 조화를 이루는 것이 가장 좋다. 가령 등산을 해도 여럿이 함께 쓰레기를 줍는 등 환경보호활동을 하는 것은 권할 만하다.

새로운 것을 배우기 시작하면 또 다른 도전거리가 이어진다. 최근 일본에서는 75세 할머니가 일본 최고 권위의 신인 문학상을 수상했다. 은퇴 후 본격적으로 글쓰기를 시작해 55세 연하의 경쟁자를 물리치고 수상의 영예를 안았다. 우리나라에서도 이처럼 도전하는 은퇴자들이 많았으면 한다. 그런데 한국의 산들이 은퇴자로 채워지고 있는 것은 조금은 아쉬운 현상이다.

(8) 자신의 새로운 삶을 준비하자.

다음은 퇴직한 한 전직 최고경영자의 이야기이다. '나이가 들고 은퇴하니 사람이 달라져요, 종전 같으면 그냥 넘길 일인데도 나를 무시하나 하는 생각부터 들어요. 심지어 아내의 눈길도 자식들의 이야기에서도 그렇게 느껴집니다. 자격지심(自激之心)이랄까. 내가 바뀐 건지 주위 사람들이 바뀐 건지를 알 수 없네요.' 이처럼 은퇴에 대한 생각은 대부분 부정적이다. 은퇴란 쓸모없는 사람이 되는 불행한 순간이며, 노후생활비는 물론 자녀교육비나 결혼비용이 충분히 준비되지 않은 상태에서 월급과 일자리가 사라져 버리는 충격적인 현실로 여겨진다.

한 조사에 의하면 한국인은 은퇴라면 경제적인 어려움, 외로움, 지루함, 두려움과 같은 부정적인 감정을 떠올리는 것으로 나타났다. 반면 선진국에서는 은퇴는 자유와 행복을 주는 긍정적인 단어였다. 그들은 은퇴를 나만의 속도로 나만을 위한 개인적인 삶을 살 수 있는 행복한 시간이라고 응답했다.

은퇴 후의 시간들을 인생 전반부의 깨진 균형을 수리하고 보완하는 귀한 기회라고 생각한다면, 또 이런저런 이유로 접어두었던 꿈을 실현시킬 또 한 번의 기회라고 여긴다면 은퇴는 부정(否定)의 단어가 아니라 희망(希望)의 단어가 될 수 있다고 말한다.

(9) 인생 리모델링을 위한 세대별 생애준비 전략

◎ 30대에 해야 할 준비 사항

① 장기금융상품에 가입해서 종자돈을 만들어라.

② 갑작스런 사고에 대비한 CI보험과 실손보험은 필수다.
③ 자녀에게 들어가는 목적자금은 금융상품을 활용해 준비하라.
④ 최악의 상황에 대비한 비상자금을 준비하라.
⑤ 가계부채를 꼼꼼히 관리하면서 항목별 통장을 만들어라.

40대에 해야 할 준비 사항

① 승진과 전직을 위해서 꾸준히 자기개발을 하라.
② 퇴직금과 연금관리에 신경 써라.
③ 국민연금 외에 개인연금 전략을 세워라.
④ 금융부채와 부동산대출 등의 가계부채를 정리하라.
⑤ 운동을 생활화해야 건강이 유지된다.
⑤ 자녀교육비와 노후준비 자금에 균형을 기하라.

50대에 해야 할 준비 사항

① 재취업과 창업을 하려면 능력을 업그레이드해야한다.
② 부채로 인해 발생하는 정기적인 지출을 줄여라.
③ 위험자산에 대한 공격적인 투자를 줄여라.
④ 자신의 노후 설계도를 준비해라.
⑤ 가족과 친구에게 시간을 투자해라.

퇴직 전 해야 할 준비 9가지 사항

① 퇴직 후 사용할 자신만의 비자금을 준비해라.
② 부채항목 중 지출규모가 큰 항목은 미리 상환하라.
③ 지출 규모가 큰 항목에 대한 절감방안을 강구하라.
④ 가입한 보험을 점검해 부족한 보장범위를 추가해라.
⑤ 퇴직 3년 전에 타고 싶은 자동차로 미리 바꿔라.
⑥ 좋아하는 브랜드의 옷 몇 벌은 준비하라.

⑦ 건강보험을 직장에서 지역으로 변경 시 주의 점을 알아보라.

⑧ 실업급여의 신청방법과 수령방법 수령금액 등을 알아보라.

⑨ 재취업이나 창업을 위한 정보를 알아보라.

CHAPTER 6 >>>

새로운 삶을 위한 목표와 비전 설정

목표가 없는 사람은 목표를 가진 사람을 위해 일을 한다. 성공한 모든 사람들은 가슴속에 큰 꿈을 품은 사람들이었다. 목표를 설정하지 않은 사람들은 목표를 뚜렷하게 설정한 사람들을 위해 일하도록 운명이 결정된다고 브라이언 트레이시(Brian Tracy)는 말했다.

목표란 비전(vision)으로 미래에 대한 구상, 즉 꿈이나 장래 희망을 말하며 목표는 정해진 시간과 비용이라는 제약조건 하에서 달성하고자 하는 측정 가능한 성취상태를 말한다. 따라서 성공하기 위해서는 목표인 비전이 뚜렷해야 한다. 결국 비전을 수립한다는 것은 성공하기 위한 방향을 설정한 것과 같다. 비전을 갖지 못하면 우리의 삶은 막연히 남을 모방하는 삶을 살던지 어쩔 수 없어서 삶을 살게 된다. 그러나 비전을 가지면 우리의 인생은 목표가 있기 때문에 즐거울 수밖에 없다. 지금 하고 있는 일 자체에 목표를 두지 말고 일을 통해 어떤 목표를 달성하려는 비전을 세워야 한다.

비전이 없다는 것은 우리의 인생이 죽은 것과 다를 바가 없다. 비전이 있으면 정확한 목표가 있기 때문에 목표를 달성하는 일이 고되고 힘들어도 즐겁다. 그러나 비전이 없으면 하는 일에 목표가 없으므로 재미가 없다. 또한 억지로 해야 한다는 수동적인 자세로 일을 대하기 때문에 성과가 나지 않는다. 결국 비전이 없으면 우리의 인생은 즐겁지 못하지만 비전이 있으면 자신의 꿈을 실현하기 위해서 살아가기 때문에 우리의 인생은 행복해진다.

성공은 우연히 찾아오는 것이 아니라 준비하는 사람의 것이라는 말이 있다. 성공을 기대도 하지 않았는데 찾아오는 법이 없다는 말이다. 성공을 기대하지 않는 사람에게는 성공이 찾아와도 성공인지를 모르고 지나가는 경우가 대부분이다. 따라서 정확한 비전을 가지고 있어야 성공할 수 있다. 성공하기 위한 개인과 조직의 비전은 현실적이어야 한다. 희망적인 단어들의 나열이라면 현실과 동떨어질 수밖에 없다. 성공하기 위해서는 자신이나 조직의 현실을 정확히 인식하고 미래에 대한 변화 방향을 파악한 뒤에 비전을 수립하는 것은 매우 중요하다.

- 나는 무엇이 되는 것이 좋을까?
- 나의 적성에는 어떤 일이 가장 맞을 것인가?
- 내가 가장 잘 알고 접근할 수 있는 일은 무엇일까?
- 지금 하는 일에 관한 지식을 얻기 위해서는 어떻게 해야 할까?
- 지금 하는 일과 어떤 일을 병행하면 더욱 효과적일까?
- 미래에는 어떤 일을 하면 좋을까? 등에 대한 숙고 후 자신의 비전을 세워야 한다.

성공하기 위하여 비전을 세웠다면 그 비전을 달성하기 위하여 어떤 종류의 노력이 얼마만큼 필요한지에 대한 정확한 평가가 필요하다. 정확한 목표에 부합하는 구성 요인들을 계획하고 분석하면 그만큼 목표를 잘 달성할 수 있다.

따라서 목표를 설정하기 위해서는 다음의 질문이 필요하다.

- 목표를 달성했을 때의 성과는 구체적으로 어떻게 될 것인가?
- 목표 달성을 위한 구체적인 날짜를 어떻게 잡을까?
- 목표 달성을 위한 인적, 물적 자원은 어느 정도 필요한가?

• 목표 달성을 위한 투자에 비하여 얻은 것은 얼마나 되는가?

비전의 크기를 잡는 것은 우리의 마음이다. 비전을 크게 잡을 수도 있고, 작게 잡을 수도 있다. 일부의 사람들은 자신이 처음 시작하는 시점에서는 꿈을 작게 잡는 경우가 많다. 그러나 호랑이를 그리려다 못 그리면 고양이를 그린다. 그러나 고양이를 그리려고 하면 아무 것도 못 그린다는 속담이 있다. 이는 꿈을 크게 그리면 비전을 다 실행하지 못하여도 상당히 성공에 가까이 가나 비전이 작으면 실패할 확률이 높다는 것을 의미한다.

비전을 설정하기 위하여 투여해야 하는 노력은 큰 비전이나 작은 비전이나 같다. 따라서 이왕 같은 노력을 들일 바에는 꿈을 크게 그려보자. 역사 속에는 커다란 비전을 가짐으로 인하여 자신의 성공은 물론 세계를 변화시킨 인물들이 많다.

비전을 가지고 있는 사람은 그 비전을 이루기 위한 출발을 해야 하는데 그 비전을 성취하기 위한 출발점은 항상 현재이다. 인생의 최종 목적을 확정한 사람은 현실로 돌아와서 현재의 상황을 분석하고 새로운 출발을 해야 한다. 비전이 크면 클수록 현실에 더욱 충실해야 한다. 현실적으로는 게으르고 나태하면서 언젠가 큰일을 이룰 수 있을 거라고 생각하는 사람은 비전을 가진 사람이 아니라 망상(妄想)에 사로잡혀 있는 사람이 되기 쉽다.

비전을 실천하려면 현실생활에 충실해야 한다. 학교에서 요즘의 대학생들에게 꿈이 무엇이냐고 물어보면 꿈이 없거나 깊게 생각해 본적이 없다는 이야기를 자주 듣는다. 꿈이 없는 사람이 많은 사회나 국가는 희망이 없다. 결국 한국 사회가 건강해지려면 젊은이들이 꿈을 가져야 한다.

그러나 아무 생각 없이 살고 있는 사람들에게 비전을 가지라면 두려워한다. 비전을 가져보지 않았기 때문에 또는 비전을 갖기 위하여 어떻게 해야 할지 몰라서 당황하는 어색함도 있다. 자신에 대한 부정적인 생각이 자신을 가로 막기 때문이다.

비전을 세우는 것은 힘이 들지 않는다. 다만 최소한의 시간이 들 뿐이다. 자기 자신을 관리하여 원하는 것을 도출해 내고자 하는 마음만 있으면 된다. 그러면 자연적으로 비전이 생기고 그것을 실행하면서 도전의식이 생겨 성공에 이르게 된다.

그러나 일반적인 사람들은 살면서 큰 비전을 갖지 않고, 평범한 삶을 살고 있기 때문에 비전을 세우기보다는 하루하루 만족하는 생활을 하고 있다. 그러다 보니 큰 비전이 필요 없는 것이다. 때로는 비전을 세웠다가 현실적인 문제나 자신의 나태함으로 인하여 중도에 포기하는 경우도 있다. 이러한 경험은 비전을 세우는 것에 대하여 불편한 생각을 가질 수 밖에 없다. 그러나 인생은 즐겁게 살기 위해서는 기복이 없는 평온한 삶의 연속이기 보다는 적당한 긴장감을 가지고 사는 것이 좋다. 따라서 자신이 실천할 수 있는 정당한 비전은 자신의 정신과 생활을 건강하게 하는 힘이 된다.

대부분의 사람들은 세상을 살다보면 숱한 고난과 어려움을 겪게 되고 내 의지와 상관없이 불행에 빠지기도 한다. 어느 누구도 그러한 삶을 기대하지 않는다. 따라서 이러한 삶을 줄이기 위해서도 비전을 세워야 한다. 비전을 세우는 것이 세우지 않는 것 보다 성공에 이르는 확률이 높다. 비전을 세우는 것을 두려워하지 말자. 단지 실천하느냐 실천하지 않느냐의 차이가 성공을 말해 줄 뿐이다.

성공적 비전을 수립을 위해서는 다음의 6가지를 확인해야한다.

첫째는 자아 정체성을 확립해야 한다.
둘째는 자신을 알기 위한 스와트(SWOT)분석을 해야 한다.
셋째는 개인의 성장 방향을 설정해야 한다.

넷째는 긍정적인 생각을 가져야 한다.

다섯째는 그에 따른 실천 전략을 세워야 한다.

여섯째는 비전 선언문을 작성하여 실천하여야 한다.

다음은 비전 설정을 위한 하위요소들과 구체적으로 실현하기 위한 사항들이다.

요소	하위요소	진단 사항
비전 설정	① 자아 정체성을 확립하라.	○ 나는 누구인가? ○ 나는 무엇을 하고 싶은가? ○ 나는 어떻게 살 것인가?
	② 자신의 SWOT를 분석하라.	○ 나의 장점과 단점은 무엇인가? ○ 나를 둘러싼 환경의 기회와 위협은 무엇인가?
	③ 개인의 성장방향을 설정하라.	○ 나는 어떤 커리어를 만들 것인가? ○ 나는 어떤 직업을 가질 것인가?
	④ 긍정적인 생각을 하라.	○ 나는 어느 정도 긍정적인가? ○ 나의 긍정의 힘으로 비전을 실현할 수 있는가?
	⑤ 실천 전략을 세워라.	○ 나의 성공을 위한 핵심 요소는 무엇인가? ○ 나의 비전실천에 장애물은 무엇인가? ○ 나는 비전과 전략을 공유할 수 있는가? ○ 나는 실천전략을 주기적으로 평가하는가?
	⑥ 비전 선언문을 작성하라.	○ 나의 단기 비전은 준비되었는가? ○ 나의 장기 비전은 준비되었는가? ○ 나의 생활신조는 무엇인가?

1) 자아 정체성(正體性)을 확립하라.

개인의 비전을 세운다는 것은 자아 정체성 확립을 바탕으로 한다. 자아 정체성 확립은 한 개인이 자기 자신의 정확한 상황에 대한 자각을 말한다. 자아 정체성을 정확히 확립해야 올바른 비전을 세울 수 있지만 자신에 대하여 정확한 분석을 바탕으로 하지 않으면 허황된 비전을 만들 수도 있기 때문이다. 자아정체성 확립은 '나는 누구인가?'에 대한 해답에서 시작한다. '나는 무엇을 하고 싶은가?', '앞으로 어떻게 살 것인가?'에 대한 분석이 포함되어야 한다. 이처럼 자아 정체감의 확립은 점차 자신의 자아 개념을 구조화시키고 자신의 독특성과 진정한 자신을 발견하는 것을 말한다. 따라서 정체성이 확립된 사람은 자신에 대한 가치와 자신감을 느끼며, 안정감을 바탕으로 자신의 삶의 목표인 비전을 수립할 수 있다. 그러나 만약 확고한 자아정체감을 형성하지 못하면 자신의 역할에 대한 혼란이 일어나 허황된 비전을 만들 수도 있기 때문이다. 또한 자신의 상황을 망각하고 극단적인 이상주의와 현실부정이나 현실도피에 빠진다면 자기부정 혹은 사회부정으로 향하게 된다. 결국 어른이 된 후에도 정확한 비전을 갖지 못해서 일생을 좌충우돌할 수 있다.

2) 자신을 정확히 알기 위한 스와트(SWOT) 분석을 해야 한다.

자기 자신을 정확히 알기 위해서는 자신의 상태와 환경을 종합적으로 분석해야 한다. 그러나 단순한 생각만으로 자기 자신을 분석하게 되면 주관적으로 분석하기 때문에 다른 사람들의 생각과는 다른 내용으로 자신을 분석할 수 있다. 따라서 객관적 분석이 필요한데 이러한 객관적인 분석을 위해 필요한 것이 스와트분석이다.

스와트(SWOT)는 원래 마케팅에서 주로 사용하는 방법으로 자신의 강점(Strength)과 약점(Weakness), 기회(Opportunity)와 위협(Threat) 등의 단어에서 영문 머리글자만을 따서 붙인 것이다. 스와트분석은 단어의 뜻 그대로 자신의 능력에 대하여 강점·약점을 분석하고 환경의 기회·위협을 분석하는 것이다. 나의 강점 요인으로

• 나의 장점은 무엇인가? • 나의 가치는 높은가?
• 경제적으로 여유가 있는가? • 나는 시간적 여유가 있는가?
• 나의 능력은 무엇인가? • 내가 잘할 수 있는 것은 무엇인가?
• 나의 재능은 무엇이 있는가? 등을 분석하는 것이다.

반대로 나의 약점 요인은 강점 분석 사항 중에서 그렇지 못한 부분의 분석이다.

기회요인으로 • 내가 소속된 집단의 변화는 어떤가?
• 내가 소속된 집단의 발전 가능성은 높은가?
• 내 일의 전망과 동향은 어떠한가? 등으로 나에게 찾아올 수 있는 기회요인을 분석한다.

반대로 위협요인은 기회요인 사항 중에서 그렇지 못한 부분을 분석하는 것이다.

스와트분석을 하는 방법으로 나의 강점과 약점을, 환경의 기회나 위협을 대응시켜 자신의 목표를 달성하려는 스와트분석에 의한 전략의 특성은 다음과 같다.

① SO전략(강점/기회전략): 환경의 기회를 활용하기 위해 강점을 사용하는 전략이다.
② ST전략(강점/위협전략): 환경의 위협을 회피하기 위해 강점을 사용하는 전략이다.
③ WO전략(약점/기회전략): 약점을 극복함으로써 환경의 기회를 활용하는 전략이다.
④ WT전략(약점/위협전략): 환경의 위협을 회피하고 약점을 최소화하는 전략이다.

스와트분석의 결과로 전략을 도출하고, 도출된 전략 중에서 목적달성에 실행가능성을 고려하여 성공할 확률이 많은 것을 중심전략으로 선정한다. 이러한 자신과 환경에 대한 분석이 현재 나의 위치는 어디이고 내가 알아야할 지식과 가져야 목표는 무엇인가를 결정하는데 도움이 된다. 자신의 능력이나 상황을 넘는 목표는 자신을 쉽게 지치게 하고 자신의 능력에 모자라는 목표는 자신을 나태하게 만들기 때문이다.

이처럼 자기가 원하는 목표를 달성할 수 있게 자신을 바로 잡아 나가도록 도와주는 도구가 바로 자신에 대한 정확한 분석이라 생각하여도 좋다. 정확한 분석은 정확한 목표를 만들어주고 목표를 달성하려는 의지를 더욱 효과적으로 만들어주기도 한다. 그러다보면 어느새 원하는 비전을 세울 수 있는 것을 체험하게 된다.

❀ 스와트(SWOT)분석의 예

■ Strength(강점)	■ Weakness(약점)
• 일반적인 지식을 많이 안다. • 다양한 재주가 있다. • 무엇이든 붙들면 끝장을 본다.	• 직장근무로 시간이 늘 부족하다. • 인간관계가 원만하지 않다. • 전문분야에 대한 지식이 깊지 않다.
■ Opportunity(기회)	■ Threat(위협)
• 회사의 고급인재에 대한 요구가 증가한다. • 회사가 계속적으로 발전하고 있다. • 내가 맡은 분야가 더욱 비중이 높아졌다.	• 회사 내에서 나의 위치가 다소 불안하다. • 새로운 기술의 발달로 내가 밀려나고 있다. • 승진시험이 곧 있는데 준비가 부족하다.

3) 자신의 성장 방향을 설정하라.

비전에는 개인이 지향하고자 하는 미래의 모습과 함께 향후 나아갈 방향이 명확하게 나타나 있어야 한다. 예를 들면, '어떤 커리어를 만들어 갈 것인가?'

'어떤 직업을 가질 것인가?', '어떤 일을 할 것인가?'에 대한 명확한 이정표가 제시되어 있어야 비전을 수립하는데 혼란을 겪지 않는다. 또한 주변 구성원들이 자신을 정확히 인식을 하는데 도움을 주기 때문에 좋은 기회를 추천해주거나 연결해 주는 기회를 만들어 주기도 한다.

이처럼 비전에 개인의 정확한 성장 방향 설정은 자신에게는 정확한 노선을 잡아주고 주변 구성원들에게 구체적인 비전의 방향을 제시할 수 있다.

어떤 커리어나 직업을 현재의 주력 성장 방향으로 할 것인가?

향후 되고자 하는 직업은 무엇인가?

미래의 변화에 따라 관심분야를 어떻게 바꿀 것인가?

향후 어떤 분야를 집중 공략할 것인가? 하는 등의 개인의 구체적인 포트폴리오(portfolio)에 대한 분명한 방향성이 제시되지 않는다면 실현하기 어려운 비전을 만들 수밖에 없다.

4) 긍정적인 생각이 비전을 실현시키는 힘이 된다.

어떤 사람은 99개를 가지고 있으면서도 한 개가 부족하다고 생각한다. 그러나 어떤 사람은 한 개만 가지고 있으면서도 그것이 없는 것보다 낫다고 생각한다. 우리가 긍정적인 생각으로 세상을 보면 모든 것이 긍정적이고 행복해 보이나, 부정적인 생각으로 세상을 보면 모든 것이 부정적이고 불행해 보인다. 결국 우리의 비전을 세워서 그것을 달성하느냐 못하느냐는 자신의 비전을 꼭 달성할 수 있다는 긍정의 힘에 달려있다.

자신의 삶은 자신이 만들어 가는 것이다. 마찬가지로 긍정적으로 생각하다 보면 나의 작은 습관들이 모여 나를 긍정적으로 만들어간다. 알게 모르게 수년이 지나면 내 습관이 나를 얼마나 변하게 했는지 알 수 있을 것이다.

항상 긍정의 눈으로 세상을 보는 습관, 그리고 항상 긍정의 말만 하는 습관, 남에게 뭔가 주는 것을 기뻐하는 습관, 문제만 제시하지 않고 대안도 제시할 줄 아는 습관, 그런 습관들을 만들면 승자의 삶을 살 것이다. 선택은 자유다. 긍정적인 생각으로 행복한 삶을 살 것인지 부정적인 생각으로 불행한 삶을 살 것인지는 본인의 선택이다.

개인이 신뢰할 수 있는 비전이라는 것은 절차적 정당성을 가지면서도 목표 실현을 위한 구체적이고 현실적인 처방전이 담겨 있는 것을 의미한다. 현실적인 처방전 없이 목표와 과제만을 담고 있는 비전은 자신으로 하여금 모르는 것에 대한 불안감을 크게 함으로써 비전에 대한 신뢰도를 떨어뜨리게 될 것이다. 그렇게 되면 자신은 비전이 제시하고 있는 미래를 더 이상 믿으려고 하지 않을 것이다. 자신이 신뢰할만한 비전이 아니라고 생각하는 순간부터 비전은 그 가치와 의미를 잃게 될 것이다. 따라서 신뢰할만한 비전을 만들기 위해서는 보다 구체적인 해결안이 함께 마련되어야 할 것이다.

개인의 생각과 가치가 반영되지 않고 막연히 보기 좋아서 선택한 비전은 성취하기 어렵다. 따라서 개인이 현재 그리고 미래에 바라는 것이 무엇이고, 열정을 다해 얻고자 하는 내용이 비전에 담겨져 있어야 한다. 또한 비전을 수립하기 위하여 충분한 자료를 수집하고 심사숙고하는 과정이 반드시 필요하다. 이러한 심사숙고하는 과정에서 보다 많은 전문가들의 조언을 받을 수 있도록 해당 분야에 먼저 성공한 사람들이나 해당 분야의 전문가들에게 지도를 받는 것이 필요하다. 이와 같이 다양하게 심사숙고하는 과정은 개인 스스로가 비전을 만드는 작업에 구체적인 역할을 수행해 줄 것이다.

비전에는 개인의 존재 이유와 성장 방향, 경쟁우위의 원천이 담겨 있어야 한다. 그러니 미래의 특정 시점에 성취할 개인의 역량과 전략으로 충분히 달성 가능한 비전의 모습이 그려져야 한다.

반대로 열심히 노력하지 않고서도 현재의 역량으로 충분히 달성 가능한 비전과 목표를 세운다면 자신에게 감격과 감동을 주지 못할 것이다. 거기에는 도전의 짜릿함도 없고 열망에 대한 벅참도 없다. 개인의 비전은 곧 자신의 미래가 바로 투영되어 나타나기 때문이다. 따라서 막연한 기대만으로 비전을 수립하는 것이 아니라 미래 사회의 변화와 비전의 목표에 대한 정확한 이해와 예측을 담고 냉철한 판단과 분석을 실어 경쟁력 확보를 위한 합리적인 과제 도출 과정을 통해 달성 가능하면서도 한 번 해볼 만한 비전과 목표가 제시되어야 할 것이다. 그래야 비로소 설레는 가슴을 안고 기꺼이 비전을 달성하기 위하여 도전하려고 할 것이다.

5) 비전은 실천 전략이 있어야 실현된다.

처음부터 어두운 우물 안에서 태어나서 자란 개구리는 그 곳에서 빠져나오려는 노력을 하지 않는다. 우물 밖의 더 나은 세상을 보지 못했기 때문이다. 현재 상황이 고통스럽다 하더라도 더 나은 곳으로 갈 수 있다는 확신이 없다면 그 곳을 벗어나려 하지 않을 것이다.

그러나 우물 밖 세상에서 자란 개구리가 우물 안에 갇히게 되면 개구리는 어떻게 하든 우물 안에서 밖으로 나오려고 노력을 한다. 개구리는 불가능하다는 것을 알아도 우물 밖으로 나오려고 도전을 하게 된다. 그것은 개구리의 현재의 상황보다 더 나은 곳으로 갈 수 있다는 확신이 있기 때문이다. 그러나 개구리는 우물 밖으로 나오려면 수많은 시행착오를 거쳐야 한다. 무조건 뛰어 올라봐야 힘만 든다는 것을 알게 되면 도구를 이용하게 되고 결국 수많은 도전 끝에 개구리는 다시 광명을 찾을 것이다. 그러나 수많은 시행착오를 해도 우물 밖으로 나오지 못하고 죽는 개구리도 많다.

이처럼 우리는 성공을 경험하면 우물 밖으로 나오려는 개구리처럼 비전을 세우며 도전을 실천하게 된다. 그러나 실천 전략을 마련하지 않고 무작정 도전한다면 수많은 시행착오를 거치게 되어 깊은 상처 속에 영광을 얻을 수 있거나 실패할 수도 있다. 따라서 비전을 달성하려면 확실한 실천 전략이 있어야 한다. 비전을 실천하는 전략 과정은 다음과 같다.

① 비전실현을 위한 핵심요소를 파악하라.

비전을 실천하기 위한 핵심 성공요소가 무엇인지를 파악하는 것은 비전을 실행하는데 매우 중요하다. 비전에 따라서는 공부나 사업, 돈으로 접근해야 할 때가 있다. 따라서 어떠한 비전이냐에 따라 각기 다른 접근 방법을 선택하여야 한다. 접근 방법이 결정되면 성공하기 위한 핵심요소가 무엇인지를 파악해야 한다. 성공을 위한 핵심요소에는 인맥과 노력, 경력이 있다. 이러한 접근 방법과 핵심요소가 결정되면 다음은 어떻게 실행할 것인가의 문제를 선정해야 한다. 어떻게 실행할 것인가에 대한 판단은 '최선을 다할 것인가?', '대충할 것인가?', '때를 기다릴 것인가?', '지금 할 것인가 아니면 나중에 할 것인가?' 등이 있다.

② 비전실현을 방해하는 장애물을 제거하라.

비전을 실천하기 위해서는 비전을 실현시키는데 도움이 되지 않는 것들을 최대한 제거해야 한다. 비전은 큰데 비전 실현을 위해 최선을 다하지 않으면 목표를 달성할 수 없게 된다. 따라서 내가 비전을 실천하는데 장애가 되는 단점이나 한계를 제거하여야 한다. 한 가지 일에 집중하지 못 하거나 자신감이 결여 되었거나, 실천의지가 없다거나 하는 장애물을 제거하지 못하면 비전을 실행하기 어렵다.

③ 비전과 전략을 공유하라.

비전과 전략을 주변에 있는 지인들과 공유하면 더욱 비전은 커지며 전략은 더욱 공고히 된다. 내가 세운 비전이지만 주변 사람들과 공유하면 주변 사람들과 상호작용을 통해 애초에 가졌던 비전은 점차 확고해지며 커진다. 전략을 공유하면 주변으로부터 관심과 후원을 얻을 수 있어 비전을 실천하는데 도움을 받을 수 있다. 또한 주변에서 전략을 같이 하고자 하는 인맥들이 구성되어 내가 실천하고자 하는 비전에 도움을 받을 수도 있다.

④ 전략의 주기적인 평가는 성공을 빨리 오게 한다.

자신이 세운 전략에 대한 주기적인 평가는 자신의 비전을 더욱 활기차게 만든다. 비전의 공고화는 성공에 이르는 길을 짧게 해준다. 전략에 대한 주기적인 평가는 자신이 세운 전략이 일정한 기간이 경과한 뒤에 얼마나 달성했는가를 평가하는 것이다. 자신이 설정한 측정 기준에 따라 주기적으로 전략의 실행 정도에 대하여 종합적인 평가를 실시함으로써 비전이 얼마나 실행되고 있는가를 평가할 수 있다. 이는 전략실행정도와 자신의 정신자세, 환경의 변화 등 최종 목표를 실현하기 전에 자신의 비전을 실행할 수 있는 역량 수준을 분석할 수 있게 한다. 또한 자신의 비전을 실행할 수 있는 역량 수준을 분석함과 동시에 목적했던 성과로 연결되는지를 분석할 수 있게 한다. 그리고 지금까지 해온 전략실행이 잘못된 방향으로 가는 왜곡현상을 막아 준다.

6) 자기 사명서(Mission Statement)와 가족 사명서

인생목표를 확립하고 행동하는 가장 좋은 방법은 자기 사명서, 즉 자기 자신의 인생철학(哲學) 내지 신조(信條)를 작성하는 것이다. 즉 자기 사명서는 우리가 어떤 사람이 되기를 원하는가(성품), 무엇을 하기를 원하는가(공헌 및 업적)를 기술하고, 자신의 존재와 행동이 바탕을 두고 있는 가치와 원칙에 초점을 맞춘다. 그러나 사람은 누구나 나름대로 다른 특성을 가지고 있기 때문에 자기사명서의 형태나 내용 역시 각자의 독특성을 반영한다. 자기 사명서를 개인헌법이라고 불러도 좋다.

헌법이야말로 모든 것의 판단 기준이 되고, 방향을 잡아주는 성문화된 문서이다. 올바른 원칙에 기초를 둔 자기사명서는 헌법이 국가에 대해 갖는 기능과 같은 역할을 개인에 대해 한다. 이것이 바로 개인헌법으로, 우리가 자신의 생활에 큰 영향을 미치는 어려운 상황이나 흥분된 감정 속에서 주요 결정을 할 때, 또 그날그날의 일들을 판단할 때 하나의 기준(基準)을 제공해 준다. 이것은 나아가 격변하는 환경 속에 살고 있는 우리에게 강력한 힘을 끊임없이 제공한다. 만일 우리가 내면 깊이 불변하는 사명서 체계, 즉 인생 가이드를 갖고 있지 않다면 오늘날처럼 급변하는 환경에서는 흔들리기 쉽다.

격변의 상황에 대처하는 능력의 관건은 '나는 누구이고, 무엇을 하려하며, 무엇을 가장 가치 있게 생각하느냐'에 대한 불변의 인생 가이드라인에 달려 있다. 우리가 이 자기 사명서만 가지고 있으면 어떤 변화도 헤쳐 나갈 수 있다. 또 우리는 어떤 편견이나 선입견에 따라 판단할 필요가 없다.

빅터 프랭클(Viktor Frankl)은 죽음의 나치수용소에서도 주도성의 원칙을 체득하였다. 인생의 목적과 의의가 얼마나 중요한가를 파악하여 그가 나중에 발전시키고 또 강의한 '의미치료법(Logotherapy)'의 핵심은 상당수의 정신적 및 정서적 병이 주로 공허감이나 무의미하다고 느끼는 심리적 상태에서도 인생의 목적과 사명을 찾게끔 도와줌으로써 이 공허감을 없애주는 것이다.

우리가 일단 이 같은 사명을 가지게 되면, 주도적인 행동의 본질을 갖게 되고, 삶의 방향을 제시해 주는 비전과 가치관도 갖게 된다. 나아가 자신의 장·단기적인 목표를 세우게 해 줄 기본방침을 가지는 셈이다. 또 올바른 원칙에 바탕을 두고 있는 성문화된 헌법을 갖고 있는 까닭에, 자신의 시간, 재능, 그리고 에너지를 쓰는 모든 행동이 과연 최대한으로 활용되었나를 실제로 평가해 볼 수 있다.

우리가 자신의 내면 깊숙이 들어가서 기본적인 본질을 파악하고 조정하여 올바른 원칙과 조화시키려고 한다면, 효과적인 능력을 부여해 주는 생활 중심을 창조해야 할 뿐만 아니라 세상을 정확하게 볼 수 있는 깨끗한 렌즈도 함께 가져야 한다. 이렇게 되면 우리는 이 렌즈를 통하여 독특한 개체로서 내 자신이 이 세상과 어떤 관계를 가지는가를 알아 볼 수 있다.

프랭클은 사람은 누구나 자신의 삶에서 자기만의 과업 또는 사명을 가지고 있다고 하면서 그 사명은 다른 사람에 의해 대체 될 수 없다고 했다. 따라서 모든 사람이 갖는 과업이 독특한 것처럼 그것을 이행할 수 있도록 주어진 기회 또한 독특한 것이다. 우리가 이 같은 독특성을 말로 표현하려면, 근본적으로 반사성이 아닌 주도성과 '관심의 원'이 아닌 '영향력의 원'의 중요성을 상기해야 한다.

우리의 사명서는 본질적으로 우리 자신의 개인헌법이며, 확고한 비전과 가치관의 표현이다. 이것은 또한 우리가 인생을 살아가면서 모든 것을 판단하는 기준이 될 것이다. 과정이 결과 못지않게 중요하다. 사명서를 작성하거나 검토하는 일은 우리를 변화시켜 준다. 왜냐하면 이것은 자신에게 무엇이 가장 중요한지를 깊고 조심스럽게 생각하게 해주며, 나아가 자신의 생각과 행동을 일치시켜 주기 때문이다. 이렇게 하면 다른 사람들은 우리가 외부의 영향력에 좌지우지되지 않는 사람이라고 느끼기 시작할 것이다. 또한 우리는 자신이 하고자 하는 것에 대한 분명한 사명감을 갖게 되고 그것에 대해 열중하게 될 것이다.

모든 가족이 가져야 될 가장 중요한 핵심은 확고부동하고 변치 않는 공유된 비전과 가치관이다. 따라서 우리가 가족의 사명서를 작성하면 이는 가정의 진정한 근본 토대를 표현하게 된다. 이 같은 사명서는 가정의 헌법과 표준이 되고, 가족 구성원의 가치판단과 의사 결정의 기준이 된다. 이것은 가족 구성원 모두를 가깝게 하고, 단결시키며, 나아갈 방향을 제시한다. 개별 구성원의 가치기준이 가족 전체의 기준과 조화를 이룰 때, 모든 구성원들은 공동의 목적을 향해 함께 노력한다.

모든 가족 구성원들의 의견을 들으면서 사명서의 초안을 작성하고, 서로 다른 의견을 토론하고 내용을 개선시킴으로써 가족 간에 진짜 중요한 것에 대하여 대화를 나누고 상의하게 된다. 가장 훌륭한 사명선언서는 가족들이 함께 모여서 서로를 존중하는 마음으로 다른 견해를 표명하고, 어떤 한 사람이 혼자서 할 수 있는 것보다 더 좋은 것을 창조하기 위해 힘을 합치는 데서 나온다. 또 가족사명서를 정기적으로 검토함으로써 서로의 시각을 넓히고, 강조점과 방향을 재조정하고, 현실에 맞지 않는 문구들을 수정할 수 있고, 가족을 공통된 가치기준과 목적 아래 단합시킬 수 있다.

가족 사명서(Family Mission Statement)는 가정을 다스리는 생각과 행동의 기준이다. 가정에 큰 문제와 위기가 도래할 때, 가족헌법이야말로 가족들에게 가장 중요하고 가치 있는 것이 무엇인지를 상기시켜 주고, 올바른 원칙에 입각하여 문제해결과 의사결정을 할 수 있는 방향을 제시해 준다.

요즘은 회사와 봉사단체, 의료기관등에서 조직의 목적을 명기한 사명서를 대부분 가지고 있으며 그 사명서에 입각한 경영지표를 제시하고 있다. 그 사명서를 기본으로 경영하면 조직이 매우 효과적으로 운영될 수 있다고 본다.

7) 비전 선언문 작성이 절반의 성공을 가져온다.

사람들은 성공을 원하고 있으면서도 자신의 목표가 정확하지 않은 사람들이 많다. 자신이 바라는 것을 정확하게 알지 못하면 목표가 정확하지 못하기 때문에 성공이 무엇인지 모를 것이다. 미래를 예측하는 가장 정확한 방법은 직접 미래를 만드는 것이라고 한 피터 드러커(Peter Ferdinand Drucker)의 말처럼 자신이 바라는 미래를 만들기 위해서는 지금까지와는 다른 방법을 취해야 한다. 성공한 사람들의 특징을 보면 여러 가지 공통점이 있지만 그 중에서 가장 중요한 것이 하나 같이 비전을 크게 세웠다는 것이다. 물론 성공한 사람들 중에는 비전을 세우지 않았는데도 우연한 기회의 운이 좋아서 성공한 사람들도 있지만 그리 많지 않다. 결국 자신의 미래에 대한 비전을 구체적으로 세운 사람일수록 성공에 이르는 비율이 높다는 것을 알 수 있다.

그러나 단순히 비전을 세우는 것만으로는 목표하는 성공을 이룰 수는 없다. 성공한 사람들은 가슴에 하나같이 비전의 강력한 성취 도구인 비전선언문을 만들어서 이를 실천했기 때문이다. 비전선언문 작성을 돕기 위해서는 다음과 같은 질문들이 있다. 질문들을 통해서 생각이 넓혀지고 미래를 향한 꿈이 생겨날 것이다.

① 당신은 5년, 10년, 20년 후에 어떤 모습이 되고 싶은가?
② 당신이 닮고 싶은 사람은 누구인가?
③ 그 사람의 어떤 모습을 닮고 싶은가?
④ 그 사람의 직업생활은 어떨 것이라고 생각하는가?
⑤ 생명이 6개월 밖에 남지 않았다면 무엇을 준비하겠는가?
⑥ 돈에 구애받지 않는 다면 일생 동안 무엇을 하고 싶은가?
⑦ 당신이 지금보다 10년 정도 젊어진다면 무엇을 하고 싶은가?
⑧ 5년 후 당신은 어디에서 무엇을 하고 있겠는가?
⑨ 당신이 노후에 이룬 것 3가지는 무엇이겠는가?
⑩ 노후 생활을 어떻게 보내고 싶은가?

이런 생각들은 미래의 비전 선언문을 작성하는데 도움이 될 것이다. 하루 앞이라도 미래를 볼 수 있는 눈을 가진 사람은 없다. 그러나 우리는 미래를 꿈꿀 수 있는 생각의 능력을 가지고 있다. 무한한 상상을 하면서 우리가 앞으로 이루어 나갈 바람직한 비전을 만들어보자. 비전 선언문을 세우는데 정해진 공식은 없다. 매년 또는 10년 단위로 작성할 수도 있고 인생 전체를 이끌 수 있는 생활신조로 비전선언문을 만들 수도 있다.

❀ 표 1_10년 단위의 비전 선언

20대	30대	40대	50대	60대	70대	80/90대
인생 1기 (대학 졸업 후 취업 혹은 창업)	인생 2기 시작 (결혼)	인생 2기 중기 (자녀교육 집 구입)	인생 2기 성숙기 (자녀결혼)	인생 2기 후반기 인생 3기 시작 (은퇴)	인생 3기 중기 (나눔과 섬김 구현)	인생 3기 후반기 (봉사활동과 사회기여)

자신의 비전선언문을 만들고 매일 반복해서 읽어본다면 자신의 잠재능력이 발견될 뿐만 아니라 생활 속에서 놀라운 일들이 일어날 것이다.

❀ 표 2_비전 선언문을 작성하기 위한 생활신조

◦ 나는 반드시 꿈을 이루고 싶다.
◦ 나는 의미 있는 삶을 살고 싶다.
◦ 나는 행복하기 위해 노력한다.
◦ 나는 영향력이 있는 사람이 될 것이다.
◦ 오늘 하루는 나에게 마지막 남은 기회라 생각하고 성실히 산다.
◦ 나는 어떤 상황에서도 미리 포기하지 않는다.
◦ 오늘보다 내일은 더 충실하고 열정적으로 살 것이다.
◦ 어떤 일의 한계는 내가 만들어낸 기준일 뿐이다.
◦ 내 행복은 나의 마음에서 나온다.
◦ 나는 한 가지를 해서 실패하면 다른 일에 도전한다.
◦ 어려움을 극복하지 못하면 실패한다는 것을 인식한다.
◦ 언젠가 해야 할 일이면 지금 한다.
◦ 누군가 해야 할 일이면 내가 한다.
◦ 내가 해야 할 일이면 더욱 잘하자.

◦ 절망과 고통도 즐기면 행복이 된다.
◦ 내 꿈을 버리지 않는 한 내 꿈은 실현된다.
◦ 나를 욕하는 사람이 있으면 마음 아파하지 않고 더욱 노력한다.
◦ 내가 가는 길이 아무도 알아주지 않아도 값진 길일 수 있다.
◦ 나는 새로움에 항상 도전한다.
◦ 나는 과거를 거울삼아 현재와 미래에 초점을 둔다.
◦ 나는 나의 뜻을 이루는 사람이다.
◦ 나는 내 삶이 늘 행복하다.

❀ 표 3_인생 7개년 계획(예시)

2016년	2017년	2018년	2019년	2020년	2021년	2022년
라이프 코칭 전문가 준비	라이프 코칭 연구소 개원	라이프 코칭 1과정 운영	라이프 코칭 2과정 운영	학습 코칭 과정 운영	변화관리 과정 운영	갈등관리 과정 운영

❀ 표 4_하고 싶은 꿈의 목록(예시)

번호	분야	이루고 싶은 것	성취일자
1	생활	전원생활 준비하기(전원 주택지 찾기)	2015년
2	생활	전원에서 일주일에 3일 생활하기(집 짓기)	2016년
3	생활	전원에서 일주일에 3일 생활하기(연수원 꾸미기)	2017년
4	교육	라이프 코칭 교육과정 정리하고 실습하기 1	2015년
5	교육	라이프 코칭 교육과정 정리하고 실습하기 2	2016년
6	교육	학습 코칭 과정 정리하고 실습하기	2017년
7	교육	변화관리 과정 정리하고 실습하기	2018년
8	교육	갈등관리 과정 정리하고 실습하기	2019년
9	여행	국내를 중심으로 한국역사 기행	2016년
10	여행	일본 선교 여행하기	2017년
11	봉사	0000 학교 교육하기	2016년
12	봉사	00연수원 교육과 00방송 생활상담하기	2014~2020
13	봉사	00교육과 00대학 교육하기	2014~2020

삶에서 본질과 상황을 구분하면 주도성을 유지할 수 있다고 본다. 비가 오면 우산을 쓰듯이 상황에 어떻게 대처하느냐의 문제가 중요하다, 즉 상황에 흔들리지 않고 자신의 삶을 주도하는 준비를 하기 위해서는 미션에 입각한 자신의 비전설정은 대단히 중요하다고 본다.

❀ 표 5_미션과 비전 그리고 전략(예시)

1. 미션(인생의 목적)
• '주는 것이 받는 것보다 더욱 복되다'는 말씀에 기초하여 공존공영에 기여한다. • 지식의 세계(삶)에서 지혜의 세계(삶)로 승화된 삶을 산다. • 락고(樂苦)의 세계로 고통 겪는 젊은 세대들에게 긍정적 변환자(變換者)가 된다.
2. 비전(인생의 목표) — 10년 후 장기목표
• 새로운 삶이 시작은 미약하나 10년 후에는 창대하리라고 확신한다. • 써드 에이지로서 보람된 일에 기여한다. • 가까운 사람들에게 좀 더 기여할 수 있는 기회를 만든다.
3. 비전 — 3년 후 중기목표
• 독립적인 연구소가 반석에 오를 것이다. • 100세 장수 시대를 맞아서 자연 수(壽)를 누릴 수 있도록 한다. • 활동의 30%는 봉사활동에 할애(割愛)한다.
4. 비전 — 올해 단기목표
• 새로운 삶(Third Age)을 준비한다. • 쎄컨드 에이지에서 써드 에이지로 무사히 넘어 가게 한다. • 평생 봉직했던 직장을 행복하게 떠날 수 있는 준비를 한다.
5. 행동원칙
• 삶의 자세는 늘 긍정성과 항상성을 유지한다. • 됨과 가짐의 가치를 넘어서 나눔과 섬김의 자세를 구현하게 한다. • 쎄컨드 에이지와 같은 활동성을 유지한다.
6. 각오와 다짐
• 오늘이 어제보다 향상되는 삶을 유지한다. • 생각이 행동으로 행동이 습관으로 습관이 인격이 향상되게 인격이 나의 운명을 바꾸게 한다. • 늙는 것이 아니고 내적성숙이 이루어지게 한다.

CHAPTER 7

성과 있는 시간 관리

사람은 누구나 하루에 똑같이 24시간 혹은 1440분을 사용하고 있다. 그러나 시간감각은 모든 사람들에게 있어 서로 다르다. 여가활동을 할 때는 시간이 금세 지나가는 반면 치과병원 대기실에서 기다리는 5분은 몇 시간처럼 길게 느껴질 수도 있다.

시간은 다른 자산들에 비해 몇 가지 특수성을 가지고 있다. 당신은 시간을 절약할 수도 저장할 수도 없다. 시간은 아주 공평하게 분배되어 있다. 어느 누구도 돈을 주고 수명을 5분 더 연장시킬 수 없다. 시간은 되돌릴 수 없게 흘러간다. 그런데도 우리는 시간을 낭비하는 것에 대해 그다지 염려하지 않는다.

시간 관리의 기본원칙은 시간 사이클로 요약된다. 이 원칙들은 시간을 성공적으로 관리하기 위해 결정적으로 중요한 것들이다. 시간관리가 자신의 생활을 얽매는 것은 아니다. 시간 관리의 목표는 오히려 시간을 효율적으로 사용하여 여가를 즐길 수 있게 해주는 것이다.

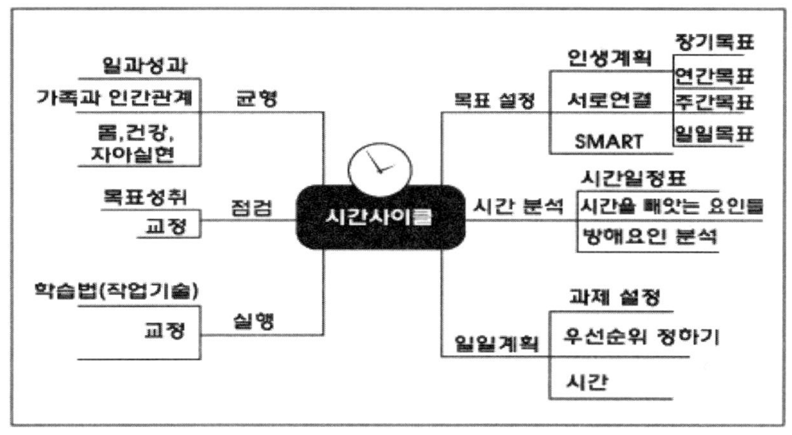

1) 시간 관리의 필요성

사람들은 자기가 처한 상황이나 성취하고자 하는 목표가 다를 뿐만 아니라, 희망하는 인생관, 행복감의 크기나 바라는 바도 모두 다르다. 누구에게나 똑같이 주어져 있는 24시간을 자기방식대로 계획하고 다루어 효과적으로 잘 활용한다면 보다 나은 삶을 살 수 있을 것이고, 효과적인 시간 관리를 하지 못한다면 보다 못한 삶을 살아야 할지도 모른다.

다시 말하면 삶을 보다 윤택하고 성공적으로 만들기 위해서 자기 자신을 제대로 파악하고 시간을 자기 방식으로 잘 계획하고 다스릴 필요가 있다. 사회적으로 성공했거나 존경받는 리더의 위치에 오른 사람들은 대부분 중요한 일에 시간을 많이 사용한다는 공통점이 있는 반면에 시간을 효과적으로 활용하지 못하는 사람들은 당장 급한 일을 처리하거나 중요하지 않은 일을 하느라 낭비하는 시간이 많다.

주어진 짧은 하루, 일주일, 한 달, 일 년의 시간을 보다 알차고 효율적으로 사용할 수 있다면 보다 여유로울 수 있다. 그러기 위해서는 중요하고 긴급한 일에 많은 시간을 할애할 수 있는 효과적인 시간관리가 필요하다.

2) 무질서한 창고와 무계획적인 일정을 비교하라.

창고가 물건을 쌓아 두는 제한된 공간인 것처럼 일정도 제한된 공간이라고 본다면 시간 관리가 막연하지만은 않다. 철저한 시간 관리는 성공적인 인생을 만들어 줄 수 있다.

① 무질서한 창고

- 공간이 제한되어 있다.
- 공간보다 많은 물건들이 쌓여있다.
- 원칙 없이 빈 공간에 물건들을 쌓아둔다.
- 뭐가 어디에 있는지를 알 수 없다.
- 물건을 정리하는 장소로서 구실을 제대로 하지 못한다.

② 무계획인 일정

- 시간이 제한되어 있다.
- 한정된 시간에 비해 많은 일로 채워져 있다.
- 원칙 없이 남는 시간에 일을 한다.
- 언제, 무엇을 해야 할지 잘 모른다.
- 시간을 체계적으로 사용하지 못한다.

3) 효과적인 시간관리

시간은 돈이다(Time is Money)라는 속담이 있다. 예를 들면 한 시간 상담비가 백만원인 국제변호사가 2시간짜리 영화를 볼 때 기회비용은 200만 원이지만 시간당 4,000원을 받는 아르바이트 학생의 기회비용은 8,000원이다. 또한 젊은 청년들의 1시간과 나이 드신 분들의 1시간의 경제적 가치에는 큰 차이가 있으므로 효과적인 시간관리가 개인의 경쟁력을 결정할 수 있는 중요한 요소가 된다. 효과적인 시간 관리는 다음과 같이한다.

- 매일 어떻게 시간을 쓸 것인가를 인식한다.
- 시간의 우선순위를 정한다.
- 분명한 목표를 세운다.
- 목표달성의 전략을 세운다.
- 좋은 습관을 만든다.

4) 시간 관리의 전략

미래에 달성할 바람직한 목표를 우선 정한다. 목표가 중요한 이유는 다음과 같다.

- 목표는 활동 시작의 동력(動力)이다.
- 목표는 시간과 물질과 노력에 새로운 의미와 가치를 제공한다.
- 목표는 방향을 정함으로써 방황하거나 혼란스럽지 않다.
- 목표는 에너지와 자원을 한 곳에 집중시킬 수 있다.
- 목표는 도전정신과 의욕 증진인 동기유발 효과가 있다.
- 목표는 주도적인 삶을 가능하게 한다.
- 목표 설정은 꿈과 비전을 성취할 수 있게 한다.

좋은 목표는 스마트(SMART)하게 설정해야 한다. 즉 목표들을 구체적이고(Specific), 측정가능하며(Measurable), 실현할 수 있고(Action oriented), 현실적이며(Realistic), 기한을 정할 수 있어야(Time bounded)한다. 공허한 소망을 내보이지 말고 목표들을 가능한 한 구체적이고 세밀하게 꾸미고 계획 하나하나에 엄격한 기준을 부여해야 한다. 이러한 장래 목표들은 당신의 의욕을 고취시키기 위한 것이지만 현실을 벗어나서는 안 된다. 우리는 자신이 한 달 내에 성취할 수 있는 모든 것을 과대평가하고,

1년이 지나야 가능한 것은 과소평가하기도 한다.

마지막으로 당신은 목표를 성취할 시점과 중간목표들을 정해야 한다. 그래야만 자신이 잘해내고 있는지 가늠할 수 있다. 그리고 중간목표들을 의식적으로 확인 점검하는 것보다 더 큰 의욕을 불러일으키는 것은 없다.

5) 시간낭비 요인을 점검하라.

비효율 업무의 3가지 유형으로 첫째는 태도의 손실(지각이나 개인적인 업무처리, 잡담이나 인터넷 서핑 등) 둘째는 방법의 손실(스킬 부족, 복잡한 결재단계 등 잘못된 작업방법) 셋째는 목적의 손실(열심히 효율적으로 일하지만 부가가치를 제공하지 못함)을 들 수 있다.

생산적임	비생산적임	총 근무 시간
업무에 열중함 (Commitment)	태도의 손실	지각, 잡담, 개인 업무
효율적 업무수행 (Efficiency)	방법의 손실	작업스킬 부족, 수작업과 경직된 규정
효과적 업무수행 (Effectiveness)	목적의 손실	고객 니즈를 무시한 작업, 업무방향의 오류 등

① 잘못된 업무태도로 인한 손실

- 습관적으로 야근을 반복하는 올빼미형
- 가늘고 길게 일하는 냉면가락형
- 업무와 오락을 동시에 하는 외도형

② 비효율적인 업무수행 방법으로 인한 손실

- 보여주기 위한 업무처리(두툼한 보고서보다는 간결한 표 한장)
- 회의를 위한 비생산적인 회의
- 과거 답습형의 업무처리 방식(삶긴 개구리의 예 : 이전에 하던 대로 함)

③ 잘못된 업무목적으로 인한 손실

• 수행하고 있는 업무가 최종적으로 가치를 창출할 수 있어야 한다.

6) 시간 관리의 방해 요인(要因)를 파악하라.

실제의 시간과 주관적인 느낌의 시간은 종종 상당히 차이가 난다. 당신이 무엇을 하는 데 얼마의 시간을 소모하는지 명확히 파악해야 한다. 공부를 하는 며칠 동안 시간기록표를 작성해서 지금까지의 시간분배를 면밀히 살펴보고 드러나는 결점들에 대한 원인을 찾아내야 한다. 그러기 위해서는 자신의 하루일과 전체를 최대한 빠짐없이 적어 놓아야 한다.

이 시간기록표를 작성하기 위해서는 두 칸으로 나눈 종이가 필요하다. 왼쪽 칸에는 활동을, 오른쪽 칸에는 당신이 언제부터 언제까지 그 일을 했는지 시간을 기입하고 휴식시간이나 헛되게 보낸 시간도 이 기록표에 적어 넣는 것을 잊어서는 안 된다. 당신이 정확히 기록할수록 이 표에서 더 많은 이득을 얻게 될 것이다.

당신은 자신이 여러 일을 블록으로 만들고 서로 연관된 것을 또한 함께 처리하기 시작한다는 사실을 깨닫게 될 것이다. 여기저기 적어 넣는 일이 귀찮아서라도 당연히 그렇게 하게 된다. 이것은 또한 효과적인 작업편성을 위해서도 중요하다. 왜냐하면 잠깐의 통화와 메시지, 메일 등을 그 즉시 처리하게 되면 상당한 시간이 허비되기 때문이다. 동일한 종류의 과제들을 하나의 블록으로 통합하면 이 진행과정을 한 번만 준비하면 되니 동일한 종류의 활동에서 벗어나게 된다. 그러므로 당신은 집중적으로 일을 진행하는 것을 통해 시간을 절약하는 것이다. 이 시간기록표에 대한 평가를 내리도록 해보라. 동일한 종류의 활동들을 블록으로 묶고 거기에 소요된 시간을 각각 기입해보라. 시간기록표를 평가할 때 결정적으로 중요한 것은 이렇게 시간을 분배한 것이 자신의 목표와 합치될 수 있는지 따져보는 것이다.

다음으로 시간을 낭비하게 만드는 요인들을 찾아본다.

당신이 빼앗기는 시간은 다음과 같은 경우일 것이다. 가장 보편적인 것은 예고 없는 방문, 전화로 인한 방해, 불필요한 우편물, 수많은 이메일, 소음, 관심 분산, 목표미정, 잘못된 서류보관, 무질서, 물건이 수북이 쌓인 책상 등과 같은 것이다. 이 리스트는 사실상 끝이 없다. 이렇게 분석해보는 것으로 어떤 방해가 자신의 시간을 가장 많이 뺏어 가는지 알게 될 것이다. 일단 이것이 밝혀지면 두 가지 가능성이 있다. 이것을 시정하거나, 아니면 방해가 불가피한 몇 가지 경우에는 아예 그것을 위한 시간을 계획에 포함시키는 것이다.

당신은 이 시간 분석을 통해 자신이 시간을 분배하는 일에 더 주의를 기울이게 된다는 사실을 깨달을 것이다. 이제 어떤 일을 하는 데 얼마의 시간이 드는지에 대한 감도 잡았을 것이다. 자신의 목표들을 기반으로 해서 매번 다음 날의 계획을 미리 세우는 것이 더욱 쉬워질 것이다. 이 시간 분석은 하루 종일 공부를 해야 하는 경우에도 마찬가지로 중요하다.

며칠 동안 일어난 방해 요소를 기록으로 남겨 본다. 이것들을 방해일지에 꼼꼼히 기입해두면, 하루가 끝난 후에 평가를 내리고 효과적으로 공부할 수 있는 시간이 언제인지 정할 수 있다. 당신은 실제로 공부할 시간이 얼마 되지 않는다는 사실을 확인하고서 깜짝 놀랄 것이다. 당신은 어떤 방해에 시간을 가장 많이 빼앗기며 이것이 피할 수 있는 것인지 아닌지 깨닫게 될 것이다. 그러면 이 분석을 근거로 해서 주요 방해요인들을 제거하는 일이 더 쉬워질 것이다. 이렇게 분석하는 일이 처음에는 또 다른 시간낭비처럼 보이겠지만 실제로는 시간을 아끼고 더욱 집중해서 공부하거나 일하는 데 도움을 줄 것이다.

❀ 시간 관리의 방해 요인

외적 요인	내적 요인
• 문제해결의 불완전한 정보	• 한 번에 많은 일을 하려는 것
• 문제의식을 갖지 못한 직원	• 비현실적인 시간 평가
• 권한 위임의 결여	• 업무 지연
• 불필요한 전화	• 정연한 기구 부족
• 경상업무	• 남의 말을 들으려 하지 않는 것
• 불필요한 점심 약속	• 자기가 직접 일을 하려는 것
• 업무 방해 요소	• 거절을 못하는 것
• 비효율적인 회의	• 남에게 일을 시키기 싫어하는 것
• 우선순위 결여	• 권리 없는 책임을 위임하는 것
• 모험적 경영법	• 누구에게나 간섭하는 것
• 부하에 대한 개인적 배려	• 벼락치기로 결정
• 외부활동	• 명령계통의 무리
• 커뮤니케이션 부족	• 남에게 대한 비난
• 잦은 실수	• 개인적인 외적 활동

당신의 시간 낭비 요인 다섯 가지를 적어보고, 그 낭비요인을 잡으려면 어떻게 해야 할지 생각해 봅시다		
시간낭비요인	생각나는 원인	해결법과 대책

7) 파레토(20대 80)법칙에 따른 시간관리

당신이 매일 처리할 수 있는 일은 아쉽게도 한정되어 있기 때문에 우선순위를 정해야 한다. 그래야 정말로 중요한 과제들을 처리하게 된다.

이탈리아의 경제학자 빌프레도 파레토(Vilfredo Pareto)가 19세기에 만들어낸 파레토 원칙을 살펴보자. 그는 부와 소득의 문제를 연구하다가 사람들의 비율과 부의 액수 사이에 반복해서 나타나는 수학적 관계가 있다는 사실을 발견했다. 즉 각 나라들에서 항상 전체 인구의 20퍼센트가 재산의 약 80퍼센트를 소유하고 있다는 것이다.

이 현상은 다른 생활분야에서도 나타난다. 모음의 20퍼센트만 제대로 이용해도 모든 대화의 최대 80퍼센트까지 가능하다. 기업에서는 고객의 약 20퍼센트가 매상고의 80퍼센트를 올려준다. 마찬가지로 제품의 20퍼센트로 수익의 80퍼센트를 벌어들인다. 종업원의 20퍼센트가 결근일 수의 80퍼센트를 차지한다. 대형사무실 융단 바닥의 마모 정도를 관찰해보니 바닥의 20퍼센트에서 마모의 80퍼센트가 일어났다는 사실이 밝혀졌다. 이와 똑같이 우리는 적절한 노력을 20퍼센트만 들여도 거의 언제나 거둘 수 있는 성과의 80퍼센트를 올린다. 파레토 원칙에서 퍼센티지의 정확성은 물론 중요하지 않다. 하지만 이 원칙은 노력과 성과 사이의 공통적인 관계를 명확히 보여준다.

여기서 공부로 돌아가 보자. 만약 당신이 시험을 대비해서 공부하고 있다면 그 분야에서 핵심적인 20퍼센트의 지식을 찾아내는 것이 중요하다. 당신은 이 지식을 이용해서 점수의 대부분을 얻게 될 것이다. 그 이상의 성적을 거두고 싶다면 노력을 더 기울여야 한다.

시간관리에도 이 파레토 원칙이 적용된다. 왜냐하면 우리는 사용하는 시간의 단 20퍼센트로 성과의 약 80퍼센트를 올리기 때문이다. 브라이언 트레이시(Brian Tracy)가 쓴 'Eat that frog'라는 책이 있다. 대략적으로 이런 내용이다. '우리가 아침에 가장 먼저 살아 있는 개구리를 삼키면, 좋은 기분으로 하루를 보낼 수 있기 때문에 더 나쁜 일은 일어나지 않는다'는 내용이다. 이것을 의역(意譯)하자면 매일 가장 중요한 과제로 시작하라는 뜻이다. 즉 여기서 개구리는 가장 힘들거나 거북한 과제를 뜻한다. 사람들은 힘든 과제를 자꾸 뒤로 미루는 경향이 있는데, 하루가 시작되는 즉시 이런 과제를 처리하는 습관을 들이면 최대의 성과를 올릴 수 있다. 중요한 일에 시간을 투자하라. 올바르게 투자한 20%의 시간과 에너지가 80%의 결과를 낳는다. 우리는 중요하지 않은 일 때문에 시간을 낭비하고 있는 경우가 많다.

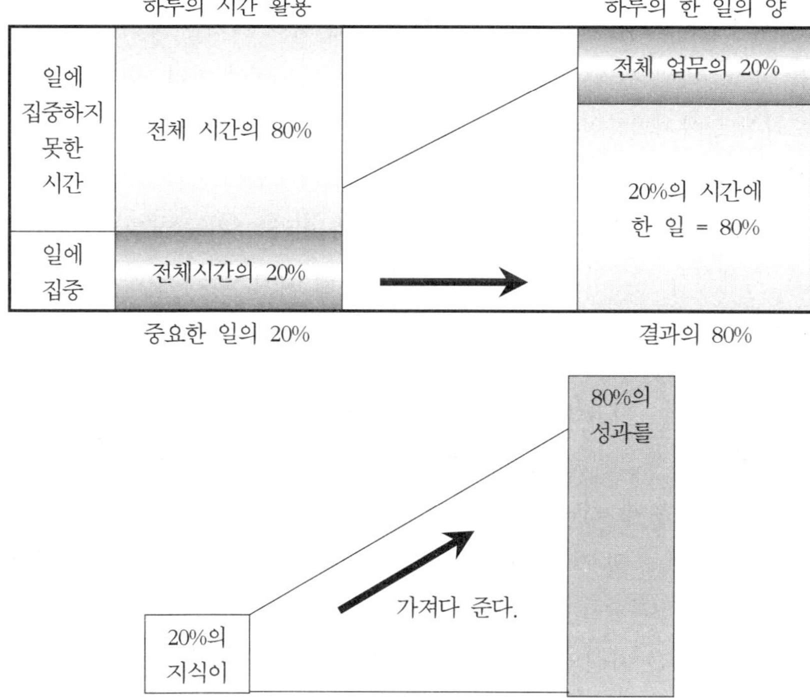

8) 시간관리 기술의 원칙을 지켜라.

① 우선순위를 정하는 원칙은 다음과 같다.

- 작은 일이든 큰일이든 심사숙고한 후 결정한다.
- 중요한 일과 긴급한 일을 구분하는 감각을 기른다.
- 평소에 가장 우선순위가 높은 일은 자신의 기본업무에 포함시킨다.

• 다른 사람이 나에게 부탁하는 일은 좀 낮은 우선순위로 한다.
• 쉬운 일과 좋아하는 일만 골라서 한다.
• 지금 어떤 일을 하는 것이 좋은지 하는 질문으로 우선순위를 정한다.

우리는 자주 시급(時急)하지만 덜 중요한 일들을 하는 데 시간을 빼앗긴다. 시급한 과제들 사이에서 이리저리 바삐 옮겨 다니는 반면에 중요한 과제들은 그냥 남겨두는 것이다. 이렇게 하지 않기 위해서는 과제들을 아이젠하워 원칙에 따라 A·B·C 과제로 나누어야 한다. 미국 대통령 드와이트 아이젠하워(Dwight Eisenhower)가 즐겨 사용한 이 결정원칙은 어떤 과제에 우선권을 줄지 결정할 때 실질적으로 도움이 된다. 우선순위 선정은 중요성(重要性)과 긴급성(緊急性)이라는 기준에 따라 정해진다. 과제들을 평가하고 그 후에 처리하는 데 있어 네 가지 가능성이 주어진다.

- A형 과제 : 이것은 긴급하고 중요하기 때문에 오늘 내로 처리되어야 하는 과제들이다. 이 과제를 처리할 때 우리는 자주 서두르고 스트레스를 받게 된다.
- B형 과제 : 이 과제들은 긴급하지는 않지만 중요하다. 당신은 정규적으로 B과제를 처리하기 위한 시간을 내야 한다. 이 과제들을 통해 당신은 자신의 목표에 더 가까이 다가가게 된다. 그런데도 이것들은 긴급하지 않기 때문에 종종 뒤로 미뤄진다. 그러나 이것은 조기에 처리해야 많은 문제점을 피할 수 있다. 그러지 않으면 조만간 B과제들은 빨리 처리해야 하는 A과제로 바뀌기 때문이다.
- C형 과제 : 이 과제들은 긴급하기는 하지만 중요하지는 않은 것들이다. 우리는 자주 그다지 필요한 일도 아닌데 긴급하기 때문에 어쩔 수 없이 이 과제들에 매달린다. 가능하다면 이런 과제는 남들에게 위임하거나 없애야 한다. 그렇게 함으로써 중요한 B과제를 위한 시

간을 번다. 그렇게 하지 않으면 B과제는 다른 일들 속에 파묻혀버리고 만다.

- D형 과제 : 중요하지도 긴급하지도 않은 과제들로 고민하지 말고 쓰레기통으로 던져 넣어야 한다.

아이젠하워 법칙의 시간관리 메트릭스	
B형 과제 전략적으로 계획하고 실행일정을 정함	A형 과제 즉각 실행(직접)
D형 과제 휴지통 버린다.	C 과제 줄이고 위임함

중요성 ↑ 긴급성 →

A형 과제	B 순위	C 순위
오늘 반드시 해야 한다.	해야 한다.	할 수 있으면 좋다.
최고로 중요하다.	평균적으로 중요하다.	중요하지 않다.
모든 과제의15%에 불과하다. 그러나 가치비중은 65%이다.	모든 과제 중 20% 차지한다. 가치비중은 20%이다.	모든 과제의 65%이나, 가치비중은 15%에 불과하다.
스스로 수행해야 한다. 위임이 불가능하다.	전략적으로 계획하고 기한을 정한다.	위임하거나 줄이고 취소화해야 한다.

9) 시간계획 수립능력을 확인하라.

① 매사에 신중하고 깊이 생각한다. (　　)

② 이론과 원칙을 중요하게 여긴다. (　　)

③ 개인, 학교, 직장 생활서 규칙적으로 생활한다. (　　)

④ 시행착오와 헛수고가 적다. (　　)

⑤ 시간과 노력, 물질과 주변 환경을 잘 활용한다. (　　)

⑥ 일하는 시간과 휴식 시간을 구분되고 생활한다. (   )

⑦ 그날 할 일은 반드시 그날 중에 마친다. (   )

⑧ 매사를 미리 준비해 서두르지 않는다. (   )

⑨ 생각과 행동에 일관성이 있어 기분대로 살지 않는다. (   )

⑩ 계획할 시간을 시간표에 따로 포함시킨다. (   )

⑪ 효과적으로 일하는 방법을 생각해낼 수 있다. (   )

⑫ 정보를 잘 모으고 잘 분류해 둔다. (   )

⑬ 시간과 자본, 인력을 합리적으로 안배 후 편성한다. (   )

⑭ 기록 남기기를 좋아한다. (   )

⑮ 아무리 바빠도 항상 여유를 가지고 있다. (   )

◈ 해당사항이 10개 이상이면 계획 수립 능력이 높다고 할 수 있다. 10개 이하이면 설문대로 생활패턴을 바꾸려고 노력해야 한다.

10) 시간계획을 스마트(SMART)하게 짜라.

계획을 세운다는 것은 목표를 실현하기 위한 준비를 한다는 뜻이다. 우리는 계획을 세우는 데 더 많은 시간을 들이면 그것을 실행하는 데 시간이 더 적게 들고 더 나은 성과를 올리게 된다는 사실을 경험을 통해 알고 있다. 하루를 끝내기 전에 다음 날 계획을 미리 세우는 것이 가장 바람직하다. 그렇게 하면 다음 날 처리해야 할 일들을 글로 적어두었기 때문에 머리도 가볍다.

다음 날 처리해야 할 일들이 어떤 것들인지 잘 생각해보라. 계획을 세울 때 가장 중요한 원칙은 이번에도 폰이나 스케줄에 적어두는 것이다. 이런 식으로 하면 처리해야 할 일들을 전체적으로 살펴보게 된다. 글로 기록해둠으로써 자신의 계획에 구속력을 부여하고 그렇게 해서 자기규율을 강화시킨다.

이제 당신은 확고한 원칙과 오늘 이행해야 할 구체적인 목표들을 가지고 있다. 당신의 계획표에서 처리된 과제들을 확인 점검할 수 있고 이것은 의욕을 확실히 높여줄 것이다. 글로 적어서 계획을 세우게 되면 소요되는 시간을 더욱 효과적으로 산정할 수 있게 된다. 당신은 자신의 일일 활동에 대한 기록 자료를 얻게 되고 이것을 점검해볼 수도 있다. 처리되지 못한 항목들은 다음날로 넘기면 되기 때문에 잊어버리지 않는다.

과제들을 정할 때 염두에 두어야 할 가장 중요한 질문은 다음과 같은 것들이 있다. '나는 지금 하고 있는 일을 통해 나의 목표에 더 가까이 다가가게 되는가?' 라는 질문을 할 때 부정적인 답변을 내려야 한다면 그 일을 빼거나 반드시 필요한 경우에는 거기에 조금의 시간만 할애해야 한다.

과제들을 올바른 순서대로 정리했다면 이제 과제들을 하루에 걸쳐 분배하도록 하라. 당신이 며칠 동안 시간기록표를 작성해 보았다면 각각의 활동에 대해 얼마의 시간이 필요한지 파악했을 것이다. 각 과제를 처리하기 위해 일정한 시간을 정해두는 것이 중요하다. 왜냐하면 우리가 어떤 활동을 시간이 남아 있는 동안은 최대한 뒤로 미루기 때문이다. 반면에 우리 뇌는 정해진 시간을 최대한 활용하려는 경향이 있다.

하루에 걸쳐 과제를 분배할 때 자신의 개인적인 능력 곡선도 고려해야 한다. 하루의 평균적인 수행능력은 아래의 그래프와 같은 곡선 모양이 될 것이다.

아침 형 사람이라면 이 곡선은 흔히 한두 시간 앞으로 당겨져 있다. 아침에 침대에서 빠져나오기 힘들어 하는 저녁 형 사람이라면 이 곡선은 뒤로 밀려간다. 특히 저녁 형 사람에게는 저녁의 능력 최고치가 오전의 능력 최고치보다 더 높아지는 일도 있다. 이런 사람들은 흔히 밤 10시에서 11시 사이에 능력이 최고조에 이른다.

당신은 자신을 며칠 동안 관찰해야 한다. 자신의 능력이 하루 중 언제가 최고치이고 최저치인지를 알아내도록 하라. 이것은 공부를 하는 데 있어서도 대단히 중요하다. 어려운 새 자료는 능력이 고조되는 시간에 공부해서 소화해야 한다. 능력이 하락하는 시간은 휴식이나 복습에 활용하도록 하라. 실제로 많은 사람들이 능률이 오르는 오전시간을 사소한 볼일을 처리하는 데 허비하고서 수행능력이 최저치가 되는 정오시간이 지나서 업무에 착수하곤 한다.

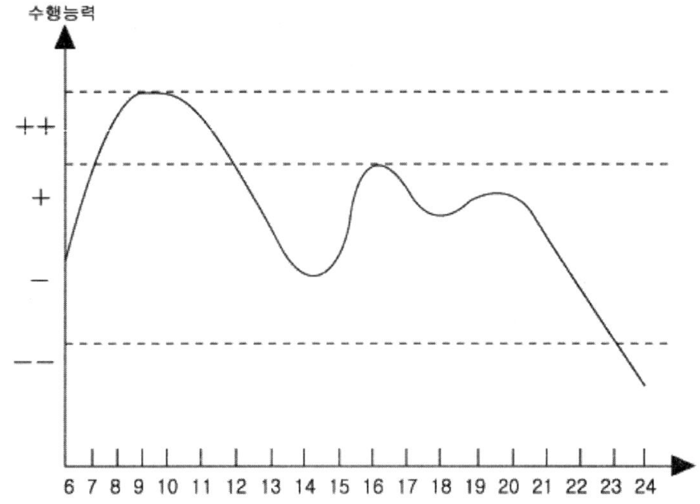

같은 종류의 작업은 블록으로 묶고 하루일정 중 최대 60퍼센트까지만 일정을 짜도록 하라. 경험에 의하면 나머지 40퍼센트는 자동적으로 채워진다. 이 시간은 예기치 못한 일들이나 미뤄진 일 등을 처리하는 데 사용된다. 그러므로 모든 시간을 꽉 채워 100퍼센트 일정을 짜면 제대로 지킬 수 없을 것이다.

아직 날짜가 멀리 잡혀 있는 시험을 준비할 때는 학습 자료를 남아 있는 시간에 맞게 분배하는 것이 관건이다. 예를 들어 사법고시 준비는 최소한 1년에 걸쳐 진행된다. 당신이 이와 유사한 상황에 처해 있다면 전체자료에 대한 개관(概觀)을 해야 한다. 시험 때까지 아직 1년이 남아 있다고 가정해보자. 전체자료를 먼저 12개월에 걸쳐 분배하라. 새달이 시작되면 그달의 자료를 주별로 나누어 분배한다. 그러면 한 주가 시작될 때마다 주간목표를 달성하기 위해 매일 얼마나 공부를 해야 하는지 확인할 수 있다. 이렇게 하면 연말에 전체자료를 확실히 다 끝마칠 수 있다. 당신의 대뇌변연계(大腦邊緣系)는 엄청난 양의 학습 자료가 작은 개별단위로 나누어지기만 해도 능력이 최고조에 이를 수 있다.

11) 시간의 균형을 유지하라.

계획이 계획으로 끝나지 않게 하려면 계획을 잘 준수하는지 정기적으로 점검함으로써 그 계획에 구속력을 부여하도록 해야 한다. 이렇게 점검하는 것을 통해 당신은 이정표를 하나씩 지나 자신의 장기목표에 다가가는 것을 실감할 수 있다. 이 성공체험과 이미 처리된 과제들을 확인 점검하는 것을 통해 학습의욕이 더욱 높아질 것이다. 이때 당신은 꾸준히 자신의 연간목표와 주간목표를 잘 살펴보아야 한다.

별로 좋지 못한 결과들에서 당신은 산 경험을 얻고 앞으로 계획을 세우는 것에 대해 배울 수도 있다. 그럴 때는 적절한 보완책을 강구하도록 하라. 자신이 처리해야 할 일들의 우선순위를 잘 지키는지, 사소한 과제들을 블록으로 모으는지, 방해요인들과 시간낭비 요인들을 제거하는지를 꾸준히 점검해야한다. 혹은 긴급하기 때문에 어쩔 수 없이 그 일에 매달리고 있는지도 잘 살펴보라. 일정한 기간마다 주기적으로 하루 동안 시간분석과 방해요인 분석을 실시해서 개선해야 할 사항들을 확인하라.

지금까지 누구나 일과 성취라는 생활영역을 중점적으로 다루었다. 그러나 당신은 자기생활의 다른 분야에도 관심을 기울여야 하며 아껴 모은 시간을 더 많은 일을 하는 데만 사용해서는 안 된다. 당신은 세 가지 분야에서 조화를 이루어야 한다고 생각한다.

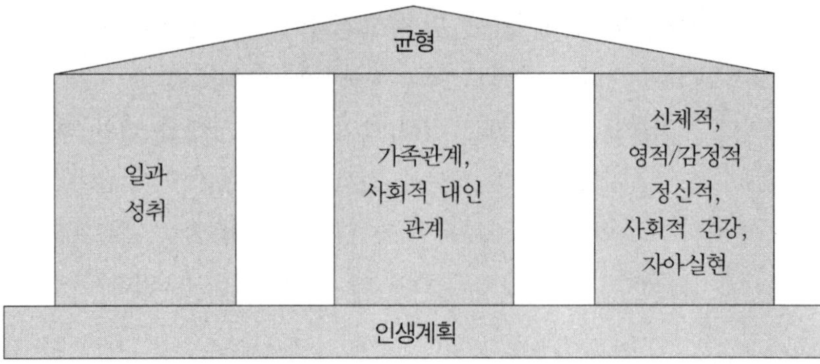

첫째 분야는 일과 성취이다. 이것은 합격, 직장, 추가교육, 출세, 성공 등 성취와 관련된 것이다. 하지만 이 분야를 지나치게 중요시하고 나머지 두 분야에 시간을 할애하지 않는다면 당신은 조만간 더 이상 성과를 올릴 수 없게 될 것이다. 몸의 건강과 마음의 열정을 잃는 탈진증상은 다른 생활영역을 등한시하기 때문에 생기는 것이다.

둘째 분야는 가족관계와 사회적 대인관계이다. 가족과 친구들과의 친밀감을 돈독히 하는 것이 여기에 속한다. 다양한 사회적 네트워크에 편입되는 것도 스트레스를 막는 좋은 방법이라고 본다. 이 영역을 잘 돌보면 당신은 스트레스에 더욱 강해지게 된다.

셋째 분야는 신체적, 영적/감정적, 정신적/ 지적, 사회적인 건강과 자아실현이 중심을 이루고 있다. 긴장을 풀기 위해서는 신체적, 영적/감정적, 정신적/ 지적, 사회적인 활동이 중요하다. 그러나 원기를 회복시켜주고 긴장을 완화시켜주는 다른 모든 활동들도 영양섭취 부분과 함께 여기에 포함된다.

우리의 인생계획은 언제나 이 세 분야의 기반을 이루고 있다. 많은 사람들은 이 기반을 삶의 의미라고도 부른다. 앞으로는 이 세 분야 모두에 적절한 시간을 할애하도록 노력해야한다. 그러지 않을 경우 건물은 균형을 잃고 무너질 것이다. 그렇다면 장기적으로 균형을 유지하기 위해 각

분야에 대해 주당 얼마만큼의 시간을 사용하는지 잘 생각해봐야한다.

만약 당신이 이것들의 중요도를 조금 바꾸고 싶다면 자신의 인생역할에 관해 숙고해보아야 한다. 인생역할이란 당신 생활의 세 분야 중 한 분야에서 자신이 떠맡고 있는 임무를 말하는 것이다. 인생역할에 대한 예로는 남편, 아들, 아버지, 직장상사, 직장동료, 클럽회장, 테니스 파트너, 경영참여협의회 임원, 팀장, 친구 등이 있다.

이 역할에는 예를 들어 불변적인 것으로 정해진 부모 역할과 자식역할 같은 것들도 있다. 그렇지만 시간과 에너지만 빼앗기고 불편하게 여겨지는 역할들은 포기하도록 하라. 어떤 역할들은 자신도 모르는 사이에 떠넘겨지기도 한다. 예를 들면 당신은 어떤 모임에서 반드시 회장이나 총무 직책을 꼭 맡아야 하는가를 생각할 필요가 있다.

그 다음으로 당신의 가장 중요한 인생역할들을 일곱 가지 안에서 골라내도록 하라. 그이상이 되면 당신이 충분히 감당할 수 없기 때문에 곤란하다. 모든 생활분야가 골고루 포함되도록 신경 써야 한다. 지속적인 균형을 유지하기 위해서는 이 인생역할 하나하나마다 자신의 인생계획과 부합하는 목표를 설정해야 한다. 매주 계획을 세울 때 각각의 인생역할에 대해 적어도 최소한 60분을 할애하라. 이런 식으로 하면 균형은 지속적으로 유지된다.

❀ 실습 : 시간관리 기술(예시, 例示)

결과 ABC 1 월 18일 업무

결과	ABC	업무
★최	B	김 사장 미팅약속
★최	B	박 교수 점심약속
0	A	김 팀장 업무확인
★최	A	D사 미팅요청 통화
0	A2	회의준비와 발표
0	A1	고객 상담과 수주
0	A	성과 회의 및 평가
0	A1	걷기 운동 3회
▷	B	박부장인사와제안
0	A1	가족 미팅과 담소

시간계획

시간	계획
6	
7	기상
8	걷는 출근(운동보충)
9	회의 자료 준비
10	회의 발표
11	
12	식사 후 걷기
1	
2	고객 상담
3	수주(受注) 채결
4	
5	업무평가, 성과 확인
6	부족한 부분 정리
7	
8	걷는 귀가(운동보충)
9	가족 간 미팅과 담소

전화계획

- 김사장미팅약속
- 박교수점심약속
- 김팀장업무확인
- D사 통화

E-mail계획

- 박 부장 인사
- 김 교수 과제
- K사 제안서
- D사미팅요청서

결과상자

O	완료
→	연기
X	취소
★최	위임
▷	미결

CHAPTER 8

성격유형과 행동유형 이해

철쭉과 백합이 각각의 빛깔과 향과 모양의 아름다움을 지녔고, 사과와 복숭아가 그 각각의 고유한 맛과 향을 지녔듯이 인간 개개인에게도 타고난 그 사람의 고유한 빛깔과 향과 특성이 있다. 자기의 고유한 특성과 향을 알고 받아들인다는 것은 자기수요(自己受容)의 시작이며, 자기 수용의 능력은 곧 타인 수용과 연결된다. 다시 말해서 인간은 자기 자신을 참으로 사랑하고 수용하는 것만큼 타인을 수용하고 이해할 수 있는 것이다. 우리는 사과는 사과로, 복숭아는 복숭아로 인정하고 수용하기는 쉬워도 인간관계에서 남이 나와 다르다는 관점, 나의 색깔과 다른 색깔을 가졌을 때 불편해 한다. 나와 같은 관점이 되거나 적어도 나와 비슷한 관점이기를 기대하고 그 기대가 채워지지 않을 때 눈에 보이지 않는 갈등을 느끼고 불편해 한다.

성격과 행동에서 상대의 다른 점과 차이점은 서로에게 부담이 되고 불편할 수도 있겠으나 수용해주고 배려한다면 협력하여서 시너지를 창출할 수 있는 계기가 될 수도 있을 것이다.

1) 카프카 부자(父子)와 그레고르 부자의 성격(性格)유형

프란츠 카프카의 편지 『아버지께 드리는 편지, Brief an den Vater』에 나온 내용에서 아버지와 자신은 너무 다른 차이점과 다른 점이 있음을 말하는데 그 내용은 다음과 같다. “아버지가 친구였다면, 사장이었다면,

아저씨였다면, 조부였다면, 아니 장인이기라도 했다면 저는 행복했을 것입니다. 단지 아버지로서는, 아버지는 저에게 너무 강하셨습니다. 제 동생들은 어렸을 때에 죽었고, 누이동생들은 훨씬 늦게 태어났기 때문에 더욱 견딜 수가 없었습니다. 저는 아버지의 최초의 일격을 혼자서 막아내지 않으면 안 되었습니다. 게다가 저는 너무나도 연약하였습니다.

우리 두 사람을 비교해 보겠습니다. 극히 간단하게 표현한다면 저는 무엇인가 아버지의 카프카적인 소질을 가진 어머니(율리에 뢰비 Julie Löwy) 집안의 뢰비적인 소질을 가지고 있습니다. 그런데 제가 움직일 수 있는 것은 아무래도 아버지의 카프카적인 생활욕과 사업욕, 그리고 정복욕 때문이 아니라 어머니 집안의 뢰비적인 자극에 의한 것 같습니다. 이 자극은 훨씬 비밀스럽고 소심하게 다른 방향으로 작용하며, 때로는 완전히 그쳐 버리는 일도 있습니다. 그와 반대로 아버지는 강인한 체력으로 보나 건강 상태로 보나 식욕으로 보나 목소리로 보나 웅변의 재능으로 보나 자기만족의 정도로 보나 세상을 내려다보는 태도로 보나 어떤 종류의 선의 굵기로 보나 바로 카프카가(家)에 어울리는 인물입니다. 물론 이러한 장점에 따라다니는 단점이나 약점도 갖추고 있어서, 아버지께서는 감정을 흥분시키거나 화를 벌컥 내시거나 하면, 그러한 약점 속으로 빠져 들어 버립니다.

어쩌면 일반적인 사물을 보는 아버지의 눈은 전혀 카프카적이 아닐지도 모릅니다. 아버지는 삼촌들인 필립(Philipp) 아저씨나 루드비히 Ludwig) 아저씨, 하인리히(Heinlich) 아저씨와 비교해 보면 그런 생각이 듭니다. 우스운 일입니다만, 저로서도 잘 모르겠습니다. 하지만 아저씨들은 모두 아버지보다는 쾌활하고 씩씩하고 마음이 느긋하고 낙천적이어서 아버지만큼 엄격해 보이지는 않았습니다. 저는 이 점에 있어서 아버지로부터 많은 유전(遺傳)을 받아 그 유산을 너무나도 훌륭하게 관리해 온 것입니다. 그리면서도 아버지에게 필적할 만한 것을 제 자신의 본질 속에 지니지 못하고 있는 것 또한 사실입니다. 하지만 뒤집어서 생각하면 아버지께서는 이 점에 있어서 갖가지 시대를 두루 경험하셨습니다. 아버지의 자식들, 특히 제가 아버지를 실망시키고 가정을 답답하게 만들기 전까지는 아버지도 좀 더 쾌활하셨을지 모릅니다. 다른 사람들이 찾아오면 당신께서는 딴사람처럼 되셨습니다. 지금은 어쩌면 누이 발리까지 포함시켜서 당신 자식들이 주지 못했던 따뜻한 정을 손자나 사위들에게서 다소나마 받으면서 다시 쾌활해지셨는지도 모르겠습니다. 어찌 되었든 우리는 너무나도 차이점이 많으며 그 차이 나는 방법 또한 매우 위험합니다. 거듭 부탁드립니다만 제가 이렇게 말한다 해서 아버지 쪽에 모든 책임이 있다고 하는 생각은 털끝만큼도 갖고 있지 않다는 것을 부디 잊지 말아 주십시오.

저는 소심한 어린아이였습니다. 그리고 어딘지 어린아이다운 고집스러운 점도 있었습니다. 어머니께서 저를 응석받이로 만드신 것은 사실입니다만 제가 특별히 다루기 힘든 아이였다고는 생각하지 않습니다. 아버지께서 정답게 말을 걸어 주고 살짝 손을 잡아 주고 부드러운 눈길로 쳐다보아 주기만 했어도 다른 사람의 말이라곤 전혀 받아들이지 않는 그런 아이가 되지는 않았을 겁니다. 아버지께서는 본래 친절하고 정다우신 분입니다.

아버지의 자식을 다루는 솜씨는 아버지의 성질 그대로 완력을 휘두르고 큰소리로 고함을 질러 화를 내는 것뿐입니다. 더군다나 이런 경우 아버지는 저를 씩씩하고 건강한 소년으로 키우기 위해 그러한 방법은 매우 당연한 것이라고 마음먹고 계셨던 것입니다. 그 시절의 아버지께서는 지금보다도 훨씬 젊으셨으므로 더욱 원기가 있으셨고 난폭하고 야성적이셨으며 무관심하셨을 것입니다. 게다가 오로지 장사에만 몰두하여 제게 모습을 나타내는 것은 하루에 한 번 정도였겠지요.

어렸을 때의 기억으로서 제가 분명히 기억하고 있는 것은 다음과 같은 사건뿐입니다. 아버지께서도 기억하고 계실는지 모르겠습니다. 어느 날 밤의 일인데 저는 물을 먹고 싶다고 계속 울어대고 있었습니다. 특별히 목이 마른 것은 아니었고, 단지 누군가를 화나게 하고 싶은, 또는 저의 기분을 달래고 싶은 생각이었던 것 같습니다. 몇 번인가 심하게 꾸짖어도 소용없다는 것을 알자 아버지는 저를 침대에서 끌어내려 베란다로 안고 나가는 문을 닫고 저를 혼자 샤쓰 바람으로 잠시 세워 두셨습니다. 저는 그것이 잘못되었다고 말하는 것이 아닙니다. 그때 그 외의 다른 방법으로는 밤의 고요를 회복할 수 없었을는지도 모릅니다. 그러나 저는 그것으로 아버지의 교육 방법과 그 교육 방법이 제게 미친 작용을 특징짓고 싶은 것입니다. 저는 그 후로 아주 얌전해진 모양입니다만 그로 인하여 저는 마음의 상처를 받은 것입니다. 특별한 의미 없이 물을 달라고 애원하는 것은 그 나이의 저로서는 당연한 일이었으며 그 일이 곧바로 마루로 끌려 나가는, 뭐라고 말할 수 없는 무서움과 연결 지어진다는 것은 저로서는 결코 상상할 수 없는 일이었습니다. 그로부터 몇 해가 지난 후에도 거인 같은 남자가, 즉 아버지가 별 이유도 없이 나타나서는 밤중에 나를 침대에서 긴 베란다로 떠메고 나갈지도 모른다는 무서운 생각에 괴로워하곤 하였습니다. 그것은 결국 제가 아버지에게 그처럼 가치 없는 존재라는 말도 되는 것입니다.

그 무렵의 일은 오직 시작에 불과합니다. 그러나 제가 곧잘 자신이 가치 없는 존재라는 기분에 사로잡히는 것은 겹겹으로 아버님의 영향에 기인하고 있는 것입니다. 저는 약간이나마 격려를 해주고 정답게 대해 주고 저의 길을 약간 열어주기를 바랐던 것입니다. 그런데 아버지는 저의 길을 삐뚤어지게 했습니다. 물론 저에게 다른 길을 가도록 하려는 선의에서 나온 것이었습니다만, 저에게는 그 길이 적합하지 않았습니다.[2)]

---

2) F. Kafka, *Brief an den Vater*, P. 15 Direkt erinnere ich mich nur an einen Vorfall aus den ersten Jahren. Du erinnerst Dich vielleicht auch daran. Ich winselte

이상의 인용에서 카프카 부자지간의 성격이 다름을 절실히 느낄 수 있었다. 인간의 심리유형은 선천적인 선호가 다르다. 자신이 어떤 심리유형을 가졌다고 하는 것은 좋고 나쁘다 등의 가치가 부여되는 것이 아니다. '존재가 존재의 개별화가 되는 것'라는 융(Carl Gustav Jung)의 말처럼 자신이 자신의 심리유형을 인식하고 가장 자기다운 자기가 되는 것, 자신을 찾아가는 것이 인간관계 이해의 첫 걸음입니다.

심리유형검사인 MBTI를 융의 심리학적 유형론에 근거하여, 마이어(I. B. Myers)와 브릭스(K. C. Briggs)가 개발했다. MBTI의 바탕이 되는 융의 성격이론의 요점은 각 개인이 외부로부터 정보를 수집하고, 자신이 수집한 정보에 근거해서 행동을 위한 결정을 내리는 데 있어서 각 개인이 선호하는 방법이 근본적으로 다르다는 것이다.

융은 인간의 행동이 겉으로 보기에는 제멋대로이고 예측하기 힘들 정도로 변화무쌍해 보이지만, 사실은 매우 질서정연하고 일관성이 있으며 몇 가지의 특징적인 경향으로 나뉘어져 있음을 강조하였다. 심리학적 유형론의 특징은 심리적 경향성간의 역동적인 관계를 중시하는 데 있다. 그는 이 경향성을 일반적인 태도에서 보이는 '내향적 태도와 외향적 태도', 정신기능을 중심으로 하는 '감각과 직관' 및 '사고와 감정'의 기능으로 분류하고 있다.[3)]

융은 인간의 심리적 에너지가 그 사람의 내부에서 유래 하는가 또는

---

einmal in der Nacht immerfort um Wasser, gewiβ nicht aus Durst, sondern wahrscheinlich teils um zu ärgern, teils um mich zu unterhalten. Nachdem einige starke Drohungen nicht geholfen hatten, nahmst Du mich aus dem Bett, trugst mich auf die Pawlatsche und lieβest mich dort allein vor der geschlossenen Tür ein Weilchen im Hemd stehn. Ich will nicht sagen, daβ das unrichtig war, vielleicht war damals die Nachtruhe auf andere Weise wirklich nicht zu verschaffen, ich will aber damit Deine Erziehungsmittel und ihre Wirkung auf mich charakterisieren.

3) 이부영, *분석심리학*, 일조각, P. 127

외부에서 유래하는가에 따라서 어떤 사람은 내향성, 어떤 사람은 외향성이 된다고 보았다. 내향적, 외향적 태도의 구별에 대해 융은 개체(個體)의 주체(subject)와 객체(object)에 대한 태도에 따라서 구분을 할 수 있다고 보았다. 개인의 태도가 객체를 주체보다 중요시하면 그는 외향적 태도를 취한다고 말할 수 있고, 반대로 객체보다도 주체를 중요시하면 그는 내향적 태도를 취한다고 할 수 있다. 이러한 기능의 선호성은 인간이 태어날 때부터 타고 나는 것이며, 이러한 근본적인 선호성도 각기 다른 심리유형을 지닌 인간의 개인차에 의해 잘 설명될 수 있는 것으로 보았다. 그는 또한 이러한 선호성은 어떤 민족이나 문화를 막론하고 모든 인간에게 본질적인 것으로 믿었다.[4)]

프란츠 카프카와 그의 아버지 헤르만 카프카는 성격유형이 정 반대로 보인다. 그 당시에 아버지가 이 사실을 수용하고 다름을 인정하며 자녀를 대하였다면 원만한 부자지간이 되었을 것이다. 인간관계에서 겪는 갈등과 오해는 각자가 타고난 인식과 판단의 선호경향이 근본적으로 다르다는 것을 충분히 체험하고 이해하면 해결될 것이 많다. 오히려 이런 갈등은 부자지간의 차이점을 폭 넓은 이해로 승화시키고 타고난 개성을 성장시키고 성숙케 하는 원천적인 바탕이 될 수도 있다. 모든 사람이 다 같아지는 것이 성장과 성숙은 아니다.

카프카 부자지간과 소설 『변신』속의 부자지간의 성격 차이를 이해하기 위해서 MBTI의 성격유형을 알아본다. 우선 성격의 네 가지 선호경향이 다르다. 아래 표에서 보듯이 에너지의 방향인 주의(注意) 초점은 두 아버지들은 외향이고 아들들은 내향, 정보수집인 인식의 기능은 아버지들은 감각이고 아들들은 직관, 판단과 결정 기능은 아버지들은 모두 사고이고 아들들은 사고와 감정이 섞어 있고 이해양식과 생활양식은 두 아

4) C. G. Jung, *Psychologische Typen*, P. 410

버지 모두 판단이고 두 아들들은 모두 판단으로 보이면서도 인식으로도 보인다. 가장 큰 차이점이 에너지의 방향인 주의 초점이 외향과 내향이고 정보수집의 인식의기능이 감각과 직관으로 구별된다는 것이다.

(1) 성격의 네 가지 선호경향

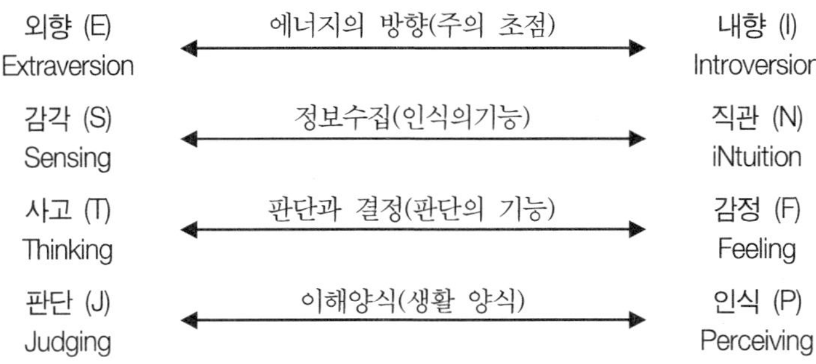

좀 더 자세히 성격의 네 가지 선호경향을 설명하면 다음과 같다.

첫째로 에너지의 방향인 외향형(E)과 내향형(I)의 지표는 개인의 주의 집중과 에너지의 방향이 인간의 외부로 향하는지 내부로 향하는지를 나타내는 지표이다. 융(Jung)은 외향성과 내향성이 상호보완적인 태도임을 강조했다.

외향형은 주로 외부 세계를 지향하고, 인식과 판단에 있어서도 외부의 사람이나 사물에 초점을 맞춘다. 외향형의 사람들은 바깥에 나가 뛰어다녀야 활력을 얻는다. 행동 지향적이고 때로는 충동적으로 사람들을 만나며, 솔직하고 사교성이 많고 대화를 즐긴다. 외향형은 말하기를 좋아한다. 말을 할수록 힘이 나며, 말을 꺼냈다 하면 한 두 시간은 예사이다.[5] 한마디 물으면 열 마디 백 마디 말을 한다. 작가 프란츠 카프카의 아버지 헤르만 카프카와 소설 『변신』 속 주인공 아버지도 외향형에 해당될

5) 이부영, *분석심리학,* 일조각, P. 134

것으로 추측된다.

내향형은 자기 내부 세계를 지향하며, 바깥 세계보다는 자기 내부의 개념이나 생각 또는 이념에 더 관심을 둔다. 바깥에 나가 사람들을 만나고 뛰어다니는 것은 피곤하다. 혼자 앉아 생각에 잠기는 것이 편안하고 활력이 난다. 이러한 사람은 사려 깊고 명상적이며 고독과 프라이버시를 즐긴다. 내향형은 말수가 적은 대신 생각이 깊다. 말이 많으면 피곤하다.[6] 남편이 내향형이고 아내가 외향형이라면 아내는 남편이 무심하고 관심이 없다고 불평한다. 남편은 좀 조용히 쉬고 싶은데 아내가 설쳐 정신이 없다. 서로의 유형을 이해하지 못하면 오해와 갈등이 발생하기 쉽다.

작가인 아들 프란츠 카프카와 소설 『변신』속 주인공 그레고르 잠자는 내향형에 속할 것으로 추측된다.

둘째로 정보수집 방법차이인 감각(S)과 직관(N)은 인식 또는 지각 과정을 말하는데 어떤 유형인가에 따라 인식 또는 지각하는 특징이 다르다.

감각(Sensing)을 신호하는 사람은 오관 중 눈 또는 귀 등의 한 가지 또는 그 이상의 감각기관을 통해 관찰 가능한 사실이나 사건을 잘 받아들인다. 감각은 현재 일어나고 있는 일 만을 의식하기 때문에, 감각형의 사람은 자기가 현재 직접 경험하고 있는 일을 중시하며 현실적이고 관찰능력이 뛰어나고 세세한 것까지 기억을 잘하며 구체적이다. 감각형의 사람은 순서에 입각해서 차근차근 업무를 수행해 나가는 성실근면하나, 구체적인 사실 중시로 전체를 보지 못할 위험이 있다. 감각형의 사람은 사물, 사건, 사람을 눈에 보이는 그대로 지각하려는 경향이 있으며, 사실적 사건묘사에 뛰어나다.[7]

작가 프란츠 카프카의 아버지 헤르만 카프카와 『변신』속 주인공 아버지도 감각형에 해당될 것으로 추측된다.

---

6) 위와 같은 책, P. 139
7) 위와 같은 책, P. 162

직관(iNtuition)형인 사람은 오관보다는 통찰, 소위 말하는 육감이나 영감에 의존하여, 구체적인 사실이나 사건보다는 이면에 감추어져 있는 의미, 관계 가능성 또는 비전을 보고자 한다. 직관은 무의식적 지각 과정이다. 직관형의 사람은 구체적 사실보다는 전체를 파악하고 본질적인 패턴을 이해하려고 한다. 직관형의 사람은 새로운 가능성을 추구해 나가며 현재에 안주하기보다 미래의 성취와 변화, 다양성을 즐긴다. 직관형의 사람은 상상력이 풍부하고 추상적이고 미래지향적이며 창조적이다. 그러나 구체적인 것을 떠나 전체를 보려고 하기 때문에 세세한 부분에는 간과하기 쉽고, 새로운 일 복잡한 일에 겁 없이 뛰어드는 경향이 많다.[8)]

작가인 아들 프란츠 카프카와 소설 『변신』속 주인공 그레고르 잠자는 직관형에 속할 것으로 추측된다.

셋째로 무엇을 판단하는 기능인 사고(T)와 감정(F)을 알아보자. 감각과 직관을 통해서 정보를 얻으면 그 정보를 바탕으로 판단, 결정 또는 선택을 하게 된다. 상대방, 인정, 체면 보다 논리적 분석, 원리에 따라 판단하면 사고형이고, 개인적, 인간적, 사회적 가치를 기준으로 판단하게 되면 감정형이다. 예를 들어, 친척이 돈을 빌리려고 왔을 때, 사고형은 '돈을 어디 쓸 것인지, 제때에 갚을 수 있는지, 돈을 제대로 쓰겠는지' 등에 관심을 기울인다. 감정형은 돈을 안 빌려주면 섭섭하게 생각 할 텐데 하면서 미안한 마음으로 '나를 어떻게 생각할까?' 또는 '다음에 어떻게 만나나?' 하는데 우선 관점이 기울어진다. 여기서 말하는 사고형은 생각을 많이 한다는 의미가 아니라 판단할 때의 기준인 객관성과 원리원칙에 입각한다는 뜻이고, 감정형은 정서가 아닌 판단기준으로 사람과 관계를 중시해서 판단함을 나타낸다.

사고(Thinking)형은 객관적인 기준을 바탕으로 하여 정보를 비교 분석

---

8) 위와 같은 책, P. 171

하고 논리적 결과를 바탕으로 하여 판단을 한다. 사고형은 인정에 얽매이기보다 원칙에 입각하여 판단하며, 정의와 공정성, 무엇이 옳고 그른가에 따라 판단한다. 인정, 사정에 이끌리지 않고, 일관성, 타당성을 중시한다. 차갑고 냉정하게 보일 경우가 많다. 인간미가 적다는 얘기를 들을 수 있으며 객관적 기준을 중시하는 과정에서 남의 마음이나 기분을 간과 할 수 있다.[9)]

작가 프란츠 카프카의 아버지 헤르만 카프카와 『변신』 속 주인공 아버지와 두 아들들도 사고형에 해당될 것으로 추측된다.

감정(Feeling)형은 객관적인 기준보다는 자기 자신과 다른 사람들이 부여하는 가치를 중시하며 판단을 한다. 따라서 사고형이 객관적이라면 감정형은 주관적이다. 가치는 주관적이요 인간적인 것이기 때문에, 감정형의 사람은 논리, 분석보다는 자기 자신이나 타인에게 어떤 영향을 줄 것인가 하는 점을 더 중시한다. 감정기능을 선호하는 사람은 다른 사람에게 어떤 영향을 미칠 것인가 하는 점을 고려하여 판단하며, 친화적이고 따뜻하고 조화로운 인간관계를 중시한다. 동정심이 많고 조화를 중시한다. 원리원칙보다는 사람의 마음을 다치지 않게 하는데 더 신경을 쓴다.[10)]

작가 프란츠 카프카와 소설 『변신』속 주인공 그레고르 잠자도 감각형에 해당될 것으로 추측된다.

여기서 말하는 사고(T)와 감정(F)은 일상적 용어와 달리 판단할 때 무엇을 기준으로 삼는가를 말한다. 사고형은 사람보다는 객관적 논리적 기준에 따라 판단하고 감정형은 사람에게 주는 영향을 중시하며 판단하는 것을 말한다. 사고형과 감정형은 서로 부딪힌다. 감정형이 보기에 사고형은 딱딱하고 인간미가 없고 원리원칙 밖에 모른다. 사고형이 보기에

9) 위와 같은 책, P. 145
10) 위와 같은 책, P. 154

감정형은 끊고 맺는 것이 없고 우유부단하고 사람이 물러 보이며, 상황에 따라 이랬다저랬다 하는 것처럼 보인다. 아버지가 감정형이고 어머니가 사고형이라면 아이들은 아버지를 좋아하고 따른다. 부모가 모두 사고형이고 자녀가 감정형이면 부모는 항상 꼬치꼬치 따지고 들고 따뜻한 정이 없고 항상 원리원칙만 주장하는 것처럼 보인다. 또한 부모의 눈에 자녀가 엉성하여 항상 마음이 안 놓인다. "남자 애가 마음이 여려서......" 하고 혀를 차는 일이 많다. 이런 점에서 아들 카프카는 감정형으로 보인다.

넷째로 생활양식인 판단(J)과 인식(P)은 외부 세계에 대한 태도나 적응에 있어서 어떤 과정을 선호하는가를 말한다. 어떤 사람은 판단(사고나 감정)을 선호하고 또는 인식(감각 또는 직관)을 선호한다. 여기서 판단이라는 말은 판단력을 뜻하는 것이나 무엇을 평가할 때 쓰는 말이 아니라 외부세계에 대해 구조화된 또는 조직화된 접근을 말한다. 이른바 외부세계에 대한 태도 및 외부세계에 적응해 나가는 방식을 뜻한다.

판단(Judging)을 선호하는 사람은 외부세계에 적응할 때 판단과정인 사고와 감정을 사용하기를 좋아한다. 즉 판단형의 사람은 의사를 결정하고, 종결을 짓고, 활동을 계획하고 어떤 일이든 조직적 체계적으로 진행시키기를 좋아한다. 체계적이고 조직적이며 추진력이 있다. 사고에 의한 판단(TJ)을 선호하는 사람은 논리적 분석을 바탕으로 하여 의사결정을 하거나 계획을 하고, 감정에 의한 판단(FJ)를 선호하는 사람은 인간적인 요인을 바탕으로 하여 의사결정을 하거나 계획하기를 좋아한다.

카프카와 그레고르의 두 아버지는 사고에 의한 판단(TJ)을 선호하는 사람으로 보이고 카프카와 그레고르는 감정에 의한 판단(FJ)를 선호하는 사람으로 보인다.

사고든 감정이든 판단(J)적 태도를 선호하는 사람은 의사결정을 내릴 정도만큼의 정보를 얻으면 지각을 닫아버린다. 즉 판단이 앞선다. 반면에 인식(P)을 선호하는 사람은 다른 것을 더 보기 위해 가능한 한 판단을 늦춘다. 볼만큼 본 것 같은데도 아직 결정을 내릴 만큼 충분히 알지 못했다고 말한다. 즉 섣부르게 잘 판단하지 않는다. 판단형은 계획을 짜서 일을 추진하고, 미리 미리 준비하는 편이며, 그것도 정한 시간 내에 마무리해야 직성이 풀린다. 외부 행동을 보아도 빈틈없고, 단호하고 목적의식이 뚜렷하다.

인식(Perceiving)형은 들어오는 정보 그 자체를 받아들이기를 즐긴다. 삶을 통제하고 조절하기보다 상황에 맞추어 잘 적응하며 이해하려는 편이다. 감각적 인식(SP)형은 직접적 사실 및 실재와 관련된 정보를 추구하고 직관적 인식형(NP)은 사실 그 자체보다 새로운 가능성을 추구한다. 감각적 인식형이든 직관적 인식형이든, 지각적 태도가 개방되어 있으며 호기심이 많고 흥미가 많다. 인식형의 사람은 외부 행동을 보아도 자발적이고 호기심이 많고 적응력이 높으며, 새로운 사건이나 변화를 추구한다.

판단형은 한 가지 일을 빨리 끝내고 다른 일을 추진하며, 하던 일을 놔두고는 딴 일을 못 한다. 일을 두고는 잠을 못 이룬다. 인식형은 한꺼번에 여러 가지 일을 하지만, 뒷마무리가 약하다. 판단형은 단기전에 강하고, 인식형은 장기전에 강하다. 판단형은 인식형을 느리고 굼뜨고 답답하게 본다. 인식형은 판단형을 보고 성급하고 여유가 없고 조급하다고 비난한다.

직장에서 상사가 판단형이고 부하가 인식형이면 그 부하는 고달프다. 판단형은 정확하고 철저하게 하기를 바라지만 인식형은 항상 느긋하고 상황에 맞춰가려 하기에 급한 것이 없어 보인다. 판단형은 노는 것도 일처럼 한다. 인식형은 일하는 것도 노는 것처럼 하여, 여유만만하다. 현대사회는 생활구조가 판단형을 요구하고 시간과 일에 쫓겨 인식형의 여유를 상실하고 있는 실정이다.

(2) 표로 보는 네 가지 선호지표 설명[11)]

① 에너지가 생기는 방향(E/I)

외향(E) (카프카와 그래고르 부친들이 해당)	내향(I) (카프카와 그레고르 해당)
• 사람들과 사교적인 경향 Ⓐ 외부로부터 에너지를 끌어들임. Ⓑ 활동과 사람관계에서 에너지충전 Ⓒ 사람과의 접촉을 필요로 함. (접촉이 없으면 외로워 함) Ⓓ 움직임과 소리가 필요함.	• 자기 영역을 유지하는 경향 Ⓐ 내부(사고)로부터 에너지를 끌어냄 Ⓑ 인간관계를 즐기나, 조용히 소수의 사람과 사귐. 혼자 있는 것을 좋아함 Ⓒ 반추할 시간이 필요(조용한 시간) Ⓓ 낯선 군중속의 고독을 느낌.
• 사람들과 상호작용 Ⓐ 사람으로부터 에너지 충전. Ⓑ 사람과 활동을 필요(혼자 못 견딤) Ⓒ 자발적이고 반동적 경향 Ⓓ 스스로가 연기자이다.	• 자기일과 자기세계에 집중 Ⓐ 재충전을 위해 조용한 시간 필요함. Ⓑ 혼자하는 일을 오랫동안 지속함. Ⓒ 생각할 시간이 필요함. Ⓓ 준비할 시간이 필요함.
• 외부활동에 초점 Ⓐ 외부세계에 도전 Ⓑ 외부세계를 변화시키길 원함 Ⓒ 상황과 사람과 사물 선호 Ⓓ 사건 자체에 초점.	• 내부활동에 초점 Ⓐ 외부세계을 조직화. Ⓑ 외부세계를 이해하고자 함. Ⓒ 아이디어와 개념을 선호. Ⓓ 사건에 대한 자신의 반응에 초점.
• 광범위하고 다양한 시각유지 Ⓐ 일반화 경향 Ⓑ 홍미 분야가 다양함 Ⓒ 넓은 시야와 때로는 피상적 경향 Ⓓ 동시에 많은 활동에 개입 Ⓔ 뛰어드는 경향	• 한 가지에 집중적인 시각유지 Ⓐ 특수화 경향. Ⓑ 소수의 홍미 분야에 몰입 Ⓒ 심원한 시야나 폭이 좁은 경향 Ⓓ 한 번에 한 가지 일에 개입. Ⓔ 준비하는 경향

11) 심혜숙외 1인, *MBTI 성장 프로그램 안내서(1)* P. 32

② 무엇을 인식의 과정(S/N)

감각(S) (카프카와 그레고르 부친들 해당)	직관(N) ((카프카와 그레고르 해당)
• 사교경향 Ⓐ 五感에 의존 Ⓑ 노력과 지속성 Ⓒ 실용적 Ⓓ 다량의 정보 필요 Ⓔ 귀납적 사고(특정에서 일반으로)	• 가능성에 촛점 Ⓐ 六感에 의존 Ⓑ 영감과 통찰 Ⓒ 핵심적 Ⓓ 소량의 정보 필요 Ⓔ 연역적사고(일반에서 특정으로)
• 현재지향 Ⓐ 점진적, 일관성, 지속성을 중시 Ⓑ 경험을 중시 Ⓒ 현실에 뿌리내림 Ⓓ 무슨 일이 일어난 현 상황에 초점 Ⓔ 인터뷰에서 자신의 경험 제공	• 미래지향 Ⓐ 변화와 다양성을 중시 Ⓑ 가능성을 중시 Ⓒ 미래에 대하여 매력을 느낌 Ⓓ 일어날 가능성에 초점 Ⓔ 인터뷰에서 미래에 대한 자기 의견 제공
• 실제적 입장 Ⓐ 실재성 Ⓑ 현실적 Ⓒ 실용적이고 실질적인 것을 중시 Ⓓ 사실을 기억하고 신뢰함 Ⓔ 상식적이 아닌 것은 불허	• 이론적 입장 Ⓐ 가능성 Ⓑ 비현실적 Ⓒ 상상적인 것을 중시 Ⓓ 아이디어를 기억하고 신뢰함 Ⓔ 상식을 뛰어 넘는 상황을 선호
• 유용성 추구 Ⓐ 세부적인 것을 정확히 관찰 Ⓑ 현재 시행되어야 할 일에 초점 Ⓒ 직접적 표현과 상식을 중시 Ⓓ 구체적이고 현실성 있는 것을 중시	• 독창성 추구 Ⓐ 패턴과 추세를 주목 Ⓑ 일에 관한 정보수집과 계획전망 Ⓒ 은유, 비유, 상징을 중시 Ⓓ 상상적이며 보이지 않는 세계를 선호

③ 무엇을 판단하고 결정하는 과정(T/F)

사고(T) (카프카와 그레고르, 그 부친들도 해당)	감정(F)
• 결정 태도 Ⓐ 합리적, 논리적, 객관적으로 판단 Ⓑ 분류 선호 Ⓒ 객관적이고 공정한 선택 선호	• 결정 태도 Ⓐ 주관적이고 가치관에 따른 판단 Ⓑ 조화 선호 Ⓒ 타인에게 미치는 영향을 고려하는 선택
• 원리와 원칙이 지침이 됨 Ⓐ 정책 Ⓑ 법 Ⓒ 정의 Ⓓ 기준으로써 규범과 표준을 중시 Ⓔ 공평과 분배 Ⓕ 논평과 분석 Ⓖ 과업중심 Ⓗ 평가기준은 논리적/일관성에 달렸음	• 가치가 지침이 됨 Ⓐ 사회적 가치 Ⓑ 상황참작 Ⓒ 인간성 Ⓓ 기준으로써 좋고 나쁨을 중시 Ⓔ 헌신과 투신 Ⓕ 인정과 동정 Ⓖ 관계중심 Ⓗ 평가기준은 만족/불만족에 달렸음
• 공정한 태도 Ⓐ 감정과 느낌을 잘 안 내보임. Ⓑ 깊은 감정과 정서표현에 당황해함 Ⓒ 적절한 감정(정서)표현을 어려워함. Ⓓ 사실과 관념을 조직화 하는데 능함. Ⓔ F에게 냉정하고 융통성없게 보임.	• 인간적 태도 Ⓐ 감정과 느낌을 쉽게 내보임. Ⓑ 감정과 정서표현에 쉽게 반응. Ⓒ 적절한 논리적 이유 열거를 어려워 함. Ⓓ 인간관계를 다루는데 능함. Ⓔ T에게 감정적이고 비논리적으로 보임.

④ 생활태도와 양식 (J/P)

판단(J) (카프카와 그레고르, 그 부친들도 해당)	인식(P)
• 안정적이고 확정적인 태도 Ⓐ 분명하게 보며, 상황결정을 선호 Ⓑ 완료와 완결을 지향 Ⓒ 완성 Ⓓ 결정함을 즐김	• 미결정의 태도 Ⓐ 결정을 늦추고, 정보수집을 선호 Ⓑ 대안에 대한 개방 지향 Ⓒ 뜻밖의 출현 Ⓓ 인식해가는 학습과정을 즐김
• 확고한 접근 Ⓐ 빠른 판단 Ⓑ 결정하기 전 긴박감을 느낌 Ⓒ 결정 후 편안과 만족 Ⓓ 마감을 선호, 설정한 마감 충실 Ⓔ 흑과 백의 시각을 가짐 Ⓕ "자, 시작합시다!"하는 확고한 태도	• 융통성 있는 접근 Ⓐ 심사숙고함 Ⓑ 결정하기 전 시간적 여유 가짐 Ⓒ 결정 후 불편, 차선책을 재 고려 Ⓓ 마감시간은 출발의 신호에 불과함 Ⓔ 회색의 시각을 가짐 Ⓕ "기다려 봅시다"하는 융통성 있는 태도
• 구조화된 생활양식 Ⓐ "자신의 삶을 주도하자"는 태도 Ⓑ '마감하자"는 결정하는 생활양식 Ⓒ 판단적이 아니고 판단하는 것을 선호하고 판단하는 데 가치를 둠	• 상황에 맞추는 생활양식 Ⓐ "삶의 흐름에 순응하자"는 태도 Ⓑ "기다려 보자"는 여유 있는 태도 Ⓒ 인식한다는 것이 아니고 인식하는 것을 선호하고 인식하는 데 가치를 둠
• 일을 즐김 Ⓐ 일이 우선 Ⓑ 놀기 전에 모든 일은 끝내야 함 Ⓒ 필요한 준비, 관리는 기꺼이 함 Ⓓ 성과와 결과 지향적 Ⓔ 친구에 대해 선택적임	• 풍류를 즐김 Ⓐ 더 유흥적이고, 덜 심각 Ⓑ 놀기 전에 일을 마칠 필요 없음. Ⓒ 중요시하지 않는 일을 미룸. Ⓓ 과정 지향적 Ⓔ 다양한 친구를 사귐

(3) 카프카 부자(父子)와 그레고르 부자 관련 성격유형 해석 I

위의 성격의 네 가지 선호경향 조합에서 도출된 MBTI의 16가지 성격유형 중에서 프란츠 카프카의 아버지와 소설 『변신』의 주인공 그레고르 잠자의 아버지는 사업가와 행정가형인 ESTJ에 해당된다고 본다. 작가 프란츠 카프카와 소설 주인공 그레고르 잠자는 예술/창조자형인 INFJ와 이론가형인 INTJ, 그리고 아이디어뱅크형인 INTP에 골고루 속하는 것으로 추측된다.

❀ 도표로 보는 16가지 성격유형[12)]

ISTJ 세상의 소금형 (신용가, 준법자)	ISFJ 관리자형 (보호자, 공급자)	INFJ 예언자형 (예술가, 창조자)	INTJ 이론가형 (과학자, 발명가)
ISTP 백과사전형 (낙천가, 개척자)	ISFP 성인군자형 (온정가, 낙천가)	INFP 잔다르크형 (신념가, 이상가)	INTP 아이디어뱅크형 (과학자, 이론가)
ESTP 활동가형 (촉진자, 수완가)	ESFP 사교적인 유형 (낙천가, 접대자)	ENFP 스파크형 (다재다능가)	ENTP 발명가형 (창의자, 혁신가)
ESTJ 사업가형 (사업가, 행정가)	ESFJ 친선도모형 (봉사자, 협조자)	ENFJ 언변능숙형 (지도자, 협조자)	ENTJ 지도자형 (통솔자, 정책가)

① 사업가형인 ESTJ는 주기능이 사고, 보조기능이 감각, 삼차기능이 직관, 열등기능이 감정인데 작가 프란츠 카프카의 아버지와 그의 소설 『변신』속 그레고르 잠자 아버지의 성격유형으로 여겨진다.

감각을 보조기능으로 한 외향적 사고형은 업무를 기획하고 계획하고

12) 위와 같은 책 P. 36

추진하는데 탁월한 능력을 가지고 있다. 현실적이고 사실적이고 체계적이고 논리적이어서, 사업이나 조직을 잘 이끌어 간다. 분명한 규칙과 규범을 중시하고 여기에 따라 행동하고 일을 추진하며 마무리를 지으려한다. 어떤 계획이나 결정을 내릴 때 확고한 사실에 바탕을 두고 이행한다. 미래의 가능성 보다는 현재의 사실을 더 중시한다.

따라서 결과도 대체로 현재 눈에 보이는 것이어야 만족한다. 실용적이고 실제적이고 현실적이어서 현재 이곳에서 필요한 일에 관심을 둔다. 일의 결과도 즉각적이고 명료하고 명백한 일들을 좋아한다. 따라서 사업, 산업, 생산, 건축 등이 이 유형에 어울리는 작업이다. 뛰어난 행정력을 가지고 있다. 운영, 사업, 추진에 능력을 발휘한다. 조직 계획 실행 추진에 능력을 발휘한다. 흑백이 분명한 것을 좋아한다. 뒤에 감추는 것이 없다. 화끈하다. 일이 없으면 몸살이 난다. 반대형인 INFP가 이상가라면, ESTJ는 일의 추진력이 있는 사업가형이다. 고집이 있지만 아니라고 논리적으로나 합리적으로 긍정하게 되면 바로 확 바꿀 수도 있다.

가치관이 보수적이고 위계질서나 체제를 중시한다. ESTJ형의 여성인 경우에는 옷차림도 수수하고 모임에서 조연보다는 주연을 맡는다. 개발할 점은 다른 사람들의 관점이나 생각을 중시해야 한다. 열등기능이 감정이다. 외향적 감각형이어서 현재 외부세계의 정보수집에만 관심이 있기 때문에 새로운 변화의 시도, 추상적인 측면도 고려할 필요가 있다. 자신이나 타인의 감정과 정서 관리에 힘쓸 필요가 있다.[13)]

② INFJ는 주기능이 직관, 보조기능이 감정, 삼차기능이 사고, 열등기능은 감각이다. 프란츠 카프카와 그레고르 잠자가 해당되는 성격유형으로 추측된다.

감정을 보조기능으로 한 내향적 직관형은 창의력과 통찰력이 뛰어난

13) 김정택 외 1인, *16가지 성격유형의 특성*, 한국심리검사연구소, P. 10, 46

사람이다. 직관력이 풍부해 뛰어난 영감으로 타인에게 영향력을 미친다. 독창성이 풍부하고 독립심이 강하며, 신념과 뚜렷한 원칙을 가지고 산다. 공동의 이익을 위해 헌신하고 인화와 동료애를 중시한다. 따라서 존경을 하며 따르는 사람이 많다.

INFJ형에는 정신적 지도자가 많다. 즉 남에게 강요해서가 아니라 사람들의 마음을 움직여 따르게 만드는 지도력을 가지고 있다. 직관과 사람을 중시하는 분야에 이러한 유형이 많이 종사한다. 고등교육, 목회, 심리치료나 상담, 예술이나 문학 분야, 기술 분야에서는 새로운 연구 개발에 의의를 느낀다. 단순하고 반복적인 작업에서는 견디지 못한다. 왜냐하면 새로운 아이디어와 새로운 시도나 가능성의 추구에 흥미를 가지고 있기 때문이다. 가능성 추구, 인간에 대한 애정과 관심이 많다. 인간중심적 사고, 자기 정신에 대한 신념이 강하다. 정신적 의미 추구, 인간이 사는 목적이 무엇인가에 관심을 둔다. 유행에는 매우 둔감하다. 자기 내면의 세계를 중시하기에 현실과 괴리되기 쉽다. 깊은 내적세계의 추구, 의미추구로 내면의 갈등이 많다. 개발해야 할 점은 현실적 안목을 키울 필요가 있다. 감각(S)이 열등기능이기 때문이다. 이상과 현실 사이에서의 괴리 때문에 부적합 감을 가지기 쉽다. 직관을 통해 통찰한 내용을 현실에 옮길 수 있는 방법을 찾아야 한다.[14)]

위의 내용을 '카프카 이해'부분과 작품 『아버지께 드리는 편지』를 연계시켜보면 대단히 적합도가 높아 보인다.

③ INTJ는 주기능이 직관, 보조기능이 사고, 삼차기능이 감정, 열등기능이 감각이다. 프란츠 카프카와 그레고르 잠자가 해당되는 성격유형으로 추측된다.

사고를 보조기능으로 가진 내향적 직관형은 행동과 사고가 독창적이

---

14) 위와 같은 책, P. 20, 56

다. 비전과 신념이 강해 독립적이고 단호하고 고집이 세다. 자신의 영감과 목적을 실현시키려는 의지와 결단력이 강하다. 직관과 통찰이 요구되는 일에서 능력을 발휘한다. 복잡한 문제를 다루기를 좋아하며, 자기가 관심을 가진 일이라면 조직력을 발휘하여 추진하는 힘이 있다. 특정목적을 향해 외골수로 치닫는 경향이 있기 때문에 다른 사람의 생각이나 감정에는 소홀한 경향이 심하다. 따라서 적이 많다. 명철한 분석력과 비판력 때문에 사물과 사람을 있는 그대로 수용하기 힘들며 인간적인 면을 소홀히 한다. 어떤 사람의 말이든 사리판단에 맞으면 받아들이지만 그렇지 않으면 지위 고하를 막론하고 거부한다. 성취욕구가 강하다. 타고난 난상토론가(Brainstormer)이다. 직관적 통찰력이 높아, 다른 사람이 이러한 유형의 사람 앞에서는 뭔가 속이 보이는 것 같아 편하지가 않다. 감정도 사고를 통해 표현한다. 반대 유형인 ESFP는 혼자 있으면 심심해서 못 견디지만 INTJ는 "심심하죠?"하고 물으면 그 말을 잘 이해하지 못한다고 한다. NT가 다 그러하듯이 남이나 자신에게 비판적이다. 따라서 마음의 상처를 받기 쉽다. INTJ는 수용을 잘 하지 않는다. 바깥 세계에 적응하기 어려워한다. 남녀 모두 지적욕구가 강하다.

개발해야 할 점은 타인의 의견을 경청하고 인간적인 면을 살필 줄 알아야 한다. 남을 인정하는 법을 배우고 비현실적 생각을 버릴 줄 알아야 한다. 감각(S)이 열등기능이라서 그러하다. 자신의 생각과 행동이 타인에게 미칠 영향도 고려해야 한다. 감정(F)이 삼차기능이라서 그렇다.[15)]

④ INTP는 주기능이 사고, 보조기능이 직관, 삼차기능이 감각, 열등기능이 감정이다. 프란츠 카프카와 소설 주인공 그레고르 잠자에 해당되는 성격유형으로 추측된다. 직관을 보조기능으로 가진 내향적 사고형은 조용하고 과묵하나 자기가 관심 가진 분야에 대해서는 말을 잘 한다. 사람

---

15) 위와 같은 책, P. 28, 67

을 중시하기보다 아이디어에 관심이 많으며, 분석적이고 논리적이고 객관적이다. 이해가 빠르고 직관력과 통찰력이 있어 재능이 많고 지적 관심이 많다. 그러나 개인적인 인간관계나 파티, 잡담 등에는 관심이 없다. 사람을 사귈 때도 소수의 사람과 아이디어나 추상적 문제를 주로 논한다. 지적 호기심이 많아 순수 과학 분야, 연구, 수학, 엔지니어링 분야에서 능력을 발휘한다. 생각이 많은 사람이다. 책상에 앉아서도 우주 생각, 생각을 안 하면 할일이 없는 것 같다고 한다. 자기 사고에만 갇혀 있으니까 현실에는 눈이 어둡다. 비판적이어서 다른 사람이 곁에 가기가 어렵다. 언어표현이 추상적이고 복잡할 수 있다. 아이디어의 건축가이다. 지적욕구가 강하다.

개발해야 할 점은 구체적 사항에 관심을 두고 현실성을 고려해야 한다. 타인의 노력을 인정하는 태도를 기르고 인간적인 면을 고려해야 한다. 지나치게 지적이어서 이론적인 면에 치우치기 쉽다. 비판적, 분석적이어서 인간미가 없다는 말을 듣기 쉽다.[16)]

16) 위와 같은 책, P. 30, 70

(4) 성격유형 중 카프카 부자(父子)와 잠자 부자 관련 유형 해석 II

❀ INFJ와 INTJ[17)]

	INFJ (두 아들의 성격유형으로 추측됨.)	INTJ (두 아들의 성격유형으로 추측됨)
인성	창조예언자, 현자, 예술가, 신비가	과학자, 이론가, 발명가, 독창가
강점	창의력과 통찰력이 뛰어남. 탁월한 영감으로 타인에게 영향력 가짐. 독립심이 강함. 확고한 신념과 뚜렷한 원리원칙을 갖고 있음. 공동의 이익에 심혈을 기울임. 인화, 동료애를 중시해서 존경받고 사람들이 따름. 행동으로 마음을 움직임.	내적신념, 비전이 대단히 강함. 주장관철, 목적 실현 의지와 결단력, 추진력이 독보적임. 목적 달성을 위해 모든 열정 바쳐 일함. 복잡한 문제를 다루기 좋아함. 명철한 분석, 통찰력 분위기에 눌리지 않고 본질을 파헤침. 미래지향적 삶 추구.
약점	반복되는 단순작업에 집중력 약하고 비능률적임. 지나치게 한곳에 몰두하여 주변조건 경시하기 쉬움 → 난관 봉착, 어려운 문제는 타인 공유 못하므로 자기갈등 많고 복잡함. 사실적, 구체적으로 직시하는 습관과 현실감각 배양 필요함.	독립적이고 단호하며 고집이 너무 셈. 목적중시로 타인관점을 경시. 감정과 가치관을 소홀하고도 눈치 못챔. 지나치게 일을 중심 추진하기에 인간관계 무시하기 쉬움. 독선적 처리스타일. 지나친 확신. 양보와 접근을 기피함.
주의 · 개발	이상과 현실을 조화시켜 현재를 즐기려는 노력 필요. 외곬로 빠지려는 성향을 주의 할 필요. 비전을 현실에 비춰 검토하고 여유와 개방에 신경써야 함.	남을 인정하는 방법, 비현실적 아이디어를 포기하는 것을 배울 필요. 자신의 이상을 추진함에 있어 상이한 비전을 무시하거나 그러한 타인을 비평으로 몰고 가기 쉬움.
직업	아이디어 개척자, 고등교육, 심리치료, 상담, 예술, 문학, 연구개발.	응용시스템의 구축과 실현, 공학, 자연과학, 기술응용.
가정	은근하고 편안한 관계, 소극적 육체관계, 지나친 공생의 연계.	조화, 질서 중시, 정서표현이 약함, 진지한 가정, 일관성 있는 자녀 지도.

17) 심혜숙외 1인, *MBTI 성장 프로그램 안내서(1)*, P. 77

❀ ESTJ와 INTP[18)]

	ESTJ (두 부친들의 성격유형으로 추측됨)	INTP (두 아들의 성격유형으로 추측됨)
인성	행정가, 운영자, 사업가, 추진자	철학자, 이론가, 과학자, 동참자
강점	사업, 조직을 이끄는 타고난 재능, 규칙을 중시함. 비합리적, 일관성이 결여된 상태에 대한 뛰어난 통찰력 및 논리적 전개 능력이 강함. 사무적, 실용적, 현실적임. 사실을 중시함. 매끄러운 일처리, 강한 책임감. 대들보 역할.	과묵하나 관심분야는 조리 있게 말함. 아이디어에 관심 많으며 분석적, 논리적, 객관적 비평을 함. 일의 원리와 직관적 통찰력 뛰어남. 지적 호기심으로 몰입하면 주위를 의식 못할 정도임. 이해력과 연구력 탁월. 사고언어의 정밀성, 양보다 질을 추구.
약점	속단속결하며 지나치게 업무위주로 사람을 대함. 비가시적 상황 몰이해. 타인의 견해 무시하는 경향. 추상적 이론을 고려하지 않는 경향. 변화와 새로운 시도 염두에 둬야함.	지나치게 추상적이므로 비현실적일수 있음. 이론중심으로 실행력이 미약. 대인관계에도 비판적, 분석적 사고를 적용하므로 인간미 없어 보임. 논리성 추구로 타인이 갖는 관심사를 무시하거나 소홀히 취급하기 쉬움. 정서가 약함.
주의 · 개발	인간중심의 가치와 타인관점의 이해 증진 필요. 타인의 상상, 아이디어를 인정해주는 노력필요. 결정전에 다른 측면도 돌아볼 여유 필요. 반대의견 경청할 필요 있음.	구체적인 현재사항에 초점을 맞추고 현실성 있는 간단한 표현을 익힐 필요. 타인의 노력을 인정하는 태도와 개인적 관심의 조화가 필요함. 팀과 타인과의 사소한 불일치에 집착하는 경향이 있다.
직업	타고난 관리자, 행정관리(규정, 절차), 생산건축, 고급책임자.	사상과 시스템. 건축사, 우주원리에 관심. 설계, 순수과학, 경제, 철학.
가정	일상에 충실하고 모든 것을 질서 있게, 전통과 예절을 중시.	조용하고 규율 있고 정연한 가정, 사교성 부족, 의식, 기념일 잘 잊음.

18) 위와 같은 책, P. 80, 78

2) 카프카 부자(父子)와 잠자 부자의 행동유형 (DISC)이해

(1) 인간 행동유형 연구의 역사

인간의 행동유형에 대한 연구는 역사적으로 길다고 할 수 있다. 점성학자들로부터 시작된 이 행동유형에 대한 연구는 오늘날까지 이어지고 있다. 하늘을 관찰했던 점성학(占星學)자들은 최초로 사람의 차이점을 기록했다. 그들은 흙과 공기 그리고 불과 물의 4가지 요소를 조합시켜 12가지 형태의 사람에 대해 정의했다. 이들이 만든 12궁(宮)은 오늘날까지도 사용된다.

고대 그리스의 의사 히포크라테스(Hippokratēs)는 인간의 4가지 기질에 대한 개념을 개발해 냈다. 그는 인간의 신체 조건으로 인해 체질이나 기질이 다르다고 말했다. 이 기질은 혈액과 흑담 그리고 담즙과 점액으로 형성된다고 하였다. 그는 인간의 기질을 낙천적이고 쾌활한 기질인 다혈질과 무관심하고 차가우며 냉담한 기질인 점액질로 충동적이고 공격적이며 문제아적인 기질인 담즙질과 우울하고 고독하며 비사교적인 기질인 흑담질로 나누었다.

조선시대 이제마 선생은 태양을 기준으로 사람을 4가지로 나누었다. 그의 기준에 따르면 사람은 태양인과 태음인 그리고 소양인과 소음인으로 나뉜다.

1920년대 칼 융(Carl G. Jung) 박사는 자신의 저서 『심리학적 유형』에서 인간의 성격유형을 4가지로 나누었다. 그는 인간의 유형을 직관형과 감각형 그리고 사고형과 감정형에 관해 언급한다.[19]

토시타카 노미(Toshitaka Nomi)는 자신의 저서 『좋은 혈액형 배합방법』에서 4가지의 혈액형과 인간의 성격을 연계한 10만 건의 패턴을 제

---

19) 이부영, *분석심리학,* 일조각, P. 144

시했다. 그는 일본 인구의 40%가 A형이라고 기록했다. 그는 A형의 성실하고 무엇에든 열심인 특성을 공학자와 기술자들의 성격과 연관시켰다. 그는 이 특성 때문에 일본이 하이테크의 중심이 되고 있다고 여긴다.

1928년 하버드대학교 심리학자 윌리엄 몰턴 마스턴(William Moulton Marston) 박사는 『평범한 사람들의 감정』에서 인간행동 분석인 디스크(DISC : 지시형과 사교형 그리고 관계형과 사색형)의 기본원리를 소개하였다.[20]

(2) 알레산드라의 행동유형

1990년대 중반 토니 알레산드라(Tony Alessandra)와 마이클 오코너(Michael J. O'Connor)는 기존 인간의 성격 및 행동에 관한 이론들을 통합하여 개발한 『피플 스마트(People Smart)』를 통해 4가지 행동유형(지배적 지시형과 상호적 사교형 그리고 지원적 관계형과 신중한 사색형)을 소개하였다. 피플 스마트 진단도구를 개발하여 행동유형에 관한 과학적이고 체계적인 분석을 실시하고 있다. 그는 대부분의 행동유형에 대한 해석은 내면적 특성이 외면적 행동으로 나타난다는 데 중점을 두고 있다.

토니 알레산드라에 따르면 우리는 아버지 유전자 23개와 어머니 유전자 23개를 고스란히 받아서 태어난다. 거기에 심리적 환경과 사회적 환경이 결합되어 우리의 성격과 행동유형이 결정된다. 어떤 심리학자는 성격은 변하지 않는다고 하였다. 6세 이전에 성격이 형성되기 때문에 자녀양육을 잘 해야 한다고 한다. 토니 알레산드라는 이 성격을 진단하는 것이 아니라, 행동을 진단하려 한다. 이를 통해서 나쁜 것보다는 겉으로 드러난 좋은 것을 활성화시키려 한다.

행동유형이란 '일을 할 때 자연스럽게 행동으로 나오는 형태'를 말한다. 이것이 반복되면 습관이 된다. 즉 내면의 특성이 외면적인 행동으로

---

20) 고익환, *자기개발과 대인관계*, P. 99

나타나는 것을 말한다. 나 자신을 포함하여 우리가 대하게 되는 인간의 행동을 그 특성에 따라 나누어보면 인간행동의 특성은 크게 4가지로 나눌 수 있다. 우리는 4가지의 유형을 다 가지고 있다. 여기에서 한 가지의 특성이 15~20% 정도 드러날 때 이것을 그 사람의 행동유형이라고 부른다. 4가지의 특성을 파악하면서 자신의 행동유형을 찾아낼 수 있다. 이 행동유형은 어떤 유형이 더 좋다고 할 수 없다. 사람의 행동유형은 다 다르며 최상의 행동유형은 없기 때문에 자신에게 만족하는 것이 중요하다.

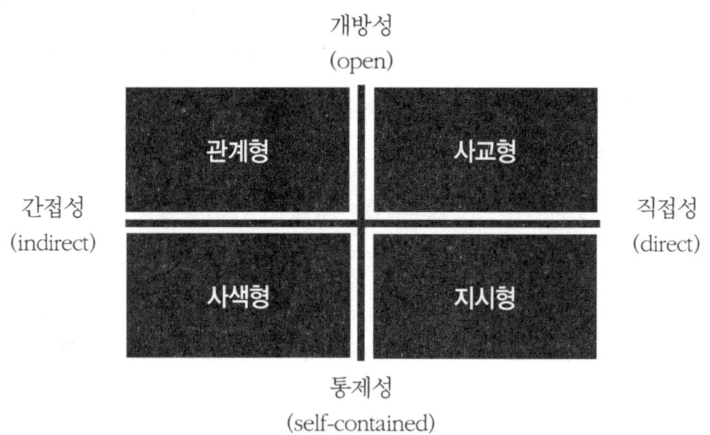

토니 알레산드라의 이론에 따르면, 이 행동유형은 개방성과 통제성이라는 세로축과 직접성과 간접성이라는 가로축의 결합으로 만들어진다. 각 행동유형의 행동패턴에는 사람과 상황에 관계하는 방법에 따라서 고유한 요구와 선호가 나타난다. 이들 4분면에 나타나는 지배적 지시형(The Dominant Director)와 상호적 사교형(The Interactive Socializer) 그리고 안정된 관계형(The Steady Relater)과 신중한 사색형(The Cautious Thinker)의 4가지 행동유형에는 뚜렷하고 구별가능하며 예측 가능

한 행동패턴이 있다. 이를 간단히 지시형과 사교형 그리고 관계형과 사색형으로 칭할 수 있다.[21)]

(3) 각 유형별 특징

지시형의 특징은 앞장서기와 통제하기 그리고 경쟁 속의 승리와 1등주의이다. 사교형의 특징은 속도가 빠르며 감정적이고 인정받기를 좋아한다. 관계형의 특징은 조용하고 속도가 느리며 소극적인 입지를 가지고 안정성을 추구하는 것이다. 사색형의 특징은 조심성과 정확성 그리고 공정성과 정밀함이다.[22)] 이것을 좀 더 구체적으로 알아보면 다음과 같다.

① 지시형(The Dominant Director)의 특징

지시형은 추진력과 관리력이 뛰어나다. 조급함과 비정함을 지닌 이들은 우유부단함을 봐주지 못한다. 1등주의를 추구하는 이들은 강요당하거나 떠밀려서 하는 것을 참지 못한다. 목표를 성취하고 지휘권을 가지며 승리하는 것이 이들의 목표이다.

업무 중심의 지시형은 '나가자, 싸우자, 이기자!'를 외치는 사람들로 '우리가 없으면 조직이 돌아가지 않는다'와 '내가 성취한 것 좀 보라'고 큰소리치는 관리능력과 추진력 그리고 주도성은 탁월하다. 모든 것을 이들이 끌고 간다. '나가자, 싸우자, 이기자!'가 이들의 모토이다. 다른 사람의 이야기를 듣지 않는 이들은 조급한 성격을 지니며 너무나 자기중심적인 경향이 있지만 이들에게는 항상 성과(成果)가 있다.

지시형은 관리능력과 추진력이 뛰어나서 누구도 못 말린다. 항상 일을 하면서도 조급해 한다. 다른 사람이 이야기를 할 때에는 자신의 결론을 미리 내려두고서 타인의 이야기에는 경청을 하지 않는다. 명령을 내리는

21) 최경희 외 1인 역, (토니 알레산드라 외 2인 저), *설득을 위한 대화의 기술*, P. 84
22) 토니 알레산드라 외 1인, *설득을 위한 대화의 기술*, P. 65

조직의 보스로 남의 말을 잘 듣지 않는다. 급한 성격에 실수를 하게 되면 금방 잊어버린다. 약한 사람에게는 베풀고 져주기도 한다. 그러나 강한 사람한테는 어떻게든지 이겨야 한다. 말과 행동이 일치하고 경우에 맞는 행동을 하면 금방 친해진다. 의리가 있는 유형이다. 이들은 못 먹어도 고(Go!)하는 유형이다. 돈이나 이익이 없으면 절대로 움직이지 않는다. 이들은 위임의 천재라고 할 수 있을 만큼 다른 사람들에게 업무의 위임을 잘 한다. 이들의 급한 유형에 가슴 터지는 유형은 바로 관계형으로 지시형 때문에 관계형들은 가슴이 벌렁거리기도 한다. 이들은 뒤끝이 없다.

프란츠 카프카가 쓴 고백서인 『아버님께 드리는 편지, Brief an den Vater』에서 기술된 내용과 지시형의 특징을 비교해보면 프란츠 카프카의 아버지 헤르만 카프카와 중편소설 『변신』의 주인공 그레고르 잠자의 아버지의 행동유형이 바로 이 지시형으로 보인다.[23)]

② 사교형(The Interactive Socializer)의 특징

사교형은 뛰어난 설득력을 지니고 있다. 그러나 비체계적이고 무신경하다. 거부당하는 것에 익숙하지 않은 이들은 명랑한 성격이다. 인기와 명성 그리고 칭찬을 추구하는 이들은 인정받는 것을 좋아한다. 사교형의 특징은 속도가 빠르며 감정적이고 인정받기를 좋아함이다.

'우리는 뒤끝이 없다'고 말하는 사교형은 인정과 칭찬을 받고자 하는 욕구가 크다. 날 좀 보라고 말하며 항상 즐겁게 살고자 하는 사교형은 붙임성이 좋고 낙관적이다. 너무나 멋있다고 하는 반응을 원한다. 설득의 귀재라고 할 수 있는 이들은 온몸으로 설득한다. 이들의 기발한 아이디어와 창의력은 매우 훌륭하다. 브레인스토밍을 아주 잘 한다. 이들에게 비전이 있으면 목표를 설정하고 그것을 이뤄낸다. 그러나 끝마무리를

---

23) 위와 같은 책, P. 35

잘 못해서 이것을 송두리째 빼앗겨버리는 경우도 있다. 감정충돌이 일어나면 그 일을 한꺼번에 깨버리기 때문이다. 술값을 내는 이들은 항상 사교형이다.

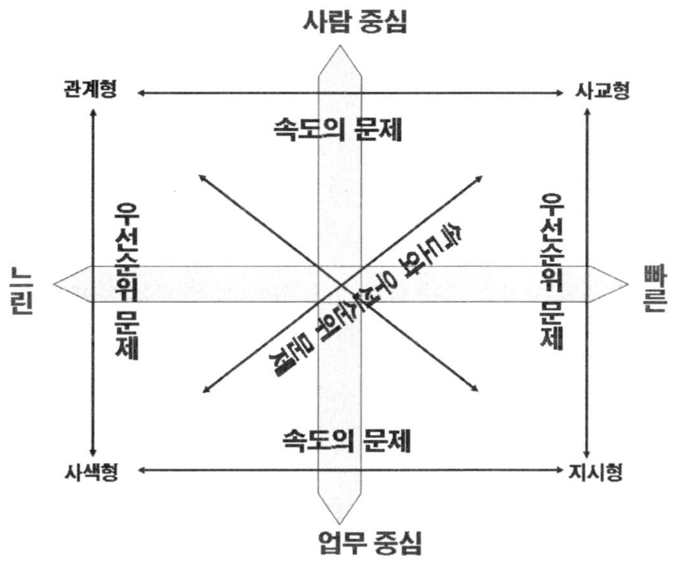

사람 중심의 사교형은 설득능력이 매우 뛰어나다. 즐겁게 살자는 것이 인생 목표인 사교형이 가진 열정은 그 누구도 못 말린다. 아이디어가 기발하고 창의력이 뛰어나다. 낙천주의적 기질을 지닌 이들을 가장 인간중심적인 유형이라고 할 수 있다. 언제 필(Feel)을 받을지 모르지만 한 번 필을 받으면 엄청난 동기부여가 된다. 이들은 뒤통수를 맞게 되면 그때까지 쌓아왔던 인간관계를 하루아침에 없애버릴 정도로 욱하는 성질이 있다. 혼자 놔두면 잘 하지만 통제하려 들면 답답해한다. 사색형은 사교형을 이해하지 못한다. 사람을 만나면 '반가워요' 하면서 반갑게 다가선다. 이들은 처음 만난 사람들과도 10년 동안 알고 지낸 사람들처럼 시끄

럽게 떠들며 이야기를 나눌 수 있는 사람들이다. 이들이 바로 모임을 즐겁게 하는 사람들이다.[24)]

③ 관계형(The Steady Relater)의 특징

관계형은 경청과 봉사에 익숙하다. 이들의 단점은 우유부단한 점이다. 이들은 무시 받는 것을 싫어한다. 성실함과 안전 그리고 좋은 평가를 추구하는 이들이다.

자신들이 천사라고 생각하는 관계형은 '내가 얼마나 사랑받는지를 지켜보라!'는 듯이 행동한다. 이 유형에는 초·중·고등학교 친구들이 많다. 온화한 성격에 더불어 사는 사람이 이들이다. 이들은 개인적인 관심과 수용이 뒷받침되는 작은 존중과 존경을 원한다. 관계형은 안정성과 시종일관된 행동을 보인다.

관계형은 고향지킴이로 변화를 좋아하지 않는다. 배려와 신중함 그리고 부드러움을 지닌 유형으로 타인의 의견을 존중하고 주는 것을 좋아한다. 이들에게는 카리스마가 부족하다. 처음에 적극성이 부족하고 우유부단하며 많은 시간을 필요로 한다. 먼저 아는 척 하지 않으며 자신을 먼저 알아주기를 바란다. 강하게 하면 겁을 먹는다. 주장을 강하게 하면 싫어하고 자기만 옳다고 주장하는 사람과 큰소리치는 사람을 꺼린다. 묻어가는 것을 좋아하고 더불어 사는 것을 좋아하는 이들은 경청능력이 뛰어나고 인내가 강하다. 두 부부가 관계형이라면 집을 한 번 사면 이사가려 하지 않고 한 집에 살면서 행복하게 느낄 것이다. 이들은 펀드에는 절대 손도 안 댈 것이다. 위험한 곳에는 절대 투자하려고 하지 않을 것이다. 남들이 보면 답답하게 여기겠지만 자신들은 답답하게 여기지 않는다.[25)]

---

24) 위와 같은 책, P. 41
25) 위와 같은 책, P. 45

④ 사색형(The Cautious Thinker)의 특징

사색형은 기획하고 분석하는 일에 강하다. 완벽을 추구하는 이들은 대충 예측하는 것을 싫어한다. 정확성과 정밀함을 추구하는 이들은 철저하게 비판적이다.

자신들이 똑똑한 사람이라고 여기는 사색형은 용의주도하다. 이들은 '나의 효과성을 지켜봐!'라고 말하는 듯하다. 이들은 6하(6H)원칙에 따라서 신중하고도 정확하게 문제를 해결해간다. 이들의 문제해결능력은 탁월하다. 다른 사람들의 약점을 잘 보고 비판을 많이 하는 이들은 완벽주의를 추구한다.

사색형은 돌다리도 두드려보고 가는 유형이다. 예의범절을 갖추고 솔직한 대화로 다가가면 이들에게 쉽게 접근할 수 있다. 용의주도하고 논리적인 이들의 말투는 느리다. 행동도 느린 대신에 실수가 거의 없고 신중하다. 이들은 자신을 지적(知的)이라고 여긴다. 6하 원칙에 따라 비판하고 다른 사람들도 완벽하기를 기대하고 신중하기를 바란다.[26)]

'카프카의 이해'와 『아버지에게 드리는 편지』를 기준으로 보면 카프카는 사색형에 속하는 것으로 추측된다. 또한 소설 『변신』의 내용을 기준으로 보면 주인공 그레고르 잠자도 사색형으로 보인다.

---

26) 위와 같은 책, P. 51

CHAPTER 9 >>>

조화로운 인간관계

산과 물 그리고 산줄기와 물줄기는 늘 같이 있으면서도 서로 조화를 이루기 마련이다. 서로 넘고 끊고 하는 대결과 갈등의 관계가 아니라 살을 비비고 사는 부부처럼 서로 감싸 안고 휘감아 도는 조화와 사랑의 관계라고 『우리 궁궐 이야기』중에서 말하고 있다.

앞 8장에서 'MBTI 성격유형과 DISC 행동유형'을 알아보았다. 누구나 상대의 타고난 성격유형과 행동유형을 알고 그에 맞게 대응한다면 조화로운 인간관계가 될 것이다.

그래서 9장 '조화로운 인간관계'에서는 눈에 보이는 것이 행동이니 행동유형 중심으로 조화로운 인간관계를 알아보고자 한다.

(1) 조화로운 인간관계란 무엇인가?

행동유형 이해에서 우리는 직접성인가 혹은 간접성인가, 개방성인가 혹은 통제성인가에 따라 인간 행동유형을 네 가지로 구분해 보았다. 직접성과 개방성인 사교형은 일상생활에서 즐겁게 지내는 것을 좋아하고, 직접성과 통제성인 지시형은 일하기를 좋아한다. 간접성과 개방성인 관계형은 꾸준하며, 간접성과 통제성인 사색형은 신중하다. 이러한 서로 다른 인간행동유형이 함께 살아가는 사회는 오케스트라와 같이 조화롭게 잘 어울리면 명 공연이 될 것이지만 반면 개인의 실력만 부각시키면 공연을 망치게 될 것이다.

따라서 우리가 함께 사는 사회를 살기 좋게 가꾸기 위해서는 서로 다른 사람들과의 조화로운 관계를 유지할 필요성이 있다. 다른 사람들과 조화로운 관계를 형성하기 위해서는 신뢰성과 협동성 그리고 다른 사람에 대한 존경을 표하는 긍정적인 인품을 통해 긴장감을 해소하는 방법이 있다.

반면 다른 사람들과의 불편한 관계는 자신의 시각에서 다른 사람을 대응하기 때문이다. 불편한 관계를 해소하는 방법은 자신의 성격유형과 그 장·단점을 이해하고 행동유형 특성에 따라 전달하는 방법을 이해하며 타인의 행동유형을 인식해 상대가 바라는 대로 대접해 주면 된다. 또한 상대방과의 원만한 관계유지를 위한 자신의 행동을 조절하면 된다. 그렇게 하기 위해서는 조화의 법칙을 이해하고 유연성과 융통성을 발휘하여 사회적 조화와 업무적 조화관계를 수립해야 할 것이다.

(2) 조화(造化)의 법칙

조화의 법칙에는 유사성(類似性)의 원리와 수용(收容)과 저항(抵抗)의 원리 그리고 상보성(相補性)의 원리가 있다. 유사성의 원리는 비슷한 사람들끼리는 서로 친근함을 느끼는 경향이 있다. 수용과 저항의 원리는 자기방식으로 사람을 대하면 긴장과 저항감이 증가한다는 것이다. 상보성의 원리는 사람들은 서로 보완해 줄 수 있는 잠재능력을 가지고 있다는 것이다. 이 원리대로 한다면 조화로울 수 있다.

(3) 사회적 조화

사회적 상황에서 4가지 인간행동의 유형은 10개의 결합으로 나타나고 가장 자연스러운 조화와 중간 정도의 조화 그리고 가장 조화롭지 못한 조화로 구분 할 수 있다. 인간행동과학 연구에 따르면 인간은 자연적으로 조화롭게 되기도 하고 상충되기도 한다. 비슷한 경향을 가진 사람들은 사회적으로 서로에게 잘 조화를 이룰 수 있다. 왜냐하면 공통적인 관심사와 습관 그리고 접근방식 등을 가진 사람들은 서로의 자존심을 강화시켜 줄 수 있기 때문이다.

① 행동유형 결합으로 본 사회적(社會的) 조화

네 가지 행동유형 결합	가장 조화로운 유형	중간정도 조화로운 유형	가장 조화롭지 못한 유형
지시형 - 지시형		0	
지시형 - 사색형			0
지시형 - 사교형		0	
지시형 - 관계형			0
사교형 - 관계형		0	
사교형 - 사색형			0
사교형 - 사교형	0		
사색형 - 사색형	0		
사색형 - 관계형		0	
관계형 - 관계형	0		

첫째로 가장 조화로운 유형에는 사색형-사색형, 관계형-관계형, 사교형-사교형을 들 수 있다. 조화의 법칙 중에서 유사성의 법칙처럼 유유상종(類類相從)이라 할 수 있다. 그러나 비슷한 사람들끼리 친근감을 느낀다 하더라도 지시형은 강한 경쟁심으로 인해 지시형-지시형 관계는 그다지 자연스러운 조화를 이루지 못한다.

둘째로 중간 정도로 조화로운 유형에는 지시형-지시형, 관계형-사색형, 지시형-사교형, 사교형-관계형을 들 수 있다. 이런 유형은 그다지 자연스럽게 조화가 형성되지 않지만 노력여하에 따라 개선될 수 있다. 보다 덜 조화로운 사람들과 함께 하는 일의 성공은 각각의 경우에서 서로가 자존심을 세워주는 사람이 될 수 있다. 지시형과 사교형은 외부로 향하는 초점을 공유하고 있으며 때로는 비슷한 관심사도 공유한다. 반면에 관계형과 사색형은 둘 다 내향적이며 같은 종류의 활동을 좋아할 수 있다. 사교형과 관계형은 둘 다 후원하는 관계에 있기를 열망한다. 그렇지만 관계형은 대개 주는 역할에 있는 사람이고 사교형은 주로 받는 사람이다. 빠른 속도와 외향적인 지시형과 사교형이 공통적으로 느끼는 것은 조용하며 관대한 관계형과 과감하지 못하고 열정이 부족한 사색형과의 신뢰관계에서 발전이 힘들다는 것이다. 관계형과 사색형은 너무나 저돌적이고 너무 시끄러우며 자기들에게 너무 많은 것을 요구하는 지시형은 별로 바람직하지 않다고 생각한다.[27)]

셋째로 가장 조화롭지 못한 유형에는 지시형-관계형, 사교형-사색형, 지시형-사색형을 들 수 있다. 업무중심적인 지시형과 즐겁게 지내기를 원하는 사교형에게 신중한 사색형과 꾸준한 관계형은 그들의 업무 진행을 느리게 하는 방해꾼이 될 수 있다. 관계형은 지시형과 사교형의 빠른 속도를 견디지 못하고 스스로 포기해 버리며 사색형은 홀로 있기를 좋아한다. 더욱이 긴장 해소를 위해 휴식을 가질 때도 사색형은 모든 것을 똑바로 하기를 원한다. 핫도그를 굽거나 신변잡담을 하거나 공놀이를 하려고 할 때도 사색형은 기준을 세워서 그 기준에 얼마나 맞느냐에 따라 자신과 다른 사람들을 판단한다. 지시형과 사교형의 눈에 비치는 사색형은 그가 시간을 쏟는 만큼 그는 삶을 충분히 살고 있지는 않다고 본다.

② 사회적 관계 향상을 위한 플래티넘 법칙

플래티넘 법칙(The Platinum Rule)이란 '다른 사람들에게 그들이 원하는 방식대로 대하라'는 말이다. 성경에 나오는 골든 룰(Golden Rule)은 '내가 다른 사람들에게 대접받고 싶어 하는 대로 대접해 주라'는 것이다. 지금까지는 다른 사람들을 대할 때 골든 룰(황금률)을 적용하였다.

---

27) 토니 알레산드라 외 1인, *설득을 위한 대화의 기술*, P. 233

사람들은 서로 다르다는 것을 인식해야 한다. 그래서 고객 만족을 중시하는 21세기의 리더십에는 플래티넘 룰을 적용하여야 한다. 플래티넘 법칙을 실천하기 위해서는 유연성(柔軟性)을 높여야 한다. 유연성이란 긍정적 사고와 화이부동(和而不同)을 실천하는 것이다.

③ 긍정적 사고를 키우자(안면피드백이론, Facial Feedback Theory)

불만스러운 인상을 하고 있으면 만사가 못 마땅해 보이고 억지로라도 행복한 미소를 짓고 있으면 기분이 좋아질 수 있다. 얼굴근육은 기분에 따라 다르게 움직인다고 한다. 그래서 얼굴 표정을 기분과 달리 반대로 바꾸면 감점도 달라진다. 이것은 대뇌의 감정중추가 표정을 관장하는 운동중추와 인접해 있으면서 서로 영향을 주고받기 때문이다. 이처럼 표정에 따라 감정상태가 달라진다는 심리학이론을 안면피드백이론(Facial Feedback Theory)이라 한다. 사고방식이 긍정적으로 바뀌면 웃음 역시 자연스럽게 나오게 마련이다. 우스울 때 웃는 것은 누구나 할 수 있는 일이다. 진정으로 웃는 사람은 우습지 않은 상황에서도 웃을 수 있는 사람이다.

④ 화이부동(和而不同)을 실천하라

화합하되 붙어 다니진 않는다는 뜻으로, 붙어 다니되 화합하지 못하는 동이불화(同而不和)의 반대말이다. 공자는 논어의 자로 편에서 "군자는 화이부동(和而不同)하고 소인은 동이불화(同而不和)한다"고 했다. 다른 사람과 생각을 같이하지는 않지만 이들과 화목할 수 있는 군자의 세계를, 밖으로는 같은 생각을 가진 것처럼 보이나 실은 화목하지 못하는 소인의 세계와 대비시켜 군자의 철학을 인간이 추구해야 할 덕목이라고 공자는 주장한 것이다. 사람과의 사회적 관계에서 중요한 것은 서로의 차이(差異)를 받아들이는 것이다. 지시형은 믿고 따라주기를 바라고, 사교형은 자주 연락하고 칭찬해 주기를 바라며, 관계형은 경청해주고 격려와 인정을 해주기를 바란다. 그리고 사색형은 강요하지 말고 꼼꼼한 처리를 기다려 주기를 바란다.

⑤ 사회적 조화의 적응력 향상법(유연성(柔軟性)과 융통성(融通性)을 키워라)

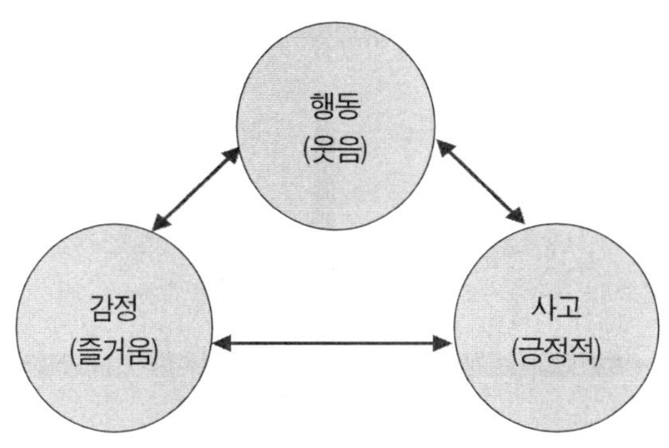

구분	유연성을 기르는 법	융통성을 키우는 기술과 방법
지시형	다른 사람들과 상황을 잘 조정한다.	경청, 개방형 질문, 타인 의견에 긍정성 강화
사교형	다른 사람들이나 단체로부터 중요한 결정자로 인정받는 것을 자제한다.	자기 확신, 갈등관리, 협상
관계형	새로움에 대한 저항 또는 안정성을 위해 자신의 선택권을 제한하는 행위를 줄인다.	절충 및 다양한 사고
사색형	불필요한 완벽주의, 자신과 타인의 약점이나 잘못에 집중하려는 성향을 줄인다.	공감적 경청, 상대에 대한 긍정성 강화, 상호 보완적인 강점 연관 짓기

⑥ 조화로운 행동유형 개발을 위한 노력

지시형은 관계형으로부터 다른 사람의 자극에 대해 인내할 수 있는 점을 배우고, 관계형은 책임감 및 모험하는 지시형의 강점을 배우면 금상첨화이다. 민감한 사교형은 사색형으로부터 신중함을 배우고, 사색형은 사교형의 사교성을 배우면 좋다. 사회적 관계에서 가장 어려운 관계는 지시형-사색형 관계이다. 이 경우 양편 모두 자신의 욕구를 양보하여야 한다.

❀ 유형별 강점

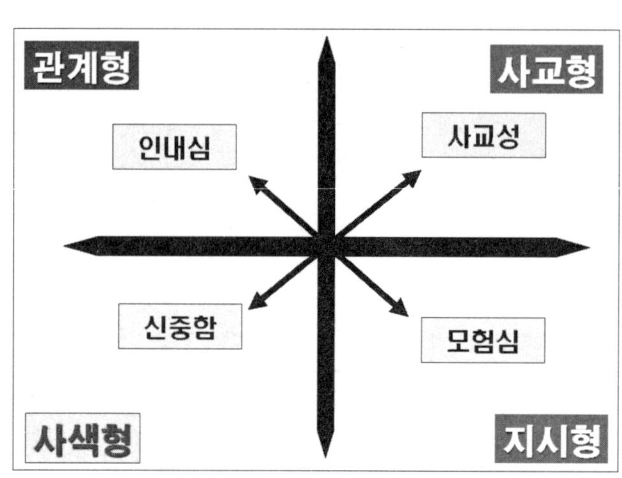

(5) 업무적 조화

직장에서 프로젝트를 수행할 때 행동유형별로 그 역동성에서 엄청나게 차이가 난다. 사회적으로 서로에게 끌리며 좋아하는 사람들이 그들이 경쟁하거나 심지어 갈등할 때는 반드시 그만큼의 매력을 느끼지 못한다. 이제는 그들의 비슷한 점들이 방해가 될 수 있다. 왜냐하면 그들은 꼭 같은 요구를 지니고 있기 때문이다. 그 요구들이 충족되지 않을 때 긴장과 갈등이 따를 수 있다. 예를 들어 한 쪽이 이기겠다는 욕구를 느낄 때 나머지 사람은 자신은 속았다고 느낄 수도 있다.

① 행동유형 결합으로 본 업무적(業務的) 조화

네 가지 행동유형 결합	가장 자연스러운 조화	중간 정도의 조화	가장 조화롭지 못한 조화
지시형 - 지시형			0
지시형 - 사색형			0
지시형 - 사교형			0
지시형 - 관계형	0		
사교형 - 관계형	0		
사교형 - 사색형		0	
사교형 - 사교형			0
사색형 - 사색형		0	
사색형 - 관계형	0		
관계형 - 관계형		0	

첫째, 가장 자연스러운 조화 유형에는 사색형-관계형, 지시형-관계형, 사교형-관계형을 들 수 있다. 관계형은 업무상황에서 모든 사람과 잘 지낼 수 있다. 관계형은 침착하고 안정시키는 영향력을 발휘하는 후원하는 일꾼이다. 자연적으로 다른 사람에게 관심이 있으며 공헌하는 일에도 관심이 있기 때문에 관계형은 생산적인 파트너가 되는 것을 즐긴다. 모든 사람들이 관계형을 좋아하는 것은 당연하다.

둘째, 중간 정도의 조화유형에는 사색형-사색형, 관계형-관계형, 사교형-사색형 을 들 수 있다. 이런 유형에는 사색형이 크게 나타난다. 사색형은 관계형 만큼 조용하고 관대하지는 않지만 그들은 다른 사람의 느낌에 예민하며 다른 사람들이 주로 인식하는 탁월함에 열정을 가지고 있다. 흥미롭게도 사색형은 사회적으로 가장 조화할 수 없는 결합에 속해 있지만 업무결합에서는 가장 많이 들어 있다. 이것은 그들의 일에 대한 질과 철저함에 대한 사람들의 높은 평가를 보여 주는 것이다. 비록 사색형은 즐겁게 해 주는 사람이 아니라고 여기면서도 업무적으로는 좋다.

셋째, 가장 조화롭지 못한 유형에 지시형-지시형, 지시형-사색형, 지시형-사교형, 사교형-사교형을 들 수 있다. 지시형-지시형은 사회적으로는 아주 잘 맞는다. 그러나 업무에 있어서는 지시형의 경쟁적 천성과 지휘권에 대한 요구가 협조를 저지한다. 특히 좋아하는 지시형과는 더욱 그렇다. 지시형-사색형은 지시형의 속도와 지휘권에 대한 요구와 사색형의 보다 느린 속도의 체계적이고자 하는 경향 사이에 근본적인 상충이 있다. 지시형-사교형은 사회적 신뢰관계에서는 중간 정도의 높은 수준에 있지만 업무와 관련해서는 가장 낮은 조화대열에 있다. 이것은 둘 다 위임하려는 경향 때문이다. 사교형-사교형은 사회적으로는 가장 잘 조화로운 관계이다. 그러나 업무에서 함께 일하는 것으로는 이 조합은 가장 비생산적이 될 것이다. 둘 다 세부사항 처리에 있어서 아주 취약하기 때문이다.

② 사무실에서의 결과

똑똑한 상사와 똑똑한 부하가 만나면 이익이 난다. 그리고 똑똑한 상사와 멍청한 부하가 만나면 생산이 향상된다. 또한 멍청한 상사와 똑똑한 부하가 만나면 부하의 승진이 빠르다. 그러나 멍청한 상사와 멍청한 부하가 만나면 잔업만 늘어난다.

(6) 다른 행동유형과 조화롭기

① 융통성을 키우는 방법

융통성이 높은 사람들은 어떠한 상황에 접근하든 간에 이를 지속적인 학습과 자기개선의 기회로 여긴다. 융통성이 높은 사람은 쾌활한 성향과 분명한 비전 그리고 높은 안목의 현실성과 역량강화 및 자기개선 능력을 지니고 있다. 반면 융통성이 낮은 사람들은 주관적 태도와 둔감함 그리고 저항적 태도와 좁은 사고에 무리한 모험의 특성을 지니고 있다.

지시형과 사색형은 융통성 수준을 높이기 위하여 필요한 기술 및 행동력을 더욱 발전시켜야 하고 관계형과 사교형은 그들의 장점의 기술과 행동을 확실하게 보여야 한다. 자신의 행동유형에서 부족한 기술을 발전시키기 위해서 숨겨진 2%를 개발하고 보완하기 위한 유형별 적응력 향상 증진법의 전략은 다음과 같다.

◎ 개방적이고 직접성을 나타내는 사교형에게 필요한 융통성 준비는 다음과 같다.

- 시간과 감정을 통제해야 한다.
- 보다 객관적인 마음자세를 개발하라.
- 합의사항을 끝까지 이행하라.
- 현재의 업무에 집중하라.
- 보다 논리적인 접근을 하라.
- 시작한 것을 완수하도록 노력하라.
- 점검하고 검증하며 구체화시키고 조직화하는데 보다 많은 시간을 투자하라.

◎ 개방적이고 간접성을 나타내는 관계형에게 필요한 융통성 준비는 다음과 같다.

- 안전지대를 넘어서 뻗어나는 모험을 하라.
- 다른 사람에게 위임도 하라.
- 절차 또는 일상에 필요한 변화를 수용하라.
- 이따금씩 '아니요'라고 말할 수 있어야 한다.
- 때론 다른 사람들에게 그들에 대한 느낌과 생각을 말로 표현하라.
- 상대방의 감정에 지나치게 예민해 하지 말고 업무완수에 집중하라.

◎ 통제적이고 직접성을 나타내는 지시형에게 필요한 융통성 준비는 다음과 같다.

- 보다 신중을 기하라.
- 결론의 이유를 설명하라.
- 처벌조치도 있다는 것을 인식하라.
- 집단과 의견 일치하라.
- 상대방에 대한 칭찬을 말로 표현하라.
- 적극적 경청을 실행하라.
- 스스로 속도 조절하여 보다 편안한 이미지를 표출하라.
- 인내심과 겸손함 그리고 감수성과 공감을 개발하라.

◎ 통제적이고 간접성을 나타내는 사색형에게 필요한 융통성 준비는 다음과 같다.

- 이따금 지름길과 시간절약을 시도하라.
- 시간 내에 결정하도록 하라.
- 변화와 어수선함에 기꺼이 적응하라.
- 새로운 프로젝트를 시작하라.
- 좋아하지 않는 의사결정도 설명하라.
- 반대 의견과 타협하라.
- 상대방에 대한 관심과 마음을 개방하여 표현하라.
- 정책을 법으로 생각하기 보다는 지침으로 사용하라.

② 사교형과 조화롭기

당신이 관계형이라면	보다 빠른 템포를 유지하라.
당신이 사교형이라면	상대의 단점을 보완하는데 초점을 맞추라.
당신이 사색형이라면	보다 빠르면서도 인간지향적인 태도를 견지하라.
당신이 지시형이라면	보다 인간지향적인 태도를 보여라.

③ 지시형과 조화롭기

당신이 관계형이라면	보다 빠르면서도 동시에 업무지향적인 태도를 보여라.
당신이 사교형이라면	보다 업무 지향적인 태도를 보여라.
당신이 사색형이라면	보다 빠른 템포를 유지하라.
당신이 지시형이라면	상대의 단점을 보완하는데 초점을 맞추라.

④ 관계형과 조화롭기

당신이 관계형이라면	상대의 단점을 보완하는데 초점을 맞추라.
당신이 사교형이라면	보다 느린 템포를 유지하라.
당신이 사색형이라면	보다 인간 지향적인 태도를 보여라.
당신이 지시형이라면	보다 느리면서도 동시에 인간지향적인 태도를 보여라.

⑤ 사색형과 조화롭기

당신이 관계형이라면	보다 업무 지향적인 태도를 보여라.
당신이 사교형이라면	보다 느리면서도 동시에 업무지향적인 태도를 보여라.
당신이 사색형이라면	상대의 단점을 보완하는데 초점을 맞추라.
당신이 지시형이라면	보다 느린 템포를 유지하라.

적용

조화로운 인간관계의 이론을 카프카 부자(父子)와 그레고르 잠자 부자에게 적용해보았다면 갈등을 넘어서 조화로운 부자지간이 될 수 있었다고 본다.

아들 프란츠 카프카의 고백서인 『아버지께 드리는 편지』를 기준으로 보면 카프카의 아버지는 강한 지시형에 해당된다고 추정되고, 소설 『변신』의 내용에서 추정해보면 그레고르 잠자의 아버지도 지시형에 추정된다.

반면 아들 프란츠 카프카는 '카프카 이해'를 바탕으로 추정하면 사색형에 해당되고 소설 『변신』의 내용에서 추정해보면 그래고르 잠자도 사색형으로 추정된다.

사회적 조화 측면에서 보면 지시형과 사색형은 가장 조화롭지 못한 조합에 해당된다. 업무중심적인 지시형에게 신중한 사색형은 그들의 업무 진행을 느리게 하는 방해꾼이 될 수 있다. 사색형은 지시형의 빠른 속도를 견디지 못하고 스스로 포기해 버리며 홀로 있기를 좋아한다. 더욱이 긴장 해소를 위해 휴식을 가질 때도 사색형은 모든 것을 똑바로 하기를 원한다. 핫도그를 굽거나 신변잡담을 하거나 공놀이를 하려고 할 때도 사색형은 기준을 세워서 그 기준에 얼마나 맞느냐에 따라 자신과 다른 사람들을 판단한다. 지시형의 눈에 비치는 사색형은 그가 시간을 쏟는 만큼 그는 삶을 충분히 살고 있지는 않다고 본다.

그러니 이런 차이점과 다름점을 알고 서로 상대방에게 조화로운 관계형성에 좀더 관심을 갖고 노력했다면 원만하고 행복한 삶을 구가할 수 있었을 것이다.

'다른 사람들에게 그들이 원하는 방식대로 대하라'는 플래티넘법칙(The Platinum Rule)을 부자지간에 서로 적용하고 그 플래티넘 법칙을 실천하기 위해서 유연성을 높여 긍정적 사고와 화이부동(和而不同)을 실천했다면 얼마나 좋았을까하는 아쉬움이 든다.

불만스러운 인상을 하고 있으면 만사가 못 마땅해 보이고 억지로라도 행복한 미소를 짓고 있으면 기분이 좋아질 수 있다. 이처럼 표정에 따라 감정상태가 달라진다는 안면피드백이론(Facial Feedback Theory)을 적용시켜 사고방식을 긍정적으로 바꾸면 웃음 역시 자연스럽게 나오게 마련이다. 진정으로 웃는 사람은 우습지 않은 상황에서도 웃을 수 있는 사람이다.

사람과의 사회적 관계에서 중요한 것은 서로의 차이(差異)를 받아들이는 것이다. 지시형인 아버지들은 믿고 따라주기를 바라고, 사색형인 아들들은 강요하지 말고 꼼꼼한 처리를 기다려 주기를 바라니 화이부동(和而不同)을 실천했으면 참 좋았을 것이다.

CHAPTER 10 >>>

인간관계의 갈등 관리

가정이나 사회생활에서 가장 힘든 일은 아마 가족 구성원 혹은 사회 구성원들과의 갈등관계일 것이다. 갈등을 어원적으로 풀이하면 칡 나무 갈(葛)과 등나무 등(藤)을 합성한 내용이다. 칡 나무와 등나무는 각각 서로 엉켜 감아 올라가는 성향이 있는데 갈등은 두 나무가 함께 뒤엉켜 올라가는 것을 의미하므로 꼬이는 정도가 아주 심하다는 것을 알 수 있다.

그러니 갈등이란 인간관계에서 복잡하게 뒤얽혀 풀기 어려운 상태나 인간 내면의 상충되는 생각 때문에 고민하는 심리적 상태를 말한다. 또한 갈등은 다른 개인이나 집단 간 대립을 나타내며 첨예한 의견의 불일치 및 이익의 불일치와 의견충돌로 인한 감정으로 불편한 상태를 말한다. 갈등은 두 사람 또는 그 이상의 사람들이 목표와 인식 그리고 가치 등의 상충으로 인해 강한 불일치를 느꼈을 때 발생한다. 이를 세분화해서 보면 다음의 세 가지 기본구성으로 나눌 수 있다.

첫째는 두 사람 혹은 그 이상의 사람들이 연루된다.
둘째는 생각과 행동, 믿음과 목표 등에서 서로 양립할 수 없다.
셋째는 자신의 방식만이 목표성취의 유일한 방법이라고 믿는다.

갈등은 개인과 팀 혹은 부서와 조직의 내부나 외부와의 관계에서 양립할 수 없는 목적과 사고 그리고 감정의 불일치에서 야기되는 대립현상이므로 갈등은 회피할 대상이 아니라 관리해서 예방 할 대상이다. 그렇기 때문에 조직의 성과에 도움이 되는 갈등은 적절히 조장하고 조직의 성과를 저해하는 갈등은 적절히 조정해야 한다.

프란츠 카프카에게 있어서는 가정에서 아버지와 갈등이 첨예했음을 자신의 고백서인 『아버님에게 드리는 편지』에서 밝히고 있다. 또한 중편소설 『변신』의 주인공 그레고르 잠자도 부자지간의 갈등과 회사 상사와의 갈등, 그리고 사회적인 업무적 갈등으로 부정적인 변신이 된 것으로 추측된다.

(1) 갈등과 성과(成果)의 관계

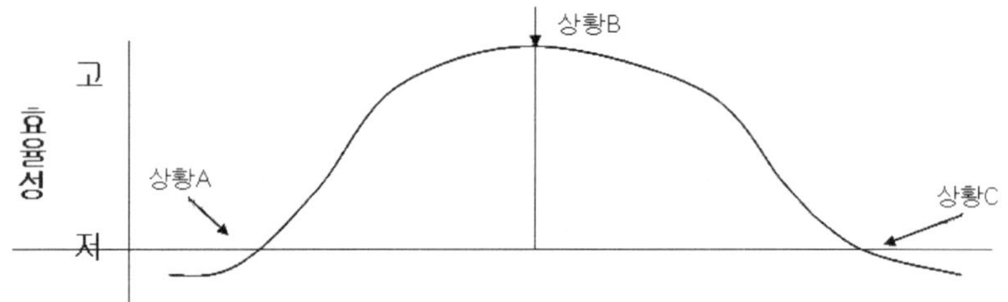

상황	A	B	C
갈등수준	전혀 없거나 낮음	중간	높음
갈등의 유형	역기능(逆機能)	순기능(順機能)	역기능
내부의 특성	침체, 의욕상실, 외부 환경변화에 무관심, 창의성결여, 냉담함 등	혁신적이고 창의적, 적극적 목표달성, 생동적인 조직문화 등	분열, 혼란, 파괴적, 비협조적 행태, 목적의식 결여 등
개인과 팀의 성과	낮음	높음	낮음

갈등은 관리하는 방법에 따라 개인과 조직의 성과에 긍적적이거나 부정적인 영향을 미친다. 모든 개인과 조직은 성과에 적극적이고 순기능적인 영향을 줄 수 있는 갈등의 최적수준을 원하고 있다. 위의 그림과 같이 갈등수준이 전혀 없거나 낮은 A에서는 삶의 의욕과 생산성이 매우

낮고, 갈등이 매우 높은 C의 상황에서도 분열과 혼란으로 인한 삶의 의욕과 생산성이 매우 낮게 나타난다. 반면 적당한 갈등관리가 있는 상황 B에서는 혁신성과 창의성 그리고 적극적 목표달성과 생동적 조직문화로 인해 생산성이 높게 나타난다.

(2) 갈등의 종류

① 내적갈등

내적갈등에는 선택갈등, 역할갈등, 좌절갈등 등이 있다.

첫째로 선택갈등은 두 가지 이상의 목표중 에서 무엇을 선택할지 고민하는 갈등이다.

둘째로 역할갈등은 개인의 행위가 자신의 역할의 기대에 못 미치면서 발생하는 갈등이다.

셋째로 좌절갈등은 욕구가 자신의 목표에 도달하지 못하고 방해받을 때 발생하는 갈등이다.

② 외적갈등

외적갈등에는 개인 간 갈등, 집단 간 갈등, 조직 간 갈등 등이 있다.

첫째로 개인 간 갈등은 상사와 부하, 선배와 후배, 동료, 가족 간의 갈등이다.

둘째로 집단 간 갈등은 부서 간에 발생하는 갈등이 보편적이다.

셋째로 조직간 갈등은 지역 간, 협력업체 간, 노사(勞使)간에 발생하는 갈등이다.

(3) 갈등의 원인

갈등이 발생하는 원인은 커뮤니케이션 장벽과 행동 및 개성의 차이 그리고 상호의존성의 증가와 경쟁, 목표의 차이와 한정된 자원, 역할의 모호성 등이다.

첫째로 커뮤니케이션 장벽은 인식차이와 언어차이, 비효과적 청취와 스타일의 차이, 권력과 지위 등의 장벽에서 갈등이 나타난다.

둘째로 행동 및 개성의 차이는 성격유형과 행동유형의 차이에서 나타나는데 이것이 갈등의 원인이 된다.

셋째로 상호의존성의 증가는 개인과 조직의 목표성취가 상호간에 협조 및 지원 등과 관련되어 있다. 하지만 목표성취를 위한 상호의존성이 조금씩 증가하게 되면 이로 갈등이 생길 수 있다.

넷째로 경쟁은 승진과 인정 그리고 보상 등에 개인들 간에 경쟁이 생기게 되면 갈등의 원인이 된다.

다섯째로 목표의 차이는 집단 간에 목표의 차이가 갈등의 원인이 될 수 있다.

여섯째로 한정된 자원은 승진할 자리와 행정지원에 대한 경쟁으로 갈등이 생긴다.

일곱째로 역할의 모호성은 집단이나 개인이 역할수행에서 자신에게 요구되는 역할 기대가 분명하지 못하고 명료하지 못할 때 갈등이 생긴다.

카프카의 갈등은 내적갈등으로 글쓰기와 아버지 요구사이에서 오는 선택의 갈등과 아버지의 요구에 미치지 못하면서 따르고 싶지 않은 역할갈등, 그로인해서 생기는 좌절갈등이 복합되어있다.

갈등의 원인으로는 부자지간의 커뮤니케이션 장벽이 가장 크다. 그 이유는 두 사람 사이의 성격과 행동의 차이라고 본다. 또한 성취하고픈 목표와 가치간의 차이도 중요한 원인이 된다. 아버지는 사업적인 성취로 체코 프라하 사회의 상류층 진입이 목표인데 반하여 아들 카프카는 글쓰기가 최고의 행복이고 최고의 과업이었다. 또한 중편소설 『변신』의 주인공 그레고르도 부자지간의 갈등과 근무하는 회사의 지배인과 사장간의 갈등, 그리고 근무환경의 사회적 어려움이 갈등의 원인이 되었다.

(4) 갈등과 좌절에 대한 반응

갈등은 좌절의 주요 근원이다. 좌절은 원하는 목표성취에 주요 역할을 하지 못하기 때문에 중요하다. 정신분석이론에 따르면 공격적 충동을 표현하지 못하게 방해하는 좌절상태는 정서적 혼란을 유발시킨다고 했다.[28]

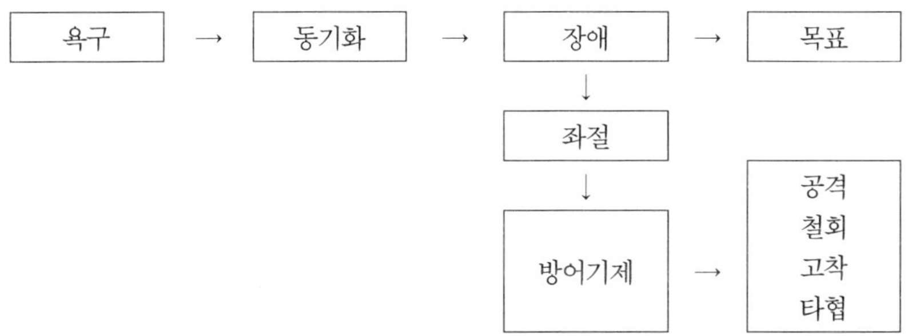

갈등은 요구와 동기가 장애(障碍)에 부딪쳐 좌절을 맛보면 그 것이 원인이 되어 그 좌절은 방어기제(defense mechanism, 防禦機制)를 가져오는 주요 원인이 된다. 예를 들어 보자. 밥을 먹지 못해 배가 몹시 고파 식당을 찾아갔다. 가는 날이 장날이라는 말처럼 식당 문이 닫혀 있는 것이다. 즉 장애요인이 발생하여 좌절할 수 있다. 이때 방어기제가 나타난다. 방어기제는 자존심을 유지하고 불안을 회피하기 위해 자신에게 실제적인 욕망과 목표행동을 속이면서 다양하게 반응하는 양식이다.

첫째로 '공격'은 문을 열어달라고 발로 뻥뻥 차는 것이다.
둘째로 '철회'는 포기하고 집에 가는 것을 말한다.
셋째로 '고착'은 '누구 없어요?'하면서 주인을 애타게 찾는다.
넷째로 '타협'은 다른 식당으로 간다.

28) 이부영, *분석심리학*, 일조각, P. 238

그러나 갈등의 가장 바람직한 반응은 장애를 넘어서 자신의 목표를 향해서 가는 것이라고 본다.

(5) 갈등관리 방법

① 갈등의 징후

갈등이 표면화되기 이전부터 수면 아래에서 몇 가지 징후들이 나타난다. 그러한 갈등들이 발생하기 전에 나타나는 징후들을 살펴보면 다음과 같다.

첫째로 상호 비판적이고 논평이 지나치다.
둘째로 자기합리화와 핑계나 변명이 많아진다.
셋째로 참여를 꺼리면서 은근히 편을 가른다.
넷째로 알고 있으면서도 미리 말하지 않고 의사소통을 회피한다.
다섯째로 정보를 독점하고 개방하지 않는다.
여섯째로 사소한 일에 자주 부딪친다.
일곱째로 타협을 거부하고 불필요한 경쟁을 유발한다.

② 갈등관리 방법

갈등이 표면화되기 전에 잘 관리하여 사전에 해결하는 방법이 가장 현명할 것이다. 갈등관리 방법으로 토마스와 킬만(K. W. Thomas & R. H. Kilmann)은 갈등하는 당사자의 자기주장과 태도의 강도 차이와 당사자 간 협조 정도의 차이에 기초해서 갈등관리 방법을 5가지 방법으로 제시하였다.[29]

---

29) Sondra S. Vansant, 한국MBTI연구소 역, *MBTI와 갈등관리*, P. 73

갈등관리		상 황
경쟁	해석	• 절대지지 않겠다는 입장으로 무조건 자기 의견 관철. • 성과를 위해서는 최선이지만, 상대방과의 관계 갈등을 증폭시킬 가능성이 있음(competition).
	상황	• 신속하고 결단성 있는 행동이 요구될 비상사태임. • 상대방에게 인기 없는 조치의 시행이 요구됨. • 자기는 이기고 상대가 저주기를 바라는 Win / Lose 전략임.
수용과 순응	해석	• 내가 피해를 보더라도 관계를 위해 양보하는 상황. • 내가 지는 것으로 외적인 갈등은 봉합됨(accommodation).
	상황	• 문제가 상대방에게 더욱 중요할 때. • 다른 사람을 위해서 본인이 수용하려는 Lose / Win 전략임.
협력	해석	• 문제의 해결책을 찾으려는 적극적인 방법. • 상대의 목표를 수용하고 해결책을 모색 함(collaboration).
	상황	• 양측의 관심사가 중요하고 통합적 해결안을 발견해야 할 때. • 문제를 함께 해결하고자 서로 이기는 Win-Win 전략임.
회피	해석	• 일단 눈앞의 갈등 상황만 피하려는 방법. • 시간이 문제인 갈등이 아니라면 전혀 해결이 안 됨(avoiding).
	상황	• 문제가 사소하고 다른 문제가 더 긴급할 때. • 사람들을 진정시키고 생각을 가다듬을 필요가 있을 때.
타협	해석	• 적절하게 절충하여 서로 한발씩 뒤로 물러남. • 갈등이 봉합되지만, 서로 간에 감정적 골은 남아있음(Sharing).
	상황	• 복잡한 문제에 대해 잠정적 해결에 필요할 때. • 신속한 합의에 이르기 위해서 서로 손해 보는 Lose / Lose 전략.

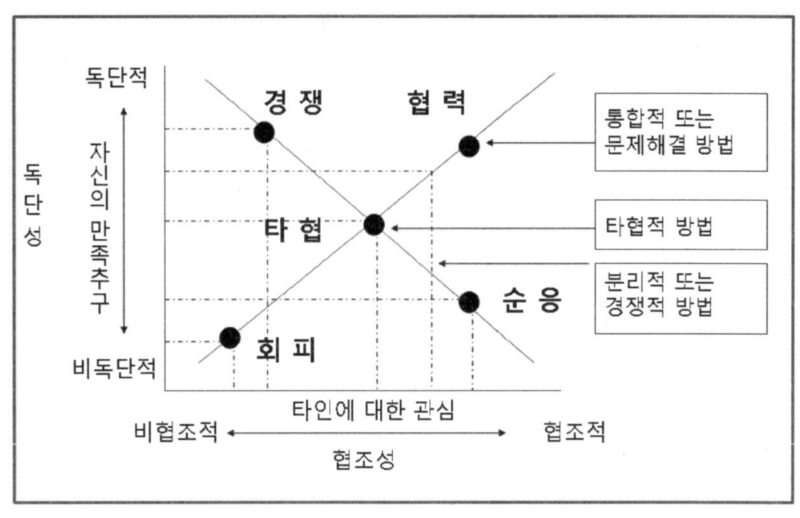

③ 갈등관리 전략[30)]

갈등을 성공적으로 다룰 줄 아는 것은 매우 중요한 업무 스킬의 하나이다. 그리고 이 또한 다른 여러 가지 업무스킬과 마찬가지로 학습이 가능하다. 갈등을 효과적으로 다룰 줄 알기 위해서는 몇 가지 세부기법이 필요하다. 그리고 이것들을 인지적이면서도 동시에 행동적으로 체험하여야 되는 것이다. 갈등은 회피하지 말고 서로 대면하면서 승/승 해결책을 모색해야 한다. 그 전략은 다음과 같다.

첫째로 서로 이기는 WIN-WIN 전략이다.
둘째로 대면(對面)을 통한 문제해결 방식이다.
셋째로 제3자의 개입을 통한 중재방안이다.
넷째로 갈등의 핵인 뇌관(雷管)을 제거해야한다.
다섯째로 서로 만족할 수 있는 상위목표를 설정한다.
여섯째로 갈등을 해결할 수 있는 자원을 확충한다.

---

30) 토니 알렉산드라.필립 헌커스, 최경희역, *행복한 일터의 커뮤니케이션*. P. 167

일곱째로 준거(準據)적인 권력과 전문적 권력을 사용한다. 갈등을 해소할 때 준거적인 권력을 가진 지역의 인사들이 참여할 때 성공할 확률이 높다. 과거 민주화운동이나 노사분쟁 시 성직자나 변호사들이 중재하여 원만한 합의를 이끌어 낸 적이 많이 있다.

여덟째로 공동의 적을 설정하라. 예를 들면 프로야구에서 간혹 팀의 단합이 와해되어 선수들이 갈등이 고조될 때 투수들에게 극약 처방으로 빈볼을 던지게 한다. 빈볼을 던지면 양 팀 선수들이 덕 아웃에서 들소처럼 달려 나와 싸우면서 결국 선수들끼리 동질감을 갖게 되면서 팀웍이 개선되는 경우도 있다.

아홉째로 조직을 재구조화하는 것이다.

CHAPTER 11

협상 전략

협상(協商, Negotiation)이란 이해관계에 있는 서로 다른 사람들이 상호간의 이익을 얻기 위해 합의를 도출하는 과정을 말한다. 이러한 협상(Negotiation)은 일상생활에서 상행위(商行爲)를 하는 흥정(Bargaining)과는 다르다.

흥정(Bargaining)은 값을 깎는다는 데서 유래하였다. 각 조직들이 각자의 목적을 달성하기 위하여 2개 이상의 조직이 직접 대화를 통하여 사업계획이나 이익 등의 일부를 양보하고 일부를 획득하는 일로 자기의 이익을 극대화하기 위해 상대방에게 다양한 수단을 통해 영향을 미친다.

협상(Negotiation)은 '자유롭지 못하다(not free)'에서 유래하는 것으로 서로 다른 이해관계의 대립을 해소하고 합의점을 이끌어 내는 과정을 말한다. 원래 사회의 불협화를 해결하기 위해 적용하던 용어이다. 이 용어는 주로 인간들 간의 관계, 소집단을 분석하는데 사용된다. 종종 성공적인 시도들은, 행위자의 입장을 해명하기 위한 차이점의 토론, 혹은 물질적 재화의 교환을 통해서, 관련된 당사자들의 권력 재분배를 위한 상징물을 통해서 사회적 상황에서의 불협화를 해결하도록 한다.

이 과정에서 권력의 공개적인 사용이 배제될 때 협상이라고 할 수 있으며, 이것은 명백하게 대화로서 또는 은밀하게 비언어적 신호의 사용으로 이루어진다. 협상이 이루어질 동안 행위자는 상대방에 의해 나타나는 입장을 고려함으로써 자신의 입장을 다시 수정하고 상호이익은 상쇄될 수도 있으나 균형상태가 이루어진다.

피셔와 우리(Roger Fisher & William Ury)에 의하면 사람들은 하루도 빠짐없이 뭔가를 놓고 협상을 하며 또한 문명이 발달함에 따라 협상이 필요한 경우는 점점 늘어가고 있는데 그 이유는 바로 갈등(葛藤)이 늘어나기 때문이라 한다.

왜냐하면 사람들은 누구나 자신에게 영향을 미칠 일을 결정하는데 직접 참여하기를 원하며 본능적으로든 이성적으로든 다른 사람에게 일방적으로 질질 끌려 다니고 싶어 하지 않기 때문이다.

사람들은 저마다 개성이 있고 주장하는 바가 다르며 이해관계도 첨예하게 대립하는 경우가 많다. 정치는 타협(妥協)의 학문이라 할 수 있지만 경제는 선택(選擇)의 학문이다. 여러 가지 대안이 있다면 그 중 하나를 선택하게 되면 포기하는 안이 발생하는데 이것을 기회비용(機會費用)이라 한다. 기회비용 때문에 개인적으로나 사회적으로 대안을 선택하기도 힘들고 선택한 이후에도 갈등이 발생한다. 사람들 사이의 이러한 이해관계를 조정하기 위해 협상이 필요하다.

① 협상의 기본원리

경 쟁	협 력
• 개별이익 추구. • 파이(Pie) 나누기. • 제로섬(Zero-Sum)게임 전제에서 출발. • 성과 지향적인 문제해결 • 단기적 관점. • 상대에 대한 불신. • 입장에 입각한 불신. • 대화의 골이 깊음. • 승/패 게임.	• 공동이익 추구. • 파이(Pie) 키우기. • 넌제로섬(Nonzero)게임 전제에서 출발. • 관계 지향적인 문제해결. • 장기적 관점. • 상호신뢰가 바탕. • 원칙에 입각한 협상. • 상호작용이 되는 대화가 원활함. • 승/승 게임.
가치요구	가치창출

② 협상가의 기본자세

성공적인 협상을 위한 6가지 기본요소는 다음과 같다.

첫째로 자신의 언행에 책임을 진다.
둘째로 단지 상대에게 환심을 사기 위한 양보는 하지 않는다.
셋째로 과거에 집착 말고 미래 염려 없이 현재에 충실하다.
넷째로 갈등을 회피하지 않고 정면으로 받아들여 해결한다.
다섯째로 거절해야 할 때는 거절할 수 있는 용기를 가진다.
여섯째로 어떤 상황에도 유연하게 대처할 수 있는 경험과 지식을 쌓는다.

(1) 협상 전략

① 협상의 단계

합리적인 협상을 이루어내기 위해서는 단계별로 접근하는 것이 유리하다. 목표를 설정하고 협상진행 전략을 수립하며 양보전략 및 마무리 전략을 수립해야 한다.

◎ 1단계 : 목표설정

- 협상 전에 목표를 미리 결정한다.
- 목표치를 최대한 높게 잡는다.
- 목표치의 현실성을 분석한다.
- 상대방의 목표치를 최대한 낮추게 하라.

◎ 2단계 : 협상진행 전략

- 어떻게 시작할 것인가?
- 제안은 누가 먼저 할 것인가?
- 얼마의 여유를 두고 제안을 할 것인가?
- 첫 번째 제안에 무게를 둬라.

- 설정이 힘들면 범위를 제시한다.
- 다른 사안들은 어떻게 협상할 것인가?

◎ 3단계 : 양보전략

- 언제, 얼마나, 어떻게 주고받을 것인가?
- 협상의 양보전략은 어떤 것인가?
- 첫 번째 양보를 어떻게 할 것인가?
- 최후통첩은 어느 때 필요한가?
- 양보 속에 어떤 메시지를 담아 보낼 것인가?

◎ 4단계 : 마무리 전략

- 없던 일로 하면 협상은 결렬된다.
- 어느 선에서 끝낼 것인가?
- 양보를 할 것인가 아니면 제안을 고수할 것인가?
- 어떻게 공통분모를 찾을 것인가?

② 성공적인 협상의 3대 조건

성공적인 협상을 위한 3대 조건은 정보(Information)와 타이밍(Timing) 그리고 영향력(Power)이다. 그러나 각각의 요소가 결여(缺如)되었을 때 여러 가지 문제점이 나타날 수 있다. 타이밍과 영향력은 갖췄지만 정보가 부족한 경우와 풍부한 정보와 막강한 영향력이 있지만 타이밍을 놓치는 경우 그리고 타이밍과 정보력을 갖췄지만 영향력이 미칠 수 있는 압력 요소를 갖지 못한 힘의 부족이 있을 수 있다. 성공적인 협상의 3대 조건으로는 정보와 타이밍 그리고 영향력을 들 수 있다.

첫째로 협상에서 정보는 야구에서 투수와 같이 매우 중요한 요소다. 정보의 중요성은 아무리 강조해도 지나치지 않다. 정보가 있어야 효율적인 전략수립과 영향력 증대가 가능하다. 흔히들 야구는 투수 놀음이라고 한다. 선발이 무너질 경우 계투요원이 많은 팀이 유리하다. 상대 타자의 타격스타일에 따라 왼손투수나 다양한 구질을 가진 투수를 그 때 그 때 투입할 수 있기 때문이다. 협상을 유리하게 이끌기 위해서는 정보 수집 활동이 중요하며 이러한 정보활동은 협상에서 합의된 사항이 실행될 때까지 필요하다.

둘째로 타이밍은 협상의 급소를 짚어가는 시간예술이다. 협상에서 시간의 효율적인 운영과 적절한 타이밍 포착을 충족해야 한다. 시간 관리의 핵심은 분할과 신속이다. 협상의 템포 조절이 필요하다. 즉 유리할 때는 신속하게 협상을 추진하고 불리할 때는 느긋하게 뜸을 드리며 시간을 조절해 가는 것이 유리하다.

셋째로 영향력이 협상의 결과를 좌우한다. 협상에서 영향력을 높일 수 있는 것은 무엇보다도 전문지식을 잘 활용할 수 있어야 한다. 협상에 임하기 전에 그 분야에 대한 전문지식을 갖고 다양한 협상카드를 준비해 있어야 하며, 어떤 시점에 어떤 카드를 적절하게 시용할 것인지 타이밍을 구사할 수 있는 힘이 필요하다. 또한 주도권을 확보하기 위해서는 신뢰를 바탕으로 동조자와 경쟁자를 잘 활용할 수 있어야 한다.

✽ 성공적 협상의 조건

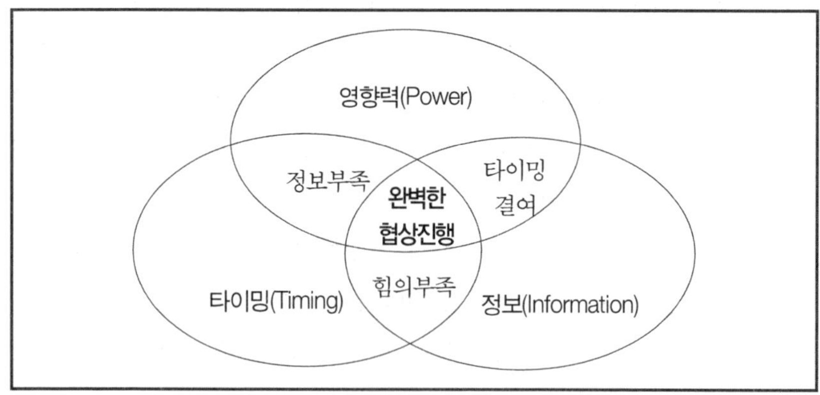

③ 최상의 협상 팀 만들기 위한 협상가의 자질

협상을 유리하게 이끌기 위해서는 최상의 협상 팀을 만들어야 하며 이를 위해서는 협상가의 자질을 잘 파악해야 한다. 협상가의 자질을 살펴보면 다음과 같다.

첫째로 성실과 신뢰를 바탕으로 한 책임감이 있어야 한다.
둘째로 협상이 장기화되면 인내심과 끈기를 가져야 한다.
셋째로 의제의 핵심과 상대 의중을 파악할 이해력이 필요하다.
넷째로 갈등을 조정하고 이해관계를 타협할 기술이 필요하다.
다섯째로 복잡하고 미묘한 문제를 정리할 결단력이 필요하다.
여섯째로 정보를 수집하고 분석할 수 있는 정보력이 필요하다.
일곱째로 상대방의 문화와 관습, 언어에 대한 상식이 필요하다.
여덟째로 언어구사 능력과 화술, 표현력이 뛰어나야 한다.

협상 팀이 결정되면 합리적인 의사결정을 해야 한다. 협상에 있어서 의사결정은 여러 안을 놓고 다수결로 해결하는 민주적인 의사결정을 하는 것이 아니라 합리적인 의사결정이 필요하다. 합리적인 의사결정을 위한 의사결정 과정은 그림과 같다.

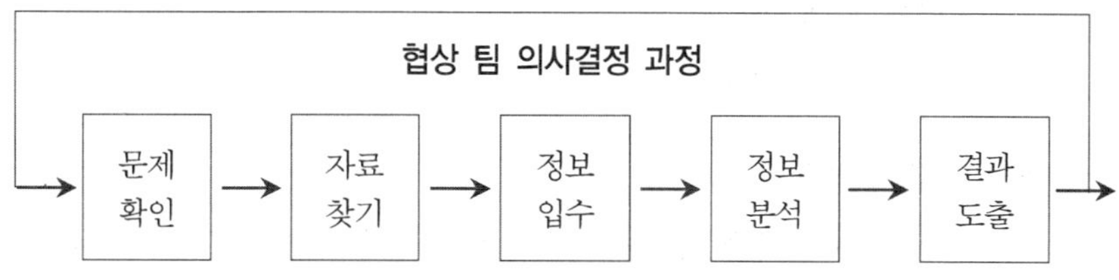

(2) 협상의 기술

협상은 진실을 밝혀가는 과정이다. 따라서 전략과 제스처 그리고 언어 속에서 숨겨진 진실을 밝혀내고 그것에 알맞은 대응을 할 때 협상을 성공적으로 만들 수 있다.

① 덤 얻기 전술

보이지 않는 덤을 얻어내기 위한 전술이다.

② 교착상태 재개 전술

교착상태에 빠진 협상을 재개하는 것은 대부분의 협상가들이 가장 어려워하는 부분이다. 왜냐하면 교착상태에 빠졌다는 것은 이미 상대방과 가장 마음이 상한 상태이기 때문에 다시 회복하기가 어렵기 때문이다. 특히 한국인들은 감정적이고 체면을 중요하게 생각하기 때문에 일단 협상이 교착상태에 들어가면 포기하는 경우가 많다. 따라서 교착상태에 빠진 협상을 재개하기 위해서는 상대방의 상황을 다시 점검해 볼 필요가 있다.

◎ 협상 재개 전술은 다음과 같은 것이다.

- 협상 당사자를 바꿔라.
- 새로운 대안을 제시해라.
- 상대방 조직의 협상당사자도 바꿔라.
- 비공식적인 회동을 만들어라.
- 작전타임을 불러라.
- 약간의 양보를 해줘라.

③ 약속 뒤집기 전술

구매자와 판매자가 일정한 가격에 합의했을 경우, 다음 날 느닷없이 판매자가 가격을 높이는 경우가 있다. 즉 약속 뒤집기 전략이다. 이 전략은 사실 매우 비도덕적이며 불쾌감을 주는 것이 사실이다. 그러나 이 전술은 오래 전부터 가끔 구매자가 구사하기도 하며 구매자와 판매자 관계가 아닌 기타 협상에서도 많이 사용되는 전술이다.

④ 편한 사람(Good-Guy) & 불편한 사람(Bad-Guy) 전술

팀을 이루어 협상할 때 한 사람은 편한 사람(Good-Guy)이 되고 다른 사람은 불편한 사람(Bad-Guy)이 된다. 불편한 사람은 계속 무리한 요구를 하고 편한 사람은 적은 요구를 하면서 상대방에게 좋은 인상을 심어주는 것이다. 그래서 협상의 주요 단계에 가서는 불편한 사람은 물러나고 상대방에게 호감을 얻은 편한 사람이 자신들이 계획한 대로 활약하는 것이다. 자신의 팀에서 가격을 책정하는 사람이 아닌 변호사 혹은 상사가 불편한 사람의 역할을 맡을 수 있다.

⑤ 교란 전술

애매모호한 상황을 만들어 상대방의 마음을 교란시키는 방법으로 때때로 기대 이상의 효과를 나타나기도 한다. 예를 들어 구매자가 소금을 사려고 3개의 판매업체로부터 견적을 받았다. 견적은 100그램 당 100원, 103원, 105원이 있다. 이 때 구매자는 3명의 판매자를 각각 불러 '좀 더 잘해 줄 수 없어요?'라고 질문하는 것이다. 교란전술은 한정된 시장상황에서 비숙련 판매자들을 대상으로 사용해야 효과를 볼 수 있다.

⑥ 지연(遲延) 전술

오래 끄는 지연전술 역시 협상에서 중요하다. 따라서 이 지연전술을 가능하게 하는 인내는 협상에서 상당히 중요한 요소이다. 인내는 협상에 있어서 당신을 최후의 승자로 만들어 주는 공신이다. 인내를 가지고 협상에 임할 때 부분만 보고 결정을 내리는 오류를 방지할 수 있다.

⑦ 책임전가 전술

자동차 세일즈맨이 고객과 가격협상을 한 후 상사에게 물어 보니 그 가격에서는 도저히 안 된다고 했다면서 책임을 상사에게 전가하는 전략이다. 이 전략을 통해 상대방의 기대를 낮추거나 상대방 조직에서 있을

수 있는 분쟁을 막을 수도 있다. 또한 자연스럽게 자신이 처음 의도한 가격을 상대방에게 설득시킬 수도 있다.

⑧ 최후통첩 전술

이 전술은 몰린 측에서 최종적으로 협상을 끝내고자 할 때 쓰는 전략이다. 그러나 유리한 측이 불리한 측에 압력을 넣어 기대 이하의 안을 받아드리게 할 때도 사용된다. 최후통첩의 진위를 파악하기 위해서는 조목조목 캐물어 보든지 못들은 체하고 협상을 진행시키는 것이 좋다. 상황에 따라서는 어떤 압력에도 응하지 않을 것이며 더 이상 협박하면 대화를 계속할 수 없다고 해 둘 필요가 있다.

(3) Win/Lose협상에서 이기기 위한 규칙

- 협상의 장소와 시간 선택에 신중 하라.
- 의심하라. 항상 표면 뒤에 숨겨진 말의 저의를 파악하라.
- 협상결렬을 대비한 차선책(次善策)을 미리 준비하라.
- 양보에는 신중을 기하며 협상의 여지(餘地)를 남겨 둬라.
- 상대방의 요구나 제안에 즉각적으로 대응할 필요가 없다.
- 상대방의 제안이 자신에게 유리하더라도 빨리 대답하지 마라
- 결정적으로 중요한 부분은 먼저 양보하지 않는다.
- 협상 마감시간이 다가오면서 하는 양보는 주의하라.
- 침묵을 지킨다. 말을 많이 할수록 손해를 보게 된다.
- 그럴듯한 제안에 속지 마라.
- 기대치(期待値)를 낮추지 않는다. 우세한 경우에도 지는 수가 있다.

적용

프란츠 카프카는 성격이 내향적(內向的)이기 때문에 자기의 표현을 말로하기보다는 글로 쓰는 것이 훨씬 쉽고 편하다고 본다. 그래서 아버지와의 갈등을 풀기 위한 협상의 일환으로 심중의 토로(吐露)인 자신의 고백서『아버지께 드리는 편지』를 씀으로써 본인 마음의 고민과 번뇌는 다소 해소될 수 있었다고 본다. 그러나 이 편지가 아버지에게 전달되지 않았으니 부자지간의 갈등은 해결되지 못했다고 본다.

CHAPTER 12

의사소통

의사소통(意思疏通)이란 말하는 사람이 전하고자 하는 내용을 말이나 문서, 몸짓이나 눈빛으로 정확히 표현하여 듣는 사람에게 그 내용을 바르게 전달하고 이해시켜 반응을 얻는 과정이다. 자기 자신의 감정과 정서를 표현하기 위하여 정보를 전달하고 공유하며 타인에 대한 영향력을 행사하려는 의도에서 우리는 끊임없이 소통한다.

(1) 의사소통의 단계

① 1단계 : 관심 기울이기

관심 기울이기 행동은 몸과 마음으로 상대방에게 관심과 주의를 집중함으로써 그를 이해하려 하고 있다는 사실을 전달하는 것이다. 효과적인 관심기울이기 행동은 상대방으로 하여금 보다 안전하고 편안한 느낌을 가지고 대화를 할 수 있도록 촉진할 수 있으며 이를 통해 결과적으로 라포(Rapport), 즉 신뢰관계와 친화관계가 쉽게 형성될 수 있게 된다.

관심 기울이기 반응은 구체적인 언어반응 보다는 주로 자세나 태도 그리고 행동과 같은 비언어적(非言語的)인 반응으로 나타나고 전달된다. 관심 기울이기 행동에는 구체적으로 다음과 같은 반응과 행동들이 포함된다.

첫째로 좋은 자세이다.

몸의 위치나 움직임 그리고 앉은 자세 등이 상대방에 대한 관심을 표명하고 존중하는 태도를 보인다.

둘째로 온화한 시선의 접촉이다.

상대방에게 부드러운 시선을 마주함으로써 그에게 주의를 집중하고 있으며 관심을 보이고 있다는 마음을 전달한다.

셋째로 상냥한 얼굴 표정과 음색이다.

상대방에게 밝고 상냥한 얼굴표정과 가벼운 미소를 보이며 수용적이고 부드러운 음성으로 이야기 하는 것은 그에게 관심을 기울이는 좋은 반응이 된다.

넷째로 즉각적인 언어 반응이다.

상대방이 말하는 내용에 관심을 기울이고 또 그것을 제대로 이해하려고 애쓰고 있다는 사실을 언어 및 비언어적 반응들을 통해 나타낼 수가 있다.

② 2단계 : 의사(意思) 확인하기

의사 확인하기란 상대방의 생각과 정보 혹은 제안을 옳게 듣고 이해했는지를 확인해 보는 것을 말한다.

첫째로 반복하기(Echo Response)이다.

상대가 한 말을 반복하면서 바르게 들었다는 것을 인식시킨다. '~~~ 하다는 말씀이군요.'와 같은 표현이다.

둘째로 바꾸어 말하기다.

바꾸어 말하기란 상대방이 말한 용어와 같은 뜻을 가진 다른 말을 사용함으로써 간단하게 그의 말을 확인하는 것으로 반복하기의 경우보다는 다소 긴 문장이나 전체적인 내용을 확인할 때 사용된다. 다시 말하면 반복하기와 기본적인 원리에서는 같지만 문장이나 내용의 길이가 긴 내용에는 그대로 반복하기 어렵기 때문에 바꾸어 말하기의 사용이 도움이 된다. 바꾸어 말하기에 있어서 중요한 점은 상대방이 말하고자 하는 요점을 분명히 이해하고 그렇게 이해하는 바를 전할 수 있도록 노력해야 한다는 점이다. 결국 바꾸어 말하기는 다음과 같은 형식으로 이루어진다. "그러니까, 당신 생각으론…", "당신은 지금…라고 말하고 있군요.", "그러니까 당신의 의견은…", "바꾸어 말한다면…" 등과 같은 표현들이다.

셋째로 핵심 요약하기이다.

핵심 요약하기는 상대방이 말하는 내용의 초점을 압축해서 명확하게 말하는 것이다. 상대의 의사를 분명하게 할 수 있다.

③ 3단계 : 공감적으로 경청하기

의사소통의 절반은 듣는 것이다. 효과적으로 의사소통을 잘 하는 리더는 자신이 말하기 보다는 상대의 이야기를 듣는데 더 많은 시간을 들인다고 한다. 링키즈(Linkage Inc.)사의 CEO인 필립 하킨스는 '뛰어난 리더는 다른 사람이 먼저 말하게 하고 자신은 듣는 법칙(듣기 70% - 질문하기 20% - 말하기 10%의 규칙)을 따른다'고 말한다. 즉 대화의 시간 중 70%는 상대방의 이야기를 듣고, 20%는 적절한 질문을 던지고, 나머지 10%는 지금까지의 대화 내용을 정리하고 향후의 방향을 제시하는데 사용한다는 것이다.

공감적 경청이란 상대방이 전달하고자 하는 말의 내용은 물론 그 내면에 깔려 있는 동기나 정서에 귀를 기울여 듣고 이해한 바를 상대방에게 피드백을 해 주는 것이다. 즉 평가와 분석 그리고 충고와 탐색을 전달하는 것이 아니라 상대방이 의미하는 자체가 무엇인가를 이해하며 듣는 것이다.

❀ 공감적 경청

순 서	사 례
1. 경청: 상대의 이야기를 귀담아 듣기.	"과장님! 저한테는 자료 정리하는 일만 주실 겁니까?"
2. 느낌: 상대방의 감정을 파악하기.	상대의 감정이 불만이다.
3. 느낌 원인 파악: 감정 원인 파악.	그 원인은? 귀찮은 일을 자꾸 맡겨서 그렇다.
4. 확인: 상대의 느낌과 요구를 확인.	"귀찮은 일을 자꾸 맡겨서 불만인 모양이군."
5. 나의 의사전달 : 느낌과 요구를 전달.	"자료정리가 중요한 일이라 자네에게 맡겼는데." "자료는 소중한 정보야, 그것을 몰라주니 섭섭하구먼."

④ 단계 : 자기표현하기

상대방의 행동이 당신의 욕구에 방해가 되어 자신에게 문제가 발생하게 되었을 때 상대방이 불쾌하지 않으면서 그의 행동을 바꾸도록 영향을 줄 수 있는 기법이 '나-메시지(I-Message)'이다. '너-메시지(I-Message)'와 비교하여 '나-메시지'의 특성을 살펴보면 다음과 같다. 먼저 '너-메시지'를 살펴보자. 엄마가 집안일을 하고 무척 피곤한 상태에서 아이가 좀 놀아달라고 매달린다. 이때 엄마는 약간 신경질적으로 '저리 좀 가!'라고 말한다. 이때 아이는 '엄마가 나를 무척 싫어하고 있구나!'라고 생각하면서 운다. 이번에는 '나-메시지'로 바꾸어 보자. 동일한 상황이지만 아이가 느끼는 감정은 전혀 다르다. 아이가 좀 놀아달라는 주문에 엄마는 '엄마가 피곤해서 지금 잠시 혼자 있고 싶어!'라고 말한다. 이때 아이가 느끼는 감정은 '엄마가 지금 매우 피곤하시구나!'라고 생각하면서 도와주고 싶은 마음이 생긴다.

(3) '나 - 메시지(I-Message)'와 '너 - 메시지(You-Message)'

① '나 - 메시지'와 '너 - 메시지'의 구분

구분	나-메시지(I-Message)	너-메시지(You-Message)
정의	나를 주어로 하여 상대방의 행동에 대한 나의 생각이나 감정을 표현하는 대화방식.	너를 주어로 하여 상대방의 행동에 대한 나의 생각이나 감정을 표현하는 대화 방식.
예	의사표현: 작업량이 많은 데 일이 자꾸만 늦어 걱정이네! 상사: 일이 늦어져 초조함 부하직원: 작업이 늦어서 걱정하고 있구나.	의사표현: 자네가 하는 일은 왜 매번 이렇게 늦나! 상사: 일이 늦어져 초조함 부하직원: 상사가 나를 무능력하다고 생각하는 군.
효과	상대방에게 나의 입장과 감정을 전달함으로써 상호이해를 돕고 상대에게 개방적이고 솔직하다는 느낌을 전달하게 된다. * 상대는 나의 느낌을 수용하고 자발적으로 자신의 문제를 해결하고자 하는 의도를 느낀다.	상대방에게 문제가 있다고 표현하여 상호관계를 파괴하게 된다. 상대에게 일방적으로 강요하고 공격하며 비난하는 느낌을 전달하게 된다. * 상대는 변명하려 하거나 반감이나 저항으로 공격성을 보이게 된다.

② 나 - 메시지의 예

나영이는 강의실 내에서 선배를 만나도 아는 척 조차 하지 않고 그냥 지나친다. 이러한 태도에 선배는 평소에도 불쾌감을 가지고 있었는데 오늘도 복도를 지나가다 마주쳤는데 나영이는 인사도 하지 않고 그냥 지나친다.

너-메세지

나영아, 너 이리 좀 와 봐! 사람이 왜 그렇게 버릇이 없냐?

나-메세지

나영아, 너가 나를 모른척하니 내가 많이 섭섭하구나!

③ 나 -메시지의 구성요소

나-메시지의 구성요소는 다음과 같다.

순 서	내 용
① 상대방의 행동 표현	* 문제가 되는 상대방의 행동과 상황은? • 당신이 (　　)하니까, • 를 듣고(들었을 때) / - 를 보고(보았을 때)
② 행동의 영향 표현	* 그 행동이 나에게 어떤 영향을 미치는가? • 나에게 (　　) 영향을 미쳐서 • 해서, 하게 되어, / - 라는 생각이 들어서
③ 나의 느낌 진술	* 그 영향에 대한 나의 느낌은? • 나는 (　　)한 느낌이 든다. / - 매우 걱정이 되고 화가 난다. • 유쾌/불쾌하다. / - 기쁘다/답답하다, • 감사/슬프다. / - 행복하다/지루하다. • 즐겁다/화가 난다. / - 궁금하다/실망스럽다. • 흥분 된다/억울하다. / - 행복하다/지루하다.

첫째로 수용할 수 없는 상대방의 행동에 대한 비난이나 비평 없는 설명이다. 이때 가치판단이 개입되지 않아야 하며 이전의 행동을 언급하지 말아야 한다.

둘째로 그 행동이 당신에게 미치는 구체적인 영향이다. 그 영향이 당신이 다른 일을 위해 써야할 시간이나 돈을 쓰게 하거나, 당신이 해야 하거나 하고 싶은 것을 할 수 없도록 방해한다든지 또한 당신의 심신을 괴롭힌다와 같은 내용이다.

셋째로 상대방의 행동이나 또는 구체적인 영향에 대한 당신의 감정이나 느낌이다. '나-메시지'의 진정한 힘은 거의 모든 경우에 있어서 상대방을 평가하거나 비난하는 것 보다는 차라리 당신의 느낌을 이야기하는 것이 좀 더 상호간에 만족스러움을 줄 수 있다는데 있다.

CHAPTER 13

시너지(synergy) 창출

시너지(synergy)는 협력작용(協力作用) 혹은 상승효과(相乘效果)란 뜻으로 두 가지 이상의 것이 하나가 되어, 독립적으로만 얻을 수 있는 것 이상의 결과(結果)를 내는 작용이다. 시너지라는 용어는 '함께 일하다'라는 뜻의 그리스어 낱말 syn-ergos에서 나왔다. 시너지는 부분이 합쳐져 그 가치가 더욱 상승되는, 즉 2+2=7이 되는 현상이다.

파트너십(Parternership)은 공동의 가치를 위해서 일할 수 있는 능력이나 개개인의 성과를 조직목표로 직결시키는 능력을 의미한다. 따라서 파트너십이 잘되면 각자가 제각기 일하여 얻은 결과의 합보다 둘 이상이 함께 일하여 얻은 결과가 더 크질 것이다. 그 결과로 첫째 수량이 더 많아지고, 둘째 품질이 더 좋아지며, 셋째 불가능한 일이 가능해 질 때를 시너지 효과가 발생했다고 한다.

일반적으로 갈등이나 협상에서 승/패적 방법이 많다. 그러나 그 방법은 자기가 지고 상대가 이기거나, 자기가 이기고 상대가 지는 방법이다. 좋은 결과는 아닌 것이다. 왜냐하면 훌륭한 리더는 그 조직체의 욕구와 집단 구성원들의 기대를 동시에 충족시킬 수 있어야하기 때문이다. 이를 위해서는 당사자들의 창의적 사고에 의해 서로가 만족할 수 있는 해결안을 찾아가는 개방적 접근이 필요하다.

이를 위한 대안으로서 상호간에 욕구를 충족시키는 해결방안이 승승적인 방법이고 시너지가 창출될 수 있는 것이다. 갈등이나 협상에서 이러한 승승적인 방법으로 시너지를 창출할 수 있는 파트너십을 촉진하려면 다음과 같은 사항을 고려해야한다.

첫째로 적극적으로 상대에게 경청해야한다.
둘째로 분명하고 정직한 감정을 전달해야한다.
셋째로 다른 사람의 요구에 대한 신뢰 및 존중을 보여야한다.
넷째로 감정의 변화에 대해 개방적인 태도를 가져야한다.
다섯째로 승승적인 방법이 되도록 하는 의지를 가져야한다.
여섯째로 승승적인 방법이 아니면 무패(無敗)적 방법이 좋다.
일곱째로 문제해결 방법에 권력을 이용하지 않아야한다.

시너지 창출은 원만한 인간관계에서 가능하다. 인간관계는 신뢰에서 형성된다. 상대로부터 인정받고 존중받는다고 생각되면 자존감(自尊感)이 향상될 것이다. 그러기 위해서는 다음 사항을 실천하면 좋겠다.

첫째로 상대방의 이름을 불러 주면 호감을 얻을 수 있다.
둘째로 감사의 표현으로 심리적인 유대감이 형성될 수 있다.
셋째로 부정의 답에 대한 그 이유나 근거를 설명하라.
넷째로 상대방의 요구에 관심을 표현하라.
다섯째로 상대방의 심정에 공감하라.
여섯째로 상대방의 선택사항에 대해 잘 알도록 하라.

인간행동의 유형을 잘 이해하고 그들이 싫어하는 것을 조심하고 그들의 행동유형이 좋아 하는 대로 대접해 준다면 인간관계는 원만해 지고 갈등이 해소되면서 그들에게 동기부여가 되어 조직의 힘이 극대화될 수 있을 것이다.

(1) 기러기의 교훈

기러기는 V자 형으로 무리를 지어 비행한다. 이렇게 함으로써 혼자 나는 것 보다는 비행범위의 71% 이상을 더 날 수 있다. 때로는 홀로 날고 싶어 대열에서 이탈하는 기러기도 있지만 앞에 이끄는 힘에 의한 이득을 갖기 위해 재빨리 편대로 돌아온다. 리더 기러기가 지쳤을 때는 편대의 앞에 위치한 기러기와 교대한다.

편대 속의 기러기들은 그들의 비행속도를 유지하기 위하여 소리를 지르며 비행한다. 이것은 상대를 격려하고 단합된 힘을 과시하는 것이다. 비행편대에서 한 마리의 기러기가 병에 걸리거나 상처를 입었을 때 다른 두 마리의 기러기가 그를 돕기 위해 편대에서 이탈하여 그를 뒤따른다. 그들은 동료가 다시 날 수 있거나 아니면 죽을 때까지 함께 기다린다. 그리고 그들은 다른 기러기 편대와 같이 날거나 자신들의 원래 편대로 따라 잡는다.

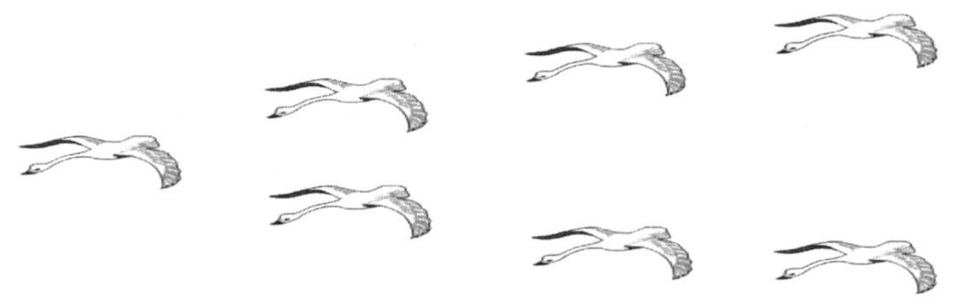

기러기의 비행에서 얻은 교훈을 정리하면 다음과 같다.

첫째로 한 방향, 한 목적으로 움직이니 시너지 창출된다.
둘째로 혼자의 힘보다 협력하니 팀 파워가 강화된다.
셋째로 셀프 리더십의 역할을 길러 스스로 하는 힘을 기른다.
넷째로 사기진작을 위해서 서로 소리 내어 칭찬과 격려를 한다.
다섯째로 팀원에 대한 관심과 보호로 동지적 신뢰감을 형성한다.

(2) 호혜적인 인간관계 형성

사람 사는 세상을 인간(人間)이라 한 것은 사람들 사이에 적당한 거리가 있음을 의미한다. 그 거리가 멀고 가까운 정도에 따라 소원(疎遠)하고 친밀한 관계가 형성된다. 우리는 그런 관계를 인간관계(人間關係) 또는 인맥(人脈) 혹은 네트워크라 하고 서양 사람들은 휴먼릴레이션(Human-relation)이라고 한다. 인간관계가 개인이 지닌 능력 이상의 힘을 발휘하여 세상살이의 성패를 좌우할 때가 많다.

성공적인 인간관계를 위해서 첫째로 인맥지수와 공존지수에 대하여 알아야 하고 둘째로 인격지수와 공존지수를 높이는 전략을 알아야 하며 셋째로 인간관계능력을 높이는 전략을 세워 이를 실천해야 한다.

요소	하위요소	진단 사항
인간관계	① 인맥지수	• 내가 알고 있는 사람들은 얼마나 되는가? • 내가 알고 있는 사람들은 어떤 분야의 사람들인가?
	② 공존지수	• 어려울 때 나를 도울 수 있는 사람은 있는가? • 나와 같이 성공을 함께 할 수 있는가? • 나의 적은 얼마나 되는가?
	③ 인격지수	• 나의 잠재능력을 깨워줄 인맥은 성품이 좋은가? • 나의 성공을 이끌어 줄 사람을 믿을 수 있는가?
	④ 인맥 투자지수	• 인맥을 맺기 위하여 얼마나 시간을 투자하고 있는가? • 상대방과 만났을 때 얼마나 감동시키고 있는가? • 사람을 만날 때 잘 보이기 위해 어느 정도 노력하는가?
	⑤ 인맥 전략	• 나의 인맥과 얼마나 시간을 가지고 있는가? • 온라인 모임에 얼마나 참여하고 있는가? • 오프라인 모임에 얼마나 참여하고 있는가? • 경조사에 얼마나 참여하고 있는가? • 좋은 사람을 사귀기 위한 끈기는 얼마나 있는가?
	⑥ 인간관계 능력	• 나의 인맥을 잘 맺기 위해 부족한 면은 무엇인가? • 나의 인간관계 능력은 어느 정도 되는가?

① 인간관계가 성공의 시작이다.

제왕이 되려면 3가지 기(氣)를 얻어야 한다는 중국의 격언이 있다. 첫째는 하늘의 기운(天氣)이고 둘째는 땅의 기운(地氣)이며 셋째는 사람의 기운(人氣)이다. 하늘의 기운과 땅의 기운은 하늘에서 내리는 것이라 일반인들에게는 조금 접근하기 어렵지만 사람의 기운(人氣)은 누구나 접근이 가능한 것이다. 사람의 기운은 오늘날 인맥관리라는 말로 널리 쓰이고 있다.

미국 카네기 멜론 대학에서 흥미로운 조사 결과를 발표한 적이 있다. 사회적으로 성공한 사람들 10,000명을 대상으로 성공의 비결을 물어보았다. 그런데 종래의 성공조건이라 믿어왔던 지적능력이나 재능이 성공에 미치는 영향은 불과 15%에 지나지 않았으며 나머지 85%의 성공요인은 바로 인간관계였다는 것이다. 조사 경과를 정리하면 아무리 지적능력과 재능이 뛰어나다 하더라도 인간관계에 대한 능력이 부족하면 성공을 이루기가 어렵다는 결론을 얻을 수 있다.

우리나라에도 인터넷 취업사이트 파워 잡에 따르면 대학생 632명을 대상으로 인맥관리의식에 대해 설문조사한 결과 인생에서 인맥이 매우 중요하다는 대답이 69%이고 다소 중요하다는 응답자가 23%이니 10명중 9명이 인맥이 중요하다고 대답했다.

우리나라 속담 중에서 '팔이 안으로 굽는다'는 말이 있다. 우리는 유전적으로 내 가족과 내 친척 그리고 내 친구에게 아무래도 마음이 더 가게 마련이다. 전혀 모르는 사람보다는 옷깃이 한번 스쳤더라도 안면이 있는 사람에게 눈길이 더 가는 것이 당연하다. 한 개인이 자신의 능력만을 가지고 성공하기 위해서는 난관(難關)도 많고 시간도 많이 걸린다. 그러나 한 단계씩 성장하는데 중요한 인맥의 도움을 받는다면 수많은 시간을 절약하고 난관을 쉽게 극복할 수 있을 것이다. 그래서 인생을 살면서 운이 좋아 성공한 사람들을 보면 대부분 좋은 인맥을 통하여 승진을 하거나 돈을 많이 벌 수 있는 기회를 가졌기 때문이다.

인맥을 자신의 성공과 결부시키는 것이 너무 인간관계를 목적의식을 갖고 연결한다는 비난을 할 수도 있다. 그러나 복잡한 현대 사회를 살아가기에는 혼자의 힘으로 살 수가 없다. 자기 혼자 아무리 뛰어난 재능을 가진 사람이라도 혼자서 이 세상의 모든 것을 다 해결할 수 없기 때문이다.

결국 내가 가지고 있지 않은 능력을 남들이 보충해주거나 서로가 가지고 있는 장점을 공유한다면 사는데 도움이 될 것이다. 남에게 도움을 받기를 싫어하는 분들도 혼자 이 세상을 살아가는 것보다는 누군가 나를 지켜봐주고 격려해 주는 사람이 있다는 것만으로도 이 세상을 살아가는 것이 너무 행복할 것이다.

② 인간관계를 유지하려면 공존지수를 높여라.

21세기에는 바야흐로 공존의 시대, 즉 세상은 다양한 사람들이 공존해 있고 특히 직장생활에서는 구성원들 간의 관계가 중요하다. 더욱이 우리 사회는 수직적이고 권위적인 사회에서 수평이고 민주적인 사회로 전환되고 있다. 그런 뜻에서 지난 20세기가 지능의 IQ와 감성지수의 EQ를 중시하였다면 현재 21세기에는 인간관계정도를 측정하는 인맥지수(Network Quotient)인 NQ가 화두에 떠오르고 있다. 바야흐로 21세기는 사람의 인맥이 경쟁력을 좌우하고 있다고 할 수 있다. 인간관계에도 혈연과 지연 등의 강한 인간관계에서 동아리나 온라인상의 커뮤니티 등으로 유대가 약한 인간관계로 확대되어가고 있다.

인맥지수는 다른 사람들과 더불어 살아갈 수 있는 능력이 있는지를 알아보는 척도가 되기 때문에 공존지수(共存指數)가 바탕이 될 수 있다. 공존지수는 인맥지수와는 차이가 있다. 인맥지수는 다른 사람과 얼마나 인간관계를 맺느냐를 따지는 수량적인 의미인 반면에 공존지수는 내가 맺은 인맥과 어떻게 하면 공존할 수 있는 공존의식이 바탕이 되어 있기 때문에 질적인 의미라고 할 수 있다. 또 한 가지의 차이는 인맥지수는 지속성이나 발전성이 없는 반면에 공존지수는 공존의식을 바탕으로 하고 있기 때문에 지속성이나 발전성이 있다고 할 수 있다.

요즘 인맥의 중요성이 커지면서 수량적으로 많은 인맥을 구축하기 위하여 노력하는 사람들이 많이 증가하고 있다. 그래서 각종 모임에는 다른 사람들의 명함과 주소록을 받아 자기의 인맥지수로 등록을 한다. 그리고는 다른 사람들에게 자신과 다른 사람들과의 친분을 자랑하는 사람이 많다. 한 번의 인사를 나누고 명함을 교환했다고 다 자기의 인맥이라고 보기에는 어렵다. 명함을 준 사람은 기억도 못하는 경우가 많기 때문이다. 따라서 수량적인 인맥지수를 높이기보다는 오랫동안 인간관계를 지속할 수 있는 공존지수를 높이는 것이 좋다. 인맥지수는 낮더라도 공존지수가 높으면 인간관계가 지속적이며 발전적일 수 있기 때문이다.

③ 진정한 네트워크는 노력만큼 쌓인다.

사람들은 누구나 좋은 인맥을 맺고 싶은 욕구가 있다. 그러나 마음만 먹는다고 해서 좋은 인맥이 맺어지는 것은 아니다. 좋은 인맥을 많이 가지고 있는 사람들의 특징은 자신도 좋은 사람들이라는 것이다. 인맥 맺는 것에 성공한 사람들은 많은 사람을 만나는 만큼 여러 사람들에게 좋은 첫인상을 심어주기 위하여 노력하기 때문이다.

사람들은 처음 만나서 약 3초라는 눈 깜박하는 사이에 얼굴 표정과 외모 그리고 말 한마디를 통해서 상대방을 평가하게 된다. 그 이유는 얼굴 표정과 외모가 비록 그 사람의 모든 것을 나타내거나 결정짓는 것은 아니지만 사람들은 우선 표정과 외모를 보고 판단하는 경향이 많고 또한 깨끗하고 청결한 사람은 어디서나 환영받기 때문일 것이다.

우리는 이러한 의미에서 패션도 전략이라고 하면서 옷차림이 취업 및 직장생활에서 성공을 가져온다고 한다. 또한 세일즈맨은 '물건을 팔기 전에 자신을 먼저 팔아야 한다'고 주장한다. 이는 바로 이미지가 얼마나 중요하고 우리 생활 깊숙이 침투해 있음을 알 수 있게 하는 예라 할 수 있다. 좋은 첫인상을 받는 사람에게는 다가서기가 쉽고 편하지만 첫인상이 좋지 않은 사람에게는 다가서려고 하지 않는다. 더욱이 상대방의 기억 속에서 안 좋은 사람으로 기억 될 것이다. 그러한 편견을 다시 바꾸려면 많은 노력과 시간이 필요하며 전혀 효과를 보지 못할 수도 있다.

우리가 만나고자하는 사람들은 사람들을 너무 많이 만나서 나름대로 사람의 유형을 평가하는 고정관념을 가지고 있다. 사원을 선발하는 면접 장소에서는 인상학을 전공한 사람을 면접관으로 초빙하여 인재를 선발하도록 하고 있다.

우리의 표정과 복장, 태도와 용모, 시선과 자세, 걸음걸이와 같은 시각적 이미지(55%)뿐만 아니라 음성과 억양, 말씨 같은 청각적 이미지(38%)를 보고 우리를 선택하느냐 마느냐를 결정한다. 미팅이나 맞선에서도 마찬가지로 상대편은 단 3초 만에 지금까지 살아온 내 인생을 나의 이미지 하나로 결정한다. 따라서 모든 사람들에게 쉽고 편안한 첫인상을 주기 위해 모든 사람들은 자신의 외모와 말씨 행동들을 생각해 개선점을 찾아 실천하도록 노력하여야 한다. 아주 짧은 시간에 자신의 첫인상을 좋은 방향으로 알릴 수 있는 사람이야말로 진정한 자신의 성공을 준비하는 사람일 것이다.

인맥 만들기에서 가장 중요한 점은 상대에게 신뢰를 주는 것이다. 다시 한 번 만나고 싶다는 끌리는 인상을 주면 상대방이 지속으로 만나려 한다. 즉 인맥을 견고히 다지기 위해서는 볼수록 끌리는 사람이 되어야 한다. 다음으로는 상대의 인간적인 측면을 존중하여야 한다. 자신의 잇속만 챙기는 데 급급한 인맥 만들기는 실패할 확률이 매우 높다. 진정한 인맥은 사람과 사람을 잇는 마음네트워크를 통해 만들어져야 오래가고 좋은 인연이 될 수 있다.

④ 많은 사람의 친구보다 한명의 적(敵)을 만들지 마라.

남을 이용하거나 배신하여 이룬 성공은 오래 갈 수 없다. 배신당한 사람은 적이 되어 이를 갈고 자신의 성공을 파괴하려고 한다면 막을 수가 없다. '대충 참여하는 1,000명의 조직원이 혼신을 다해 참여하는 1명을 이길 수 없다'는 격언이 있다. 1,000명의 칭송을 받는 사람도 한명의 적 앞에서는 죽을 수밖에 없다는 이야기다. 경호가 철두철미한 대통령의 나들이에도 저격수 한명을 막기 어려운 것과 같다. 적(敵)이 되면 논리적이지도 않고 세상의 가치와는 전혀 다르게 오직 복수만을 꿈꾸기 때문에 타협이나 설득이 안 된다.

가끔 잘나가던 유명인들이 진위(眞僞)를 알 수 없는 폭로성 신문기사로 인하여 사회에서 매장당하는 경우가 종종 있다. 최고의 정상에서 바닥으로 추락하는 경우에는 낙하산이 없다고 한다. 그만큼 충격이 크다는 것을 의미한다. 사람들은 그 폭로성 기사(記事)가 사실인지 거짓인지 구분하지 않고 단지 안 좋은 일로 신문에 났다는 것에만 관심을 가진다. 그러다 보니 나중에 사실이 아닌 것으로 판명되어도 사람의 고정관념을 바꾸기는 어렵게 된다. 판명되지 않은 기사나 구설수(口舌數)로 사회적으로 기대되던 사람들이 우리의 관심 속에서 멀어져 결국에는 몰락하는 경우가 많다. 그래서 높이 성공한 사람일수록 자신의 신상(身上)관리를 잘해야 한다. 어떠한 경우에도 적을 만들어서는 안 되기 때문이다. 그래서 과거에는 성공한 사람들 중에는 권위적인 사람들이 많았지만 요즘 성공하는 사람들은 솔선수범하면서 자신의 것을 나누어주는 사람들이 많다.

성공하는 사람들은 정신없이 바쁘다 보니 자신의 앞길 만 보고 생활하게 된다. 그러다 보면 나의 성공이 남의 성공의 기회를 뺏어서 의도하지 않게 다른 사람에게 아픔을 주는 경우가 있다. 그래서 성공하는 사람들은 항상 자신의 성공에 대하여 겸손해야 하며 남에게 공(功)을 돌려야 한다. 지금까지 쌓은 성공도 무심코 만든 1명의 적으로 인하여 수포(水

泡)로 돌아갈 수 있다는 생각으로 사람들과의 만남에서 신중해야 함은 물론 상대방을 배려하는 마음을 잊어서는 안 된다.

⑤ 소중한 한명의 멘토(Mentor)를 만들자.

요즘 사회적으로 멘토나 코치에 대한 관심이 높다. 단순한 인간관계보다는 구체적인 인간관계를 원하는 현상 때문일 것이다. 코치와 멘토는 성공으로 이끌어 준다는 데서 비슷하지만 엄연한 차이가 있다.

멘토(Mentee)라는 말의 기원은 그리스 신화 오디세이(Odyssey)에서 비롯된다. 고대 그리스의 이타카 왕국의 왕인 오디세우스가 트로이 전쟁을 떠나며 자신의 아들인 텔레마코스를 보살펴 달라고 한 친구에게 맡겼는데 그 친구의 이름이 바로 멘토였다. 그는 오디세우스가 전쟁에서 돌아오기까지 텔레마코스의 친구이고 상담자며 때로는 아버지가 되어 그를 잘 돌보아 주었다. 그 후로 멘토라는 그의 이름은 지혜와 신뢰로 한 사람의 인생을 이끌어 주는 지도자라는 의미로 사용되었다. 따라서 멘토는 상대방보다 경험이나 경륜이 많은 사람으로서 상대방의 잠재력(潛在力)을 볼 줄 알며 그가 자신의 분야에서 꿈과 비전을 이루도록 도움을 주는 있는 사람이다. 예를 들면 교사나 후원자 그리고 스승 들을 들 수 있다. 그들은 인생의 안내자이고 본(本)을 보이는 사람이며 비밀까지 털어놓을 수 있는 사람들이다.

반면에 코치는 전문적으로 잘 훈련을 받은 사람으로 개개인의 특성에 맞게 상대의 필요에 접근해가는 방법에 숙련된 사람들을 말한다. 이들은 다른 사람들이 자신이 원하는 것을 찾고 있을 때 그들의 가능성을 발견하고 개발하도록 격려하고 지원하여 전략과 해결책을 더 쉽고 빨리 찾을 수 있도록 돕는 사람을 말한다. 따라서 수천 명의 인맥지수를 자랑할 것이 아니라 단 한명이라도 인생의 멘토나 코치를 만들 수 있다면 시행착오를 겪지 않고 우리가 원하는 성공을 쉽게 이룰 수 있게 된다.

멘토를 조언자 또는 후견인이라고 한다면 멘티(Mentee)는 조언을 받는 사람 또는 추종자를 말한다. 요즘은 성공을 기원하는 사람들이 사회적으로 명성이 있는 사람들에게 찾아가 멘토가 되어달라고 하는 경우가 많다. 멘토는 아무나 하는 것이 아니라 해당 분야의 전문성을 가진 사람이 하듯이 멘티가 되려면 멘티로서의 의무를 지키는 사람만이 멘티로서의 자격이 있다.

멘티는 멘토가 하는 조언을 받아들여야 한다는 것이다. 자기에게 이익이 되는 것만 받아들이고 조언(助言)은 받아들이지 않는 멘티는 멘티가 아니다. 따라서 멘티가 된다는 것은 성공해야 할 책임과 멘토의 조언에 따라야 하는 의무가 있는 것이다. 멘티가 되고자 하는 사람들을 보면 사제관계의 개념으로 다가오는 사람이 있는 반면에 멘토의 전문성에 편승하기 위하여 수단으로서 다가오는 경우가 있다. "나는 전문가인 누구를 멘토로 모시고 있다.", 또는 "누구를 잘 안다"라는 말로 자신의 일이 잘 풀리기를 바라는 사람이 많다. 이런 사람들의 특징을 보면 사람들이 가볍다. 인간관계를 깊고 오래 가는 것으로 생각하지 않고 한시적으로 필요할 때만 찾고 자신에게 좋은 것만 받아들인다. 이러한 유형의 사람들은 멘토의 내면적인 면보다는 외형적인 지위만 눈에 보이기 때문이다. 자신에게 필요 없을 때는 가차 없이 버린다. 버리기만 하면 문제가 되지 않지만 심지어 멘토를 배신하거나 막강한 경쟁자로 나타나기도 한다.

좋은 멘토를 만나 성공하는 사람들은 가벼운 인간관계를 맺는 사람들이 아니라 진심으로 정성을 대해 인간관계로 만나는 사람들이다. 가벼운 인간관계를 좋아하는 사람들은 성공에 빨리 도달 할 수는 있지만 오래가지는 못한다. 성공이 오래가려면 진심으로 정성을 다하는 인간관계를 맺어야 한다.

⑥ 사람만남에 시간투자를 하라.

인터넷이 발달하고 문명이 발달하여도 사람들은 직접 만나서 이야기를 하고 싶어 한다. 그래야 신뢰감(信賴感)도 높아지고 구체적으로 이야기가 진행되어 서로 이해를 잘할 수 있다는 생각에서다. 문제는 현대인들은 사는 것이 바쁘다는 것이다. 그러다 보니 바쁘다는 말을 입에 달고 산다. 그래서 사람들에게 시간을 내는데 인색한 경우가 많다. 더욱이 남이 만나 달라고 하면 자기의 입장에서 시간이 남는 시간만을 활용해서 사람을 만나려고 한다.

지위가 높은 사람일수록 만나고자 하는 사람들이 많아진다. 그래서 하루의 대부분을 사람 만나는 것으로 보내야 하는 사람들은 사람들 만나는 것에 대하여 두려워하기도 한다. 그러나 다급한 사정을 가진 사람들을 배려하는 뜻에서 특별한 시간을 내어 만나 준다면 상대방은 감동을 받을 것이다. 그러나 상대방이 거절 하게 되면 그것으로 원수가 되거나 사업이 결렬되기도 한다. 아무리 바쁘더라도 경중을 따져 상대방이 절실하게 필요로 한다면 시간을 내어보자. 조그마한 배려가 평생 동지가 될 수 있다.

반대로 내가 만나고자 하는 사람이 있다면 나의 입장보다는 상대방의 입장을 고려하여 상대방이 내는 시간에 어떻게든 내 시간을 맞추겠다는 의지를 보이면 상대방은 '이 사람은 됐구나.' 하면서 마음의 문을 열게 된다. 그러나 처음 만남을 약속하면서 무리하게 자신만의 편한 시간을 고집한다면 만남이 이루어지가 어렵게 된다.

좋은 인맥일수록 나를 찾아올 리 없으니 내가 먼저 좋은 인맥을 찾아 나서고 시간을 내어 투자해 보라. 그러면 투자한 시간보다 몇 배의 좋은 결과가 돌아 올 것이다.

⑦ 네트워킹도 전략이다.

◎ 인연(因緣)은 시간에 비례하고 거리에 반비례한다.

사랑은 시간과 비례하고 거리에 반비례한다. 인간관계도 그렇다. 시간을 내어서 자주만나면 할 이야기도 많고 자꾸 보고 싶다. 그러나 아무리 친한 친구 관계였어도 오랫동안 만나지 못하면 오랜만에 만나서 할 이야기가 없어져 오히려 서먹서먹한 경우가 많다. 따라서 좋은 인맥을 구성하면 자주 만날 수 있는 다양한 모임과 행사를 개최하고 인맥을 묶을 수 있는 이벤트나 프로젝트를 추진하는 단체와 조직을 만들어야 한다. 그래야 주기적으로 만날 수 있는 기회가 주어져 인맥끼리 돈독한 정도 들고 할 이야기도 많아진다.

◎ 온라인 만남에서 감동과 공감을 만들자.

인맥관리를 바빠서 하기 힘든 사람이라고 할수록 인간관계가 좁다는 것을 알 수 있다. 좋은 인맥을 많이 맺은 사람일수록 바쁘지만 사람과의 만남에 많은 시간을 투자하고 있다. 오프라인 상(床)에서 시간을 내기 어려워 좋은 인맥을 형성하는데 어려움이 있다면 온라인에서 인맥을 맺어 보라. 요즘은 사이버 상에서 만나 결혼을 할 정도로 바쁜 현대인들의 인맥지수를 높이는 데 SNS가 크게 기여하고 있다.

SNS에서 좋은 인맥을 맺는 방법은 좋은 인맥들이 많이 모여 있는 커뮤니티나 블로그 혹은 밴드를 방문하여 회원으로 가입해보자. 또한 자기가 좋아하는 언론계나 정계 혹은 재계 등에서 개설한 인터넷 사이트를 찾아서 활동해 보자. 더욱 인맥을 넓히고 싶으면 온 라인 상의 동문회나 지역모임, 취미모임이나 스터디모임, 비즈니스모임에 참여해보자. 몰라보게 많은 인맥을 만들 수 있다. 친한 인맥들과도 지속적인 만남을 위해서 메신저를 이용하여 짧은 시간이나마 인사라도 나누어 보자. 그러나 온라인상의 인맥을 오프라인에서도 좋은 인맥으로 변환하려면 단순한 가입에서 벗어나 게시판에 글을 올린다든가 온라인상에서 이루어지는 각종 이벤트에 참여해보면 자연스럽게 회원들에게 궁금한 인물로 떠오르게 되어 오프라인 모임에서 좋은 인맥을 맺을 수 있다.

◎ 오프라인의 만남은 소중하다.

오프라인 상에서 많은 인맥을 맺고 싶으면 부지런해야 한다. 자신의 시간을 효율적으로 관리하여 최대한 오프라인에서 이루어지는 각종모임에 참여를 해야 한다. 오프라인 상의 모임은 자신의 업무와 크게 관련이 없더라도 참여가 가능한 모임들이 많이 있다.

예를 들면 팬클럽이나 취미모임, 후원회나 평생교육기관에서 이루어지는 각종 교육 프로그램, NGO단체나 정당, 각종 협회나 연합회, 학습동아리나 종교 활동, 여행사에서 모집하는 패키지여행이나 자원봉사 등에 참여해보자. 다양한 분야에서 많은 인맥이 생길 것이다.

◎ 경조사(慶弔事) 참여는 마음의 끈을 연결한다.

삼성경제연구소가 운영하는 세리CEO에서 회원들을 대상으로 조사한 결과 역시 CEO가 될 수 있는 최고 덕목으로 대인관계 지능이 꼽혔다. 한마디로 인간관계를 잘 맺어야 직장 내에서 성공할 수 있다는 얘기다. 실제 장수임원이나 CEO의 특징은 회사 내에서 적(敵)이 없다는 점이다. 그리고 임원이 돼서도 임직원이나 거래처 주요 인사들의 경조사는 무슨 일이 있어도 챙겼다고 한다. 경조사의 참여가 조직원들로부터 신망을 이끌어 내고 경영 실적에도 반영 된다는 설명이다. 우리나라 사람들에게 경조사는 다른 모임과 비교하여 각별하게 생각하고 있으므로 경조사에는 꼭 참석을 하도록 해야 한다. 그 중에서도 어려운 조사(弔事)에는 꼭 참석하도록 해야 한다. 기쁠 때 찾아오는 사람은 전부 기억이 안 나도 어려울 때 찾아온 사람은 전부 다 기억에 남는 법이다. 이러한 맥락에서 어려운 사람들을 만나면 그 일을 도와주어 보라. 그러면 도움 받은 사람은 평생 멘티가 되고 인연이 될 수 있다. 남들이 어려울 때는 도와주는 습관을 가져보자. 그러면 좋은 인간관계를 맺을 수 있는 절호의 기회가 된다.

적 용

기러기가 V자 형으로 무리를 지어 비행함으로써 혼자 나는 것 보다는 비행범위의 71% 이상을 더 날 수 있고 기러기가 지쳤을 때 앞에 위치한 기러기와 교대도 하며 그들의 비행속도를 유지하기 위하여 서로 격려하며 비행한다고 한다.

기러기의 비행에서 얻은 교훈은 한 방향, 한 목적, 한 동작으로 움직임으로 시너지가 창출 될 수 있고 혼자의 힘보다 협력하는 시스템으로 함께 하면 팀의 단결력이 높아지고, 셀프 리더십의 역할을 길러 스스로 하는 힘을 길러준다고 한다. 그러나 사기진작(士氣振作)을 위해서 칭찬과 격려는 필수이고 팀원에 대한 관심과 보호로 동지적 신뢰감을 형성해야한다.

기러기의 교훈을 카프카 부자와 그레고르 잠자 부자지간(父子之間)에도 파트너십으로 적용되었다면 마음의 벽을 넘어 화목한 부자관계형성이 이루어질 수 있었을 것이다.

적극적으로 경청해주고 분명하고 정직한 감정을 전달하며 부자지간의 요구에 대하여 신뢰와 존중을 보이고 사실과 감정의 변화에 대해 개방적인 태도를 갖추었다면 부자지간이 좋은 시너지를 창출 할 수 있었을 것이다.

참고문헌

토니 알렉산드라외 2인, *설득을 위한 대화의 기술*, 한국경제신문, 2014.
토니 알렉산드라외 1인, *행복한 일터의 커뮤니케이션*, 한언, 2013.
Franz Kafka, *Brief anden Vater*, Fisher T. Verlag. 1998
Franz Kafka, *Tagebuecher 1910~1923,* Fisher T. Verlag. 1998
Franz Kafka, *Briefe 1902~1924,* Fisher T. Verlag. 1996
Franz Kafka, *Die Verwandlung,* Fisher T. Verlag. 1996
Franz Kafka, *Die Verwandlung,* Pan Korea Buch, 1984
박철희, *문학개론*, 형설출판사, 1995
조기섭외 2인, *문학의 이해*, 형설출판사,1989
나병철, *문학의 이해*, 문예출판사, 2013
정한모외 1인, *문학개론*, 박영사, 1990
염승섭역, *변신,* 계명대학교출판부, 1998
박환덕역, *변신*, 범우사, 2002
신교준역, *죄, 고통, 희망*, 실천문학사, 1997
김정진, *카프카연구*, 탐구당, 1986
박민수, *변신*, 꿈결, 2015
고익환, *자기개발과 대인관계*, 두남, 2014
고익환, *문화와 리더십*, 두남, 211
고익환, *독일문학사*, 대구대학교출판사, 1997
고익환, *세계문화의 이해*, 대구대학교출판부, 2000
고익환, *인성개발과 대인관계*, 대구대학교출판부, 2004
정옥분, *전생애 인간발달의 이론*, 학지사, 2015
임경희외 11인, *자기개발과 진로설계*, 학지사, 2015
김봉환외 12인, *진로상담이론*, 학지사, 2015
조성연외 2인, *진로 솔루션 워크북*, 2015
송원영외 1인, *대학생의 진로설계*, 2015
김기혁, *HRD가 경쟁력이다*, 북 갤러리, 2006

이재규, *지식근로자가 되는 길*, 한국경제신문, 2005
후지야 산지, 오시연역, *일 잘하는 사람의 6가지 원칙*, 길벗, 2014
리처드 코치, 공병호역, *80/20 법칙*, 21세기 북스, 2005
전영수, *은퇴 위기의 중년 보고서*, 고려원북스, 2013
유성은, *시간관리와 자아실현*, 생활지혜사, 2003
김남순, *대학생활설계*, 교육과학사, 1998
이부영, *분석심리학*, 이조각, 1998
김정택 외 1인, 16가지 성격유형의 특성, 한국심리검사연구소, 2000
심혜숙 외 1인, MBTI 성장프로그램 안내서(1), 한국심리검사연구소, 2000
Sondra S. Vansant, 한국MBTI연구소 역, *MBTI와 갈등관리*, 어세스타, 2007

◎ 저자 약력

〈고 익 환〉

- 경북대학교 대학원 문학박사
  독일 프랑크푸르트대학교 연구교수
- 대구대학교 인문대학 교수
  대구대학교 인성개발연구소(자) 소장
  한국인성개발교육원(주) 원장

[주요 저서]

- 독일문학사, 독문학 이해, 문화와 리더십,
  자기개발과 대인관계, 서양문화의 뿌리와 흐름 외 다수

인성개발을 위한 『변신』과 변신

초 판 1쇄 인쇄 —— 2016년 2월 10일
초 판 1쇄 발행 —— 2016년 2월 15일
지은이 —— 고 익 환
펴낸이 —— 전 두 표
펴낸곳 —— 도서출판 두남
서울시 강동구 성내로6길 34-16 두남빌딩
신 고 : 제25100-1988-9호
TEL : 02) 478-2065, 2066, 2067, 2311
FAX : 02) 478-2068
E-mail : dunam1@unitel.co.kr
http://www.dunam.co.kr

정가 22,000원

ISBN 978-89-6414-659-0 93800